중국근대
철로관리와
국가

이 저서는 2009년도 정부(교육과학기술부)의 재원으로
한국연구재단의 지원을 받아 수행된 연구임(NRF-2009-362-A00002).

중국관행
연구총서
0 1 3

중국근대
철로관리와
국가

中國近代鐵路志

인천대 중국학술원 중국·화교문화연구소 기획

김지환 지음

iB 인터북스

우리가 수행하는 아젠다는 근현대 중국의 사회·경제 관행에 대한 조사와 연구를 매개로 한국의 중국연구와 그 연구기반을 재구성하는 것이다. 이러한 작업은 무엇보다 인문학적 중국연구와 사회과학적 중국연구의 학제적 소통과 통합을 모색하는 과정에서 구체화될 수 있을 것이다. 또한 근현대 중국의 사회·경제관행 조사 및 연구는 중국의 과거와 현재를 모두 잘 살펴볼 수 있는 실사구시적 연구이다. 추상적 담론이 아니라 중층적 역사과정을 거쳐 형성되고 검증되었으며 중국인의 일상생활을 지속적이고 안정적으로 제어하는 무형의 사회운영시스템인 관행을 통하여 중국사회의 통시적 변화와 지속을 조망한다는 점에서 우리의 아젠다는 중국연구의 새로운 지평을 열 수 있는 최적의 소재라 할 수 있다.

우리 연구의 또 다른 지향은 중국사회의 내적 질서를 규명하는 것으로, 중국의 장기 안정성과 역동성을 유기적으로 파악함으로써 한층 더 깊이 있게 중국을 이해하고자 한다. 이러한 문제의식에서 우리는 중국사회의 다원성과 장기 안정성의 기반이라 할 수 있는 다양한 민간공동체 그리고 그 공동체의 광범위하고 직접적인 운영원리로서 작동했던 관행에 주목한다. 나아가 공동체의 규범원리인 관행을 매개로 개인과 공동체 그리고 국가가 유기적으로 결합됨으로써 중국사회의 장기 안정성이 확보될 수 있었다는 점을 규명하고자 한다. 이러한 문제의식에 기초한 연구는 역사적으로 축적한 사회, 경제, 문화적 자원을 활용하여 만들어가고 있는 중국식 발전 모델의 실체와 그 가능성을 해명하는 데 기여할 것이다.

이 책은 중국 근대 철로의 종합적 서술을 위해 기획된『중국근대철로지』시리즈의 일환으로서, 중국 근대 국가권력과 철로의 관계, 법규와 관리기구, 정책과 교육, 철로와 차관의 관계, 국방에서 철로의 역할, 철로위생과 방역 등 광범한 분야에 걸쳐 서술되어 있다. 이를 위해 상해시 도서관을 비롯한 국내외 당안관과 도서관에서 미공간 사료 발굴을 하는 등 오랜 시간 작업을 하였다. 중국 근대 철로와 국가의 관계에 대한 이해를 제공해 줄 이 책이 여러 분야의 연구자들에게 좋은 참고서가 되길 기대한다.

『중국관행연구총서』는 인천대학교 중국·화교문화연구소가 인문한국사업을 장기간 수행한 연구의 성과물로서, 그동안 중국 철도, 동북지역의 상업과 기업, 토지와 민간신앙, 그리고 화교 등 다양한 주제에 대해 연구서와 번역서를 발간하였다. 앞으로도 꾸준히 낼 우리의 성과가 차곡차곡 쌓여 한국의 중국연구가 한 단계 도약하는 데 일조할 수 있기를 충심으로 기원한다.

2019년 5월

인천대학교 중국학술원 중국·화교문화연구소

(HK중국관행연구사업단)

소장 (단장) 장정아

사회심리학에서 등장하는 개념 가운데 하나로 '경로의존성'(經路依存性, Path dependency)이라는 용어가 있다. 일상생활에서 되풀이함으로써 자연스럽게 굳어져 일정한 경로에 의존하게 되는 생활방식을 가리킨다. 이렇게 본다면 경로의존성이란 관행과 습속의 넓은 의미와 표현이라고 이해할 수 있겠다.

2007년 미국이 우주왕복선 엔데버호를 발사할 때에 이전보다 큰 추진 로켓인 솔리드 로켓 부스터(SRB)를 제작하려는 계획을 수립하였다. 로켓 부스터는 흔히 원통형으로 설계되며, 연료의 양이 정해진 이상 원통의 지름을 크게한다면 길이는 줄일 수 있으며, 작게한다면 길어질 수밖에 없는 것이다. 제작된 추진 로켓은 플로리다의 나사 발사대까지 철로를 통해 실어 날라야 했다.

미국철로의 레일은 남북전쟁 이전만 하더라도 궤간(폭)이 다양했다. 그러나 남북전쟁 이후 4피트 8과 2분의 1인치(1.435미터)의 표준궤로 통일되었다. 철로의 궤간(rail gauge)을 살펴보면, 영국 등 대부분의 유럽국가들과 한국, 중국 등이 표준궤(standard gauge)를 채택하고 있으며, 러시아, 카자흐스탄, 몽골, 인도 등은 광궤(wide gauge)를, 일본, 이탈리아, 스코틀랜드 등은 협궤(narrow gauge)를 채택하고 있다. 현재 전 세계의 철로 가운데 약 70퍼센트 내외가 표준궤에 속한다.

미국철로의 레일이 표준궤간으로 통일된 이유는 영국철로 레일의 표준 수치를 그대로 받아들였기 때문이다. 영국에서 미국으로 이주한 이민자들이 영국의 수치를 그대로 적용했던 것이다. 추진 로켓을 기차로 옮기기 위해서는 철로의 터널을 통과해야 하며, 어쩔 수 없이 철로 레일의 폭에 맞게 설계할 수밖에 없었다. 그렇다고 해서 정밀기기를 진동이 심한 도로 운송으로 실어 나르기도 불가능하였다.

영국의 레일은 왜 표준궤로 설계되었을까. 기차가 발명되기 이전에 영국에서는 이미 석탄 운반용 마차선로가 일반 도로에 부설되어 운행되고 있었다. 증기기관차는 동력이 마력에서 증기로 바뀌며 속도의 혁명을 이끌어 내기는 하였지만, 바퀴가 지나는 선로는 기본적으로 마차선로와 동일한 것이었다. 물론 육중한 열차가 달리기 위해서는 이전보다 더욱 내구성이 강한 레일이 필요하기는 했지만, 기본적으로 종래의 노선 위에서 이루어진 발전에 지나지 않았다. 즉 마차 선로의 폭과 동일하게 철로의 노선이 부설된 것이다.

그렇다면 영국의 마차는 왜 표준궤로 제작되었을까. 일찍이 2천년 전 영국을 정복한 로마군이 로마의 마차 폭에 맞추어 영국의 마차 선로를 만들었다. 당시 마차의 폭은 두 필의 말이 나란히 달릴 수 있는 말 엉덩이 폭에 맞추어 결정되었다. 이와 같이 로마의 전차가 마차 선로의 폭을 결정하고 그것이 다시 철로의 레일 폭을 결정하였으며, 또 다시 우주선의 추진 로켓 부스터의 폭과 크기를 규정한 것이다.

이러한 경로의존성은 비단 개인의 영역을 넘어 역사와 법률, 제도, 관습, 문화, 과학적 지식과 기술에 이르기까지 폭넓게 적용되는 개념이라 할 수 있다. 관행이 사회의 환경과 조건을 기반으로 하여 생성됨으로써 고유한 성격을 지니고 있는 이상 이러한 관성이 쉽게 변화되기는 어려울 것이다.

관행이 경로에 의존하면서 인간의 삶에 투영될 경우 타성이 되어 독창성이나 창의성을 감소시키는 요인으로 작용할 가능성이 있다는 부정적 측면도 존재한다. 물체의 관성이 질량의 크기에 비례하여 커지는 것과 같이 중국이라는 거대한 역사체는 시간이 지속될수록 관성에서 벗어나기 어렵다. 하지만 역사적으로 지속하며 담지해 온 관행은 어찌보면 그 사회를 둘러싼 환경과의 상호작용 속에서 가장 편리하고 합리적이며 이상적인 결과로서 도출되어 검증된 것이라고도 볼 수 있다. 이렇게 보자면 인류 역사의 전개와 발전이라고 해도 기본적으로 이전부터 내려온 전통문화의 기반 위에서 이루어진 것이라 할 수 있겠다. 그러기에 하늘 아래 새로운 것은 없다고도 하지 않던가.

중국의 역사에서 천하질서는 중국을 세계의 보편으로 인식하게 만드는 핵심적 개념이었으며, 자신들의 문화를 '세계의 유일한 보편성'으로 절대화하였다. 중국인의 천하질서는 중국의 절대적 보편성(Chinese Standard)을 전제로 한 위계적이며 불평등한 질서였다. 아편전쟁 이후 중국 중심의 천하관은 크게 동요되었으나, 개혁개방 이후의 성취를 기반으로 '중화'에 대한 자신감을 회복하며 '굴기하는 중국'이 확산되고 있다. 물론 이러한 변화를 신중화주의, 중화패권주의 등으로 해석하는 견해도 있다.

중국의 굴기와 대국화의 길은 중국의 역사성, 즉 중화제국 운영의 경험과 역사적으로 축적된 사회경제, 문화적 자원을 자양분으로 적극 활용하고 있다. 다시 말해 중국 특유의 사회경제적 관행과 문화를 토대로 중국적 특색의 사회건설을 추진하고 있는 것이다. 이는 과거를 모델로 미래를 기획하는 중국의 문화사적 관성을 의미하는 것이라 하겠다.

인류 역사상 가장 뛰어난 발명품 가운데 하나를 꼽으라면 많이 거론 되는 것 가운데 하나가 바퀴이다. 바퀴는 2천 년 전 로마를 세계에서 가장 강대한 제국으로 만들었으며, 수많은 말과 마차를 운용하여 모든 길은 로마로 통한다고 할 정도로 교통과 물류 유통을 장악했다. 로마의 거대한 힘은 바로 여기에서 비롯된 것이다. 바야흐로 21세기는 철로의 시대이며, 바퀴의 변형인 철로가 새로운 시대를 열어가고 있다고 해도 과언이 아니다.

이 책이 서술하고 있는 철로는 역사성을 농후하게 담지하며 오랜 세월 동안 경로의존성에 따라 부설되고 운행되어 왔다. 중국에서 최초로 부설된 철로는 1876년에 개통된 오송(송호)철로였다. 이 철로 노선을 최초로 운행한 기관차는 파이오니어호로서, 운행 속도는 시속 30-40킬로미터에 달하였다. 2014년 중국 국영철로공사인 '南車'가 자체 개발한 시속 605킬로미터의 고속열차 운행에 성공했다고 중국시보가 보도하였다. 이는 2007년 4월에 프랑스 고속철로 테제베(TGV)가 기록한 574.8킬로미터를 능가하는 속도였다. 2017년 북경─상해 구간의 중국 고속철로가 2017년 9월부터 시속 350킬로미터 시대를 연다고 중국 관영 신화사통신이 보도했다. 상업 운행 기준 시속 350킬로미터는 일본의 신칸센, 독일의 이체에(ICE), 프랑스 테제베(TGV)의 운행 속도(320킬로미터)를 능가하는 세계 최고 속도이다.

중국은 지난 2008년 최초로 시속 350킬로미터의 고속철로를 운행했으나, 2011년 浙江省 溫州에서 충돌사고로 40명이 숨지고 192명이 다친 이후 운행 속도를 시속 250~300킬로미터로 낮췄다. 현재 중국 고속철로의 최고 운행 속도는 후진타오(胡錦濤) 시대에 개발된 和諧號의 시속 300킬로미터이다. 북경에서 상해까지 1,318킬로미터 거리를 운행하는 데 약 5시간 30분이 소요된다.

일부 구간에서 첫 상업 운행을 시작한 復興號는 시진핑(習近平) 주석이 주창하는 '위대한 중화민족의 부흥'이라는 슬로건에서 이름을 따왔다. 復興號는 같은 구간을 4시간 30분 만에 주파한다. 고속철로 시속 350킬로미터 시대 개막에는 19차 당대회를 앞두고 시진핑 시대를 홍보하려는 의도도 담겨 있다.

시진핑 집권시기에 들어서면서 '一帶一路'는 이미 중국 전역에서 일상적인 화두가 되었으며, 중국 이외 지역에서도 초미의 관심사가 되고 있다. 그런데 바로 일대일로의 핵심에 중국의 고속철로가 있다. 중국은 세계 최고 수준의 고속철로 및 철로 네트워크를 통해 물류, 운송, 유통 등의 경제뿐만 아니라, 중국적 가치를 세계로 전파하여 21세기 새로운 세계질서로 자리매김하려는 구상을 숨기지 않고 있다. 이러한 새로운 질서를 선도하는 중국적 가치가 바로 '중국적 표준'인 것이다.

중국은 시진핑 시대를 맞이하여 동아시아 지역질서를 넘어 미국과 함께 세계질서 형성의 주체임을 천명하고 있다. 그 핵심에는 중화민족의 위대한 부흥을 실현한다는 '中國夢'이 자리하고 있다. 이를 실천하기 위한 방편이 바로 현대판 실크로드인 '일대일로'라고 할 수 있다. 중국은 이러한 문화적 이데올로기와 사회경제적 영향력의 확대를 통해 글로벌 표준과 구별되는 중국적 표준(Chinese Standard)을 21세기 세계질서로 확산하려 노력하고 있다. 그리고 일대일로의 중심에 바로 고속철로와 철로 네트워크를 통해 '현대판 실크로드'를 구축한다는 야심찬 계획이 있다.

차이니즈 스탠다드, 즉 중국적 표준은 과거 중국의 역사와 전통문화를 주요한 자산으로 삼고 있다. 실상 일대일로의 핵심인 고속철로라는 것도 알고 보면 중화인민공화국 수립 이후 갑자기 생겨난 것이 아니다. 영국자본이 부설한 오송철로로부터 시작하여 수많은 역정과 곡절을 거치면서 발전해 온 결과가 바로 고속철로인 것이다. 이

처럼 중국적 표준은 역사적 토대와 맥락 위에서 형성되어 온 것이다. 따라서 과거로부터 현재에 이르기까지 중국사회의 역사적 연속성을 탐구하는 일은 현재를 이해하기 위해서도 매우 중요한 의미를 가진다고 하겠다.

현재 우리사회에서 뜨거운 화두가 되고 있는 남북한 철로의 연결과 이를 통한 한반도 종관철로(TKR)의 부설, 유라시아철로와의 연계를 통한 '철의 실크로드' 구상은 역사적으로 이미 실현된 적이 있으며, 실현 가능한 프로젝트이기도 하다. 실제로 한반도 종관철로나 시베리아횡단철로(TSR), 중국횡단철로(TCR) 등의 연계를 통한 육상철로 네트워크와 유라시아철로와의 연계 구상이 회자되고 있다.

오늘날 일대일로의 핵심인 고속철로는 기실 과거의 철로 노선을 바탕으로 하고 있다. 마치 우리의 경부선과 경의선, 경원선 등이 일제강점기에 부설된 노선의 연속선상에 있는 것과 마찬가지이다. 물론 현재의 철로는 복선화되고 전기를 동력으로 사용한다는 점에서 과거와 구별된다. 하지만 이전의 철로 위에서 개량된 것임을 숨길 수 없다. 마찬가지로 중국 일대일로에서 핵심인 고속철로 역시 과거 부설되어 운행되어 왔던 기반 위에서 이루어지고 있는 것이다. 따라서 일대일로와 고속철로 네트워크란 역사적 연속성과 자산 위에서 발전되어 온 것이라 할 수 있겠다. 이러한 점에서 1949년 중화인민공화국 수립 이전에 최초 중국철로의 부설로부터 유구한 역정과 굴곡, 발전의 역사를 이해하는 일은 현재의 문제를 이해하기 위해서도 반드시 필요하다고 생각된다.

중국근현대사는 철로의 출현 및 부설, 발전과 상호 불가분의 관계를 가지고 전개되어 왔다. 다시 말해 철로는 중국근현대사의 전개와 이를 이해하기 위해 매우 중요한 매개가 될 수 있다고 하겠다. 아편전쟁 이후 중국은 반봉건, 반식민지사회로 전락하였으며, 이후 근대화를 달성하고 자주독립의 국민국가를 수립하는 일이 절체절명의 명제가 되었다.

근대 이후 산업화 과정은 철로의 부설 및 발전과 불가분의 관계를 가지고 전개되어 왔다. 산업혁명은 증기기관 등 원동기의 발전을 기축으로 하여 발전된 증기기관차와 기계, 면방직공업 등을 통해 이루어져 왔다. 산업화는 기계를 통한 생산을 의미하며, 기계를 가동하기 위해서는 석탄이 불가결한 원료였다. 공업 및 원동설비의 발전은 기본적으로 철강, 석탄 등 광업의 개발 및 발전 없이는 불가능하였으며, 광업의 발전은 다시 수송을 위한 철로의 부설 및 발전을 전제로 하지 않으면 안되었다. 이러한 의미에서 중국에서 양무운동과 함께 등장한 강병과 부국 등 근대화 과정에서 철로의 부설은 매우 중요한 의미를 가지고 있었던 것이다.

이와 함께 근대 중국에서 철로의 부설과 발전은 제국주의 열강이 식민지를 개척하고 경영하기 위한 매우 효과적인 수단이기도 하였다. 철로 부설은 단순히 교통 운수를 넘어 석탄, 목재, 광물 등 주변 자원의 개발권과 자국 거류민의 안전을 위한 치외법권, 철로의 수비를 위한 군대와 경찰의 주둔권, 철로 연선지역의 사법, 행정, 외교에 대한 일정한 권리 등을 포괄한다. 이와 같이 철로 부설권은 단순한 교통운수를 넘어 그것이 관통하는 지역에 대한 광범위한 배타적 지배를 의미하며, 따라서 철로 부설권의 분포는 바로 각 지역 간 열강의 세력범위와 분포를 그대로 보여주고 있다. 일찍이 러시아의 재무상 비테(Witte)가 "철로야말로 중국을 평화적으로 정복할 수 있는 수단"이라고 갈파한 바와 마찬가지로 철로는 은행과 더불어 제국주의 침략의 상징적 도구이기도 하였다.

철로는 근대화와 자주독립이라는 양대 과제를 달성하기 위한 불가결한 수단인 동시에 제국주의가 중국을 침략하는 전형적인 방식이기도 하였다. 이와 같이 철로는 문명의 이기로서 근대의 전파자인 동시에 국민경제의 형성을 왜곡하고 현지의 주체적 성장을 억압하는 태생적 성격을 지니고 있었다. 철로의 도입 과정에서 경제, 군사적 유용성과 함께 열강의 수탈이라는 침략적 성격이 병존하였기 때문에 중국에서는 철로의 부설에 대해 자연히 그 필요성과 위험성이 동시에 제기되고 논의될 수밖에 없었던 것이다.

이러한 이유에서 근대 이후 청일전쟁, 러일전쟁, 신해혁명, 만주사변, 중일전쟁 등 중대한 역사적 사건은 으레 철로문제와 불가분의 관계를 형성해 왔다. 따라서 철로는 중국역사를 이해하기 위한 유용한 통로가 될 수 있다. 철로를 통해 중국의 역사를 빠짐없이 설명할 수는 없겠지만 적어도 관계성과 비중을 고려할 때 역사적 사건의 실체와 본질적 이해를 위해 매우 적절한 실마리를 제공해 줄 수 있을 것이다. 이렇게 볼 때, 근대 이후 중국의 철로를 이해하는 것은 중국의 역사를 이해하고 그 연속선상에서 오늘의 문제를 심도있게 이해할 수 있는 첩경이라 하겠다. 이러한 의미에서 최초 중국철로의 탄생으로부터 중화인민공화국 성립 전후 시기에 이르기까지 중국철로에 대한 종합적 연구는 학술적으로도, 시의적으로도 매우 중요한 의미를 갖는다고 생각된다.

21세기는 철로의 시대라고 감히 말할 수 있다. 당장 남북한 사이에 한반도 철로 연결과 철의 실크로드 정책이 바야흐로 실행의 단계에 들어서고 있으며, 유라시아 이니셔티브 및 중국 일대일로 전략의 핵심이 고속철로라는 점을 상기할 때 철로는 동아시아 전체의 뜨거운 현재적 이슈임을 부인할 수 없다.

한반도 철로 연결의 핵심 노선인 경의선, 경원선 등은 이미 일제 강점기에 상호 연결되어 열차를 운행하고 있었다. 손기정 선수가 올림픽에 참가하기 위해 부산에서 열차를 타고 만주를 거쳐 독일 베를린으로 간 것이다. 이와 같이 미래의 구상은 사실상 과거의 역사적 경험과 불가분의 관계를 가지고 있음을 알 수 있다. 따라서 현재의 철로문제를 정확히 이해하기 위해서는 그 기초가 되는 인문학적(역사학적) 이해 없이는 불가능할 것이다. 또한 이미 부설되어 운행된 노선의 재현이므로, 일대일로나 한반도 철로 연결 이후 직면할 다종다양한 현상 역시 과거의 경험을 통해 전망하고 예측하는 일도 가능할 것이다. 따라서 철로야말로 역사적 인문학과 현재적 사회과학 사이에 학제적 통섭연구가 가능한 대표적인 분야라 하겠다.

따라서 중화인민공화국 수립 이전에 중국 철로의 운용과 네트워크를 이해하는 것은 현재의 문제를 이해하기 위해서라도 반드시 필요한 과제가 아닐 수 없다고 하겠다. 그럼에도 종래 중국근대 철로와 관련한 국내외의 연구가 주로 남만주철로나 중동철로 등 몇몇 주요 노선을 중심으로 편중되었거나, 혹은 특정 주제에 집중됨으로써 중국근대 철로와 관련된 전체상을 파악하는 데에는 미흡했다고 할 수 있다.

중국근대의 철로는 어떠한 조직으로 구성되었으며, 어떠한 시스템 속에서 작동되고 운영되었는지, 국가권력은 육로교통의 핵심인 철로에 대해 어떠한 구상을 가지고 정책을 입안하고 실시하였는지, 철로의 부설을 위한 자본의 확보 및 인사와 경영은 어떠한 방식으로 이루어졌는지, 국내, 국외 여객 및 물류는 어떠한 루트를 통해 여하한 방식으로 운송되었는지, 이러한 과정에서 철로와 철로 간, 철로와 도로(공로) 간, 철로와 수로(하운, 해운) 간의 연계운수는 어떻게 이루어졌는지 이와 같이 중국철로의 실제 운용과 관련된 종합적인 연구서를 찾아 보기 어려운 것이 현실이다. 중국 국내에서 조차 이와 같은 종합적 연구서가 부재한 실정에서 현재와 미래의 중국 및 동아시아 철로네트워크를 이해하기 위해서라도 중국근대 철로의 운용과 실태에 대한 종합적인 연구가 반드시 필요하다고 생각하게 되었다. 바로 이러한 문제의식에서 중국 전통 역사서의 서술형식인 志(書)의 방법을 차용하여 중국근대 철로와 관련된 전체상을 다양한 주제 하에서 분류하여 서술해 보자는 생각이 바로 이 책을 저술한 동기라 하겠다.

이러한 문제의식에서 필자는 중국근대 철로의 종합적인 서술을 위해 주제의 분류, 일차사료의 발굴과 장악, 서술의 순서 및 범주 등을 설정하고, 계획에 따라 서술에 착수하였다. 서술의 과정에서 상해시도서관을 비롯한 국내외 당안관과 도서관 등에서 적지 않은 미공간 사료를 발굴할 수 있었으며, 과거 철로의 운행과 운영실태 등을 확인할 수 있었다. 기록이 남아있지 않은 철로 노선도는 과거의 지명과 현재의 지도를 대조하며 하나하나 그려내기도 하였다.

마침내 오랜 시간 끝에 『중국근대철로(청조시기) : 철로의 등장과 청조 봉건체제의 붕괴』, 『중국근대철로(중화민국시기) : 철로가 이끌어 낸 중국사회의 변화와 발전』, 『중국근대철로지 : 중국근대 철로관리와 국가』, 『중국근대철로지 : 중국근대 철로의 조직과 경영』의 네 책을 완성할 수 있었다. 이 책은 이들 연구성과 가운데 세 번째 권에 해당된다.

이 책의 제목에는 '中國近代鐵路志'라는 명칭이 포함되어 있다. 전통 史書에서 志(書)는 제도, 경제, 문화, 지리, 풍속, 사회, 생활, 사상 등 각각의 주제로 분류하여 서술하는 형식으로서, 사마천이 기전체로 서술한 『史記』가 효시가 된다. 중국근대 철로와 관련된 전체 내용을 다양한 주제로 분류하여 종합적이고 완결적으로 서술한다는 본래의 의도에 비추어 이와 같은 체제와 명칭이 적절하다고 생각하였다. 이러한 뜻에서 일반 연구서와 같이 각주로 이어가는 서술형식을 따르지 않고, 각 주제별 서술의 말미에 참고문헌을 제시하는 것으로 대신하였다.

본서가 포함하고 있는 내용을 개략적으로 살펴보자면, 국가권력과 중국철로와의 상호 관계, 법규 및 관리기구, 철로정책을 비롯하여 철로인재를 양성하기 위한 철로학교의 설립과 철로교육, 제국주의의 주요한 투자 대상으로서 중국철로와 차관과의 관계, 국방에서 철로의 역할, 항일전쟁과 철로, 철로위생과 방역, 철로경찰과 警務 등에 관해 상세히 설명하고 있다.

이 책을 통해 과거 중국철로가 어떠한 방식으로 운용되었는지에 대한 전체상을 도출할 수 있게 될 것이다. 이 책이 관련 연구를 위한 기초자료로서 널리 활용될 수 있기를 희망한다. 또한 역사학을 비롯한 인문학, 사회과학뿐, 나아가 현실의 정책 입안자에 이르기까지 중요한 참고서가 될 수 있기를 마찬가지로 희망해 본다.

인천대 중국학술원은 이갑영 원장님의 적극적인 노력 하에 새로운 도약을 준비하고 있다. 중국학술원은 중국의 관문 인천지역의 유일한 국립대학인 인천대학교가 중국과 관련된 연구와 교육을 위해 설립한 국내 최고의 중국 전문 학술기관이다. 바야흐로 중국의 시대인 21세기에 들어 시대정신을 구현하고 중국과 관련된 연구와 교육, 연구성과의 사회적 확산이라는 본연의 목적을 달성하기 위해 본격적인 도약을 준비하고 있다. 인천대 중국학과의 장정아 선생님과 안치영 선생님의 적극적인 지지가 없었다면 본서의 출판이 어려웠을 것이다. 이 자리를 빌어 감사의 마음을 전한다. 이 책에 수록된 수많은 지도와 도표를 불평 한마디 없이 일일이 그려낸 전보혜에게도 고마움을 표한다.

올해 여든 중반이신 자랑스런 어머님이 건강하게 계셔 주는 것만으로도 필자에게 힘이 되고 기쁨이 된다는 말씀을 전하고 싶다. 항상 옆에서 응원해주는 아내가 조속히 건강을 회복하길 기원하며, 딸과 아들 우리 가족 모두에게 고마움을 전한다.

현재 중국에서는 일대일로가 학계와 일반 사회를 막론하고 일대 화두가 되고 있다. 이러한 차에 일대일로의 핵심인 철로와 관련하여 과거로부터 현재에 이르는 역사를 살펴보고 이를 통해 현재를 심도 있게 이해하며, 미래에 대비하는 우리의 자세를 점검하는 작은 계기가 되기를 희망해 본다.

인천 송도 연구실에서
김지환

이 책을 사랑하는 아내에게 바친다.

일러두기

- 이 책에서 서술하는 철로 및 관련 인물들은 대부분 신해혁명 이전과 이후 시기에 모두 걸쳐있는 까닭에 철로명, 지명, 인명을 모두 원어표기로 하지 않고 우리말로 표기하였음(예 : 상해, 북경)
- 이 책의 서문에서는 인명을 원어로 표기를 하였음(예 : 후진타오, 시진핑 등)
- 일본지명이나 인명은 모두 원어로 표기하고, 괄호 안에 한자를 병기하였음
- 혼춘(琿春), 제제합이(齊齊哈爾), 합이빈(哈爾濱), 해랍이(海拉爾) 등은 오랫 동안 사용하여 익숙한 명칭인 훈춘, 치치하얼, 하얼빈, 하이라얼 등으로 표기하였음
- 처음 등장하는 지명이나 생소한 단어의 경우 괄호 안에 한자를 병기하였음
- 설명이 필요한 용어나 고유명사의 경우 괄호로 간단히 설명하거나, 길 경우 각주로 설명하였음
- 철로명이 시기나 관행상 여러 명칭으로 불리웠을 경우 처음 나왔을 때 괄호 안에 노선명을 병기하였음
- 사진이나 지도의 경우 출처를 밝혔으나, 자료가 존재하지 않아 스스로 제작하였거나 그린 경우 별도로 출처를 표기하지 않았음
- 이 책은 전통적인 역사서술 방식인 志의 형식을 따라 철로와 관련된 일체의 내용을 주제별로 분류하여 종합적으로 서술하였으며, 각주로 이어나가는 형식을 지양하고, 각 주제별의 말미에 참고문헌을 표기하였음

제1장
중국철로 발전사 槪觀

1 중국철로의 초보적 발전

철로는 영국에서 출현하여 산업혁명의 원동력이 되었으며, 곧 유럽 전역과 세계 각국으로 확산되었다. 비록 중국 등 동아시아 지역에서 유럽과 동시기에 출현하여 발전하지는 못하였지만, 철로와 관련된 정보와 지식은 일찍부터 전래되었다.

중국에서는 아편전쟁 전후 시기인 1830-40년대에 철로와 관련된 지식이 선교사들을 통해 전래되기 시작하였다. 중국에 처음으로 철로와 관련된 지식이 소개된 것은 아편전쟁 이전에 서양선교사들의 중문판 번역서적을 통해서였다. 예를 들면 귀츨라프(Karl Gutzlaff)의 『만국지리전도집』(1839년), 『무역통지』(1840년), 브리지먼(Elijah Bridgman)의 『美理哥合省國志』(1838년), 『지구도설』(1838년), 모리슨(John Robert Morison)의 『외국사략』(1845년) 등에서는 모두 철로 혹은 열차에 관한 내용을 소개하고 있다.

이에 힘입어 중국의 선각자들인 임칙서, 위원, 서계여 등은 다투어 저서를 출판하고 철로와 관련된 지식을 보급하였다. 1839년 임칙서는『사주지』를 편역하여 철로가 1시간에 20-30리나 달릴 수 있다고 소개하였으니, 이것이 중국인이 철로와 기차를 소개한 최초의 일이다. 위원의『해국도지』중에도 火輪車는 1,000명을 수용할 수 있고 1시간에 180리를 달릴 수 있다고 소개하였다. 서계여도『영환지략』(1848년)에서 "철로를 부설하면 하루에 300여 리를 달릴 수 있다"고 소개하였다.

1859년 태평천국의 洪仁玕은『資政新篇』에서 철로를 부설하면 하루 밤낮으로 7, 8천 리를 달릴 수 있다고 하면서, 전국의 21개 省에 21개 노선의 철로를 부설하여 상호 소통하는 교통네트워크를 만든다면 국가가 부유하고 강대하게 될 것이라고 주장하였다. 1872-1875년 사이에 창간된『中西見聞錄』역시「車輪軌道說」에서 철로 레일 및 열차의 발전에 대해 상세히 소개하였다.

이와 같은 영향 하에서 양무운동의 주창자인 이홍장은 철로 부설의 필요성을 일찍부터 인식하였다. 1870년대 이홍장이 철로 부설을 주창한 것은 주로 일본의 위협에 대비하기 위한 군사적 목적이 있었다. 유구사건과 대만사건이 발생하자 이홍장은 일본의 세력 팽창에 깊은 우려를 표명하면서, 무엇보다도 海防의 중요성을 강조하였다. 이 때 좌종당과 이홍장을 중심으로 해방과 육방, 즉 해군과 육군의 양성 가운데 어디에 우선을 둘 것인가를 두고 치열한 논쟁이 전개되었다. 논쟁은 중국의 주적이 어느 나라인가로 확대되었다. 좌종당은 청의 주적은 러시아로서 이를 방비하기 위해서는 新疆 수복이 시급하며, 이러한 이유에서 국방예산 역시 陸防과 육군의 양성에 우선적으로 배정해야 힌다고 주장하였다. 반면 이홍장은 주적인 일본을 방비하기 위해서는 해방과 해군의 양성을 우선해야 한다고 주장하였다.

대만사건 직후인 1876년 12월 16일 복건순무 정일창도, 대만은 사면이 바다로서 적이 어느 곳에서나 배를 정박하여 상륙할 수 있음을 지적하면서, 철로의 부설을 통해 신속히 병력을 이동시켜 집중시킬 수 있는 역량을 갖추지 않으면 안된다고 역설하였다. 이후 1877년 7월 20일 정일창은 다시 철로의 부설이 대만의 군사적 방비에 절실함을 조정에 상주하였다. 이홍장을 중심으로 한 양무파 관료들의 철로 부설 주장은 청조 중앙과 지방의 관료들 사이에서 찬반의 격론을 야기하였는데, 그 계기가 된 것은 1880년 11월 양무파 관료인 유명전이 청조에 철로의 부설을 상주한 사건이었다. 이를 기점으로 1880년에서 1887년까지 양무파와 보수파 사이에는 철로의 부설을 두고 격론이 전개되었다.

청말 철로의 부설을 주창한
양무파 거두 이홍장

1884년 청프전쟁 이후 청조정부는 각 대신에 海防의 대책을 강구하라는 조서를 내렸는데, 이에 이홍장, 좌종당, 증기택 등이 해방의 요체는 시급히 철로를 부설하는 데 있다고 주청하였다. 청프전쟁은 철로 부설에 관한 본격적인 찬반의 논쟁을 불러일으키면서 철로의 발전을 위한 중요한 계기를 마련해 주었다. 이 전쟁을 기점으로 청조 역시 군사력을 강화해야 할 필요성을 절감하였으며, 이를 위해 철로의 부설이 불가결함을 인식하지 않을 수 없었다. 다시 말해 중국의 정치, 군사적 환경의 변화는 철로 부설 논쟁에서 양무파의 입지를 강화시켜 주었으며, 이는 중국철로의 부설을 위한 중요한 계기가 되었던 것이다. 특히 청프전쟁은 청조로 하여금 해군력의 취약성을 절실히 일깨워 주었으며, 이러한 결과 청조는 1885년에 총리해군사무아문을 설립하여 순친왕 奕譞을 총리해군사무대신으로, 직예총독 겸 북양대신 이홍장을 회판으로 임명하여 모든 철로 업무를 주관하도록 하였다. 해군아문의 설립은 이홍장과 좌종당 등 양무파 관료들의 주장을 청조가 수용한 것으로 볼 수 있다.

1847년 영국해군이 대만에서 철로를 부설하기 위해 측량을 시도하였는데, 이는 대만의 석탄을 개발하기 위한 목적에서 비롯된 것이었다. 아편전쟁 이후 영국은 중국의 대외무역 총액에서 85퍼센트로서 절대적 비중을 차지하고 있었다. 따라서 철로를 부설하는 일은 바로 중국에서 영국의 이익을 극대화하기 위한 수단이 아닐 수 없었다. 1863년 7월 20일 상해에 거주하던 27명의 외국상인은 당시 강소순무였던 이홍장에게 상해에서 소주에 이르는 철로의 부설을 청원하였다. 이것은 외국인이 처음으로 중국관헌에게 철로의 부설을 승인해 주도록 요청한 사례이다.

일찍이 인도에서 최초의 철로를 설계한 영국 철로공정사 스티븐슨(Stephenson)은 1863년 10월 한구를 기점으로 동으로 상해에 이르는 1,050킬로미터의 철로와 남으로 광주와 홍콩에 이르는 1,450킬로미터, 서로는 사천, 운남을 거쳐 인도 및 미얀마에 이르는 2,600킬로미터, 그리고 광주에 이르는 지선 및 진강에서 천진과 북경, 상해에서 영파, 복주에서 복건 내지에 이르는 노선의 부설 계획을 수립하였다. 그러나 이러한 계획이 실현에는 이르지 못하였다.

1865년 8월 영국상인 두란트(Durant)는 북경 宣武門 밖으로 길이 600미터의 노선을 부설하여 열차를 운행하여 시민의 호기심을 자아냈다. 영국자본 이화양행은 영국상인을 중심으로 영미합자공사를 조직하고 이름을 오송도로공사라 명명하였다. 이들은 도로를 부설한다는 명목으로 상해에서 吳淞口에 이르는 토지를 구매하고, 1876년 6월 30일 오송에서 상해에 이르는 철로를 개통하였다. 그러나 열차에 사람이 치어 사망하는 사고를 계기로 마침내 개통한 지 일 년만에 철거되고 말았다. 오송철로의 출현은 철로가 매우 유용하다는 인식을 사람들에게 각인시켜 주었다. 중국 최초의 철로인 오송철로는 중국에서도 철로가 부설되고 운행될 수 있다는 가능성을 증명해 주었다는 점에서 일반에 미친 영향이 매우 컸다.

청조는 외국세력이 철로를 통해 중국내지로 세력을 확장할 가능성을 경계하였다. 총리아문 대신인 恭親王 역시 철로의 부설이 논밭의 상실과 水夫의 실업을 초래할 것이라 우려하며 철로 부설을 반대하였다. 그러나 양무운동의 진전과 더불어 철로에 대한 일반의 태도가 점차 변해갔다. 양무운동이 진전되면서 철로가 중국에 도입되기 위한 양호한 환경을 조성하였다. 이미 서양의 신식 기술을 도입하여 광산을 개발하였으며, 증기기선을 운행하고 있던 상황에서 철로의 부설은 필연적인 일이었다.

중국 최초로 개통된 오송철로 파이오니어호 기관차

오송철로의 개통식 당일 운행되었던 열차의 모습은 1876년 당시 발행되었던 『萬國公報』에 삽화가 게재되었는데, 이는 중국 최초의 기차를 보여주는 매우 귀중한 사료라 할 수 있다.

오송철로의 운행 전경

　1870년대부터 청조 내부에서 철로 부설에 대한 요구가 속속 제기되었다. 군수산업의 흥기를 주요한 내용으로 하는 양무운동의 발전에 따라 1870년대부터 부국강병의 구호 아래 군사공업의 흥판과 동시에 채광, 제련, 방직, 항운 등 각종 광산과 기업이 속속 설립되었다. 1850-60년대 서구에 대한 중국인의 이해는 주로 '船堅砲利'에 집중되었다. 1872년 중국 최초의 미국 유학생 중 한 명인 容閎의 주창하에 30명의 관비 미국유학생이 선발되었으며, 중국 최초의 철로공정사인 詹天佑도 여기에 포함되었다. 1876년에는 남북양대신이 복주선정학당 학생 28명을 영국, 프랑스 양국에 기관차의 제조와 운전을 학습하도록 하기 위해 파견하였다.

　1874년 이홍장은 철로의 부설을 통해 군사 이동의 신속함과 편리성을 제기하였다. 다음 해 이홍장은 북경으로 가서 총리아문대신 공친왕 혁흔과 철로의 부설을 통한 남북의 운수체계를 구축하자고 제안하였다. 그러나 이 당시 철로 부설은 주로 군사적인 의의에 주목하여 상공업, 무역과의 관계에는 특별히 주목하지 못하였다.

이러한 가운데 1878년 薛福成은 「創開中國鐵路議」를 발표하고 철로의 필요성을 주창하였다. 설복성은 철로의 유용성을 상무와 운송의 편리성에서 찾고 이와 함께 군사적인 효용을 포함하여 '3대 이익'으로 규정하였다. 여기서 철로는 윤선, 광무, 우정, 기기제조와 불가분의 관계임을 강조하였다. 마건충도 1876년 프랑스에 가서 유학한 이후 1879년 귀국하여 「철도론」을 발표하고 부국강병의 요체가 철로임을 주장하였다.

양무운동의 주요한 내용은 근대적 군비의 확충과 근대 기업의 창설을 도모하는 것으로서, 이후 근대적 생산설비(광산 포함)를 상해, 소주, 남경, 복주, 천진, 광주, 제남, 성도 등지에 개설하였다. 1872년 북양대신 겸 직예총독 이홍장은 중국 최초의 기선회사인 윤선초상국을 창설하고 기선의 운행을 위해 1875년 천진 동북 약 100킬로미터 지점에 위치한 개평에서 탄광을 측량하였으며, 1877년 개평광무국을 설립하였다. 1879년 초 당산에서 석탄의 개발이 시작되면서 이홍장은 청조에 개평에서 노태에 이르는 철로의 부설을 건의하였다. 당산에서 서각장까지는 약 11킬로미터의 거리로서 채굴된 석탄을 운반하기 위해서는 철로의 부설이 불가결하였다.

그러나 조정 내 수구대신들의 반대에 직면하자 이홍장은 임시변통으로 나귀와 말을 동력으로 열차를 끄는 레일의 부설을 제안하였다. 1878년 영국인 공정사 킨더는 영국의 표준궤간인 1.435미터의 레일 규격을 채택하였으며, 1881년 6월 9일 스티븐슨 탄생 100주년 되던 날에 중국 최초의 기관차인 '중국로켓호'를 제작하여 당서철로를 운행하였다. 이후 당서철로는 점차 양측으로 연장되어 경봉철로가 되었다.

비록 당서철로가 운행을 개시하였으나 조정에서는 여전히 의견이 통일되지 못한 상태였다. 청프전쟁(1883-1885) 기간 동안 철로 부설에 대한 반대의 의견이 고조되기도 하였다. 그러나 1887년 3월 16일 醇親王은 경사(京師, 북경)의 방비와 海防을 위해 개평철로의 부설이 꼭 필요하다는 점을 강조하였다. 대만순무 유명전 역시 대만의 방비를 위해 철로 부설이 불가결함을 조정에 상신하였다. 이에 서태후가 대만철로 부설을 비준하자 반대의 주장이 점차 수면 하로 잠복하게 되었다.

2 청일전쟁 이후 차관 도입과 철로의 발전

1840-1894년까지 중국에 대한 열강의 경제침략은 상품 수출이 주요한 형식이었다. 그러나 청일전쟁 이후 제국주의가 중국에 투자한 새로운 대상이 바로 철로였는데, 이는 재중국 외국자본의 추세가 고정성의 투자로 향하고 있음과 더불어 식민지화의 성격이 한층 강화되었음을 의미하였다. 왜냐하면 중국의 철로가 제반 산업이 발전한 결과로 발전했다기 보다는 제국주의가 중국을 분할한 결과로 발전하였기 때문이다.

1889년 8월 26일 해군아문은 청조 중앙에 서양 각국으로부터 차관을 도입하여 철로를 흥판해야 한다는 구체적인 정책을 상주하였다. 여기서 이홍장은 철로의 부설에서 商股(민간자본), 관고(국고),

洋債(서양의 차관)의 3자가 병행되어야 한다고 주장하였다. 청조는 철로가 자강의 요책으로 국가에 반드시 필요함을 선포하였다. 이것은 중국정부가 차관을 도입하여 철로를 부설해야 한다는 이홍장 등 양무파 관료들의 주장을 받아들인 것이다.

청일전쟁에서 패배한 이후 중국 관민 사이에서는 철로의 군사, 전략적 중요성이 널리 공감대를 형성하였다. 청일전쟁이 종결된 이후 민족적 위기 상황 하에서 장지동, 유곤일 등은 철로의 부설에 적극 나섬으로써 국력을 신장시켜야 한다고 주장하였다. 광서제 역시 1895년 7월에 "국난을 당하여 마땅히 상하가 일심 단결하여 자강불식해야 한다. 철로를 부설하고 기계공장을 설립하며 화폐를 주조하고 광산을 개발해야 한다"고 주창하였다. 이와 같이 청일전쟁 직후 중국에서는 철로 부설의 열기가 급속히 확산되었다.

1895년 청조는 철로총공사를 설립하고 성선회를 독판철로대신으로 임명하였다. 그러나 철로를 부설하기 위해 국고 및 일반으로부터 부설 자본을 모집하기에 현실적으로 어려움이 적지 않았으며, 어쩔 수 없이 외자를 차입하는 방법을 강구할 수밖에 없었다. 열강은 철로의 부설을 자신의 세력권을 확보하기 위한 주요한 수단으로 적극 활용하였다. 다시 말해 열강은 철로의 부설권에 근거하여 세력범위를 획정한 것이다. 이 시기 열강이 직접 부설한 대표적인 철로로서 러시아자본의 동청철로(중동철로), 일본의 남만주철로, 독일의 교제철로, 프랑스의 전월철로 등을 들 수 있다.

열강은 직접 철로를 부설하는 방식 이외에도 차관의 공여를 통해 철로에 대한 권리를 확보할 수 있었다. 예를 들면, 북녕철로는 영국의 차관을 통해 부설되었으며, 경호철로, 호항용철로, 포신철로, 도청철로, 광구철로 역시 영국자본으로 부설되었다. 평한철로와 변락철로는 벨기에차관을 도입하여 부설되었으며, 정태철로는 프랑스차관을 도입하였다. 차관을 도입하여 부설된 철로의 경우 공사 청부, 부설을 위한 자재의 구매, 관련 인원의 선발과 임용, 철로의 운행 및 경영 등에 관한 제반 권리가 모두 차관 공여국에 부여되었다. 철로 차관은 다음과 같은 권리를 포함하였다.

① 차관의 할인(折口) : 외국공사차관은 대부분 서면가격을 할인 (折口)하여 實付로 한다. 예를 들면 93折口로 규정한 경우 차관 공여국이 차관 총액의 93퍼센트만을 공여함으로써 7퍼센트에 해당되는 이윤을 선이자로 먼저 수취한 위에서, 원리금의 상환 기준액을 100퍼센트로 기산함으로써 상환 시에 차관의 고이윤을 보장하는 관행을 가리킨다.

② 철로 자재는 모두 차관 공여국으로부터 구매하였다.

③ 철로총공정사 및 총회계는 차관을 공여한 국가가 자국인(洋人)을 추천하여 임용하였다. 모든 자재는 이들 두 사람이 주관하여 결정하였다. 중국이 파견한 督辦 혹은 局長에게는 사실상 특별한 권리가 주어지지 않았다. 총공정사는 대부분 總管의 명의를 겸하며, 행정 및 직원 고용은 사실상 이들의 추천에 의거하였다. 중국인 직원을 채용할 경우에도 반드시 서양인 총공정사의 동의를 얻지 않으면 안되었으며, 중국당국이 임의로 파견할 수 없었다.

1895-1903년의 9년 동안 노한철로, 정태철로, 호녕철로, 변락철로, 월한철로, 진포철로, 도청철로 등 각 철로를 부설하기 위한 차관계약이 체결되었으며, 소항용철로, 포신철로, 광구철로 등의 차관초약

(가계약)이 체결되었다. 1896-1903년까지 중국에서 부설된 철로의 총연장은 4038.4킬로미터에 달하였다. 이 가운데 68퍼센트가 외국의 직접투자, 부설 및 관리에 속하였다. 나머지 32퍼센트가 차관을 도입하여 부설하고 청조가 경영을 담당하는 형식이었다. 양자 모두 외국인 총공정사를 초빙하여 설계 및 시공을 담당하였다. 동청철로(중동철로), 남만주철로, 관내외철로의 산해관 - 봉천 구간, 경한철로의 일부, 교제철로 청도 - 주촌 구간과 월한철로의 광삼지선 등이 여기에 해당된다.

1904-1911년 사이에 부설된 철로는 총 4963.7킬로미터이며 이 가운데 청조가 외국으로부터 차관을 도입하여 부설한 것이 약 58퍼센트, 외국이 직접 투자, 부설, 관리한 것이 21퍼센트였다. 청조가 국고 재정을 투입하였거나 민간으로부터 자본을 모집한 경우가 약 21퍼센트에 달하였다. 주요 노선으로 경한철로(북경 - 한구), 교제철로(청도 - 제남), 정태철로(석가장 - 태원), 호녕철로(상해 - 남경), 호항철로(상해 - 항주), 경장철로(북경 - 장가구), 변락철로(개봉 - 락양), 전월철로(곤명 - 하구), 진포철로(천진 - 포구) 및 남심철로(남창 - 구강), 월한철로(광주 - 한구)의 일부 및 안봉철로(안동, 현재의 단동 - 봉천, 현재의 심양) 등이 있었다.

1900년 8개국연합군이 중국을 침략하고, 중국이 러일전쟁의 전장이 된 이후 중국 일반에서는 반제의식이 크게 고양되었으며, 이에 따라 철로 이권의 회수운동이 전국으로 확산되었다. 청조는 1898년 8월에 설립된 광무철로총국을 철폐하고 1903년 12월 2일 중국철로공사를 설립하여 철로의 업무를 주관하도록 하였다. 곧이어 '철로간명장정'을 반포하여 민간자본에 철로 부설권을 개방하였다. 이와 함께 '진흥상무, 상민보호'를 기치로 1903년 9월 7일 商部를 설립 비준하고 載振을 상부상서로, 오정방, 진벽을 좌우시랑으로 임명하였다.

철로간명장정은 철로 부설과 관련하여 청조가 제정한 첫 번째 법률조례로서, 총 24조로 구성되어 있었다. 장정의 제2조는 중국, 외국, 관상을 불문하고 철로공사를 설립하여 철로의 부설에 착수할 수 있도록 하였으며, 상부의 비준을 거쳐 공사조례에 따라 처리하도록 하였다. 철로공사의 자본 모집과 관련하여 장정의 제6조, 제7조의 규정에 따르면, 중국상인이 철로를 부설하기 위해 자본을 모집할 경우, 중국자본이 다수를 차지해야 하고, 외국자본이 중국자본을 초과할 수 없도록 하였다. 외국인이 철로의 부설에 자본을 투자할 경우 반드시 출자총액의 30퍼센트를 초과할 수 없도록 하였다.

중국 일반의 철로 부설을 장려하기 위해 장정의 제9조는 철로를 부설할 시에 중국자본으로서 50만 량 이상을 투자할 경우 공로를 인정하여 포상하도록 하였다. 철로 부설권의 개방은 상판철로의 흥기 및 철로의 발전을 촉진하였다. 장정 제13조에 따르면, 철로를 부설하려는 자는 6개월 이내에 측량을 마쳐야 하며, 측량이 완료된 6개월 이내에 다시 철로의 부설 공사에 착수하도록 규정을 두었다. 레일의 궤간은 일률적으로 영국철로의 표준인 4척 8촌 반(표준궤 1.435미터)으로 정하였다.

청조가 철로 부설권을 개방하여 官辦, 商辦 철로의 부설을 승인한 이후 전국 각 성에서는 철로공사가 속속 설립되었다. 통계에 따르면 1903-1907년 5년간 전국에 걸쳐 총 15개의 성에서 18개 철로공사가 창설되었다. 이 가운데 12개는 상판철로였으며, 3개는 官督商辦 혹은 官省合辦, 나머지는 이후에 상판 혹은 관상합판으로 개조되었다. 각 성 철로공사는 교통 및 상업의 발전을 기치로 본성의 철로 이권을 수호하고 열강의 침탈을 방지한다는 종지를 근간으로 삼았다.

1905년 호남, 호북 광동 및 절강, 강소의 5성에서 철로 이권의 회수운동이 광범위하게 전개되었다. 특히 호남, 호북, 광동 3성 신상들은 월한철로 이권을 회수하기 위한 투쟁을 전개하였으며, 마침내 이를 회수할 수 있었다. 월한철로의 이권을 회수한 사건은 기존 열강이 보유해 왔던 철로 및 광산의 이권을 회수하기 위한 광범위한 운동을 가속화시키는 발단이 되었다. 월한철로의 이권이 회수된 이후 평한철로, 호항용철로, 진포철로의 이권이 속속 회수되었다.

청조는 열강에 의한 철로의 부설을 지양하고 자력으로 철로를 부설하기 위해 민간에 철로의 부설권을 적극 개방하여 고취하였다. 그러나 비록 상판철로를 부설하려는 움직임이 광범위하게 전개되기는 하였으나 재력의 한정으로 말미암아 열차를 개통하여 영업에 이른 경우는 월한철로(광주에서 韶關, 총연장 200킬로미터, 1916년 완성), 호항용철로(상해에서 楓涇 段은 1907년 완공, 杭楓段은 1909년 완공, 曹甬段은 1914년 완공), 조산철로(1906년 완공), 신녕철로(1913년 완공), 남심철로(1916년 완공) 등에 지나지 않았다. 재정이 부족한 틈을 타 외국자본이 다시 이들 철로에 침투하기도 하였다. 예를 들면 남심철로는 일부 일본차관을 도입하였으며, 조산철로 역시 일본자본을 도입하였다.

이 시기에 가장 성공적인 자판철로로서 경장철로를 들 수 있다. 경장철로는 국가가 자본을 출자하고 중국 최초의 철로공정사인 첨천우가 부설을 주관하여 외국의 자본가나 기술자의 도움 없이 자력으로 부설된 경우였다. 경장철로는 중국이 스스로의 역량으로 부설한 최초의 철로로서, 1905년 기공하여 1909년 개통하였다.

1908년 郵傳部[1]가 상판철로의 현황을 조사한 결과 자본의 모집과 철로의 경영이 매우 혼란한 상황을 목도하고, 상판철로의 국유화를 통해 철로의 경영을 개선하고 중국철로의 통일을 기하고자 하였다. 1911년 성선회가 우전부대신으로 임명된 이후 각 성에 간선철로 국유화를 요청하고, 외자를 차입하여 이들 철로의 권리를 회수하였다.

1911년 5월 9일 청조는 간선을 국유로 귀속하는 정책을 결정하였다. 이전 각 성에서 민간의 자본을 모집하여 부설된 철로는 모두 국가가 회수하며, 정부에서 부설을 비준한 철로 역시 일률적으로 취소하도록 하였다. 청조에 의한 상판철로의 취소는 1903년 이래 철로부설권에 대한 개방정책을 사실상 취소한 것이라 할 수 있다. 간선철로 국유화정책을 선포한 후 5월 18일 청조는 양강총독 端方을 월한ㆍ천한철로대신으로 임명하였다. 5월 20일 우전부대신 성선회는 북경에서 영국, 프랑스, 독일, 미국의 4국은행단(회풍운행, 동방회리은행, 독화은행, 미국모건공사, 국립성시은행 등) 대표와 호북, 호남 두 省 내의 월한철로, 호북성 내의 천한철로 차관합동을 체결하였다. 차관의 주요한 내용은 철로를 부설하기 위해 600만 파운드의 차관을 도입하고, 연리 5리, 95折口(할인), 상환 기한 40년으로 정하고, 차관의 상환을 위한 담보로 호남성, 호북성의 이금 및 염세를 제공한 것이었다. 이후 운남성, 섬서성 등지의 성영 자판철로도 속속 국

---

1) 1906년 중앙 관제가 대대적으로 개혁되어 商部가 농공상부로 개조되고, 동시에 새로이 郵傳部를 두어 철로와 郵電을 전관하도록 하였다. 철로는 우전부 路政司가 관할하였으며, 그 아래 총무, 관판, 상판의 3과를 두었다. 명의 상 철로업무를 통일적으로 관리한 것처럼 보였지만 사실상 노정사가 직할할 수 있었던 것은 경장철로 및 상판의 일부 철로에 지나지 않았다. 1911년 신해혁명으로 중화민국임시정부가 수립되면서 교통부가 신설되어 행정상의 통일이 실현되었다. 즉 교통총장이 전국철로와 관련하여 일체의 책임과 감독권을 가지고 교통부 내에 路政司를 두어 철로업무를 관장하도록 하였다.

유로 귀속되었다.

1911년 5월 청조가 간선철로 국유를 명분으로 월한, 천한철로의 이권을 열강에 매도되자 이후 각 성민의 보로운동이 전개되었다. 호북, 호남, 광동, 사천 등지의 성민들은 철로 이권을 보위하기 위한 보로운동을 전개하였다. 사천보로운동은 급속히 反淸起義로 발전하였으며, 무창기의와 신해혁명으로 이어지게 되었다. 중국동맹회 혁명당 인사들과 자산계급 입헌파의 영도자들은 보로동지회와 연합하여 혁명을 전개하였다.

3 북양군벌정부 시기 철로 발전의 지체

1911년 사천보로운동이 비화되어 신해혁명으로 폭발하였으며, 1912년 마침내 중화민국이 성립되었다. 그러나 원세개에 의해 신해혁명의 승리가 탈취되어 북양군벌정부가 건립되었으며, 이후 군벌전쟁이 끊이지 않으면서 다시 혼란의 국면으로 빠져들었다. 1912년 원세개는 철로행정의 통일을 선포하여 각 성의 상판철로공사를 해산하였으며, 이에 근거하여 각 성에서 이미 부설되었거나 부설 중인 철로를 모두 국유로 환수하였다. 철로의 국유화 비용을 충당하기 위해서는 외채를 차입하는 것 외에는 방법이 없었다.

1912-1914년 사이에 북양정부는 상판철로를 국유로 회수하는 동시에 차관을 도입하여 새로운 철로의 부설에 착수하였다. 국유로 귀속된 철로는 川路(의창 – 성도), 湘路(장사 – 주평), 鄂路(천한, 월한 양선), 徽路, 蘇路(상해 – 가흥), 浙路(항주, 풍경, 강간 – 홍진교, 영파

- 조아강), 豫路, 晉路 등이다. 1912년부터 1916년까지 각국이 중국에서 장악한 철로 부설권은 총연장 13,000킬로미터에 달하였다. 반면 1912-1927년간 북양정부가 부설한 철로는 총연장 4,000여 킬로미터에 지나지 않았다.

북양군벌정부가 통치한 기간은 중국철로의 발전이 상대적으로 지체된 시기로서, 대략 1912-1928년까지의 17년간이었다. 關內 각 성에서 부설된 철로는 총 2,100킬로미터였으며 동삼성에서 1,800킬로미터의 철로가 부설되어, 전국적으로 부설된 철로의 총연장은 3,900킬로미터에 달하였다. 연평균으로 계산하자면 230킬로미터가 부설된 셈이다. 그런데 이러한 수치는 1895-1911년 사이에 부설된 철로 총연장의 42.3퍼센트밖에 되지 않았다.

이 시기에 철로 부설이 다소 완만하게 진행되었된 이유 가운데 하나는 부설을 위한 자본이 부족했기 때문이었다. 1912-1927년 사이에 북양정부는 원세개, 단기서, 조곤, 오패부와 장작림 등 군벌이 권력을 잡은 시기로서, 이들은 철로 부설권을 대가로 철로차관을 도입하였다. 그러나 이들 차관은 대부분 군정비로 충당되어 자신들의 통치자금으로 전용되었다. 결국 이것이 철로 부설자금의 부족을 초래한 것이다. 더욱이 철로에 대한 민간자본의 투자 역시 금지된 상태로서, 철로가 정상적으로 발전하기 어려운 시기였다.

또 하나의 원인으로는 빈번한 전쟁과 정국의 불안을 들 수 있다. 이 시기에는 중앙정권이 수시로 교체되어 신해혁명, 2차혁명, 호국운동, 호법운동, 직완전쟁, 직봉전쟁, 북벌전쟁 등 전쟁이 끊이지 않았다. 수많은 열차 차량이 수시로 전쟁에 징발되었으며, 군수물자와 병력의 수송에 동원되기도 하였다. 심지어 각 군벌은 상대방의 침입을 저지하기 위해 레일을 절단하거나 열차를 훼손하기도 하였다. 이러한 과정에서 수많은 철로가 파괴되고 만 것이다.

중국의 철로는 최초에 이홍장이 군사적 목적에서 개통하였기 때문에 철로 관련 업무는 자연히 총리해군아문의 관할에 속하였다. 청조가 광서 22년(1896)에 철로총공사를 설립하였을 때에도 여전히 해군아문이 철로 업무를 관할하였다. 1898년이 되면서 철로에 관한 업무를 관장하기 위해 광무철로총국이 설립되어 해군아문으로부터 독립하였는데, 이것이 바로 철로를 전적으로 관리하는 기구의 남상이 되었다. 1903년 광무철로총국이 철폐되고 商部로 병합되었다. 1906년 상부가 농공상부로 개조되면서 다시 우전부를 신설하여 철로와 우전(우편과 전보)을 전담하여 관리하니, 철로는 우전부 노정사의 관할 아래로 들어갔다. 그 아래 총무, 관판, 상판의 3과를 두었다. 이후 다시 철로총국을 설치하여 이를 전담하여 관리하도록 하였다.

신해혁명 직후인 1912년 4월에 임시정부는 기존의 우전부를 교통부로 개조하고 이전의 우전부 노정사 및 철로총국 사무의 관리를 모두 이관하였다. 1913년 노정사를 노정국으로 개조하였다가 다음 해 1914년에는 路政局을 취소하고 다시 노정사를 설립하였다. 1916년 노정, 노공, 철로회계공사를 폐지하고 路政司를 설치하여 교통차장이 철로총판을 겸임하도록 하였는데, 이로부터 철로행정기관은 비로소 초보적인 조직 계통을 갖추게 되었다.

중국 조기의 철로 부설은 대부분 외채를 도입하여 부설하였기 때문에 서양인을 고용하여 철로의 부설 및 경영을 위임하였다. 이러한 이유로 관리체계가 통일성이 없었다. 모든 철로 장정과 규범, 열차 운행 규장, 영업방식, 회계제도 등에서 통일된 형식이 없이, 해당철로의 차관을 도입한 채권국의 제도를 채택하였다. 이에 1912년 민국 성립 이후 국유철로정책을 결정하고 교통부는 제도의 통일을 도모하였다.

1912년 국민정부는 특별회계총처를 설립하고, 전국의 철로를 통일하기 위해 각국의 선례 및 규정을 조사, 참조하여 철로, 전신, 우편, 항업의 4政에 관한 특별회계법규를 편성하였다. 특히 철로의 통일에 역점을 두어 1913년 교통부는 철로회계통일위원회를 설립하여 미국의 애덤스(Adams)를 고문으로 초빙하여 철로 예산의 편성, 평준표의 작성, 거리 통계 측례 등을 제정하였다. 1914년 8월에 이르러 철로 정리사업을 개시하고 동일한 회계 계산, 철로 부설, 기관차 및 차량의 건조 등 각 양식의 통일에 착수하였다.

1917년 교통부는 철로기술위원회를 설립하여 산하에 공정, 기계, 운수, 총무의 4처를 두고 국유철로기술통일규칙을 제정하고 1922년 11월 4일 공포한 이후 실시하였다. 1912-1927년까지 총 4264.8킬로미터의 철로가 부설되었는데, 이 가운데 관내지역이 47.3퍼센트, 동북이 52.7퍼센트를 차지하였다. 주요 간선으로는 길장철로, 경수철로, 사정철로, 상악철로, 개벽철로, 사조철로, 정조철로, 농해철로의 일부, 금복철로, 봉해철로, 경봉철로 등을 들 수 있다.

철로 부설 계획에 대한 청사진은 이미 손중산의 '철도십만리부설계획'에 잘 나타나 있으며, 이후 남경국민정부는 國父의 유지를 계승하여 철로의 근대화를 달성하기 위해 구체적인 방안을 수립해 나갔다. 손중산의 철로 부설에 관한 계획은 일찍이 1893년에 이홍장에게 보낸 '上李鴻章書'에 잘 나타나 있다. 여기서 손중산은 "철로를 가진 나라는 전국이 사통팔달하여 왕래와 유통에 막힘이 없다"라고 하여 철로 부설의 필요성을 강조하였다. 특히 재원의 조달에 대해 이홍장은 최초 관상합판을 주장하였으나 민국 이후 점차 외자의 도입을 강조하는 방향으로 나아갔다.

신해혁명 이후 중국철로의 발전은 손문에 의해 주도되었다. 주목할 점은 신해혁명 이후 중국정부가 국유화와 외자 도입이라는 두 가지 원칙을 철로정책의 근간으로 삼았다는 사실이다. 1912년 4월 1일, 손문은 "국내의 철로, 항운, 운하 및 기타 중요 사업을 모두 국유로 한다"는 철로 국유화에 관한 원칙을 천명하였다. 신해혁명의 주요한 동인 가운데 하나가 철로의 국유화에 반대하는 보로운동이었음에도, 손문의 입장은 철로 부설에서 국가권력의 통일적 지도 및 통제를 지향하였음을 알 수 있다.

　　철로 국유화를 추진하기 위한 수단으로서 중국정부는 외자의 도입을 기본 원칙으로 확립하였다. 손문은 "국가가 실업을 진흥하기 위해서 자본이 없을 경우 부득불 외채를 차입할 수밖에 없다 … 외채를 차입하여 생산에 투여하면 이득이 많으며, 남미의 아르헨티나, 일본 등의 발전도 모두 외채의 덕이다. 우리나라도 철로를 부설하는 데 외채를 도입한다면 몇 년의 수입으로 철로외채를 상환할 수 있다"라고 하여 철로 부설에서 외채의 중요성을 강조하였다.

　　1913년 대총통령으로 '민업철로조례'가 반포되었고, 2년 후인 1915년에 다시 민업철로법이 반포되었다. 1924년 4월 '국민당 제1차 대회 선언'은 중국국민당정강을 제정하면서, 국내정책의 제15조에서 "민간의 역량이 부족하므로 철로, 항로 등은 국가가 경영하고 관리한다"라고 규정하였다. 1912년 7월 22일, 손중산은 상해에서 개최된 '中華民國鐵道協會歡迎會' 석상에서 "철로가 부설될수록 그 나라는 부강하게 된다. 미국의 경우 현재 30여만 킬로미터에 달하는 철로를 보유하고 있으며, 세상에서 가장 부유한 나라로 손꼽힌다"라고 하여 철로 부설이 곧 그 나라의 국력과 직결된다는 점을 강조하였다.

　　1912년 8월 말, 손중산은 북경에 도착하여 원세개와 13차례에 걸처 논의하면서, 정부가 철로 부설에 적극 나서야 하는 당위성을 강조하였다. 9월 11일, 원세개는 손중산을 전국철로총국 독판으로 임명하고 '주획전국철로전권'을 부여하였다. 이에 따라 손중산은 북방, 남방, 동방 3대 항구를 중심으로 서북철로, 서남철로, 중앙철로, 동남철로, 동북철로, 고원철로 등의 철로망을 상호 연결하여 전국적인 철로교통망을 조직하기 위한 계획을 수립하였다.

9월 27일 손문은 진포철로의 북단인 제남을 시찰하면서 철로를 부설하기 위해 외자를 적극 도입할 방침을 다음과 같이 천명하였다. 첫째, 경한철로, 경봉철로 등의 사례를 참조하여 차관을 도입하여 철로를 부설한다. 둘째, 중외합자를 통해 중국에서 공사를 조직한다. 셋째, 외국자본가에게 철로 부설권을 부여하여 40년을 기한으로 국유로 회수한다. 단 조건은 중국의 주권을 침해하지 않는 범위에서 허락한다.

1912년 9월 12일, 손문은 상해에 중국철로총공사를 설립하고 전국의 철로를 3대간선으로 구획하여 10년간 60억 원의 자본을 투자하여 10만 킬로미터에 달하는 철로 부설 계획을 수립하였다. 이 계획은 내지 이주를 촉진하고 실업 건설과 자원 개발, 국방의 강화와 서구와의 교통망을 완비하는데 그 목적이 있었다. 이 밖에 기관차 및 객차 제조공장의 설립도 계획하였다. 3대간선의 첫 번째 노선인 남선은 광동으로부터 광서, 귀주를 거쳐 사천으로 나아가 서장(티베트)으로 들어가 天山 남변까지 이르는 노선이며, 두 번째 중선은 장강에서 출발하여 강소성으로부터 안휘, 하남, 섬서, 감숙, 신강을 거쳐 이리로 나아가는 노선, 세 번째 북선은 진황도에서 출발하여 요동을 거쳐 몽골로 들어가 외몽골로 이어지는 노선이었다.

유의할 것은 중국정부가 외자를 도입하여 철로를 부설한다는 정책에 대한 열강의 대응과 그것이 가져온 결과이다. 중국의 외자 도입 정책에 가장 먼저 호응한 국가는 바로 영국이었다. 북양정부의 교통총장을 지낸 양사이의 회고에 따르면, 1913년에 주중 영국공사 조던(Jordan)은 원세개에게 우편국이나 해관처럼 중국 내의 모든 철로를 통일하고 그 총지배인을 영국인으로 임용하도록 제의하였다. 영국 中英銀公司의 대표 메이어(Mayers)도 총철로공사를 설치하여 전국의 철로를 관리해야 한다고 주장하며, 중국정부가 영국인 총세무사에게 전국의 해관을 관리하도록 한 사례를 참조하도록 건의하였다. 조던의 건의와 같이 영국인 총철로사를 임명할 경우 중국해관과 마찬가지로 중국철로에 대한 영국의 절대적 지배권이 확립될 것은 자명한 일이었다. 따라서 이러한 건의는 기타 국가의 반대로 결국 실행에 이르지 못하였다.

이러한 가운데 1914년 제1차 세계대전이 발발하면서 영국을 비롯한 유럽 제국은 중국에 대한 상품 수출 및 자본 투자에 나설 수 없게 되었다. 이와 같은 공백을 적극 파고 들어 대전기 중국에서 세력을 확장해 나간 국가가 바로 일본이었다. 1차대전 기간 동안 일본은 중국시장에 대한 상품 및 자본 수출을 통해 급속한 자본주의 발전을 이룩할 수 있었다. 대전이 발발하기 전해인 1913년 중일무역 총액은 1억 9,000만 해관량에 지나지 않았으나, 1919년에는 4억 4,000만 해관량으로 증가하였다.

1차대전 기간 동안 일본은 중국철로에 대한 독점적인 확장을 기도하였다. 1913년 10월 일본공사 야마자 엔지로(山座圓次郎)와 원세개는 비밀협정을 체결하고, 일본으로부터 차관을 도입하여 만몽5로철로, 즉 남만주철로의 사평 - 조남 노선, 조남 - 熱河(현재의 承德)와 북녕로 평행선, 개원 - 海龍, 해룡 - 길림, 길장의 장춘 - 조남 노선을 부설하기로 합의하였다. 1915년 1월 일본은 帝制를 지원하는 조건으로 원세개에게 21개 조항의 요구를 제출하였으며, 5월 26일 원세개는 일본의 요구를 수정없이 받아들였다.

이 가운데 철로에 관한 내용은 다음과 같다. 즉 "산동성 내에서 독일이 부설한 교제철로와 기타 철로의 권익을 일본에 양도한다. 동북지역에서 중국이 철로를 부설할 때는 우선적으로 일본의 자본을 차용한다. 남만주철로의 경우 1898년 체결된 조약에는 개통 36년 후인 1939년에 중국이 회수할 수 있도록 규정하였으나, 이를 99년 즉 2002년까지 경영권을 갖는 것으로 개정한다. 안봉철로의 경우도 15년간 즉 1923년까지 경영을 위임한다고 하였지만, 99년간 즉 2007년까지로 개정한다. 길장철로의 조항도 근본적으로 개정하여 일본에 99년간 경영권을 부여한다."

4 남경국민정부 철도부의 성립과 철로의 본격 발전

손중산이 영도하는 혁명파의 무창기의로 청조는 역사의 뒤안길로 사라지고 말았다. 마침내 중화민국남경임시정부가 수립되어 손중산이 임시대총통에 취임하였다. 그러나 내부 혁명파의 구성이 다종다양하여 이질성이 돌출하면서 원세개가 마침내 제국주의 세력을 등에 업고 대총통의 지위를 차지하였다. 이로부터 중국은 북양군벌이 통치하는 시기로 접어들었다. 북양군벌의 통치 시기는 군벌의 혼전이 일상화되었으며, 내전이 끊이지 않았다. 사회는 불안하고 백성들의 생활은 안정되지 못하였다. 북양정부 시기는 사회 전반이 안정되지 못한 군벌 통치의 시기로서, 철로 부설 역시 그 영향으로 발전이 상당히 완만한 상태였다.

1927년 4·12정변으로 남경국민정부를 수립한 장개석은 1928년 군사위원회 주석의 명의로 북벌을 단행하여 북양군벌 최후의 보루인 장작림을 향해 진격하였다. 6월에 이르러 국민정부 군대가 북경을 압박하자 장작림은 패하여 북경을 탈출한 후 동삼성으로 후퇴하였다. 장작림의 뒤를 이어 이 지역에 대한 통치권을 승계한 장학량은 동북역치를 선언하고 중앙으로의 귀속과 북양군벌 통치의 종식을 선포하였다. 바야흐로 국민정부가 전국의 통치를 확립하게 된 것이다.

국민정부가 전국을 통일한 이후 중국철로에는 근본적인 변혁이 발생하였다. 남경국민정부는 '실업진흥'의 구호 하에 "교통은 실업의 어머니이며, 철로는 교통의 어머니"라는 국부 손중산의 유지를 받들어 철로를 교통의 핵심으로 인식하여 실업 발전의 근간으로 삼았다. 일찍이 손중산은 『建國方略』에서 실업을 국가건설의 전제조건으로 제시하였으며, 특히 교통의 건설을 강조하였다. 국민당 제3차 전국대표대회의 정치보고결의안 가운데 교통건설과 관련하여 "경제건설은 삼민주의의 근간으로서, 물질적 기초 없이는 민족의 독립 보장도 존재하지 않으며 민권의 충실한 발전을 기약할 수 없을 뿐 아니라, 민생문제는 근본적으로 해결이 불가능하다. 이제부터 경제건설은 교통과 수리의 개발로 축약된다. 이는 농업과 공업의 개발을 위한 기본 조건이며, 철로, 公路(도로)는 육상교통의 골간이다"라고 선언하였다.

철로의 중요성에 비추어 1928년 남경국민정부는 철도부를 교통부로부터 독립시킴으로써 철로를 실업발전의 기초로 적극 활용하고자 하였다. 이를 위해 손중산의 아들인 孫科를 철도부장으로 발탁하여 이와 관련된 정책을 적극 추진하였다. 특히 남경을 중심으로 하여 강남지역에 중점을 둔 철로네트워크의 구축에 힘을 쏟았다. 이를 위해 월한철로, 농해철로, 창석철로의 부설을 완료할 계획을 수립하였다. 이와 같이 철도부의 성립 자체가 기존의 반식민지, 반봉건적 성격을 타파하고자 하는 목적을 충분히 반영하고 있음을 알 수 있다.

손과는 1928년 10월 24일 철도부장으로 취임한 이후 바로 '관리의 통일, 회계의 독립'을 선언하였다. 철로를 정돈하였으며, 인원을 파견하여 각지에서 조사 및 연구를 실시하고 측량을 진행하여 각종 재정의 확보 방안을 마련하였다. 교통부는 철로행정과 관련된 일체의 사업을 철도부로 이관하여 처리하도록 하였다. 이에 '실업진흥'의 구호 하에 '철로건설계획'과 '중외합자축로정책'을 제정하였으며, 아울러 '鐵路路務整頓'과 '철로외채정리'를 추진하였다. 이로부터 중국 근대사상 두 번째의 철로 부설의 붐이 출현하였다.

1928-1937년 사이에 부설된 철로는 총연장 8,058.5킬로미터에 달하였다. 1937-1945년 사이의 항전기간 동안에는 총연장 6,297.5킬로미터가 부설되었으며, 이 가운데 후방에서 부설된 철로가 2,383.5킬로미터에 달하였다. 1946-1949년 동안 총 191.3킬로미터가 부설되었다. 이 밖에 대만성에서 약 900킬로미터의 노선이 일본의 투항 이후에 국민정부로 귀속되었다. 이러한 결과 1928-1949년 사이에 중국대륙에서는 총 14,000킬로미터의 철로 노선이 부설되었다

1937년 중일전쟁이 발발하기 이전까지 철로의 부설은 두 시기로 나눌 수 있다. 첫째는 1927년 남경국민정부의 수립부터 1932년 '철도법'이 반포될 때까지의 시기이다. 이 시기에 비록 국민정부가 전국을 통일하고 실업진흥, 철도부의 설립으로 이어졌지만 전국의 진정한 통일에는 이르지 못하였다. 국민정부의 재력, 물력이 부족하고

만주사변 등 일본의 동북침략 등으로 대규모의 철로 부설공정을 추진하기 어려웠다. 둘째는 1932-1937년의 시기로서, 근대 철로사상의 제2차 부설 고조시기에 해당한다고 할 수 있다. 1937년 일본의 침략으로 중일전쟁이 발발하기 전까지 6년 동안 일본이 동삼성에서 부설한 철로를 제외하고도 부설된 노선은 총연장 3,600킬로미터에 달하였다. 이는 매년 평균 600킬로미터에 달하는 수치로서, 역사상 가장 많은 철로 노선이 부설된 시기라 할 수 있다.

북벌의 완료 이후 국민정부는 1931년 '중국공업화10년계획'을 수립하였는데, 이 가운데 '철로건설계획'이 포함되어 있었다. 주요한 계획은 5년 이내에 서북, 서남, 동남, 중부의 동서 등 4대 철로네트워크, 총연장 8,000여 킬로미터의 노선을 부설하는 원대한 계획이었다. 이 밖에 황하와 전당강에 철교를 가설하고, 서안, 주주, 貴溪 등에 기기창을 부설하는 계획도 포함되어 있었다. 이를 위해 총 9억 8,750만 원이 소요될 것으로 책정되었다.

이와 같은 철로의 부설과 중국공업화계획을 실현하기 위해 국민정부는 1931년 12월 28일 행정원명령의 형식으로 '외국의 자본과 기술을 충분히 이용한다'는 방침을 천명하였다. 이후 1932년 7월 국민정부는 '철도법'을 반포하였는데, 중국 역사상 최초로 철로와 관련 법률이었다. 철도법은 "모든 전국교통과 관련된 철로는 중앙정부가 경영하는 것을 원칙으로 하였다. 지방교통과 관련된 철로는 지방정부가 공영철로조례에 따라 경영하였다. 철로 노선이 부설되기 이전에는 민영철로조례에 의거하여 민영도 가능하도록 하였다. 국영철로는 철도부가 관리하며, 공영철로 혹은 민영철로는 철도부가 감독하였다. 철로 운임과 연계운수 등 일체의 철로와 관련된 업무는 철도부가 정한 규정에 준거하도록 지시하였다. 더욱이 철도법 내에는 주권과 이권을 침해하지 않는 범위 내에서 적극적으로 외자를 도입한다는 원칙을 명시하였다.

1934년 1월 철도부가 입안하고 실업부가 비준한 '利用外資辦法草案'을 반포하고, 여기서 "정부는 외국은행단 및 상업단체와 합자의 형식을 취하거나 혹은 외국은행단, 상업단체로부터 차관을 도입하여 각종 실업을 일으킨다"라고 규정하였다. 합자의 경우 중국자본이 51퍼센트 이상을 차지하도록 규정하고 중국이사가 경영진의 다수를 차지하도록 규정하였다. 이 밖에도 총경리는 반드시 중국인으로 선임하도록 하였으며, 중국공사법 및 기타 법률의 규제 하에 두도록 하였다.

국민정부의 중외합자를 통한 철로부설정책의 방침 하에서 송자문, 공상희 등은 '中國建設銀公司'를 설립하고, 여기서 외국인과 합작하여 철로를 부설하는 업무를 추진하도록 하였다. 1934년부터 중국건설은공사 및 기타 중국은행단, 그리고 외국자본집단이 합자의 형식을 통해 절공철로, 성투철로, 경공철로 등을 부설하기 위한 계약을 속속 체결하였다.

국민정부가 철로부설계획과 합자를 통한 철로부설정책을 시행한 이후 1932년부터 중국에서는 근대 철로 역사상 두 번째로 철로의 부설이 고조되는 시기에 접어들게 되었다. 1937년 중일전쟁이 전면적으로 폭발할 시기까지 6년 동안 부설된 철로는 일본이 동북지역에서 부설한 철로를 제외하고 총연장 3,600킬로미터에 달하였다. 이는 중국철로 역사상 연평균 철로 부설이 가장 많았던 시기에 해당된다.

5 전시 중국철로의 항전에 대한 기여

중일전쟁 폭발 이전에 국민정부는 이미 항전의 준비를 갖추어 대비하였으며, 전쟁 발발 이후 최고통수부 및 철도부는 철로운수를 신속하게 전시체제로 전환할 수 있었다. 1937년 7월 24일 국민정부는 '철로전시운수판법'을 반포하고 1936년 12월 군사위원회가 반포한 '철도운수사령부조직조례'에 근거하여 정식으로 철도운수사령부를 설립하고 농해철로국장 錢宗澤을 총사령으로 임명하여 전국의 철로 軍運을 지휘하도록 하였다. 철도부와 철도운수사령부는 힘을 합해 전시 운수를 운용하였다.

1937년 7·7사변으로 중일전쟁이 발발하자 철로는 중국군대의 이동 및 군수물자의 운수를 위해 매우 중요한 역할을 부여받았다. 일본군의 진격으로 철로 가운데 운용할 수 있는 노선이 점차 축소되었다. 그럼에도 특히 전쟁이 발발한 직후에 철로는 매우 중요한 역할을 수행하였다. 국민정부는 연안지역의 생산설비 및 민간인, 중요 물자의 대후방 遷移, 병력의 이동과 군비의 수송 등에 철로를 적극 동원하였다.

이미 1931년 9·18 만주사변 이후 동북지역의 철로는 사실상 일본의 수중으로 넘어갔으며, 대부분 남만주철로의 통일적 관리 하에 편입되었다. 중일전쟁이 발발하자 일본군은 경제의 대동맥인 철로를 주요한 점령 목표로 설정하였다. 일본은 철로 연선을 따라 중국 내지로 침략을 확대해 나갔으며, 철로는 침략의 주요한 통로가 되었다. 일본은 침략전쟁의 지원과 확대를 위해 점령지 철로를 통해 군대를 운송하고 전쟁 물자를 실어 날랐으며, 자원을 약탈하고 항일무장역량에 대한 공격을 감행하였다. 이 밖에 관내지역에서 일부 철로를 부설하기도 하였다.

일본군대는 중국철로에 대한 공습을 감행하였으며, 중국군이 주둔하는 지역에서 철로의 운수 보급을 차단하기 위해 전력을 기울였다. 전쟁 발발 초기부터 중국의 철로는 일본전투기의 주요한 공습 목표가 되었다. 1937년 제2차 상해사변 이후 일본군은 생산설비의 內遷(내지 이전) 및 중국군대의 이동을 저지하기 위해 막 준공된 전당강대교와 절공철로를 수시로 폭격하였다. 또한 국제교통의 요충인 월한철로의 남단과 광구철로에 대해서도 폭격을 감행하였다. 일본군이 화동지역을 점령한 이후에는 절공철로의 金華에서 衢州에 이르는 구간과 소가철로 등을 파괴하였으며, 광주를 점령한 이후에는 다시 신녕철로, 조산철로 등의 영업이 중단되었으며, 1939년에 이르러 철거되고 말았다.

일본군이 일단 철로를 점령하면 즉시 열차를 개통하여 중국을 침략하기 위한 유효한 수단으로 적극 활용하였다. 중일전쟁이 폭발한 직후부터 이미 일본은 신속히 철로를 점령하기 시작하였다. 1938년 10월 광주, 무한이 함락되고 중국은 9,000킬로미터의 철로를 상실하였다. 이는 관내철로 총거리의 70퍼센트 정도에 해당되는 수치였다. 중일전쟁 시기에 일본의 침략으로 상실된 철로 노선은 약 12,000여 킬로미터로서, 관내철로 총연장의 92.1퍼센트에 달하였다.

국민정부는 중경으로 천도한 이후 대서남, 대서북을 항전을 위한 후방으로 설정하여 항전을 견지하였다. 대외적으로 국제교통선을 개척하여 외국으로부터의 원조 물자를 수용하고, 군사 운수(軍運)의 편리를 적극 도모하였다. 동시에 국제교통 루트를 확보하여 중국에서 생산된 광산물을 외부로 수출하고, 이로부터 획득한 재원으로 군수물자를 구매할 수 있었다. 이와 같이 전시 서남지역 등 대후방의 철로는 항전의 주요한 물적 기초를 확보하는 데 크게 기여하였다.

철로의 부설자금은 대부분 국고로부터 지출되었다. 1938년 철로를 부설하기 위해 지출된 비용은 6,000여만 원에 달하였으며, 1939년에는 9,600여만 원에 달하였다. 1940년에는 1억 4,700만 원에 달하였으며, 1941년에는 3억 3,600만 원, 1942년에는 9억 5,900만 원, 1943년에는 9억 9,300만 원, 1944년에는 56억 700만 원에 달하였으며, 1945년에는 262억 500만 원, 1946년에는 887억 원, 1947년에는 1,603억 원에 달하였다. 1937년부터 1945년까지 국민정부가 부설한 철로는 총 1,900여 킬로미터로서 한 해 평균 230킬로미터에 지나지 않았다. 이는 북양정부 시기의 매년 부설 철로의 거리와 비슷하였다. 말하자면 근대 중국철로 부설 역사상의 두 번째 침체기라 할 수 있다.

노구교사변 이후 철로 연선이 전장으로 변하면서 철로계획에는 근본적인 변화가 발생하였다. 전시 철로의 부설은 무엇보다도 항전의 역량을 강화하여 후방의 지위를 공고히 한다는 원칙을 견지하였다. 중경을 임시 수도로 선포한 이후 후방은 실질적으로 호남, 광서, 귀주, 사천, 운남 등이 중심이 되었다. 그러나 이들 성 간에는 상호 연계 교통이 크게 부족한 상태였다. 항전 초기 상계철로가 이미 부설을 시작하여 衡陽으로부터 桂林에 이르는 구간에 1938년 말에 이르러 열차를 개통하였다. 그러나 전쟁이 이미 호남성으로 파급되면서 湘黔鐵路의 운행이 중단되고 말았다. 그리하여 상검철로의 모든 레일 및 기타 자재를 옮겨 와 상계철로의 노선 연장을 위해 투입되었다. 이후 월한철로 역시 레일을 해체하여 상계철로를 柳州까지 연장 부설할 수 있었다.

이와 함께 유주로부터 검계철로를 부설하기 시작하여 貴州로 연결함으로써 후방 철로 교통네트워크를 구축하였다. 검계철로는 이후 都勻까지 통하였으며, 후방 군사 운수에 크게 공헌하였다. 항전 전에 이미 부설을 개시한 성투철로는 프랑스로부터 철로 부설을 위한 자재가 홍콩에 도착한 이후 장강의 교통이 막혀 내지로 운반해 들어올 수 없었다. 그리하여 공정이 진행되었으나 여전히 레일을 부설하여 열차를 운행할 수 없었다.

　항전의 역량을 공고히하기 위해서는 국제철로 노선을 개척하는 일이 매우 중요한 과제가 되었다. 연해 각 부두가 대부분 일본에 의해 점거되었기 때문에 후방을 통해 국제교통로를 개척할 수밖에 없었다. 이 가운데 광서에서 월남으로 통하는 루트, 운남에서 미얀마로 통하는 루트가 가장 중요하였다. 상계철로를 부설하기 시작한 이후 계림으로부터 柳州, 南寧을 거쳐 바로 鎭南關으로 나가서 베트남철로와 상호 연결하도록 하였다. 이 가운데 진남관에서 남녕에 이르는 구간은 프랑스와의 합작을 위해 중국건설은공사와 프랑스은행단의 협조를 통해 차관을 체결하였으며, 이를 발판으로 1938년 4월에 총연장 80킬로미터에 이르는 노선의 열차를 개통할 수 있었다. 베트남 경내의 철로 종점인 동당(同登)에서 국경에 이르는 4킬로미터 노선은 프랑스 측이 부설하여 국경으로 진입하도록 하였다. 이러한 가운데 일본군대가 상륙하면서 부설을 중지되고 말았다. 그럼에도 당시까지 이 노선을 통해 운반된 물자가 적지 않았으며, 항전에 대한 공헌이 매우 컸다고 하겠다. 항전시기에 대후방을 중심으로 부설된 대표적인 철로 노선으로 다음을 들 수 있다.

① 湘桂鐵路 : 중일전쟁이 폭발하기 이전에 이미 이 철로의 부설계획이 있었으며, 전쟁이 폭발한 이후 곧 부설공사에 착수하였

다. 이 철로 노선은 중일전쟁이 폭발한 이후 새롭게 부설된 첫 번째 철로였다. 상계철로는 천한철로의 형양으로부터 東安, 全州를 거쳐 광서성의 省會(省都)인 桂林에 도달하고 여기서 다시 柳州, 南寧, 鎭南關을 거쳐 남쪽으로 월남 국경내 철로와 서로 연결되어 이를 통해 월남 하이퐁 항구에 도달할 수 있었다. 즉 이를 통해 동남 연해 각 성과 서남 각 성의 교통이 연계되어 해안을 출입할 수 있어 전략적 의의가 매우 컸다. 상계철로의 총연장은 1,000킬로미터에 달하였다. 그러나 1939년 11월 일본군이 欽州로 상륙하여 남녕을 점령하자 모든 부설공정이 중단되었다. 전국이 긴박하게 전개되자 기차 차량을 동당으로 후퇴시키고, 자재도 동당으로 옮겼다. 상계철로국은 이미 부설된 레일을 철거하여 검계철로의 부설을 위해 사용하도록 전용하였다.

② 검계철로 : 중일전쟁이 발발한 이후 서남은 대후방의 중심이 되었으며, 貴陽은 서남지구 공로(도로)의 교통중심이 되었다. 상계철로의 부설 이후 만일 다시 유주로부터 귀양으로 통하는 철로를 하나 더 부설한다면 중경으로 통하는 운수능력을 크게 제고할 것이 명확하였다. 또한 부설의 과정에서도 철거한 기차 차량과 레일, 철로자재 등도 이용할 수 있어 외부로부터 구입할 필요도 없었다. 무한이 함락된 이후 교통부장 張嘉璈[2]는 검계철로의 부설을 건의하였으며, 국민정부 중앙은 이를 승인

---

2) 장가오는 1935년 12월에 철도부장으로 임명되었으며, 1938년 1월에는 교통부장으로 임명되었다. 중일전쟁 시기에 상검철로, 상계철로 등 철로의 부설을 통해 항전에 크게 기여하였다.

하였다. 검계철로는 광서성 유주로부터 귀주성 귀양에 이르는 총연장 615킬로미터의 철로 노선이었다.

③ 전면철로 : 중일전쟁 폭발 이후 전면공로의 부설에 더욱 속도를 내어 1938년 7월에 차량의 통행을 시작하였다. 전면공로는 대후방의 중요한 국제운수 노선이라 할 수 있다. 그러나 도로운수의 능력은 한계가 있어 매년 운수량 18만 톤 정도밖에 되지 않았다. 중국의 입장에서 만일 장기항전을 견지하기 위해서는 매년 반드시 국외로부터 군용물자 20만 톤과 민수물자 10만 톤이 필요하였다. 만일 해안이 전면 봉쇄될 경우 전면공로는 이와 같은 수요에 부응할 수 없게 되는 것이다. 따라서 전면철로를 부설하여 수입물자의 운수능력을 제고하는 일은 매우 중요한 과제가 아닐 수 없었다.

전면철로의 측량은 1938년 겨울부터 1939년 봄에 걸쳐 대부분 완료되었다. 이 가운데 중국 측의 노선은 총연장 880킬로미터였으며 미얀마 측의 노선은 총연장 184킬로미터에 달하였다. 궤간은 1미터로 부설하였는데, 이는 미얀마철로의 렝리 궤간과 합치하기 위한 이유에서 그러한 것이다. 마침내 1939년 봄에 정식으로 부설공사를 시작하였다. 이러한 가운데 1941년 5월 미국이 조차법안을 통과시키고 중국이 전면철로를 부설하기 위한 재료차관으로 1,500만 달러를 제공하였다. 1942년 12월 태평양전쟁이 폭발하면서 미국산 레일을 중국으로 운송하기 어렵게 되었다. 1942년 3월 미얀마의 양곤이 일본군에 의해 점령되었으며 전면철로의 모든 노선은 공사가 중단되고 말았다.

④ 叙昆鐵路 : 청말 이래 영국은 자신이 통제하고 있던 미얀마, 월

남에서 사천에 이르고 다시 이로부터 장강으로 통하는 철로의 부설을 추구해 왔으나 실현에 이르지는 못하였다. 전쟁이 폭발한 이후 국민정부가 중경을 임시수도로 정한 이후 사천의 장강 연안의 敍府로부터 昆明에 이르는 철로의 부설이 현실적으로 매우 필요하게 되었다. 1938년 4월 교통부는 인원을 파견하여 철로 노선을 부설하기 위한 측량에 착수하였으며, 9월에 서곤철로공정국 및 川滇鐵路公司 이사회를 설립하여 서곤철로의 부설에 착수하였다. 마침내 곤명에서 曲靖, 宣威, 威寧, 昭通, 鹽津을 거쳐 敍府에 이르는 노선을 결정하고 총연장 850킬로미터에 달하였다. 서곤철로는 일찍이 1939년 12월에 프랑스은행과 차관계약을 체결하고 총 4억 9,000만 프랑을 차입하였으며, 중국건설은공사는 현금 3,000만 원을 차입하였다.

6 항전 승리 이후 중국철로의 接管과 복구

항전 승리 전야에 국민정부 교통부는 이미 '복원준비위원회'를 특설하여 종전 이후 교통사업의 접수 및 복원업무를 진행할 제반 준비를 갖추어 나가고 있었다. 1945년 7월에 중경국민정부는 '收復地區政治設施綱要草案'을 기초하고, "적이 소유하고 있던 교통설비, 자재 등을 일괄적으로 국유로 귀속하며 각 교통기관이 이를 접수하여 정리하도록 한다"는 방침을 결정하였다. 종전 직후 국민정부는 중앙집중의 통일적 접수의 방침을 세우고 전국의 철로를 平津, 武漢, 上海, 廣州, 東北, 臺灣 등 6개 지구로 나누고, 교통특파원을 각지로 파견하여 철로를 접수하도록 하였다.

1945년 8월 일본이 패전을 선언한 직후 국민정부는 전시 일본에 점령된 철로를 신속히 접수하고 파괴된 철로의 복구에 나섰다. 이러한 과정에서 특히 미국의 원조와 지지 하에서 철로의 접수 업무를 진행할 계획을 수립하였다. 1946년 4월 국민정부는 미국에 만리장성 이남의 철로에 대해 3개월 여의 기간에 걸친 정밀한 시찰을 요청하고, 그 결과를 바탕으로 철로를 복구하려는 계획을 수립하였다. 국민정부 행정원장 송자문의 초청으로 미국은 고문단을 조직하여 장성 이남의 8,000킬로미터에 이르는 철로 노선 및 塘沽新港에서 해남도 사이의 모든 중요 항만에 대한 조사를 실시한 이후 중국철로와 항만의 복구와 관련하여 보고서를 제출하였다. 이 가운데 중국철로의 복구 비용으로 약 3억 4,639만 달러가 소요될 것으로 추산하였다. 국민정부는 복구 비용의 70퍼센트 내외를 차관의 도입과 미국으로부터 자재 구매 등을 통해 조달한다는 계획을 수립하였다.

이와 함께 1946년 3월 국민정부는 聯合國善后救濟總署의 원조 아래 본격적으로 철로의 복구작업에 착수하였다. 같은 해 8월 연합국선후구제총서는 중국에 6억 달러의 구체물자를 공여하기로 결정하였는데 이 가운데 일부가 철로자재였다. 1946년부터 1948년에 걸쳐 연합국선후구제총서는 중국에 막대한 수량의 철로 자재를 공여하였다. 즉 강철 레일 및 철로 부품 총 8만 3,000톤, 교량 鋼材[3] 4만 3,000톤, 枕木 100만여 개, 기관차 242대, 화차 3,466량, 철로 부설기계 및 부품 1만 톤 등을 지원하여 중국의 철로가 신속히 복구될 수 있도록 지원을 아끼지 않았다.

---

3) 부설공사 등의 자재로 사용하기 위해 압연 등의 방법으로 가공한 강철을 가리키며, 철광석을 채굴, 제련하여 제조한다.

연합국선후구제총서는 이들 자재를 월한철로 및 절공철로의 복구에 우선 사용하도록 지정하였다. 이러한 결과 월한철로가 1947년 7월에 복구되어 열차를 개통하였으며, 절공철로 주평 구간에서도 1947년 9월부터 열차를 개통하였으며, 1948년 9월에는 전 노선이 복구되어 열차를 개통하였다. 남심철로는 1947년 말 복구되어 열차를 개통하였다. 이 밖에 회남철로, 강남철로도 1948년 9월과 10월에 각각 복구되어 열차를 개통하였다. 이와 동시에 국민정부 교통부는 '전후제1기철로건설5년계획'을 제출하고 5년간 철로 13,000여 킬로미터의 노선을 부설하기 위한 계획을 수립하였다.

일본군이 투항한 이후 장개석은 명령을 반포하고 중국공산당의 항일군대에게 현지의 방어에 전념하며 차후의 명령을 기다리도록 지시하는 한편, 적에 대한 임의의 행동을 금지하였다. 국민정부 군대에게 작전을 가속화하여 적극 추진하도록 지시하는 한편, 패전 일본군에 대해서는 해당 지역의 치안을 책임지도록 하였으며, 중앙정부의 승인 없이는 어떠한 부대의 개편도 하지 말도록 지시하였다. 미국은 맥아더 명의의 명령을 반포하여 일본군에게 장개석정부 및 그 군대에 투항하도록 하고 공산당 무장역량에게는 무기를 반납하지 못하도록 하였다. 국민정부는 심지어 일본군에게 공산당 군대가 淪陷區(중국 내 일본군 점령지역, 종전 후 수복구)를 접수하지 못하도록 지시하였으며, 원적지에서 방위를 담당하도록 지시하였다. 심지어 해당 지역을 공산당군대가 점령할 경우 일본군이 책임을 지도록 하였다.

그러나 항전 중후기에 국민당군대가 전장으로부터 먼 서남, 서북지역에 집중됨에 따라서 당시 광주, 대만 이외에 전국 대부분 지역의 철로는 이미 중국공산당 군대에 의해 접수된 상태였다. 항전 승리를 전후한 시기에 중국공산당은 대만을 제외한 전국철로를 속속 자신의 세력관할로 편입해 나갔다. 1945년 8월 승리를 눈앞에 두고 중국공산당 제18집단군 총사령 朱德은 7호 명령을 발포하고, 경봉철로, 경수철로, 경한철로, 동포철로, 창석철로, 정태철로, 도청철로, 진포철로, 농해철로, 월한철로, 호녕철로, 광구철로, 조산철로 및 기타 해방구에서 일본군이 장악한 일체의 교통시설에 대한 공격을 감행하여 적군에게 무조건 투항하게 하도록 지시하였다. 1945년 말 동북지역에서 동, 서, 북부의 각 철로 노선은 기본적으로 대부분 중국공산당의 통제 하에 접수되었으며, 화북철로 역시 대부분 이들에 의해 접수되었다.

모택동은 1945년 8월 13일 연안 간부회의에서 항전 승리는 인민이 흘린 피의 대가이며, 상해, 남경, 항주 등 대도시가 장개석에 의해 접수되었음을 지적하면서, 태원 이북의 동포철로, 평수철로 중단, 북녕철로, 정태철로, 석덕철로, 진포철로, 교제철로, 정주 이동의 농해철로 등은 반드시 해방구 인민의 손으로 접수해야 한다고 주장하였다.

모택동과 주덕은 장개석의 금령에도 불구하고 8월 9-11일 최후일전의 구호 아래 일본군 점령구로 진격하도록 명령하였다. 중국공산당의 무장역량은 해방구와 적점령구 교차지에 분포한 유리한 형세를 이용하여 신속하게 일본군에 대한 전면적인 공세를 전개하였다. 또한 공산당 군대는 비단 해방구의 확대뿐만 아니라 철로를 접수한 이후 국민당이 철로 노선을 이용하여 해방구를 공격할 것에 대비하여 주동적으로 철로 노선을 파괴하기도 하였다.

이러한 가운데 1946년 1월 10일 미국대통령 특사인 마셜의 중재하에 국공 양당은 정전협정을 체결하였다. 정전협정을 논의하기 위해 북평에 미국 및 국공 양당에서 각각 한 명씩의 대표를 두어 '군사

중재집행부'를 설립하였다. 미국과 국민정부는 중재의 명목 하에 화북철로교통의 회복을 추진하고 군중재부 아래 철로관리과를 설치하였으며, 이후 다시 교통처로 개조하였다. 주요한 임무는 국민정부 교통부장이 화북을 수복하는 데 협조하여 화중철로 노선상에서 열차를 개통하는 일이었다. 교통부는 즉시 인력, 물력, 조직을 준비하여 각 철로의 공정대를 조직하였다.

1946년 6월 말 국민정부가 전면내전을 발동하자 철로는 다시 수난을 벗어나기 어렵게 되었다. 중국공산당 점령구인 해방구의 군민들은 국민정부 군대의 진공을 저지하기 위해 대대적으로 철로 파괴를 감행하였으며, 이러한 과정에서 국민정부 통제 하의 철로는 크게 파괴되었다. 해방구의 철로노동자와 철로 연선에 거주하던 주민들은 레일을 철거하고 침목을 나르고 전선을 끊고 전신주를 뽑고 철로의 자재를 강에 던져버리거나 땅 속에 묻었다.

국민정부 군대가 철로를 이용하여 해방구로 진공할 것을 저지하기 위해 모택동은 철로 노선을 파괴하도록 명령하였으며, 동시에 국민정부 관할의 철로에 대해서는 집중적이며 대대적으로 파괴하도록 지시하였다. 내전은 1948년까지 진행되었으며, 국민정부가 내전에서 패하고 후퇴하는 과정에서도 철로 노선은 대대적으로 파괴되었다. 총체적으로 이 시기는 내전의 폭발로 새로운 철로의 부설이 사실상 어려웠을 뿐만 아니라, 종래의 철로마저 대규모의 파괴를 피할 수 없었다.

특히 동북지역은 전국 철로 총연장의 약 46퍼센트를 차지할 정도로 철로 노선이 집중된 지역으로서, 이 지역에서 철로의 신속한 복구는 전후 경제건설과 생산력의 복구를 위해 매우 시급한 일이 아닐 수 없었다. 한편 중국철로 가운데 가장 밀도가 높았던 동북지역의 철로 접수상황을 살펴보면 다음과 같다.

1945년 2월 미국의 루스벨트와 영국의 처칠, 소련의 스탈린은 얄타에서 비밀회담을 개최하였다. 회담에서 소련은 독일의 패배 이후 3개월 이내에 대일작전에 참가할 것이며, 이와 함께 일본의 사할린 남부를 소련의 영유권으로 포함시키는 데에 미국과 영국이 동의하였다. 더욱이 1935년에 일본이 1억 4,000만 엔을 지불하고 매입한 중동철로를 중국과 소련의 공동관리 하에 두기로 합의하였다.

얄타협정에서 합의된 내용을 이행하기 위해 1945년 8월 14일 중국정부는 소련과 모스크바에서 4개 항에 달하는 '중소우호협약'을 체결하고, 만주리에서 수분하까지, 그리고 남만주철로의 하얼빈에서 대련, 여순에 이르는 간선철로를 합병하여 중국장춘철로로 명명하기로 합의하였다. 이와 함께 이 철로를 중소 양국의 공동소유 및 공동경영으로 운영하기로 합의하고, 30년 이후 소련이 무상으로 중국에 반환하기로 결정하였다.

이 밖에도 중소 양국은 중국장춘철로의 경영을 전담하도록 하기 위해 중국장춘철로공사를 설립하고, 여기에 이사회를 두는 데 합의하였다. 이사회에는 중소 양국이 각각 이사 5명을 파견하여 조직하며, 이사장에는 중국인을 임명하고 부이사장에는 소련인을 임명하도록 하였다. 이사장은 투표 시에 두 표로 계산하도록 하였으며, 이사회의 법정 가결수는 7명으로 정하였다. 이 밖에도 감사회를 두고 중소 양국으로부터 각각 감사 3명을 파견하여 조직하도록 하였다. 소련 측 감사가 감사장을 맡으며, 감사장은 투표 시에 두 표로 계산하였다. 감사회의 법정가결수는 5명으로 정하였다.

1945년 8월 14일 국민정부는 소련정부와 중국장춘철로와 관련된 협정을 체결하였다. 1945년 8월 30일 중경국민정부는 동북지역의 접수와 관련하여 '收復東北各省處理辦法要綱'을 공포하였다. 주요한 내용은 구만주국을 접수, 관리하기 위한 중앙파출기관으로 軍事委員會 東北行營을 설치하고 그 아래 정치, 경제 양 위원회를 두며, 구동북3성을 새롭게 요녕, 안동, 요북, 길림, 송강, 合江, 흑룡강, 눈강, 흥안의 9성으로 분할하며, 장춘에 外交部 東北特派員公署를 설치한다는 내용이었다. 9월에 들어 국민정부는 熊式輝를 동북행영 주임 겸 외교부 정치위원회 주임위원으로, 張嘉璈를 동 경제위원회 주임위원 겸 중국장춘철로공사 중국대표로, 蔣經國을 외교부 동북 특파원으로 임명하였다.

이러한 가운데 소련군은 점령 기간 동안 동북지역에서 중소국경에 근접한 北安 - 黑河, 寧年 - 霍龍門, 密山 - 虎頭, 綏陽 - 東寧, 新興 - 城子溝 노선, 그리고 沈安線의 蘇家屯에서 金山灣에 이르는 철로 노선 등 1,500킬로미터에 달하는 강관 레일, 철교 및 기계설비를 철거하여 전리품으로 소련으로 운반해 갔다. 동북지역의 철로가 소련군의 약탈로 입은 피해는 실로 막대하였다. 소련이 동북지역으로부터 약탈해 간 물자를 액수로 환산할 경우 무려 2억 2,139만 달러에 달하였으며, 이로 인해 철로의 가동률이 절반 이하로 감소되었다. 일본기술자들의 피해 조사액에 따르면 철거해 간 액수가 총 1억 9,375만6,000 달러에 달하였다. 다른 조사에서도 철로 수리공장의 50 퍼센트가 철거되었으며, 철로 차량의 90퍼센트가 감소되었고, 레일의 15퍼센트가 해체되었다고 기록하였다.

1946년 3월 소련 홍군이 동북으로부터 철수하기 시작하자 원래 소련홍군사령부가 감독 관할하던 중국장춘철로 이외의 동북철로는 모두 동북인민해방군에 의해 接管(접수 및 관리)되었다. 7월 동북철로총국이 성립되어 중공중앙 동북국 부서기 陳雲이 국장을 겸임하였다. 이후 머지않아 呂正操가 국장에 임명되었다. 동북철로총국이 성립된 이후 방대한 철로노동자의 지지 하에 철로를 수복하는 데 힘을 쏟아 정상적인 운수를 가능하게 하였으며, 이를 통해 소위 '해방전쟁'을 지원하였다. 1947년 5월 동북민주연합군은 공세를 감행하여 국민정부군의 세력을 크게 축소시켰으며, 이후 9월에 들어 다시 공세를 전개하였다.

9월에 들어 공세를 강화하여 경봉철로 금주에서 산해관 구간 및 장춘철로를 공격하여 장춘에서 개원에 이르는 구간을 제외하고는 거의 모든 노선을 장악하였다. 1948년 3월에 이르러 안산, 영구, 길림, 사평 등을 접수하고 장춘에서 심양, 심양에서 금주 노선을 제외한 모든 동북철로를 접수하였다. 12월 동북민주연합군(다음 해 1월 1일 동북인민해방군으로 개칭)은 중국장춘철로 연선과 산해관에서 심양에 이르는 경봉철로 연선 지역에 대한 대대적인 동계공세를 개시하였다.

동북철로를 접수, 관리하는 과정에서 동북철로총국은 철로의 경영을 점차 개선하여 기업화의 방향으로 발전시켰다. 1948년 9월 화북인민정부가 성립되고 武竟天이 교통부장에 취임하였다. 1949년 1월 10일 중국인민혁명군사위원회 철도부가 성립되어 騰代遠이 부장에 취임하였으며, 전국 각 해방구(중국공산당 통치구) 철로를 통일적으로 관리할 수 있게 되었다. 같은 달 淮海戰役, 平津戰役이 종결되었으며, 화북지역의 대부분 철로와 장강 하류, 강북지구 철로가 군사위원회 철도부에 의해 접관되었다. 4월 인민해방군이 渡江戰役을 감행하였으며 동시에 제1야전군이 서북지역에서 승리를 쟁취하였다. 5월 중국인민해방군 철로병단이 설립되어 철로의 복구를 위해 힘을 결집하였다. 1949년 말 西藏(티베트) 이외의 지역은 대부분 중국공산당의 통치 하에 편입되었으며, 대만을 제외한 전국 대부분 지역에서 철로가 신속히 복구되었다. 이 해 철로병단은 8,278킬로미터의 철로를 수복하여 전국철로의 총연장은 21,810킬로미터에 달하였다.

중화인민공화국 수립 직전인 1949년 7월 23일 주은래는 "교통운수의 회복은 무엇보다도 철로를 시급히 복구하는 것으로부터 시작되어야 한다. 2만여 킬로미터에 달하는 철로 가운데 올해 반드시 80퍼센트 이상을 정상화하고, 내년에 다시 20퍼센트를 복구할 계획이다. 뿐만 아니라 신설 노선을 발전시켜 나가야 한다. 생산력의 회복은 반드시 교통운수의 복구로부터 시작되어야 한다. 예를 들어 淮南鐵路의 복구는 회남의 석탄 생산량의 증가로 이어져 상해공업의 발전을 보증하게 되는 것이다"라고 강조하였다.

1949년 10월 1일 중화인민공화국이 수립 된 이후 군사위원회 철도부는 중앙인민정부 정무원의 통제 하에 편입되어 전국의 철로를 경영 관리하는 임무를 부여받았다. 1949년 10월 1일 중화인민공화국이 수립되고 군사위원회 철도부는 중앙인민정부 정무원이 영도하게 되었으며 여전히 등대원이 부장을 맡았다. 전국철로의 운수생산, 기본 건설과 열차 차량공업의 통일을 기하였다. 이제 중국철로는 새로운 시대로 접어들었다.

1946년부터 1949년까지 전국에서 새로 부설된 철로는 총 191.3킬로미터이며, 이 가운데 해방구의 자산에서 자현에 이르는 경편철로 59킬로미터, 대만 17킬로미터였으며, 항전기간 미완성의 기강철로 98킬로미터 가운데 전후에 부설된 노선은 19킬로미터에 지나지 않았다. 중국철로는 전면적인 정체와 붕괴의 시기를 맞이하였다. 1949년 10월 중화인민공화국이 수립되고 내전이 종결된 이후 중국철로는 비로소 새로운 발전의 전기를 맞이하였다.

참고문헌

金志煥, 『鐵道로 보는 中國歷史』, 學古房, 2014.

吳承明著, 金志煥譯, 『舊中國 안의 帝國主義 投資』, 고려원, 1992.

宓汝成, 『中國近代鐵路史資料』1冊, 中華書局, 1984.

宓汝成, 『中華民國鐵路史資料』, 社會科學文獻出版社, 2002.9.

姜明淸, 『鐵路史料』, 國史』, 館, 1992.5.

孫文, 『孫中山全集』二卷, 中華書局, 1982.

張其昀, 『建國方略硏究』, 中國文化硏究所, 1962.10.

金士宣, 『中國鐵路發展史』, 中國鐵道出版社, 1986.11.

李占才, 『中國鐵路史』, 汕頭大學出版社, 1984.6.

楊勇剛, 『中國近代鐵路史 上海書店出版社, 1997.

衡陽謝彬, 『中國鐵道史』, 上海中華書局, 1934.

陳立夫, 『中華鐵路史』, 臺灣商務印書館, 1981.

吾孫子豊, 『支那鐵道史』, 生活社, 1942.

吾孫子豊, 『滿支鐵道發達史』, 內外書房, 1944.

逸見十朗, 『中華民國革命二十周年記念史』, 1931.4.

堀川哲南저, 王載烈역, 『孫文과 中國革命』, 역민사, 1983.9.

朱馥生, 「孫中山實業計劃的鐵道建設部分與湯壽潛'東南鐵道大計劃'的
　　　　比較」, 『民國檔案』1995年 1期, 1995.3.

周新華, 「孫中山'實業計劃'述評」, 『鎭江師專學報』1994年 2期.

林福耀, 「日本資本主義發展段階に於ける支那市場の意義」, 『支那經濟
　　　　事情硏究』, 東亞事情硏究會, 1935.2.

日華實業協會, 『支那近代の政治經濟』, 外交時報社, 1931.12.

宓汝成著, 依田憙家譯, 『帝國主義と中國の鐵道』, 龍溪書舍, 1987.

井村哲郎, 「戰後蘇聯の中國東北支配と産業經濟」, 『近代中國東北地域
　　　　史硏究の新視覺』, 山川出版社, 2005.

山本有造, 「國民政府統治下における東北經濟」, 『近代中國東北地域史
　　　　硏究の新視覺』, 山川出版社, 2005.

제2장
국가권력의 중국철로 관리

1 철로 관련 주요 법규

1) 鑛務鐵路公共章程

1881년 당서철로의 개통으로 중국은 자력으로 부설한 첫 번째의 철로를 보유하게 되었다. 그러나 당시 청조 내부에는 전문적으로 철로를 관리하는 기구가 아직 설립되지 않은 상태였다. 중국에서 철로는 최초 국방의 필요로부터 부설이 고려되었다. 이러한 결과 1885년 10월 청조는 海防을 위한 목적에서 총리해군사무아문을 설립하였는데, 이 때 이 기관이 철로 관련업무도 함께 관할하도록 하였다.

1886년 이홍장은 개평철로공사를 설립하였으며, 다음 해인 1887년에 총리해군사무아문은 조정에 진고철로의 부설을 비준해 주도록 청원하였다. 이후 개평철로공사는 '중국철로공사'로 조직이 개조되어 확대되었다. 진고철로를 부설하기 위해 자본을 모집하는 과정에서 제정된 '招股章程'의 내용에는 이미 철로의 부설 방식, 행정 관리 등의 내용이 포함되어 있었다. 그러나 이러한 개별 철로를 넘어서서 전국 범위의 철로에 대한 통합적 법률은 마련되어 있지 않은 상태였다. 같은 해 대만철로를 부설하면서 역시 '대만철로장정'을 제정하였다. 이와 같이 철로를 부설할 경우 개별 철로와 관련된 상유에 준거하여 그때 그때 장정을 제정하여 실행하는 수준이었다.

그러나 철로의 부단한 발전에 따라 통일적인 철로법규의 필요성이 대두되었다. 1898년 1월 강유위는 '應詔統籌全局折'을 청조 중앙에 상주하여 제도국 하에 철로국을 설립하도록 건의하였다. 뒤이어 1898년 8월 '백일유신'으로 청조정부는 상유를 반포하여 京師(북경)에 전문적으로 철로를 관할하기 위한 광무철로총국을 설립할 뜻을 공포하였다. 광무철로총국은 중국 최초로 전국에 걸친 범위에서 철로행정을 관할하는 전문기관이었으며, 11월 19일 '鑛務鐵路公共章程' 22조를 반포하였다

제1조 鑛路는 官辦, 商辦, 官商合辦의 3종으로 구분하며, 특히 商辦을 장려한다. 총국이 설립되기 이전에 이미 부설하여 영업을 시작한 경우 이 장정의 적용을 받지 않는다. 금후 가능한 한 상판을 장려하여 보호한다. 국가는 온 힘을 다해 철로 부설을 장려하고 보호하지만, 단 공사의 권한에 간여하지는 않는다.

제2조 철로총국이 설립되기 이전에 관상을 불문하고 아직 부설에 착수하지 않은 경우는 모두 총국에 부설계획을 신청하여 가부를 득해야 한다. 철로총국이 설립된 이후 각 성에서 광업이나 철로의 부설에 착수할 경우 官商華洋을 불문하고 모두 총국이 정한 장정에 따라야 한다. 총국이 설립되기 이전에 각 성의 鑛路章程에 근거하여 설립을 신청한 경우 이를 승인하지 않는다.

제3조 동삼성, 산동성, 龍州의 세 곳에 위치한 광로사업도 본 장정
      에 의거하여 처리해야 하며 중국자본, 외국자본을 불문하고
      이전의 방식으로 처리해서는 안된다.

제4조 鑛(광업)과 路(철로)는 본디 별개의 사업이므로 각각 별도로
      신청 및 처리해야 하며, 겸영을 허락하지 않는다. 철로공사의
      경우 연선지역에서 광업에 종사하는 것을 허용하지 않는다.
      단 광산에서 하구 입구에까지 철로 지선을 부설하여 광석의
      운반에 편리하도록 하기 위한 경우에 한하여 가장 가까운 하
      구까지 부설하는 것을 승인한다. 그러나 이 경우에도 승객을
      탑승시키고 화물을 적재하여 철로의 이익을 침해해서는 안
      되며, 광물의 운반에 한정해야 한다. 또한 이 경우 圖冊을 작
      성하여 철로총국에 보내어 검열을 득해야 한다.

제5조 광로사업을 신청하여 허가를 득한 자는 학당을 설립하여 철
      로 인재의 육성에 힘써야 한다.

제6조 각 성의 紳商1)으로서 성의 지방관에게 광업, 철로사업을 신

---

1) 紳士는 명청시대의 통치세력으로서, 紳은 관복을 입을 때 허리에 매고 나머지
  는 길게 드리워 장식을 했던 폭이 넓은 띠로서, 笏을 꼽기도 하였다. 신사는
  바로 신을 맨 인사로서 곧 지배계층을 의미하였다. 청대 후기에 와서 신분적으
  로 하위층이었던 상인이 경제권을 거머쥐면서 사회적 위상이 높아져 신사까
  지 겸하는 紳商이 등장하여, 권력과 부를 한 손에 쥔 새로운 지배세력으로
  등장하였다. 더욱이 태평천국운동으로 세수가 부족했던 정부가 상인들에게 공
  공연하게 관직을 제수하자 점차 상인과 신사가 혼합되는 양상이 심해졌다.
  그러나 과거제 폐지 직전이 되면 관료로 봉직하기보다 오히려 상업에 종사하
  여 부를 얻는 것이 매력적으로 비춰졌고, 기존의 신사들 중에서도 상업에 종사
  하는 경향이 더욱 두드러지게 나타났다. 과거제가 폐지되자 이러한 신분제
  상의 혼합은 더욱 심해져서 공공연하게 관료와 상인이 구분되지 않는 상황이
  발생했고, 신상이라는 새로운 계층이 일반화되기에 이른다.

청한 경우 당해 지방관은 먼저 신청자가 공정하고 신의가 있는지를 살펴야 하며, 신청 내용이 장정의 규정과 배치되는 점이 없는지 면밀히 살펴본 이후 그 내용을 철로총국에 보고하고, 총국의 승인 이후에 비로소 처리하도록 한다. 철로총국에 먼저 신청한 경우도 해당 신상이 위치한 원적지 소재 지방관이 신청 내역을 철저히 확인하여 착오가 없도록 해야 한다.

제7조 광로공사가 측량을 실시할 경우 노선이 지나는 지역의 지방관은 먼저 이를 해당 주민들에게 널리 알려 숙지하도록 해야 하며, 고의적으로 철로의 부설을 방해해서는 안된다. 공사가 부설용 토지를 매입하는 과정에서 만일 묘소 등이 있을 경우 가능한한 이를 피하여 현지 주민과 사이에 원한과 분쟁이 일어나지 않도록 힘써야 한다.

제8조 광로사업을 위해 철로총국의 승인을 득한 자는 중국자본, 외국자본을 불문하고 착수 기일이 승인일로부터 최장 6개월을 초과할 수 없다. 부설공사에 착수한 이후 공사를 지연시켜 예정 기일을 초과할 경우 승인을 취소한다. 만일 어쩔 수 없는 불가항력의 사태로 뜻하지 않은 장애가 발생할 경우 예외로 하나, 이 경우에도 반드시 사전에 보고해야 한다.

제9조 자본을 모집할 경우에는 가능한한 중국자본을 위주로 한다. 어떠한 경우에도 철로의 부설에 소요되는 총비용의 30퍼센트는 우선적으로 중국자본으로 충당한 이후에 비로소 외국자본이나 차관으로 충당해야 한다. 만일 외국의 자본이나 차관으로 모든 비용을 충당하려 할 경우 이를 승인하지 않는다.

제10조 외국자본을 차용할 경우 반드시 먼저 철로총국에 보고하여 승인을 득한 이후에 비로소 차관을 도입할 수 있다. 차관은 상인 사이의 거래로서 정부가 이를 보증하지는 않는다. 만일

허가 없이 사사로이 洋商과 차관계약을 체결할 경우 이미 계약이 완료되었다 하더라도 철로총국은 이를 허가하지 않는다.

제11조 철로공사가 외국자본을 차입하기로 계약서를 작성할 경우, 이를 먼저 철로총국에 보내어 심사를 받도록 해야 한다. 만일 총국이 정한 장정과 부합되지 않는 내용이 있을 경우 가계약은 성립되지 않으며, 다시 내용을 협상하도록 한다. 만일 재협상에서도 이러한 내용이 수정되지 못할 경우 제3자와 차관의 도입을 다시 협의해야 한다. 만일 洋商과 비밀리에 차관계약을 체결하여 손해가 발생할 경우 총리아문이나 철로총국에 소추할 수 없다.

제12조 공사를 설립하여 외국자본의 차입을 승인받은 자는 계약서를 철로총국의 심사를 거쳐 총리아문에 보내어 북경에 위치한 해당국 公使의 확인을 득한 이후 비로소 비준을 득하도록 한다. 양상 가운데 차관을 해당 鐵路公司에 공여하기 희망하는 경우도 마찬가지로 북경 소재의 해당국 공사의 조회를 거쳐 이를 총리아문에 통보해야 한다. 철로총국이 이러한 정황을 확인한 이후 차관의 가부를 결정해야 비로소 효력이 발생한다. 이러한 절차 없이 시행할 경우 사사로이 차관을 도입한 것으로 간주한다.

제13조 광로사업의 경우 외국자본이나 외국차관을 불문하고 모든 권리는 중국에 귀속된다. 단 해당 공사의 모든 장부는 洋商이 열람하도록 하여 공정성을 기한다.

제14조 광로사업을 개시하려 하거나 이미 일정한 자본이나 주식을 모집한 경우 먼저 자본상황을 보고하여 심사를 받아야 한다.

제15조 각 성의 鑛路 소재 지역에서 만일 해당 지역의 지주가 이들

사업을 방해하거나 공사를 방해하기 위해 군중을 동원하는 등의 사안이 발생할 경우 철로공사가 이를 지방관에 보고하여 적극적으로 이러한 분쟁을 해결해야 한다. 만일 적절한 조치가 이루어지지 않을 경우 公司가 이러한 사실을 철로총국에 보고하여 해당 사실을 엄밀히 조사하여 적절한 조치를 취하도록 한다.

제16조 만일 철로공사 사이에 분쟁이 발생하거나 기타 철로공사의 권리를 침해할 우려가 있을 경우 소재지의 지방관에게 이를 신고하여 판단하도록 하여 양측이 모두 피해를 입는 일을 미연에 방지하도록 한다. 만일 판단이 공정하지 않다고 사료될 경우 이를 철로총국에 보고하여 상세한 조사를 실시한 이후 조치를 취하도록 한다. 華商과 洋商 사이에 분쟁이 발생할 경우 양측이 각각 공증인을 내세워 시비를 가려 판단한다. 만일 판단이 불공정하다고 여겨 승복하지 않을 경우 철로총국 이외의 기관으로부터 인원을 초치하여 공정하게 조사를 실시한다. 이 때 양국 국가는 해당 안건에 관여할 수 없다.

제17조 광로사업에 종사하고 있는 외국인이 각지로 나아가 측량을 실시할 경우 해당 지방관은 이를 철저히 보호해야 한다. 만일 이러한 보호가 소홀하여 예기치 않은 사고가 발생할 경우 해당 지방관의 책임으로 한다.

제18조 중국인이 독자적으로 자본을 출자하여 50만 량 이상에 이르고, 실제 부설공사에 착수하여 일정한 성과를 내거나 혹은 출자 자본 가운데 중국자본이 절반 이상을 차지할 경우 장려의 취지에서 상을 내려 널리 알린다.

제19조 독자적으로 출자하거나 혹은 자본을 모집한 경우를 불문하고 모두 해당 지역에서 일정 기간에 걸쳐 독점적 이윤(專利)

을 보증한다. 기한이 만료될 경우 자본의 경중과 이윤의 정도
를 참작하여 다시 專利의 연장 여부를 결정한다.

제20조 철로가 지나는 지방에서는 關所를 설치하여 세금을 징수하
며, 광산의 경우 산지에서 세금을 징수한다. 이를 위해 稅局
이 戶部와 회동하고 별도의 장정을 마련하여 심의를 거쳐 처
리한다. 이 밖에 이들 사업으로부터 발생하는 잉여 가운데 공
적 기금의 용도로 철로의 경우 10.4퍼센트, 광업의 경우 10.25
퍼센트를 戶部에 납부하도록 한다.

제21조 각 공사의 모든 업무 및 장부 등은 수시로 총국의 감사를 받
도록 준비해야 하며, 총국은 인원을 파견하여 이들 사안을 조
사할 수 있다.

제22조 각지의 광로공사는 현행의 모든 규장들을 일괄적으로 철로
총국에 송부하여 심의를 받아야 한다. 이와 함께 철로총국이
작성한 표준양식을 각 성 소재의 모든 철로공사에 보내어 각
공사가 광로사업의 현황을 상세히 기재하여 매년 연말에 총
국에 보내어 심의를 받도록 한다.

2) 鐵路簡明章程

서구 열강의 경제 침략 아래 신음하던 민족자산계급은 청조에 공
상업의 부흥과 민족자본의 보호 및 발전, 舊制의 개혁과 상무의 진
흥을 요구하였다. 이에 청조는 新政의 실시와 구제도의 개혁으로 이
들의 요구에 화답하였다. 청조는 상무의 진흥, 상인의 보호를 기치
로 1903년 9월 7일 商部衙門의 설립을 비준하고 載振을 상부상서로,
伍廷芳, 陳璧을 左右侍郎으로 임명하였다. 이와 함께 1898년 8월 백
일유신으로 설립된 광무철로총국이 주관하던 철로와 관련된 일체의

업무를 商部의 通藝司로 이관하여 관리하도록 하였다.

　같은 해 12월 상부는 '철로간명장정' 24조를 반포하였는데, 주요한 내용은 철로 부설권의 개방을 통한 철로의 진흥이었다. 장정 제2조는 화양관상을 불문하고 철로의 부설을 희망할 경우 商部의 비준을 거친 이후 상부가 정한 공사조례에 따라 처리하도록 하였다. 공사의 자본 모집과 관련해서는 장정의 제6조, 제7조의 규정에 근거하여 "화상이 철로를 부설하기 위해 자본을 모집할 경우 반드시 중국자본이 다수를 차지해야 하고 외국자본은 부수적이 되어야 한다"고 규정하였다. '광무철로장정'에 비하여 '철로간명장정'은 다분히 민족 자본에 대한 보호의 의지를 담고 있으며, 자본의 모집에서도 전문적인 규정을 두었다.

제1조　상부는 황제의 명령을 받들어 광업과 철로를 함께 관할한다. 광업의 경우는 별도로 장정을 제정한다. 이미 부설에 착수한 철로와 관련된 사안은 이전의 로광총국으로부터 상부로 이관하여 관리한다. 아직 철로 부설과 관련하여 허가를 득하지 못한 경우에는 상부에 부설을 신청하여 허가를 기다려야 한다.

제2조　화양관상을 막론하고 철로의 부설을 신청한 경우는 상부가 정한 장정에 근거하여 처리한다. 종래 각 성에서 제정한 철로 장정에 상부가 정한 철로간명장정과 배치되는 조항이 있을 경우 이를 승인하지 않는다. 상부의 비준을 거쳐 철로를 부설할 경우에도 상부가 제정한 공사율과 어긋나는 내용이 없어야 한다.

제3조　각 성의 官商이 자본을 모집하여 성의 간선철로나 지선철로

를 부설하려 할 경우에는 반드시 설계도에 상세한 설명을 첨부해야 하며, 실제 소요 자본의 액수를 명확히 밝혀 商部에 신청해야 한다. 이 때 관상의 원적지 소재 지방관은 신청 내용에 거짓이 없는지, 자본의 액수에 틀림이 없는지, 장정의 각 항에 위배되는 내용이 없는지를 상세히 살핀 이후 상부에 보내어 승인 여부를 기다려야 한다.

제4조 철로가 지나는 지방의 지방관은 사전에 철로의 부설을 현지 주민들에게 널리 상세히 고지해야 하며, 고의로 철로의 부설을 방해해서는 안된다. 철로공사가 부지를 매입할 경우 지방관은 공정한 토지 가격을 산정하여 지나치게 높은 地租를 부과해서는 안된다. 지조의 경우 철로공사가 매년 납부해야 하며 지연해서는 안된다. 만일 철로 노선이 지나는 지역에 묘소가 있을 경우 가능한한 이를 피하여 부설함으로써 지역의 민심을 자극하는 일을 미연에 방지해야 한다. 만일 노선이 이를 피하기 어려울 경우 지방관이 이장비용을 지급하여 분쟁의 소지를 예방해야 한다.

제5조 중국인으로서 철로를 부설할 경우에 만일 전체 비용 가운데 외국자본이 포함되어 있다면 이를 상부에 품신하는 이외에 외무부에도 통보하여 심사를 받아야 한다. 洋商의 명의로 이를 신청할 경우 외무부에 보고하는 이외에 상부에도 이를 신청하여 승인을 득해야 한다. 洋商이 철로 부설을 신청하거나 자본의 모집을 희망할 경우 마찬가지로 동일한 절차를 거쳐야 한다.

제6조 철로를 부설하기 위해 자본을 모집할 경우에는 중국자본이 반드시 다수를 점해야 한다. 부득이하게 외국자본이 참여한 경우라 할지라도 중국자본의 총액을 초과해서는 안된다. 철

로 부설을 신청할 시에 반드시 외국자본의 총액을 정확히 보고해야 하며, 조금이라도 거짓이 있어서는 안된다. 외국자본을 도입한 이후 재차 외국으로부터 차관을 도입하는 경우는 혼란을 방지하기 위해 이를 승인하지 않는다. 만일 잘못하여 철로 부설을 승인한 경우라 할지라도 조사를 통해 잘못이 밝혀질 경우 언제든지 승인을 취소할 수 있다.

제7조 중국 각 성의 철로는 설사 洋商이 부설을 신청하여 승인을 득한 경우라 할지라도 철로가 공공의 이익에 부합한다고 여겨질 경우 심사를 거쳐 양상의 자본 가운데 총자본의 절반을 중국인이 원가로 주식을 매입하여 자본 투자에 참여를 할 수 있도록 해야 한다.

제8조 중국공사에 외국자본이 참여한 경우나 혹은 외국공사에 중국자본이 참여한 경우를 막론하고 지방관은 이들을 모두 힘써 보호해야 하며, 단 공사의 경영권에 간섭해서는 안된다. 공사가 경영 중 적자를 기록한 경우 중국정부가 정한 공사율에 따라 처리해야 하며, 정부가 이러한 손실을 보상하지는 않는다.

제9조 중국인으로서 철로를 부설할 경우 만일 독자 자본으로 50만 량 이상에 달하는 경우, 그리고 신청한 이후 실제 철로 부설 공사에서 진전이 있을 경우 상부에 보고하여 상을 내려 널리 장려한다. 중국자본을 모집하여 자본총액이 50만 량 이상에 달한 자는 상부에 보고하여 '22등급 장려장정'에 의거하여 상을 내린다.

제10조 중국인이 철로 부설을 신청할 경우 먼저 해당 철로의 부설공사에 소요되는 총비용을 산정하여 주식의 액수를 정해야 한다. 만일 철로 부설공사를 시작한 이후 예상하지 못한 사유로

인해 기존에 모집된 자본으로는 비용이 부족하여 다시 자본을 모집하기 어려울 경우 해당 철로공사가 기기, 건물 등을 양상에게 담보로 제공하여 자본을 차입하는 것을 허가한다. 단 토지를 담보로 제공하는 것은 불가하다. 단, 차관이 최대 원래 예상한 자본총액의 30퍼센트를 초과해서는 안되며, 반드시 먼저 상부에 승인을 요청해야 한다. 차입한 자본은 상인 간의 거래로서 국가가 이를 담보할 수는 없다. 차관은 먼저 상부에 승인을 요청하여 허가를 득한 이후 계약을 체결해야 하며, 계약서는 사본을 한 부 더 만들어 상부에 보내어 보존하도록 한다.

제11조 자본을 모집할 시에 전체가 중국자본으로서 철로 부설공사가 완료된 이후 다시 연장공사가 필요할 경우, 원래 자본이 모두 소진되어 외국자본을 차입하여 이를 보충하여 철로 노선을 연장하려 한다면, 이를 상부에 신청하여 허가를 득해야 한다.

제12조 중국인이 철로 부설을 신청하면서 만일 사사로이 계약을 체결하여 외국자본을 도입하여 허가를 받았거나 혹은 철로를 운행한 이후 이 철로 소유권을 사사로이 타인에게 양도하고, 이러한 사실이 商部나 지방관에 의해 발각되었을 경우 국가는 철로의 소유권을 몰수하고 허가를 취소할 수 있다. 이 밖에 사안의 경중을 조사하여 처벌한다.

제13조 상부의 비준을 거쳐 철로의 부설을 승인받은 자는 중국인, 외국인을 불문하고 비준한 날로부터 6개월 이내에 노선의 측량을 완료해야 한다. 또한 측량이 완료된 6개월 이내에 철로 부설공사에 착수해야 한다. 철로 궤간은 영국표준인 1.435미터로 부설하여 현행 중국철로의 궤간과 일치시켜야 한다. 철로

기공일은 상부에 보고해야 하며, 만일 철로 부설의 기공날짜가 경과했음에도 이를 보고하지 않을 경우 허가를 취소하여 자본 모집이 부실하거나 불법으로 자본을 모집하는 등의 폐해를 미연에 방지한다. 만일 불가피한 사정이 있을 경우 반드시 商部에 보고해야 한다. 이 때 상부는 보고에 거짓이 없는지 면밀히 살핀 연후에 승인 여부를 결정한다.

제14조 철로를 부설하는 성의 각 지방에서 만일 지주가 철로 부지의 가격을 고의로 높이거나 주민을 선동하여 철로 부설을 방해할 경우 철로공사는 이 사실을 해당 지방의 지방관에게 보고하여 해결해야 한다. 아울러 지방의 서리들이 철로 부설 시 협박을 하는 등의 폐해도 철저히 금한다. 철로가 상업과 운수의 기초이며, 국가에서 당연히 해야 할 중요한 국책임을 잘 주지시켜야 한다. 만일 철로 부설에 대한 해당 지방관의 대응이 미흡하거나, 보고를 지연시키거나 보고에 거짓이 있을 경우 조사를 통해 엄히 처벌한다.

제15조 철로 노선의 측량과 비용 책정, 레일의 제조 등과 관련해서는 현재 중국에서 이 분야의 전문가가 매우 적은 실정이니, 철로공사가 외국인을 초빙하여 이를 담당하도록 할 수 있다. 이들이 지나거나 거주하는 지역의 지방관은 이들을 철저히 보호해야 하며, 예기치 못한 사고가 발생하지 않도록 노력을 다해야 한다. 그러나 만일 이들 외국인이 중국의 법도를 어기거나 질서를 어지럽힐 경우 이들이 주재하는 지역의 지방관은 철로공사에게 이들을 해고하도록 요구해야 하며, 이를 숨기거나 다른 곳으로 전출시켜 업무를 담당하도록 해서는 안된다. 외국인 직원의 문란 행위가 도를 넘어 심할 경우 이를 상부에 보고하여 상부에서 다시 해당 각국 영사관에 이 사실을

알려 중국에 체류할 수 없도록 조치한다.

제16조 중국인, 외국인을 불문하고 각 성의 독무아문은 철로의 부설을 신청한 자를 잘 살펴 해당 철로의 부설이 중국의 상업운수에 이익이 되고, 또한 현재의 장정에 위배되는 사항이 없는지 확인한 이후 이를 상부에 보고하여 허가를 기다려야 한다.

제17조 분쟁이나 기타 원인으로 철로공사의 이익이 침해받을 경우 만일 中國公司 사이의 안건이라면 가까운 지방관에게 심판을 요청하여 손실을 방지하도록 한다. 판단이 공정하지 못하다고 판단될 경우 이를 상부에 보고하여 심의를 요청할 수 있다. 중국인과 외국인 사이에 분쟁이 발생할 경우 각각 한 명을 대리인으로 추천하여 판단하도록 하고, 만일 판단인 사이에 의견이 합치되지 않을 경우 다시 한 명을 공동으로 추천하여 공정성을 기한다. 추천인은 철로국 내의 인물이나 局外 인물 모두 무방하다. 이 때 양 국가는 본 사안에 간여할 수 없다.

제18조 철로와 광업은 원래 별도의 업무영역이므로 각각 전문적인 장정을 마련하여 별도로 사업을 진행하도록 해야 한다. 철로부설을 신청한 자는 광업을 동시에 경영할 수 없다. 철로공사 가운데 이전에 연선지역에서 광업을 겸영한 경우 더는 이전의 장정에 따라 운용할 수 없다. 만일 철로공사 부근에서 석탄을 구하기 어렵고, 또한 이로 말미암아 철로공사의 경영에 큰 손실이 발생할 경우 언제든지 이러한 사정을 商部에 보고할 수 있다. 상부는 보고를 면밀히 살핀 이후 승인 여부를 결정한다. 만일 승인을 받지 못한 경우 재차 승인을 신청할 수 없다.

제19조 상부는 광무철로총국이 이전에 제작한 표양식을 각 철로공

사에 배포하여 매년 연말에 양식에 맞게 해당 사항의 관련 항목을 상세히 기재한 이후에 이를 상부에 보내어 보존하도록 한다.

제20조 철로 부설을 신청하여 승인을 득한 이후 철로공사는 즉시 계약을 체결할 수 있다. 만일 미진한 사항이 있을 경우 상세한 설명을 첨부하여 상황을 참작하여 조항을 첨가할 수 있다. 단, 각 조항의 규정과 배치되어서는 안된다. 계약을 체결할 경우에는 사본 한 부를 더 만들어 상부에 보내어 비준을 득한 이후에 비로소 계약서에 서명할 수 있다. 부설공사가 완료된 이후 세금을 징수하는 관소의 설치는 商部가 戶部와 상의하여 결정한다.

제21조 중국자본이나 외국자본으로 부설된 철로 모두 만일 軍運의 필요가 있어 중국정부가 병사를 실어 나르거나 군량, 무기 및 기타 군수물자를 운반하도록 요청할 경우 반드시 우선적으로 탑재하도록 해야 한다. 이 때 운임은 정상가의 절반으로 할인하여 혜택을 부여해야 한다.

제22조 철로를 부설하거나 이미 부설된 이후 철로를 수비하기 위해 경비를 고용할 필요가 있을 경우 1리당 중국인으로 1, 2명을 고용할 수 있도록 허가한다. 단, 군용화기를 소지해서는 안된다. 만일 군기를 소지한 병사를 고용할 필요가 있을 경우 반드시 상부 및 각 성 장군, 독무의 심의를 거쳐야 하며, 마음대로 사적으로 고용해서는 안된다. 이 때 철로 경비나 수비병의 식비는 철로공사가 부담해야 한다.

제23조 철로와 郵政은 상호 협조적으로 업무를 처리해야 한다. 중국 우정의 업무를 위해 중국철로는 우정업무인 서신, 소포 등의 운송에 적극 협조해야 하며, 이와 관련된 계약사항은 향후 상

세히 정한다.

제24조 이상 각 조항이 철로 운용의 대체적인 내용이며, 이 밖에 철
　　　로장정 가운데 미진한 부분이 있으면 이후 비준 및 조약체결
　　　의 시점에서 상세히 보충한다.

3) 民業鐵路法

청말 우전부는 일찍이 '商辦路律' 86조를 기초하여 여러 차례 수
정을 거쳐 1913년 8월 29일 교통부 노정사가 상판 각 철로의 경우
반드시 법률에 의거하도록 규정하는 동시에, 이를 위해 총 65조의
민업철로법을 반포하였다. 1914년 3월 2일 교통부가 국무원에 보내
어 법제국에서 심의한 이후 31일 대총통령으로 공포하였다. 8월 11
일 다시 민업철로집조규칙 9조를 반포하였다. 1915년 11월 3일 교통
부는 다시 이 조례를 수정하여 민업철로법으로 변경하였다. 총 75조
이며, 12일 참정원의 의결을 거쳐 대총통령으로 반포되었다.

제1조　중국 일반의 자본을 모집하여 본법의 규정에 따라 부설되는
　　　철로를 민업철로라고 명명한다. 철로공사의 조직은 주식유한
　　　공사로 한정한다.

제2조　철로공사를 설립할 시에는 창립발기인이 서명 날인한 稟請
　　　書에 다음 각 항의 서류 도면을 첨부하여 교통부에 품신하여
　　　가면허를 신청한다. 1)부설이유서, 2)임시장정, 3)노선 예측도
　　　및 설명서, 4)운행 동력의 종류, 5)부설비용 예산 계획서, 6)영
　　　업수지 계획서, 7)자본 총액, 8)창립발기인의 성명, 원적, 직
　　　업 및 주소

제3조 교통부는 전조 각 항의 서류 및 도면을 심사하여 예산의 증
　　　 감이나 개정이 필요하다고 인정될 경우는 창립발기인에게
　　　 개정을 요구할 수 있다. 교통부는 전조의 각 항 이외에 심사
　　　 가 필요하다고 여겨지는 사항을 창립발기인이 제출하도록
　　　 하여 이를 조사할 수 있다.

제4조 창립발기인은 자본 총액 가운데 10분의 2 이상을 출자해야
　　　 한다. 전항의 자본 출자와 관련하여 계획서를 제출할 때에 명
　　　 확한 증빙을 제출하여 교통부의 심사를 받도록 한다. 전항의
　　　 증빙이 의심될 경우 교통부가 지방행정장관에게 위탁하거나
　　　 혹은 인원을 파견하여 조사할 수 있다.

제5조 교통부는 창립발기인이 제출한 각 항 및 주식인수 증빙을 심
　　　 사하여 적법하다고 인정될 경우 계획서를 승인하여 면허장
　　　 을 발급한다.

제6조 교통부는 공익상 필요하다고 인정될 경우 가면허 가운데 조
　　　 건을 부가할 수 있다. 창립발기인이 전항의 조건을 위반할 경
　　　 우 가면허는 효력을 상실한다.

제7조 가면허장 가운데 교통부는 정식면허의 품신기한을 지정할
　　　 수 있다. 기한을 경과했는데도 정식면허를 품신하지 않을 경
　　　 우 가면허장은 효력을 상실한다. 어쩔 수 없는 사유가 있을
　　　 경우는 기한 만료 전에 그 사유를 적시하여 교통부에 연기
　　　 허가를 상신할 수 있다. 단 연기 신청은 1회로 한정한다.

제8조 창립발기인이 가면허장을 수령한 이후 어쩔 수 없는 사유로
　　　 말미암아 사업을 중단하기로 의결한 경우에는 교통부에 보
　　　 고하고 가면허장을 반환해야 한다.

제9조 교통부가 임시 허가한 선로는 본법의 규정에 의거하지 않고

는 효력을 상실한다.. 사업이 중단된 경우가 아니라면 타인이 동일한 노선의 부설을 신청할 수 없다.

제10조 교통부의 가면허를 신청하여 수령한 이후 창립발기인이 주식 총액을 불입하여 인수할 경우 회사는 정식으로 성립된다. 만일 자본을 모집할 경우에는 공사법령 및 본법의 규정에 의거하여 시행한다. 자본을 모집할 경우에는 가면허의 원본 및 신청서에 제2조 각 항의 서류도면을 공포해야 한다.

제11조 자본 총액의 모집을 완료하고 제1회 주식 불입이 종결된 이후 창립발기인은 공사법령에 의하여 창립총회를 소집해야 한다. 창립총회에서는 동사(이사) 및 감사를 선임해야 한다.

제12조 창립발기인이 주식 총액을 인수하여 앞의 조항에 의거하여 소집한 창립총회가 완료된 이후 공사로부터 상신서 및 아래 각 항의 서류도면, 가면허장의 등본을 첨부하여 교통부에 정식 면허를 품신해야 한다. 1)공사장정(정관), 2)노선 실측도 및 설명서, 3)공사방법서 및 각 항 차량도식 설명서, 4)부설비 예산서, 5)기공 및 준공 시기, 구간별 기공 및 준공 시기, 6)총주식수 및 불입 금액, 7)주주총회 의사록, 8)이사 및 감찰인 (감사)의 성명, 원적, 직업 및 주소

제13조 교통부는 앞 조항의 품신서 및 부속 서류, 도면을 심사하고, 이 때 증감되거나 수정해야 할 사항이 있을 경우 공사가 이를 개정하도록 해야 한다.

제14조 교통부는 公司의 상신 및 부속서류 도면을 인수하고, 주식자본 불입을 조사하여 정당하다고 인정될 경우 신청을 허가하여 정식면허장을 교부한다.

제15조 철로공사는 정식면허장을 수령한 이후 공사법령에 따라 선

로가 경과하는 지방 및 공사지역 소재지의 지방행정관서에 등기한다. 공사법령에 등기기한을 규정할 경우 교통부의 면허장을 수령한 날부터 기산한다.

제16조 철로공사 주식은 공사법령의 규정에 의거하여 각 항을 기재해야 하며, 이 밖에 정식면허장의 연월일을 기재해야 한다.

제17조 주주는 주식자본의 불입 시에 금전 이외의 것으로 이를 충당할 수 없다.

제18조 철로공사의 주식대금은 1회 혹은 수 회로 나누어 불입할 수 있다. 단 정식면허장을 수령한 이후 1년 반 이내로 한정하여 당초 정한 총액을 불입해야 한다. 만일 준공 기한을 연장하거나 혹은 특별한 사정에 의해 기한을 연기할 경우 교통부의 허가를 득해야 한다.

제19조 주식자금을 분기로 나누어 불입할 경우는 제1기 자금을 불입한 이후, 일시불입의 경우는 보증금의 교부 이후가 아니면 정식면허를 상신할 수 없다. 제1기 불입자본 및 보증금은 주식 액면금액의 4분의 1 이하로 할 수 없다. 철로공사가 분기 불입 주식자본 및 보증금을 수수할 시에는 먼저 영수증을 발행하고 주식자본 전부의 불입에 의거하여 주식과 교환해야 한다.

제20조 주식자금의 불입은 기한을 확정해야 하며, 만일 기한을 경과해서도 불입하지 않는 주주가 있을 경우 공사법령에 따라 처분한다.

제21조 철로공사의 자본을 증액할 필요가 있을 경우 공사법에 의거 신주를 모집할 수 있다. 단 이 경우 교통부의 허가를 요한다.

제22조 철로공사가 정식면허를 취득한 이후 당초 정한 기공 기한을 초과할 경우 교통부는 허가를 취소할 수 있다. 단 천재지변

및 기타 어쩔 수 없는 사고로 인해 기일 내에 부설공사에 착수할 수 없는 경우 미리 사유서를 작성하여 교통부에 연기를 요청한 이후 허가를 득해야 한다.

제23조 철로공사가 토지를 수용할 경우 토지수용법에 의거하여 처리한다.

제24조 관도, 교량, 하천, 도랑 등의 공사시설에 대해서는 먼저 해당 지방 행정관서에 허가를 상신해야 한다.

제25조 철로가 관도를 횡단할 경우에는 교량을 설치하거나 혹은 책문을 구축하는 등 위험을 방지할 필요가 있는 곳에는 적절한 설비를 갖추거나 경비원을 파견하여 관리해야 한다.

제26조 철로가 하천을 횡단하여 교각을 가설해야 할 필요가 있는 경우, 선박의 운행 및 유수를 방해하지 않도록 한다. 하안에 제방 등의 건조물이 있을 경우에는 현상을 유지해야 하며, 위험의 발생을 방지해야 한다.

제27조 철로의 부설이 단선일 경우라도 어쩔 수 없는 경우 이외에는 복선시설의 여지를 예비해야 한다.

제28조 궤간은 1公尺 4公寸 3公分 5公釐(1.435미터)로 한다. 단 특별한 사유가 있을 경우 교통부의 허가를 득해야 한다.

제29조 부설방법 및 차량의 구조는 교통부가 정한 공정방법 및 차량 도식 설명서에 의거하여 처리해야 한다. 단 특별한 사유가 있어 변경해야 할 경우는 교통부의 허가를 받아야 한다. 부설공사와 관련된 방법에 관해서는 교통부의 허가를 득한 이후 시행해야 한다.

제30조 철로공사는 6개월마다 공사의 진척 상황 및 비용을 교통부에

보고해야 한다.

제31조 전 노선의 공사는 당초 정해진 기한 내에 준공해야 한다. 단 천재지변이나 기타 어쩔 수 없는 사고로 기한 내에 준공할 수 없는 경우는 사유서를 작성하여 교통부의 허가를 얻어 기한을 연장할 수 있다. 연기할 경우에도 당초 정한 기한의 50퍼센트를 초과할 수 없다.

제32조 철로공사는 총공정사(기사장) 1명을 두고 전체 노선의 공사를 주관하도록 한다. 교통부는 해당 총공정사가 부적합하다고 판단될 경우 공사에게 그를 해직하도록 요구할 수 있다. 만일 총공정사를 외국인으로 임용할 경우 철로공사는 반드시 가계약서 원본을 교통부에 보내어 승인을 득한 이후에 비로소 계약을 체결해야 한다.

제33조 전체 노선의 공사가 완료되더라도 교통부 출장원의 검사를 거친 이후 비로소 운행을 개시할 수 있다. 특정 구간의 부설이 완료되어 여기서 먼저 운수 영업을 개시하고자 할 경우에도 동일한 원칙을 적용한다. 교통부는 본 규정에 따라 인원을 파견하여 공사를 감사한다. 만일 법령에 위배되거나 혹은 위험이 있다고 인정될 경우는 철로공사가 이를 개축하도록 한다.

제34조 철로공사가 운수 영업을 개시할 경우에는 다음 각 항목을 상신하여 교통부의 허가를 득해야 한다.1)열차 발착 시각표, 2)열차 왕복 회수표, 3)여객등급 운임표, 4)화물등급 운임표, 5)운수규칙. 이와 같은 각 항목에 대하여 교통부가 증감하거나 개정이 필요하다고 인정될 경우 철로공사가 이를 수정하도록 할 수 있다.

제35조 영업을 개시한 이후 운임을 증감할 경우 공사는 사유서를 작성하여 교통부의 허가를 득해야 한다.

제36조 운임의 결정 및 변경은 신문지상에 게재하거나 혹은 기타 적당한 방법으로 잘 알려질 수 있도록 공고해야 한다.

제37조 공익상 필요하다고 인정될 경우 교통부는 철로공사에게 운임을 저감하도록 요구할 수 있다.

제38조 철로공사는 여객 및 화물의 운송에 관하여 운임표에 정해진 운임 및 요금 외에 하등의 이유로 기타 비용을 청구할 수 없다. 단 특별한 사유가 있을 경우 교통부의 허가를 득해야 한다.

제39조 철로공사는 철로사업 이외의 여타 업무를 겸영할 수 없다. 단 특별한 사유가 있을 경우 교통부의 허가를 득해야 한다.

제40조 국유철로와 민영철로, 혹은 2개 이상의 민영철로가 연계운수를 실시하거나 혹은 교차하여 차량을 직통할 경우 반드시 비용 및 운임을 협의하여 결정해야 한다. 만약 합의가 이루어지지 못할 경우는 교통부가 중재하도록 상신한다.

제41조 운임의 감면 및 軍需에 관해서는 국유철로법이 정한 바에 의거한다.

제42조 철로공사는 매년 연말에 '국유철로회계규칙' 및 각 항 양식에 따라 영업 상황 및 영업 수지 손익에 관한 영업보고서를 작성하여 교통부에 상신하여 허가를 받은 이후에 주주총회에 체출해야 한다.

제43조 철로공사는 여객 및 화물의 운송을 보호해야 하며, 위험을 방지하기 위해 소재지 경찰관서에 순경의 출동을 요청할 수 있다. 긴급사항이 있을 경우 철로공사는 소재지 경찰관서에 순

경의 증파를 요청할 수 있다. 단, 이 경우 관련 비용은 공사가 부담한다.

제44조 철로공사는 공사법령의 규정에 의거하여 공사채를 모집할 수 있다. 단 교통부에 신청하여 허가를 득해야 한다. 전 조항의 공사채는 자본총액 3분의 2 이상의 불입이 완료된 이후에 비로소 모집할 수 있다.

제45조 교통부는 필요하다고 인정될 경우 위원을 공사에 파견하여 다음의 사항을 감사할 수 있다. 1)주주총회, 2)주식자본 재고 및 수지 금액, 3)工事 및 사용 재료, 4)운전 및 영업 상황 감사원은 필요하다고 인정될 경우 철로공사의 직원이 관련된 일체의 내용을 보고하도록 하고, 공사의 서류, 도면 및 장부를 검열할 수 있다. 철로공사는 여기서 규정된 보고 및 검열을 거부할 수 없다.

제46조 감사원은 전 조항 제1항의 각 항목을 감사하여 법령에 위반되거나 공익을 해칠 우려가 인정될 경우 철로공사가 이를 수정하도록 할 수 있다. 만일 공사가 동의하지 않을 경우 교통부에 裁定을 청구해야 한다.

제47조 철로공사는 다음의 각 항목을 실행할 의무를 가진다.
1)각종 장부의 비치, 2)통계의 편제, 3)사고의 보고, 4)기타 교통부의 임시명령 관련 사항

제48조 운수상 필요한 설비로서 교통부가 적절하지 않다고 판단될 경우 철로공사에 개량 혹은 증설을 요청할 수 있다.

제49조 국유철로 혹은 기타공사의 민영철로가 철로공사의 철로와 접속하거나 혹은 이를 횡단하여 철로를 부설할 경우, 혹은 철로공사의 철로와 접근하거나 이를 횡단하여 도로, 교량, 도랑

또는 운하를 부설할 경우에 철로공사는 이를 거부할 수 없다.

제50조 민영철로는 평시, 전시를 불문하고 군사용도로서 편의를 제공할 의무를 지닌다.

제51조 정부는 철로공사의 철로 및 부대시설을 매수할 수 있다. 매수의 시기 및 방법은 명령에 근거하여 정할 수 있다.

제52조 철로공사가 정관을 변경할 경우에는 주주 총수의 3분의 2 이상, 주식 총수의 3분의 2 이상에 상당하는 주주가 출석하여 의결권의 3분의 2 이상의 동의가 있어야 의결된 것으로 간주한다.

제53조 철로공사의 해산은 주주 총수의 4분의 3 이상, 주식 총수의 4분의 3 이상에 상당하는 주주가 출석하여 의결권의 4분의 3 이상의 동의가 있어야 의결된 것으로 간주한다.

제54조 철로공사 정관의 변경 및 해산의 의결은 교통부의 허가를 득해야 효력이 발생한다.

제55조 공사가 다음의 각 항과 관련해서는 주주총회의 의결을 거쳐 교통부의 허가를 상신해야 한다. 1)선로의 단축 및 변경, 2)목적 이외에 사업의 겸영 혹은 他公司 주식의 인수, 3)철로의 임대, 혹은 철로영업의 위탁, 4)타업종 公司 및 철로공사와의 합병, 5)영업의 폐지, 6)철로의 저당, 7)철로의 매각. 단, 매입 주체는 중화민국 국적을 가진 자로 한정한다. 전항 제3호에 규정된 철로의 임대 및 영업 위탁의 경우 해당 철로에 관한 일체의 책임을 져야 한다. 전항 제4호의 합병을 통해 성립된 신공사는 구공사의 권리와 의무를 모두 계승한다. 단 특별한 계약이 있는 경우 교통부의 허가를 득해야 한다. 전항 제6호의 저당은 건축물 및 차량에 한정한다.

제56조 철로공사 창립발기인이 본 법안에 의해 가면허장을 수령할 경우 등기 비용 50원을 납부해야 한다.

제57조 철로공사가 본 법안에 따라 정식면허장을 수령한 후에는 등기 비용 100원을 납부해야 한다.

제58조 면허의 양식 및 기재해야 할 사항은 교통부가 정한다.

제59조 본 법안의 규정에 의한 철로공사의 자본, 선로 및 기타 사항의 변경이 원면허장에 기재된 내용과 부합하지 않을 경우가 발생할 시에 교통부에 면허장의 교환을 신청해야 한다. 전항의 규정에 따라 면허장을 교환할 경우 교환수수료 25원을 납부해야 한다.

제60조 면허장을 유실 혹은 훼손한 경우 창립발기인이나 혹은 철로공사가 사유를 기재하여 교통부에 재교부 혹은 교환을 청구할 수 있다. 이 경우 수수료로 59조 제2항의 규정을 준용한다. 전항의 규정에 의해 재교부 혹은 교환의 면허장 양식은 교통부가 정한다.

제61조 철로공사 법령에 배치되거나 혹은 교통부의 명령을 준수하지 않을 경우, 혹은 허가를 거치지 않은 사항을 허위로 신고할 경우, 기타 공공의 안녕을 해쳐 공익에 반하는 행위가 발생할 경우 교통부는 상황을 참작하여 다음의 처분을 내릴 수 있다. 1)공사의 해산, 2)특별 감사, 3)이사의 개선, 4)직원의 교체

제62조 전조의 규정에 의거한 철로공사의 해산은 공사법에 의해 처리하는 이외에 해당공사가 소유한 철로에 대해 다음과 같은 방법으로 처리할 수 있다. 1)정부의 수매, 2)이미 영업을 개시한 철로는 본 조항 제2항의 규정에 의해 경매하고, 매수인

이 없을 경우 정부가 잠정적으로 경영을 유지한다. 전항의 규정에 따라 정부가 잠정적으로 경영을 유지할 경우의 수익은 당연히 국고수입으로 편입된다. 만일 손실이 발생할 경우는 경매가격으로부터 이를 공제하고 잔액은 철로공사에 반환한다.

제63조 특별감사는 교통부가 인원을 파견하여 철로공사의 선로 부설 및 영업상황을 감찰한다. 또한 개량을 비롯하여 법령을 준수해야 하는 일체의 사항을 지휘 감독하며, 소요 비용은 철로공사가 부담한다. 감찰기간 및 감찰인의 공적 비용은 교통부가 정한다.

제64조 제61조의 규정에 따라 해촉된 이사 및 기타 직원은 3년간 재선될 수 없으며, 철로공사의 직원이 될 수 없다.

제65조 가면허장을 받지 않고 공사를 설립하거나, 혹은 본면허장 없이 부설공사에 착수한 경우 창립발기인에 대해 50원 이상 1,000원 미만의 벌금에 처한다.

제66조 제32조의 규정을 위반할 경우 50원 이상 1,000원 미만의 벌금에 처한다.

제67조 제33조 제1항의 규정을 위반하여 사사로이 운수영업을 하거나 혹은 제33조 제2항 교통부로부터 개축의 명령을 받고도 이를 준수하지 않을 경우 공사이사는 20원 이상 500원 이하의 벌금에 처한다.

제68조 다음의 각 항 가운데 하나에 해당할 경우 10원 이상 500원 미만의 벌금에 처한다. 1)제45조 제3항, 제47조의 규정을 위반한 경우 2)본법에 의해 교통부의 허가를 거쳐야 하는 사항을 허가 이전에 사사로이 실시하거나 허가된 신청에 허위사실

이 있을 경우 3)본 법안에 의거 교통부의 명령 혹은 처분에 따르지 않는 경우 4)본 법안에 의거 교통부에 보고할 사항을 보고하지 않거나 혹은 허위로 보고한 경우 5)본 법안에 의거 공고해야 할 사항을 공고하지 않거나 공고 가운데 허위내용이 있는 경우

제69조 개인 혹은 공사가 농공상 등 경제상 필요에 의해 부설해야 할 전용철로에 관한 규칙은 명령으로 이를 정한다.

제70조 본 법안이 정한 벌칙은 교통부에서 판결, 집행한다.

제71조 민영철로 창립발기인 및 철로공사가 교통부의 처분에 대해 불복할 경우는 訴願法 및 행정소송법의 규정에 의거하여 訴願 혹은 행정소송을 제기할 수 있다.

제72조 본 법안은 공포일부터 즉시 실시한다. 본 법안의 시행일부터 민영철로조례는 폐지한다.

제73조 본 법안의 시행 이전에 민영철로조례에 의거하여 교통부로부터 가면허 혹은 본면허를 득한 경우는 그 효력을 상실하지 않는다. 이미 신청한 상태라도 아직 허가을 득하지 않은 경우 본 법안의 규정에 의거하여 처리한다.

제74조 민영철로조례의 시행 이전에 설립된 철로공사로서 아직 면허를 신청하지 않은 경우 본법 시행의 일자로부터 기산하여 6개월 이내에 본법의 규정에 의거하여 등기를 상신해야 한다.

제75조 철로공사에서는 본 법안이 규정한 것 이외의 公司 및 철로에 관한 일체의 법령을 적용한다.

4) 國民政府 鐵道部 組織法

국민정부 철도부 조직법(1929년 11월 18일 국민정부 수정법 공포, 같은 달 28일 실행, 1931년 2월 21일 국민정부 수정 제12조 공포)

제1조 철도부는 전국의 국유철로를 부설, 관리하고, 성유, 민유철로를 감독한다.

제2조 철도부는 각 지방 최고행정장관에 대해 철도부 주관사무의 집행과 지시, 감독해야 할 책임을 가진다.

제3조 철도부는 주관 업무에 대해 각 지방 최고행정장관에 대해 내린 명령이나 처분이 법률에 위배되거나 혹은 월권의 소지가 있다고 여겨질 경우 행정원에 청원하여 행정원장이 국무원회의의 의결을 거쳐 정지하거나 철회할 수 있다.

제4조 철도부는 다음의 각 司를 둔다.
1)총무사, 2)업무사, 3)재무사, 4)공무사

제5조 철도부는 전국 철로, 국도계통의 통일을 위하여 철로회계의 통일, 철로법규의 편찬, 철로자재의 구매, 기술표준의 심의 등을 위해 각종 위원회를 둘 수 있다. 이와 같은 각 위원회의 조직조례는 행정원이 정한다.

제6조 철도부는 국무회의 및 입법원의 의결을 거쳐 각 司 및 기타 기관의 정리 및 증설을 시행할 수 있다.

제7조 총무사는 다음의 사항을 관장한다.
1) 문건의 수발, 분배, 편찬, 보존의 업무
2) 부령의 공포와 관련된 업무
3) 官印의 보관, 관리 업무

4) 본부 및 소속 각 기관 직원의 임면, 상벌 업무

5) 행정보고의 작성 업무

6) 철로행정 및 기술인원의 훈련 및 교육

7) 철로직공 교육 및 부속학교의 업무

8) 본부 경비의 예산, 결산 및 회계, 서무 업무

9) 기타 각 司會에 속하지 않는 사항

제8조 업무사는 다음의 사항을 관장한다.

1) 철로영업의 감독관리 및 발전, 개량의 업무

2) 철로운수의 감리 및 열차 차량의 배정 업무

3) 철로운임의 제정

4) 국내외의 聯運(연계운수)

5) 철로영업, 설비의 필요 심의

6) 철로직공의 대우 및 보장

7) 鐵路警衛의 편제, 훈련, 지휘

8) 철로방역 및 기타 위생문제

9) 성유, 민유철로 업무의 감독

10) 국제철로와 관련된 업무

11) 국도 관련 업무

제9조 재무사는 다음의 업무를 관장한다.

1) 철로예산, 결산의 편제, 심의 업무

2) 철로예산의 관리, 보관 업무

3) 철로채무의 정리 및 채무 상환

4) 철로의 개량, 확충, 부설자금의 조달

5) 철로장부, 증빙서류, 지출의 감찰

6) 철로회계 및 통계

7) 철로재산의 처리

8) 철로토지의 수매, 처분

9) 철로의 경제조사 및 설계

10) 성유, 민유철로의 재무 감독

11) 기타 모든 철로의 재무 업무

12) 국도 재무와 관련된 업무

제10조 工務司는 다음과 같은 업무를 관장한다.

1) 철로 공무의 감독 관리 및 확충 개량 업무

2) 철로 노선의 측량 및 공정 설계 업무

3) 철로 및 공정의 감독 관리 업무

4) 철로 종점 및 연선 부속구역 시가, 부두의 건설 업무

5) 철로 공정기계, 재료 구매의 감사 업무

6) 철로 기창, 재료공창의 건설 관리 업무

7) 성유, 민유철로 공무의 감독 업무

8) 기타 일체 철로공정 부설 업무

9) 국도 공무 관련 업무

제11조 철도부 부장은 본부 사무 및 감독을 총괄하며, 소속 직원 및
각 기관을 총관리한다.

제12조 철도부 정무차장과 상무차장은 부장을 보좌하여 철도부의
업무를 처리한다.

제13조 철도부는 비서 4-8명을 두어 部務會議를 관리하며, 장관이
지시한 업무를 처리한다.

제14조 철도부는 參事 2-4명을 두어 본부의 법안명령을 편제 및 심
의한다.

제15조 철도부는 司長 4명을 두어 각 사의 사무를 각각 관리한다.

제16조 철도부는 科長12-16명을 두고 과원 120-168명을 두어 장관의

명령을 받아 각 과의 사무를 처리한다.

제17조 철도부 부장은 特任으로 임명하고, 차장 參事, 司長 및 秘書 2명은 簡任(최고 등급 공무원)으로 임명하며, 그 외 비서 및 과장은 薦任으로 임명하며, 科員은 委任으로 한다.

제18조 철도부는 技監 1명, 簡任, 技正 16-24명을 둔다. 薦任技士 20-30명, 薦任技佐 20-24명을 둔다.

제19조 철도부는 행정원회의를 거쳐 전문기술인원의 초빙을 결정할 수 있다.

제20조 철도부의 處務規程은 部令으로 정한다.

제21조 본 법안은 공포일로부터 즉시 시행한다.

5) 鐵道法

국민정부 수립 이후 철로법규는 한층 강화되었다. 1932년 7월 21일 국민정부는 '철도법'을 공포하였는데, 이것이 중국 최초의 철도 관련 법안이었다. 철도법은 철로의 관할, 경영, 사용 등 부문의 내용으로 철로의 기본법률이며 가장 중요한 법률이었다. 주요한 내용은 다음과 같다.

① 경영권에 따라 중앙정부가 경영하는 철로를 국영철로라 하고 지방정부 경영의 철로를 공영철로라 하며, 민간이 경영하는 철로를 민영철로라 한다. 국영철로는 철도부 관할, 공영철로와 민영철로는 철도부가 감독하도록 한다.
② 국민정부의 허가 없이는 중화민국 영토 내에서 철로의 부설, 연장, 구매 혹은 여하한 경영도 불가하다.

③ 철로 관련 일체의 기술표준, 운임, 軍運(군사 운수), 회계 등의 전문사항은 모두 철도부가 통일적으로 규장을 정해 표준으로 삼는다.

④ 국영철로의 수입 및 잉여는 철로사업의 확충 및 정리 이외에는 가능한한 채무를 상환하는 용도로 우선 사용해야 한다.

⑤ 국민정부는 공영, 민영철로에 대한 수매권리를 보유한다. 민영철로의 경우 영업 개시일로부터 만 30년 이후에 법률이 정한 순서와 일시에 따라 수매한다. '철도법'은 철로 체제상의 원칙 규정으로서, 기타 전문적인 법규의 제정은 모두 이를 주요 근거로 한다.

제1조　모든 전국의 교통과 관련된 철로는 중앙정부가 경영하는 것을 원칙으로 한다. 지방교통과 관련된 철로는 지방정부가 공영철로조례에 의거하여 경영하도록 한다. 국영철로, 공영철로에 해당되지 않는 철로로서 민간에 의해 관리되는 철로는 민영철로조례에 의거하여 경영한다. 공영철로조례 및 민영철로조례는 별도로 정한다.

제2조　전용철로는 중앙정부가 경영하는 것을 제외하고 지방정부 혹은 일반인이 전용철로조례에 근거하여 경영할 수 있다. 전용철로조례는 별도로 정한다.

제3조　중앙정부가 경영하는 철로를 국영철로라 하고, 지방정부가 경영하는 철로를 공영철로라 하며, 민간이 경영하는 철로를 민영철로라 칭한다.

제4조　국영철로는 철도부가 관할하며, 공영철로나 민영철로는 철도부가 관리, 감독한다.

제5조 철도부는 전국에 걸쳐 부설해야 할 철로망을 완성하기 위해 간선 및 지선철로의 노선을 조사 및 심의하여, 각각 국영, 공영, 민영으로 구분하여 행정원에 보고하고, 절차를 거쳐 국민정부가 공포한다. 국영철로, 공영철로의 부설 순서는 철도부가 정한다.

제6조 철도부가 예정노선을 공포한 이후 다시 변경해야 할 필요성이 인정될 경우 관련 문건과 수정안을 행정원에 상신하고, 이를 국민정부 명의로 공포하도록 한다.

제7조 국영철로는 주권 및 이권을 침해하지 않는 범위 내에서 외자를 차용할 수 있다. 단, 입법원의 의결을 거쳐야 한다.

제8조 여하한 경우라 하더라도 정부의 허가 없이는 중화민국 영토 내에서 철로의 연장, 구매, 혹은 경영과 관련된 일체의 행위를 할 수 없다.

제9조 철로 궤간은 1公尺 4公寸 3公分 5公釐(1.435미터 표준궤)로 한다. 단 특별한 사정이 있어 철도부의 허가를 득한 경우는 예외로 한다.

제10조 철로와 관련된 일체의 기술표준은 모두 철도부가 공포한 표준도식에 준거한다.

제11조 철로의 운임 등급, 연계운수 혹은 교차운행 등은 법률규정에 근거하며, 이것이 없을 경우 당연히 철도부가 정한 규장에 의거하여 처리해야 한다.

제12조 철로는 앞의 條規가 정한 연계운수 혹은 교차운행 등을 실시할 경우 소요되는 모든 비용 및 운임은 쌍방이 협의하여 정한다. 협의가 이루어지지 않을 경우 철도부가 정한다.

제13조 군수물자의 운수와 관련해서는 군운조례에 의해 처리한다. 군운조례는 별도로 정한다.

제14조 철로를 부설하기 위해 모집한 공채는 다른 용도로 전용할 수 없다.

제15조 철로회계는 회계법에 의거하여 처리한다.

제16조 국영철로의 수입 혹은 잉여는 철로 노선의 확충 및 정리사업 외에는 채무를 상환하는 용도로 우선적으로 사용해야 한다.

제17조 국영, 공영철로의 수입은 법률이 정한 바에 의거하지 않고는 사용할 수 없다.

제18조 국영, 공영철로는 철로와 관련된 부속사업을 겸영할 수 있다.

제19조 국민정부는 민영철로가 영업을 개시한 날로부터 만 30년이 지난 시점부터 법률이 정한 절차에 의거하여 날짜를 공고하여 이를 매입할 수 있다. 공고한 기간 내에는 해당철로를 합병하거나 기타 철로를 매수할 수 없다.

제20조 국민정부가 민영철로를 매입할 경우에는 당연히 현존 자산에 대한 공정한 평가 및 최근 3년간 영업의 평균이윤을 합산하여 계산해야 하며, 공사의 협정가액 및 평가 방법은 철도부가 정한다.

제21조 공영철로의 경우 매입하여 국영으로 귀속시켜야 할 필요가 있을 경우 앞의 두 조항의 규정을 준용한다.

제22조 본 법안은 공포한 날로부터 즉시 시행한다.

2 철로 관리기구의 변천

1) 철로 관리기구의 개관

중국 최초의 철로는 영국 상인들이 부설한 오송철로(송호철로)였
다. 1876년 청조는 양광총독과 상해도대에게 영국 소유인 오송철로
의 回贖[2])을 지시하였다. 회속 이후 철로가 해체되었기 때문에 철로
를 관리하는 전담기구는 존재하지 않았다. 이후 1881년 중국인이 자
력으로 부설한 첫 번째 철로인 唐胥鐵路가 개통되자 청조는 철로를
통한 석탄, 철광의 운송을 관리하기 위한 전문적인 기구가 필요하다
고 생각하여 鑛務局이 철로와 관련된 업무를 관장하도록 하였다. 그
러나 엄밀히 말하자면 이것이 전문적으로 철로를 관리하는 기구는
아니었다.

당서철로의 연장선 공사가 계속되고 열차의 운행 등 다양한 업무
가 발생하자, 이홍장은 청조 중앙에 상주하여 관련 사항의 조속한
처리를 요청하였다. 1885년 청프전쟁이 종결된 이후 청조는 海防의
중요성을 인식하고 總理海軍事務衙門을 설립하였다.

중국철로는 최초에 總理衙門의 관할에 속하였으며, 후에 순차적
으로 商部, 郵電部의 소관으로 변경되었다. 이후 민국 시기에 이르
러 정부는 일시 鐵路總公司를 두고 손중산을 總辦으로 임명하여 전
국의 철로를 관할하도록 하였다. 1912년 이래 대체적으로 交通部가
철로를 관할하고 교통부의 1局으로 路政司를 두어 이로 하여금 철
로 사무의 일체를 처리하도록 하고, 각 철로에는 管理局을 두었다.

---

2) 저당잡혔던 것을 제값을 주고 되찾음

대표적인 대철로에는 督辦을 두기도 하였다.

청일전쟁 이후 영국, 프랑스, 미국, 일본, 러시아 등 각국이 철로 부설권을 두고 격렬한 경쟁을 전개하기 시작하여 철로 관련업무가 한층 복잡하게 전개되었다. 철로업무가 격증하자 총리각국사무아문이 이를 전담하여 관장하기는 사실상 불가능하였다. 이에 1895년에 路鑛總局을 두고 광산 및 철로와 관련된 사무를 관할하도록 하였다. 철로와 관련하여 특히 독판철로대신을 두고 이를 감독하도록 하였다.

1896년 철로총공사를 설립하여 여전히 해군아문이 관할하도록 하였다. 1898년 광무철로총국을 설립하여 해군아문으로부터 독립하였는데, 이것이 철로 전관기구의 단초였다. 당시 철로총공사는 부설기관이었고, 광무철로총국은 관할기관이었다. 1903년에 광무철로총국이 철폐되고 상부로 흡수되었다. 상부는 설립 초기에 예하에 保商, 平均, 通藝, 會計의 4司를 두었는데, 철로업무와 관련해서는 通藝司가 관할하였다. 즉 이 당시의 철로는 보통 공예의 하나로 인식되었음을 알 수 있다.

1906년 중앙관제가 대대적으로 개혁되면서 상부가 농공상부로 개조되고 동시에 새로이 郵傳部를 두어 철로, 郵電을 전관하도록 하였다. 철로는 우전부 路政司가 관할하였으며, 그 아래에 總務, 官辦, 商辦의 3科를 두었다. 명의상 철로업무를 통일적으로 관리한 것처럼 보였지만 사실상 노정사가 직할할 수 있었던 것은 京張鐵路 및 상판(민영)의 몇몇 철로에 지나지 않았다. 차관과 관련된 관판철로들은 별도로 鐵路總局을 설치하여 전관하도록 하였다.

그러나 다시 粤漢鐵路籌備處 등이 성립되어 각자 독자적으로 직접 외국과 교섭하고 차관의 집행 권한을 보유하게 되면서 개별적으로 철로업무를 집행하자 철로정책은 여전히 통일될 수 없었다. 진포철로와 관련해서는 진포철로독판공소를, 월천한철로와 관련해서는 월천한철로주비처를 설치하여 독립기관으로 삼았다. 우전부가 설립되어 철로행정의 통일을 지향하였으나 여전히 차관문제가 남아있어 외무부와 불가분의 관계를 유지할 수밖에 없었다.

1911년 신해혁명으로 중화민국임시정부가 수립되면서 교통부가 신설되어 행정상의 통일이 확립되었다. 즉 교통총장이 전국철로와 관련하여 일체의 책임과 감독권을 가지고 교통부 내에 路政司를 두어 철로업무를 관장하도록 하였다. 특히 대철로에 대해서는 督辦을 임명하여 경영상 감독을 실시하도록 하였다. 국유철로에 대해서는 철로관리국을 설치하여 행정상의 통일을 지향하였다.

1912년 4월 중앙정부가 북경으로 수도를 옮기면서 우전부는 交通部로 명칭이 변경되고, 이전의 우전부 노정사 및 철로총국의 유관업무는 모두 교통부의 관할로 이관되었다. 1912년 5월에 路政司를 설립하여 總務, 營業, 監理, 考工, 調查, 計核의 6科를 두었다.

1913년 노정사를 路政局으로 개칭하였다. 그러다 다음 해 1914년 노정국을 취소하고 路政司, 路工司, 鐵路會計司로 개조되었다. 같은 해 8월 관제가 수정되면서 종전에 차관으로 부설된 각 철로의 독판이라는 명칭은 派路政司長兼領으로 변경되었으며, 외국과의 협상을 담당하도록 하였다.

1916년 관제를 개조하여 路政, 路工, 철로회계공사를 폐지하고 路政司를 설치하고, 교통차장을 파견하여 鐵路督辦을 겸하도록 하였으며, 차관을 집행하는 직권을 부여하였다. 이후 철로행정기구는 초보적인 계통과 조직을 갖게 되었다.

1927년 국민정부는 남경에 수도를 정하고 철로업무를 교통부로부터 분리하여 철도부를 설립하고 철로행정 일체를 전담하도록 하였다. 마침내 1928년 11월 1일 철도부의 성립을 선포하고, 예하에 관리와 건설의 2司를 두었다. 이후 다시 이를 개조하여 總務, 業務, 財務, 工務의 4司와 購料委員會를 두었다. 1936년 工務司로부터 機務技術과 행정사무를 분리하여 機務處를 설립하고 철로 기무업무를 전담하도록 하였다.

중일전쟁이 발발하자 국민정부는 전시교통행정을 조정하고 조직기구를 강화하기 위한 목적에서 1938년 1월 1일 교통, 철로 양 부를 합병하여 교통부를 설립하고, 철로업무에 관해서는 路政司로 하여금 전담하도록 하였다. 그리하여 철로 부설의 계획, 철로 공무, 기무, 부속사업의 관리, 이와 함께 공영, 민영 각 철로 및 기타 철로행정 관련 업무를 관리하도록 하였다.

2) 철로 관리기구의 시기별 변천

(1) 總理海軍衙門(1885.5 - 1895.3)

중국에서 철로를 부설해야 한다는 주장은 海防과 관련하여 제기되었으며, 이러한 이유에서 철로와 관련된 업무는 총리해군아문에서 주관하였다. 1860년 8월 영프연합군이 북경으로 진격해 들어오자 함풍제는 열하로 몽진하였다. 같은 해 12월에 화의가 성립된 이후 1861년에 각국과의 외교현안을 협의하기 위해 總理各國通商事務衙門이 설립되었다.

1885년 공친왕 奕訢이 사직하고 순친왕 奕譞이 총리해군사무아문의 대신으로 이홍장, 증기택이 방판대신으로 임명되면서 이때부터 철로가 본격적으로 발전하기 시작하였다. 중앙에서는 혁현, 증기택이 지지하고 지방에서는 이홍장과 대만순무 유명전 등이 남북에서 호응하여 중국의 철로 부설은 새로운 단계로 진입하였다. 1886년 순친왕은 천진을 시찰하면서 이홍장과 철로에 관해 논의하고 철로의 부설이 시급하다는 사실에 공감하였다.

이홍장은 海防을 위해 철로의 부설이 필요하며, 철로의 개통이 군사방비에 도움이 된다는 뜻을 1886년 4월 청조에 주청하였으며, 이로부터 철로업무는 총리해군아문에서 관할하게 되었다. 중국철로를 총리아문에서 관할한 이유는 중국철로의 부설권이 외국과의 관계 속에서 복잡하게 얽혀 있었으며, 더욱이 차관과 불가분의 관계가 있어 대외정책과도 불가분의 관련을 가지고 있었기 때문이다. 그러나 이 시기에 해군아문의 철로사무에 관해서는 정책성의 관리에 지나지 않았으며, 구체적인 철로의 부설은 전적으로 해당 철로의 철로공사가 관장하였다. 예를 들면 津沽鐵路公司는 진고철로의 부설을 책임지고 관장하였다.

해군아문은 蘆溝橋에서 漢口에 이르는 구간의 철로 부설을 추진하였으며, 관내외철로(경봉철로)의 津沽, 津通 및 關東 각 구간의 철로 노선의 부설을 주관하였다. 1890년 이후 제정러시아가 중국 동북지역에서 무단으로 인원을 파견하여 철로 측량을 시작하자 남침의 의도가 있다고 판단하여 총리해군아문이 먼저 관동철로를 부설하고 노한철로의 부설을 연기하도록 주청하였다. 이에 청조는 이홍장으로 하여금 관내외철로 관련 업무를 전적으로 주관하도록 명령하였다.

(2) **總理各國事務衙門**(1895.3 - 1898.8)

중국이 청일전쟁에서 패하고 북양함대가 전멸하자 1895년 해군아문이 철폐되었으며, 이에 따라 철로는 총리아문(총리각국사무아문)의 관할로 귀속되었다. 총리아문은 1891년 1월에 성립되어 1901년에 외무부로 개조되었으며, 청조의 각종 외교 교섭 관련 업무를 주관하였다. 철로의 차관, 외국인 직원의 초빙, 외국으로부터 원자재의 구매 등이 모두 업무와 관련되었다. 총리아문은 恭親王 奕訢이 관장하다 이후 慶親王 奕劻이 총리아문대신으로 업무를 관장하였으며, 이홍장이 실질적인 업무를 주관하였다.

(3) 鐵路總公司(1896.12)

1896년 청조는 각 성의 富商이 자본을 모아 1,000만 량 이상에 달할 경우 철로의 부설을 허가한다는 내용의 상유를 내렸다. 이에 따라 민간에서 자본을 모집하여 철로의 상판(민영) 부설 및 경영이 가능해지자 이에 호응하는 자가 많았다. 그러나 실제로 모집된 자본 가운데에는 外資도 적지 않게 포함되었다. 이와 같은 상황의 변화에 조응하여 王文韶, 張之洞, 盛宣懷 등이 논의를 거쳐 철로공사의 설립을 요청하였다.

1896년 12월 말 상해에 중국철로총공사가 설립되었다. 공사의 권력은 철로독판대신인 성선회 한 명에게 집중되었다. 1903년 10월 청조는 胡橘棻을 북로독판대신으로 임명하고 성선회는 남로독판대신으로 임명하였다. 철로총공사는 내부에 審議所를 두고 장지동, 劉坤一

철로독판대신 성선회

등 18명을 위원으로 두어 철로와 관련된 중대 사안의 경우 모두 위원 상호 간 심의하여 결정하였다. 1907년 唐紹儀가 철로총공사 독판을 승계하여 부임하였다. 商部가 설립되자 당소의는 철로총공사를 폐지하여 상부가 철로를 관리하도록 주청하였다. 실제로 국내에서의 자금 모집은 순조롭게 진전되지 못하였으며, 상대적으로 열강으로부터의 차관 도입에 크게 의지할 수밖에 없었다.

철로총공사의 국유철로 차관 계약

계약명칭	계약일시	차관계약자
蘆漢鐵路借款契約	1898.6.26	벨기에鐵路公司
正太鐵路借款契約	1902.10.15	華俄道勝銀行
汴洛鐵路借款契約	1903.11.12	벨기에鐵路公司
滬寧鐵路借款契約	1903.7.9	中英銀公司
滬杭甬鐵路借款契約	1898.10.15	怡和洋行
廣九鐵路借款契約	1899.3.28	怡和洋行
浦信鐵路借款契約	1898.12.28	怡和洋行
道清鐵路借款契約	1905.7.3	(英)福公司
粤漢鐵路借款契約	1900.7.13	(美)合興公司
廣澪鐵路借款契約	1904.11.11	포르투갈鐵路公司

(4) 統轄鑛務鐵路總局, 外務部 考工司(1898.8 - 1903.9)

중국에서는 최초에 군사적 목적에서 철로를 부설하고 개통하였기 때문에 철로 관련업무는 자연히 총리해군아문의 관할에 속하게 되었다. 청조가 광서 22년(1896)에 철로총공사를 설립하였을 때에도 여전히 해군아문이 철로업무를 관할하였다. 1898년이 되면서 철로에 관한 업무를 관장하기 위해 광무철로총국이 설립되어 해군아문으로부터 독립하였는데, 이것이 바로 철로를 전적으로 관리하는 기구의 남상이 되었다.

철로 관할기관으로 특설된 것은 통합철로광무총국이 최초이다. 무릇 총리해군아문은 수많은 업무 가운데 하나로서 철로를 함께 관할하고 있었다. 백일유신 중인 1898년 3월 29일에 유신파인 黃思永이 상소를 올려 조속히 광무와 철로의 양대 공사를 설립하여 이들 두 업무를 전담하여 관할하도록 주청하였다. 뒤이어 6월 15일 광무철로총국을 설립하자는 청원이 잇달아 제기되었으며, 마침내 7월 1일 청조는 鑛務鐵路總局을 설립하였다.

이것은 중국에서 최초로 철로를 전담하여 관리하기 위해 설립된 중앙기구였으며, 이로부터 철로업무가 통일적으로 이루어질 수 있게 되었다. 총리각국사무아문의 대신인 王文韶와 張陰桓이 광무철로대신으로 임명되었으며, 총국 아래에 提調, 管股, 章京이 설치되었다. 1898년 11월에 '鑛務鐵路公共章程' 22조가 제정되어 민간의 철로 부설과 외국자본의 투자를 고취하였다.

1900년 8월 8개국연합군이 북경을 점령하고 당안자료를 소각하니 일체의 國務가 중단되고 말았다. 화의가 성립된 이후인 1901년 총리각국사무아문이 외무부로 개조되자 광무총국의 업무도 같은 해 7월 외무부로 병합되었다. 이 때 외무부는 和會, 考工, 權算, 庶務의 4司를 두었으니, 철로업무는 외무부의 고공사 관할로 이관되었다. 考工司는 철로, 광산, 전보, 화약제조, 조선, 외국인의 초빙, 유학생 파견 등의 제 업무를 관장하였다. 1902년 2월 외무부로부터 局으로 독립하여 瞿鴻禨, 王文韶가 독판광무철로대신이 되었으며, 張翼이 총판광무철로대신으로 업무를 주재하였다.

(5) 商部(1903.9 - 1906.10)

1903년 9월 청조는 광무철로총국을 폐지하고 商部를 설립하여 철로와 광업 관련업무를 통일적으로 관리하도록 하였다. 상부는 관상 사이의 장벽을 제거하여 산업을 보호한다는 취지로 설립되었다. 상부는 예하에 保惠, 平均, 通藝, 會計의 4司를 두어 각각 업무를 분장하도록 하였다. 통예사는 공예, 기계, 제조, 철로, 레일, 전기, 광무 등의 제반 사업을 관장하였으며, 따라서 철로정책은 통예사의 관할 하에 있었다.

그러나 차관으로 부설된 철로의 권리는 해당 철로의 독판과 철로총공사에 속하였기 때문에 외국과의 교섭을 통해 사안을 진행하였으며, 외무부 역시 이를 감독하였다. 상부의 설립으로 민간에서의 상업 발전과 보호를 적극 고취하자 이에 호응하여 전국 각지에서 민간자본으로 철로를 부설하려는 열기가 크게 고조되었다. 각 철로국의 관판철로권은 각 철로독판의 수중에 있거나 혹은 철로총공사의 관할 하에 있었으며, 상부는 단지 감독 및 관리로 권한이 한정되어 있었다.

새로운 형세에 조응하기 위해 상부는 '철로간명장정' 24조를 제정하여 철로에 대한 관리권을 강화해 나갔으며, 아울러 각 관로대신에게 관리상황을 문서로 보고하도록 하였다. 1905년 상부는 다시 『鐵路年報』를 발간하여 각 철로로 하여금 관련사항을 보고하도록 하였다. 상부가 철로업무를 관할하는 기간 동안 전국에서는 철로의 부설과 철로이권의 회수 열기가 크게 고조되었다.

(6) 郵傳部(1906.10 - 1912.2)

1906년 청조 중앙관제가 다시 조정되었다. 10월 工部가 商部와 병합되어 工商部로 개조되었으며, 이와는 별도로 郵傳部가 설립되었다. 우전부는 윤선, 철로, 전보, 우정을 전담하여 관할하였다. 우전부의 초대 尚書(1911년 5월 8일 이후 대신으로 개칭)로서 張伯熙가 임명되었다. 상서로 임명된 자들은 정계에서 영향력이 있으며 비교적 연륜을 갖춘 春煊, 徐世昌, 唐紹儀, 盛宣懷, 楊士琦(署理), 梁士詒 등이었다.

1909년 7월 우전부는 路政司를 설치하여 郎中 2명을 두고, 員外郎 3명, 主事 6명을 두었으며, 이 밖에 노정사는 正稿, 帮稿 및 行走 등 관원을 두었다. 이후 철로는 우전부 노정사의 관할로 들어갔다. 11월에는 노정사 아래 總務, 官辦, 商辦의 3과를 두었다.

신해혁명 직후인 1912년 4월에 임시정부는 기존의 우전부를 교통부로 개조하고 이전의 우전부 노정사 및 철로총국 사무의 관리를 모두 이관하였다. 1913년 노정사를 노정국으로 변경하였다가 다음 해 1914년에는 路政局을 취소하고 다시 노정사를 설립하였다. 1916년 노정, 노공, 철로회계공사를 폐지하고 路政司를 설치하여 교통차장으로 하여금 철로총판을 겸임하도록 하였는데, 이로부터 철로행정 기구는 비로소 초보적인 조직 계통을 갖추게 되었다.

가. 郵傳部 五路提調處

1906년 청조는 경한철로, 호녕철로, 정태철로, 변락철로, 도청철로 등 5로 사무를 우전부로 하여금 관리하도록 하였다. 우전부는 예하에 章奏, 總務, 內文, 外文, 電報의 5股를 설치하였다. 총무고는 경한철로, 정태철로를 전적으로 관리하였다. 내문고는 변락철로, 도청철로를, 외문고는 호녕철로를 관할하였다. 그러나 철로업무의 관리가 복잡하여 업무권한이 통일되지 못하였다. 이와 같이 개별적으로 路政을 관할하는 국면을 변화시키기 위해서 우전부 상서는 철로오로제조처의 설립안을 제안하고 양사이를 각로제조 겸 각로독판으로 임명하여 통일관리를 시도하였다. 그러나 머지않아 우전부상서 陳璧이 철로총국의 설립을 주청하여 제조처는 폐지되고 말았다.

나. 우전부 철로총국

1907년 12월 우전부 상서 진벽은 청조 중앙에 오로제조처의 철폐를 주청하였고, 우전부 내에 우전부 철로총국을 설립하여 전적으로 각로 차관 및 행정업무를 담당하도록 주청하였다. 양사이를 총국 국장으로 임명하고, 철로총국 아래에 건설과, 計理科, 考工科, 통계과의 4科를 두었으며, 각 과에는 總科員을 두고 과장은 두지 않았다. 담당 업무를 살펴보면 다음과 같다.

① 건설과 : 이미 부설되었거나 아직 부설되지 않는 각 철로의 부설 업무, 재정과 관련된 일체 업무의 교섭 처리, 당안 작성 등의 업무
② 計理科 : 각 철로 영업에 관한 조사, 각 항 계산서, 匯兌(환으로 보내진 돈을 수취인에게 지불) 및 각 철로국의 차관, 원료 구매, 재무 등 업무의 관장
③ 考工科 : 각 철로 공정업무의 심사 관리
④ 統計科 : 각 철로 통계업무의 관리

1910년 철로총국 국장 양사이는 4과를 營業課, 建設課, 交涉科, 計理科, 汽機科의 5과로 개조하였다. 양사이, 李經方, 葉恭綽 등이 철로총국의 국장을 역임하였다.

다. 郵傳部 路政司(1906.9-1912.5)

1906년 9월 20일 우전부는 설립과 함께 철로 관련업무를 모두 이관하여 처리하였다. 우전부는 윤선, 철로, 전선, 우정 등의 업무를 관할하였으며, 같은 해 10월 12일 張伯熙가 尙書로 부임하였다.

(7) 중화민국남경임시정부 交通部(1912.1 - 1912.5)

1912년 1월 1일 중화민국남경임시정부가 성립되어 손중산이 임시대총통에 취임하였다. 손중산은 육군, 해군, 외교, 내무, 재정, 사법, 교통, 교육, 실업의 9부를 설립하였다. 청조시기 호항철로총리를 역임한 湯壽潛이 신정부의 교통부총장을 담당하고 于右任이 차장을 담당하였다. 교통부는 路政司를 설치하고

손중산

그 아래 총무, 운수, 공무, 計理의 4科를 두었다. 같은 해 5월 임시정부가 북경으로 천도한 이후 교통부 노정사는 북경정부 교통부에 의해 접수되었다.

(8) 북경정부 교통부(1912.4 - 1928.6)

1912년 4월 북경정부는 대청우전부를 교통부로 개조하였다. 그리고 예하에 임시로 路政股를 설치하였다가 5월에 이르러 路政司를 설치하여 엽공작을 司長으로 임명하고 철로총국의 국장직을 겸임하도록 하였다. 7월 10일 노정사는 총무, 영업, 監理, 調査, 考工, 計核

의 6科를 두었다. 1913년 12월 노정사는 노정국으로 개조되어 교통부 차장 엽공작이 국장을 겸임하였다. 노정국 아래에는 編查, 外務, 工務, 機務, 會計의 8과를 두었다.

1914년 7월 노정국은 다시 路政司, 路工司, 鐵路會計司로 개조되었다. 1916년 8월 교통부는 노정, 路工, 철로회계의 司를 폐지하고 路政司, 電政司, 航空司, 郵政司를 두었다. 1920년 엽공작이 교통총장에 취임하였다. 이전에 외국으로부터 차관을 도입할 시에 계약서에 督辦의 명의가 있어, 외국과 협의를 진행하기 위해 교통부는 차장을 파견하여 철로독판을 겸임하도록 하였다.

노정사는 法制와 産業을 증설하는 동시에 한월천철로독판처 및 전국철로노선심사회, 국유철로화물연운심사회를 설립하였다. 1923년에 다시 이들 기구를 철폐하고 각 司의 과로 하여금 업무를 처리하도록 하고, 로경총국 등의 기관을 증설하였다. 1927년 潘復, 常陰槐가 교통총장을 역임하였으며, 1928년 국민혁명군이 북경을 점령하고 남경정부 교통부가 인원을 파견하여 접수하니, 이로써 북경정부 교통부는 종언을 고하였다.

(9) 中國鐵路總公司(1912.9.9)

1912년 9월 9일 원세개는 손중산에게 중국철로와 관련된 일체의 권한을 부여하였다. 주요한 임무는 철로 노선의 부설을 각국 상인과 협의하여 차관을 모집하는 업무와 장래 참의원에서 의결할 조례에 근거하여 계약을 체결하는 문제를 정부에 보고하여 비준을 받는 일이었다. 다른 한편으로는 철로총공사를 조직하여 관련 업무를 계획하고, 추진하는 일이었다.(1912년 9월 9일의 대총통령) 같은 해 9

월 15일 손중산은 상해에 중국철로총공사를 설립하고, 매월 소요되는 3만 량의 경비는 교통부가 책정하여 지원하였다. 총공사 아래 비서처, 조사처, 회계처, 서무처를 두었다. 이와 함께 총공사는 북경에 주경판사처를 두고, 정부 및 교통부와 유관업무를 상의하도록 하였다.

총공사와 교통부의 업무 분담은 다음과 같다. 교통부는 이미 부설되었거나 혹은 아직 부설이 완료되지 않는 노선, 그리고 계약에 따라 부설해야 할 각 철로를 관할하였다. 총공사는 각 성 및 변경의 간선철로를 설계하였다. 1913년 7월 중국철로총공사는 寶林公司와 '광주 – 중경철로 및 장래 蘭州에 이르는 철로의 계약'을 체결하였다. 그러나 머지않아 원세개는 손중산의 주판철로대권을 취소하고 철로총공사를 철폐하였다. 이 공사가 체결한 조례 내의 권한은 교통부에 의해 집행되었다. 같은 해 8월 철로총공사와 英商 보림공사가 체결한 계약은 취소되고 말았다.

⑽ **國民政府 交通部**(1925.7 – 1928.10)

1925년 7월 광주국민정부가 성립되어 교통부를 설립하니, 철로업무는 교통부의 관할이 되었다. 무한국민정부 역시 교통부를 설립하였다. 교통부는 비서처, 철도처, 우전항정처와 무선전관리처를 두었다. 1927년 국민정부는 남경에 수도를 정하고 王伯群이 교통부장에 임명되었다. 교통부 아래 路政, 電政, 郵政의 3司 및 總務廳을 두었다. 노정사는 철로의 관리업무 이외에 우정업무도 겸하여 관리하였다. 1928년 5월 교통부는 노정, 전정, 우정, 항정의 4司 및 비서, 총무의 2處를 두었다.

(11) 國民政府 鐵道部(1928.11 - 1938.2)

1928년 11월 1일 남경국민정부 철도부가 정식으로 성립되어 철로의 관리 및 부설, 그리고 공로업무도 함께 관장하였다. 철도부는 부장을 두고 상무처장, 정무처장(이 두 직책은 부부장에 해당됨) 각 한 명씩을 두었다. 그 아래 2廳 4司와 몇몇 위원회를 설치하였다. 參事廳은 법률명령의 심의, 찬술 및 편찬을 담당하였고, 비서청은 문건의 보존 관리, 편역 보고, 회의의 준비 및 진행, 도서 등 기타 업무를 처리하였으며, 총무사는 문서, 인사, 교육(育才), 위생, 출납, 사무, 노동, 통계 등을 관할하였다. 업무사는 철로, 국도의 영업, 운수 등의 업무를 관장하였으며, 이 밖에 재무사와 공무사가 있었으며, 購料委員會, 債務整理委員會 등의 위원회가 있었다. 형세의 변화나 필요에 따라 임시로 일부 위원회를 증설하기도 하였다.

(12) 國民政府 交通部(1938.1 - 1949.10)

1938년 1월 국민정부는 항전에 대응하기 위해 행정기구의 조정과 개조를 단행하니, 철도부는 교통부에 편입되었으며, 張嘉璈가 부장으로 임명되었다. 교통부는 일체의 교통업무를 관할하고 예하에 비서청, 참사청, 기술청 및 총무사, 인사사, 재무사, 재료사, 노정사, 電政司, 항정사, 우정총국, 회계처, 統計處 등을 두었으며, 이 밖에 교통사업종합설계고핵위원회 등을 두었다. 노정사는 주로 철로의 감독, 영업, 운수와 공무, 기무 등 각각의 업무를 관장하였다. 1949년 4월 중화인민공화국이 수립되자 국민정부는 대만으로 이전하였다.

3 중국의 철로정책

1) 청대 양무운동과 철로 부설의 흥기

중국에 처음으로 철로와 관련된 지식이 소개된 것은 아편전쟁 이전에 서양선교사들의 중문판 번역서적을 통해서였다. 예를 들면 귀쯔라프(Karl Gutzlaff)의 『만국지리전도집』(1839년), 『무역통지』(1840년), 브리지먼(Elijah Bridgman)의 『美理哥合省國志』(1838년), 『지구도설』(1838년), 모리슨(John Robert Morison)의 『외국사략』(1845년) 등에서는 모두 철로 혹은 열차에 관한 내용을 소개하였다. 중국인의 저서 가운데에 임칙서의 『사주지』는 최초로 철로에 관해 소개하였다. 이러한 가운데 1859년 태평천국의 홍인간이 『자정신편』의 「법법류」 속에서 자본주의를 발전시키기 위한 방책 29조를 제안하였는데, 여기서 서양을 본받아 철로를 부설할 것을 주장하였다. 이것은 중국인이 자력으로 철로를 부설하고자 하는 최초의 주장이었다.

철로에 관한 소개는 위원의 『해국도지』와 서계여의 『영환지략』에도 기록되어 있다. 이 두 권의 책은 중국을 비롯하여 아시아 각국에 깊은 영향을 미쳤다. 청말의 지식인인 양계초조차도 18세 되던 해인 1890년에 『영환지략』을 구하여 읽은 이후 비로소 처음으로 세계에는 5대주와 여러 국가가 있다는 것을 알았으며, 중국이 세계의 전부(중화제국)가 아니고 아시아의 일부임을 깨닫게 되었던 것이다. 일본의 지식인들 역시 이 두 권의 책이 소개되고 나서 일본이 명확히 아시아의 일부임을 자각하게 되었으며, 이와 함께 메이지유신(明治維新)에도 커다란 영향을 미치게 되었다. 서양의 지식을 소개하는 이와 같은 책들에서 철로의 유용성을 소개한 것은 이후 중국철로의 부설을 위한 논의를 이끌어 냈다는 점에서 큰 의의가 있었다.

설복성은 일찍이 「創開中國鐵路議」라는 글을 발표하여 철로가 상업과 운송, 군사의 이동에 매우 편리하다는 주장을 개진하였다. 특히 그는 광서 6년(1880)에 이홍장에게 시급히 철로를 부설해야 할 필요를 상소하였다. 마건충은 이홍장의 막료 가운데 한 사람으로서 「철로론」, 「借債以開鐵路說」 등을 발표하여 외자의 도입을 통해 철로를 부설해야 함을 역설하였다. 종천위는 「中國創造鐵路利弊論」을 발표하고 은행을 개설하여 국채를 발행함으로써 철로를 부설해야 한다고 주장하면서, 중국이 자력으로 이를 경영함으로써 양인들의 이권을 회수해야 한다고 주장하였다.

이와 같은 영향 하에서 이홍장은 철로 부설의 필요성을 일찍부터 인식할 수 있었는데, 이러한 동기는 주로 군사적 관점에서 찾을 수 있다. 1870년대 이홍장이 철로 부설을 주창한 것은 주로 일본의 위협에 대비하기 위한 군사적 목적에서 비롯된 것이다. 1871년 일본이 청조에 통상조약의 체결을 요구하자 이홍장은 청조에 상소를 올려 조속히 철로를 부설해야 한다고 주장하였다.

이러한 가운데 대만사건이 발생하자 이홍장은 일본의 세력 팽창에 깊은 우려를 표명하면서, 무엇보다도 海防의 중요성을 강조하였다. 이 때 좌종당과 이홍장을 중심으로 해방과 육방, 즉 해군과 육군의 양성 가운데 어느 것이 우선인가를 두고 치열한 논쟁이 전개되었다. 논쟁은 중국의 주적이 어느 나라인가로 확대되었다. 좌종당은 청의 주적은 러시아로서 이를 방비하기 위해서는 신강 수복이 시급하며, 이러한 이유에서 국방예산 역시 육방과 육군의 양성에 우선적으로 배정해야 한다고 주장하였다. 반면 이홍장은 일본이 주적이며, 따라서 이를 방비하기 위해서는 해방과 해군의 양성을 우선해야 한다고 주장하였다.

1874년 12월 이홍장은 『籌議海防折』에서 "내지에 철로가 있으면 하루 만에 천 수백 리를 달릴 수 있어 수송에 편리하다"는 뜻을 상주하였다. 이와 같이 이홍장이 철로 부설을 주창한 것은 특히 대만사건을 계기로 일본의 위협에 대비하기 위한 군사적 목적과 밀접한 관련을 가지고 있었음을 알 수 있다. 이러한 차에 오송철로의 부설은 이홍장에게 철로 부설의 필요성을 한층 강하게 인식하도록 만들어 주었다. 1875년 오송철로의 부설이 이루어지고 있을 때 이홍장은 공친왕 혁흔(愛新覺羅 奕訢)에게 철로의 부설이 필요함을 상주하였다. 이에 대해 혁흔은 자신도 이홍장의 건의에는 찬동하지만 조정대신들 가운데 수구파가 철로의 부설에 반대하여 대신회의에서 찬성을 얻기 쉽지 않다고 회답하였다.

대만사건 직후인 1876년 12월 16일 복건순무 정일창도 대만은 사면이 바다로서 적이 어느 곳에나 배를 정박하여 상륙할 수 있음을 지적하면서, 철로의 부설을 통해 신속히 병력을 이동시켜 집중시킬 수 있는 역량을 갖추지 않으면 안된다고 역설하였다. 이후 1877년 7월 20일 정일창은 다시 철로의 부설이 대만의 군사적 방비에 절실함을 조정에 상주하였다. 이홍장을 중심으로 한 양무파 관료들의 철로 부설 주장은 청조조정을 비롯하여 중앙과 지방의 관료들 사이에서 찬반의 격론을 야기하였는데, 그 계기가 된 것이 바로 1880년 11월 양무파 관료인 유명전이 청조에 철로의 부설을 상주한 사건이었다. 이를 기점으로 1880년에서 1887년까지 양무파와 보수파 사이에는 철로의 부설을 두고 격론이 전개되었다.

이상에서 살펴본 바와 같이 청프전쟁은 철로를 둘러싼 본격적인 찬반의 논쟁을 불러일으키면서 부설을 위한 중요한 계기를 마련해 주었음을 알 수 있다. 이 전쟁을 기점으로 청조 역시 군사력을 강화해야 할 필요성을 절감하였으며, 이를 위해 철로의 부설이 불가결함을 인식하지 않을 수 없었다. 다시 말해 중국의 정치, 군사적 환경의 변화는 철로 부설 논쟁에서 양무파의 입지를 강화시켜 주었으며, 이는 중국철로의 부설을 위한 중요한 계기가 되었던 것이다.

특히 청프전쟁은 청조에게 해군력의 취약성을 절실히 일깨워 주었으며, 이러한 결과 1885년에 총리해군사무아문을 설립하여 해군 관련의 업무를 총괄하도록 하였다. 이와 함께 철로가 군사의 요체임을 인식하여 철로의 부설을 추진하였으며, 철로 유관업무를 해군아문이 총괄하도록 하였다. 해군아문의 설립은 이홍장과 좌종당 등 양무파 관료들의 주장이 청조에 의해 수용된 것으로 볼 수 있다.

1885년 공친왕 奕訢이 사직하고 순친왕 奕譞이 총리해군사무아문의 대신으로 이홍장, 증기택이 방판대신으로 임명되면서 이때부터 철로는 급속히 발전하기 시작하였다. 중앙에서는 혁현, 증기택이 지지하고 지방에서는 이홍장과 대만순무 유명전 등이 남북에서 호응하여 중국의 철로 부설은 새로운 단계로 진입하였다. 1886년 순친왕은 천진을 시찰하면서 이홍장과 철로에 관해 논의하고 철로의 부설이 시급하다는 사실에 공감하였다.

1884년 청프전쟁 이후 청조정부는 각 대신에 海防의 대책을 강구하라는 조서를 내렸는데, 이에 이홍장, 좌종당, 증기택 등이 해방의 요체는 시급히 철로를 부설하는데 있다고 주청하였다. 청조는 1885년 총리해군사무아문(해군아문)을 설립하여 순친왕 奕譞을 총리해군사무대신으로, 직예총독 겸 북양대신 이홍장을 회판으로 임명하여 모든 철로업무를 주관하도록 하였다. 그런데 철로 부설의 필요성에 대한 이홍장의 인식은 공상업의 발전보다는 군사적 관점에서 제기되었음에 유의해야 한다. 이홍장은 1869년 이래 철로 부설에 매진하고 있던 일본을 목도한 이후 "내지에 철로가 있으면 병사를 변방에 주둔시키더라도 위급한 소식을 듣고 구원하러 달려가는데 하루에 천 수백 리를 갈 수 있으니 군사를 통솔하는데 어려움이 없다"라고 하여 철로 부설이 군사 전략상 불가결함을 강조하였다. 이러한 이유에서 이홍장을 중심으로 하는 양무파 관료들은 만주에서도 철로의 부설을 적극 추진했던 것이다.

중국의 철로는 최초에 이홍장이 군사적 목적에서 이를 개통하였기 때문에 철로 관련 업무는 자연히 총리해군아문의 관할에 속하였다. 청조가 광서 22년(1896)에 철로총공사를 설립하였을 때에도 여전히 해군아문이 철로 업무를 관할하였다. 1898년이 되면서 철로에 관한 업무를 관장하기 위해 광무철로총국이 설립되어 해군아문으로부터 독립하였는데, 이것이 바로 철로를 전적으로 관리하는 기구의 남상이 되었다. 1903년 광무철로총국이 철폐되고 商部로 합병되었다.

청조는 민족자본의 발전을 통해 열강의 경제 침략을 방어하고 구제를 개혁하고 상무를 진흥하는 新政을 추진하였다. 상인이 公司를 설립하고 자본을 모집하여 철로를 부설하는 일이었다. 이와 동시에 호남, 호북, 광동 3성의 紳商들은 월한철로 이권을 회수하기 위한 투쟁을 기점으로 중국에서는 철로이권 회수운동과 철로자판운동이 일어났다.

1903년 9월 7일 청조는 商部를 설립하고 載振을 상부상서로 임명하고 伍廷芳, 陳璧을 左右侍郎으로 임명하고, 동시에 광무철로총국(1898년 8월 백일유신 시 설립, 청조 첫 번째 철로부설을 전문적으로 주관하는 전문기관), 철로업무를 관리할 수 있는 권한을 부여하였다.

12월 2일 청조는 상부가 제정한 '鐵路簡明章程'을 반포하였다. '철로간명장정'은 24조에 달하며, 철로 부설권의 개방을 통해 철로를 발전시키기 위한 정책을 적극 반영하였다. 장정의 제2조는 중국, 서양, 관상을 불문하고 모두 철로를 부설하여 상부의 비준을 거쳐 '공사조례'에 따라 경영할 수 있다. 공사의 자본모집은 장정 제6, 7조의 규정에 따라 중국자본(華股)이 다수를 차지하도록 하였으며, 외국자본(洋股)의 경우 10분의 3을 초과하지 않도록 하였다.

1906년 상부가 농공상부로 개조되면서 다시 우전부를 신설하여 철로와 우전(우편과 전보)을 전담하여 관리하니, 철로는 우전부 노정사의 관할 아래로 편입되었으며, 예하에 총무, 관판, 상판의 3과를 두었다. 이후 다시 철로총국을 설치하여 철로를 전담하여 관리하도록 하였다.

2) 청일전쟁 이후 철로 국유화

청일전쟁 이후 청조에 철로를 시급히 부설해야 한다고 건의한 대표적인 인물이 바로 이홍장의 외교고문인 미국인 포스터(John W. Foster)였다. 그에 따르면 중국의 가장 시급한 현안은 군대를 서양식으로 편제하여 훈련시키는 것이고, 그 다음이 바로 철로를 부설하는 일이라 역설하였다. 더욱이 1895년 5월 2일, 강유위 등 603명은 조정에 公車上書를 올려 철로를 부설해야 한다는 뜻을 상주하였다.

이와 같은 요구에 부응하여 1895년 청조는 상해에 중국철로총공사를 설립하고 성선회를 철로대신으로 임명하여 전국의 철로 관련 업무를 총괄하도록 하였다. 그리하여 청일전쟁 이후 진포철로, 노한철로, 호녕철로, 변락철로, 월한철로 등을 부설하였으며, 1903년에는 경장철로(북경 - 장가구)를 부설하였다. 이와 같이 1895년 이후 철로 부설은 청조의 핵심적인 사업이 되었다.

이와 함께 1903년 청조는 상부를 설립하는 동시에 철로의 발전을 위해 '철로간명장정' 24조를 반포하였다. 장정의 주요한 내용은 철로의 경영을 희망하는 자가 주식을 모집하여 철로공사를 설립할 수 있도록 하는 것이다. 단, 정부로부터 철로 경영을 허가받은 자는 6개월 이내에 철로의 부설에 착공해야 하며, 50만 량 이상의 자금을 모집해야 한다고 규정하였다. 이를 통해 예정 철로 노선의 부설을 완료할 경우 商部가 정한 12등급의 장려정책에 따라 이를 포상하도록 하였다. 뿐만 아니라 '철로간명장정'은 철로를 차관의 담보로 제공하는 행위를 금지함으로써 철로 이권의 유출을 방지하였다. 이러한 정책은 명확히 철로의 부설에 민간의 자본을 흡수하여 열강의 철로 부설권을 회수하기 위한 목적임을 알 수 있다.

이와 같은 분위기 속에서 1906년에 조산철로가 중국의 자본을 모집하여 부설된 것을 계기로 철로의 이권회수 열기가 발흥되었다. 이에 일찍이 미국에 부여한 월한철로의 부설권을 회수하여 3성의 자영으로 한 것을 비롯하여 도청철로, 월한철로의 三水支線 및 진포철로, 경한철로의 부설권 및 경영권 등을 회수하였다. 이와 동시에 중국이 스스로의 역량을 통해 철로를 부설하자는 철로자판운동이 흥기하여, 안휘성에서는 안휘철로, 산서성에서는 동포철로, 절강성에서는 절강철로, 광동성에서는 신녕철로, 복건성에서는 장하철로, 광서성에서는 계전철로의 부설 계획을 수립하면서 기세를 떨쳤다.

그러나 이와 같은 열기에도 1906년에 준공된 潮汕鐵路와 1909년에 완성된 경장철로를 제외하고는 당초의 목표대로 완성된 철로가 드물었다. 무엇보다도 자금이 부족하여 공사에 착공조차 하지 못하는 경우가 허다하였다. 수많은 철로공사들은 중앙정부의 배경이나 보증없이 오로지 그 지역 출신들로만 발기인을 구성하였으며, 이러한 결과 민간자본의 자발적인 호응이 매우 적어 무엇보다도 자본 조달에 큰 어려움을 겪었다. 각 철로의 민간자본은 浙路, 蘇路, 川路, 粤路의 경우 수백만 량에 달했을 뿐 나머지 철로공사는 모두 수십만 량을 모집하는 데 지나지 않았다.

1903년 청조가 '철로간명장정' 24조를 반포한 이후 1904년 1월 최초로 설립된 국영철로공사가 바로 천한철로공사였다. 공사가 제정한 '川漢鐵路公司續訂章程'의 조항을 살펴보면 오직 중국인의 자금만을 모집하여 충당하며 서양인의 자금은 거부한다고 명시함으로써 민족주의적 색채를 강하게 표방하고 있다. 그런데 문제는 막대한 철로 부설 자금을 어떻게 조달할 것인가에 있었다. 장정에서 외국인의 투자를 불허하였기 때문에 자연히 필요한 자금을 사천성 내에서 자체적으로 조달하지 않으면 안되었다.

더욱이 사천에서는 민족자본에 의한 산업의 발전이 극히 미약하여 이들의 역량을 철로 부설을 위해 동원하기도 역부족이었다. 이미 철로공사가 창립되었음에도 1904년까지 자금이 모집되지 못하자 사천 출신의 재일유학생을 중심으로 300명은 일본 동경에서 이 문제를 해결하기 위한 대책을 논의하였다. 회의 결과 사천성의 모든 주와 현에 거주하는 주민을 조세의 다과에 따라 상, 중, 하로 나누어 철로 부설에 필요한 자금을 국가권력에 의해 강제 할당하자는 쪽으로 의견이 모아졌다.

자금의 모집은 자경농과 전호를 불문하고 收租가 10石 이상일 경우 實收에서 3퍼센트를 징수하며, 10석 미만인 경우에는 징수를 면제하였다. 철로 주식은 한 주의 가격이 은 50량으로서 부유한 사람들은 혼자서도 여러 주를 매입할 수 있었지만, 빈한한 사람들은 여러 사람이 한 장의 주식을 공동으로 매입하는 경우도 많았다. 주식 대금을 납부할 때마다 영수증을 발부하고, 총액이 50량에 이르면 영수증을 철로 주식 한 장으로 교환해 주었다. 징수의 대상은 농촌의 각계각층을 망라하였기 때문에, 빈한한 농민에게는 正稅 이외의 또 다른 부담이 아닐 수 없었다. 이들 농민으로부터 징수된 자금이 1908년과 1909년 두 해에 징수된 총액의 약 80퍼센트와 81퍼센트를 차지할 정도로 중요한 자금원이 되었다. 사천성정부는 부설자금을 염출하기 위해 염부가세, 곡물세, 토지부가세, 양식부가세, 가옥부가세 등 무려 18종에 이르는 각종 잡세를 강제적으로 할당하여 부과하였다.

이와 같이 농민으로부터 징수한 자금이 철로 부설자금의 절대 다수를 차지하였음에도 공사의 실권을 정부가 장악하고 있는 모순이 노정되면서 사천성의 신상들은 공사의 민영화를 주장하였다. 이에 호응하여 마침내 1905년 7월 청조는 철로공사를 관상합판으로 경영하기로 결정하였으며, 이후 1907년 3월에 이르러 상판으로 개조하였다. 비록 철로공사의 경영에 대한 사천성민들의 商辦 요구가 어느 정도 관철되기는 하였지만, 철로 부설자금의 조달이 곤란하자 여전히 조세라는 강제적 수단에 의지할 수밖에 없었다.

자금의 강제적 할당에도 불구하고 천한철로를 비롯하여 이권회수운동의 대상이 된 지역에서 철로를 부설하기 위한 자금은 계획대로 모집되지 못하였으며, 이러한 이유에서 철로의 부설은 계속 지연되었다. 철로의 부설이 지연되자 청조는 외채를 차입하여 철로를 부설할 수밖에 없다고 여겨, 1908년 영국, 프랑스, 독일 등의 3개국과 철로차관의 문제를 논의하였다. 이러한 결과 마침내 1909년 6월에 550

만 파운드의 차관을 도입하기로 합의하고, 이 가운데 250만 파운드를 천한철로를 부설하는 비용으로 사용하기로 결정하였다. 이후에 미국도 여기에 참가하여 4개국은행단을 조직하였다.

1911년 급사중 석장신은 전국 철로의 국유화를 주장하며, 이를 통해 철로자판운동으로 자금의 모집이 부진하여 부설이 지체되고 있던 사천 등의 철로를 조속히 부설해야 한다고 주장하였다. 이렇게 볼 때, 농민의 수중으로부터 모집된 자금만으로 운영되던 상판철로 공사의 경영 부진이 국유화를 추진하도록 만든 주요한 원인이었음을 알 수 있다. 청조정부는 상판철로의 부설이 부진하자 외채를 도입하여 철로를 부설하기로 결정하고 이를 위한 선행조치로서 철로 국유화를 단행하였던 것이다.

마침내 청조는 1911년 5월 9일 철로 국유화의 칙령을 반포하였는데, 국유화의 과정에서 그 동안 각지 상판철로공사에 모집된 자금을 어떻게 처리할 것인가가 핵심적인 문제로 부각되었다. 특히 국유화의 직접적인 대상이었던 월한철로와 천한철로가 통과하는 광동성, 호북성, 호남성, 사천성 등 4개 성민들은 정면으로 반발하였다. 철로 국유화가 선포되자 각지의 주주들은 격렬하게 반대의 의사를 표시하였다. 철로 국유화의 소식이 사천성에 전해지자 주주들은 모임을 갖고 대책을 논의하였는데, 회의에서 동맹회 관계 인사들은 청조에 강력하게 투쟁할 것을 주창하였다.

청일전쟁 이후 제국주의가 중국을 침략하는 과정에서 여지없이 노정된 청조의 무능함과 매판성을 목도한 성민들은 철로의 이권회수운동 과정에서 자신들의 이해를 침해하는 정권에 큰 불만을 품었으며, 이는 결국 보로운동으로 비화되어 청조의 멸망으로 연결되고 말았다. 신해혁명의 도화선이 된 保路運動이 호북, 호남, 광동, 사천성 등 4개 성에서 진행되었지만, 가장 격렬한 지역은 역시 사천성이었다. 사천보로운동은 최초 경제적인 요인에 비중을 두고 전개되었으나 이후 경제문제가 점차 청조 타도의 반청투쟁으로 확대된 것이다. 손문은 "만일 사천성에서 보로운동이 없었다면 신해혁명은 1년 반이나 늦어졌을 것"이라고 이를 높이 평가한 바 있다.

1911년 6월 16일, 주주 20여 명은 보로동지회를 결성하여 공개적으로 청조에 선전할 것을 결정하고 행동 방침을 설정하였다. 마침내 다음날인 6월 17일 成都에서 정식으로 사천보로동지회가 결성되었는데, 여기에 사천성민들이 물밀듯이 몰려들어 북새통을 이루었다. 이후 이러한 열기는 사천성 각지로 확산되어 9월 7일까지는 64개 현에서 동지회 분회가 조직되었다.

그럼에도 청조는 8월 19일 여전히 공사의 자금으로 철로를 계속 부설하도록 명령하였으며, 이에 보로동지회는 24일 긴급특별주주총회를 개최하고 청조에 강력히 경고하였다. 이와 함께 오후 4시가 되자 사천의 상점들은 항의의 뜻으로 일제히 문을 닫았다. 분노한 사천성민들은 보로동지회를 중심으로 무장항거의 반청운동을 전개해 나갔다.

보로운동이 확산되자 9월 7일 청조는 군대를 철로공사에 보내 주모자들을 체포하여 감금하였다. 그러자 이 소식을 들은 군중들이 총독 관아로 몰려가 이들의 석방을 요구하자 이 과정에서 관병이 청원군중에 발포하여 26명이 사망하였으니 이것이 바로 '成都血案'이다. 성도혈안을 계기로 보로운동은 본격적인 반청의 무장투쟁으로 발전하게 되어 9월 하순 민군의 수는 이미 10만 명을 넘어섰다. 이어 현단위의 독립이 줄을 잇고, 나아가 사천성을 비롯한 전국 각 성이 독립을 선포하면서 청조는 스스로 퇴위를 선포하지 않을 수 없었으며,

결국 2,000여 년에 걸친 황제정치가 몰락하고 공화정이 수립되게 된 것이다.

천한철로 노선도

3) 신해혁명 이후 철로 관리의 강화

신해혁명 이후 중국철로의 구상과 발전은 손문에 의해 주도되었다. 주목할 점은 신해혁명 이후 중국정부가 국유화와 외자 도입이라는 두 가지 원칙을 철로정책의 근간으로 확립하였다는 사실이다. 1912년 4월 1일, 손문은 "국내의 철로, 항운, 운하 및 기타 중요 사업을 모두 국유로 한다"는 철로 국유화에 관한 원칙을 천명하였다. 신해혁명의 주요한 동인 가운데 하나가 철로의 국유화에 반대하는 보로운동이었음에도 불구하고, 손문의 입장은 철로 부설에서 국가권력의 통일적 지도 및 통제를 지향하였음을 알 수 있다.

중국정부는 특별회계총처를 설립하여 전국의 철로를 통일화하기 위해 각국의 선례 및 규정을 참조하여 철로, 전신, 우편, 항업의 4政에 관한 특별회계법규를 편성하였다. 특히 철로의 통일에 역점을 두어 통일철로위원회를 조직하여 회계법규를 연구하도록 하였다. 이러한 결과 1914년 8월 철로 정리사업을 개시하고 회계 결산, 철로 부설, 기관차 및 차량 건조 등의 통일에 착수하였다.

철로 국유화를 추진하기 위한 수단으로서 중국정부는 외자의 도입을 기본 원칙으로 확립하였다. 손문은 "국가가 실업을 진흥하기 위해서 자본이 없을 경우 부득불 외채를 차입할 수밖에 없다 … 외채를 차입하여 생산에 투여하면 이득이 많으며, 남미의 아르헨티나, 일본 등의 발전도 모두 외채의 덕이다. 우리나라도 철로를 부설하는 데 외채를 도입한다면 몇 년간의 수입으로 철로 외채를 상환할 수 있다"라고 하여 철로 부설에서 외채의 중요성을 강조하였다.

1912년 9월 12일, 손문은 상해에 중국철로총공사를 설립하고 전국의 철로를 3대간선으로 구획하여 10년간 60억 원의 자본을 투자하여 10만 킬로미터에 달하는 철로 부설계획을 수립하였다. 이 계획은 내지 이주를 촉진하고 실업 건설과 자원 개발, 국방의 강화와 서구와의 교통망을 완비하는 데 그 목적이 있었다. 이 밖에 기관차 및 객차 제조공장의 설립도 계획하였다. 3대간선의 첫 번째 노선인 남선은 광동으로부터 광서, 귀주를 거쳐 사천으로 나아가 서장으로 들어가 천산 남변까지 이르는 노선이며, 두 번째 중선은 장강에서 출발하여 강소성으로부터 안휘, 하남, 섬서, 감숙, 신강을 거쳐 이리로 나아가는 노선, 세 번째 북선은 진황도에서 출발하여 요동을 거쳐 몽골로 들어가 외몽골로 이어지는 노선이었다. 9월 27일 손문은 진포철로의 북단인 제남을 시찰하면서 철로를 부설하기 위해 외자를 적극 도입할 방침임을 다음과 같이 천명하였다. 첫째, 경한철로, 경봉철로 등의 사례를 참조하여 차관을 도입하여 철로를 부설한다. 둘째, 중외 합자를 통해 중국에서 공사를 조직한다. 셋째, 외국자본가에게 철로 부설권을 허가하여 40년을 기한으로 국유로 회수한다. 단 조건은 중국의 주권을 침해하지 않는 범위에서 허락한다.

유의할 것은 중국정부가 외자를 도입하여 철로를 부설하려는 정책에 대한 열강의 대응과 그것이 가져온 결과이다. 중국의 외자 도입 정책에 가장 먼저 호응한 국가는 바로 영국이었다. 북양정부의 교통총장을 지낸 양사이의 회고에 따르면, 1913년에 주중 영국공사 조던(Jordan)은 원세개에게 우편국이나 해관처럼 중국 내의 모든 철로를 통일하고 그 총지배인을 영국인으로 임용하도록 제의하였다. 영국 中英銀公司의 대표 메이어(Mayers)도 총철로공사를 설치하여 전국의 철로를 관리해야 한다고 주장하며, 중국정부가 영국인 총세무사에게 전국의 해관을 관리하도록 한 사례를 참조하도록 건의하였다. 조던의 건의와 같이 영국인 총철로사를 임명할 경우 중국해관과 마찬가지로 중국철로에 대한 영국의 절대적 지배권이 확립될 것은 자명한 일이었다. 따라서 이러한 건의는 기타 국가의 반대로 결국 실행에 이르지 못하였다.

이러한 가운데 1914년 제1차 세계대전이 발발하면서 영국을 비롯한 유럽 제국은 중국에 대한 상품 수출 및 자본 투자에 적극적으로 나설 수 없게 되었다. 이와 같은 공백을 적극 파고들어 대전시기 중국에서 세력을 확장해 나간 국가가 바로 일본이었다. 1차대전 기간을 틈타 일본은 중국시장에 대한 상품 및 자본 수출을 통해 급속한 자본주의적 발전을 이룩할 수 있었다. 대전이 발발하기 전해인 1913년 중일무역 총액은 1억 9,000만 해관량에 지나지 않았으나, 1919년에는 4억 4,000만 해관량으로 증가하였다.

1912년 원세개가 대총통의 지위에 오르자 일본은 이를 틈타 만몽 지역에서 철로 권리를 획득하는 데 온힘을 기울였다. 이러한 결과

1913년 10월 5일 원세개정부의 외교총장과 주중 일본공사 야마자 엔지로(山座圓次郞)는 소위 '滿蒙5路換文'이라는 비밀협정을 체결하였다. 협상의 주요 내용은, 원세개정부로서는 일본에 대해 중화민국의 취소와 원세개정부에 대한 지원 및 차관의 제공, 그리고 원세개帝制에 대한 지지를 요청하였으며, 이에 대한 반대급부로서 일본은 '만몽5로'에 대한 권리를 획득하였다.

만몽5로란 사정철로(사평가 - 정가둔), 정조철로(정가둔 - 조남), 개해철로(개원 - 해룡)의 세 철로에 대한 차관의 공여권과 더불어 조열철로(조남 - 열하, 현재의 승덕), 길해철로(길림 - 해룡) 두 철로에 대한 차관의 우선 공여권을 말한다. 이를 통해 사실상 일본은 만몽에서의 다섯 철로에 대한 부설권을 획득하였으며, 중국 동북지역에 대한 세력권의 확대에 유리한 위치에 서게 되었다. 이 협상은 밀약으로서 알려지지 않다가 1차대전 종결 이후에 비로소 일반에 알려지게 되었다. 1915년 1월 일본은 帝制를 지원하는 조건으로 원세개에게 21개 조항의 요구를 제출하였으며, 5월 26일 원세개는 일본의 요구를 수정 없이 받아들였다.

이 가운데 철로에 관한 내용은 다음과 같다. 즉 산동성 내에서 독일이 부설한 교제철로와 기타 철로의 권익을 일본에 양도한다. 동북지역에서 중국이 철로를 부설할 때는 우선적으로 일본의 자본을 차용한다. 남만주철로의 경우 1898년 체결된 조약에는 개통 36년 후인 1939년에 중국이 회수할 수 있도록 규정하였으나, 이를 99개년 즉 2002년까지 경영권을 갖는 것으로 개정한다. 안봉철로의 경우도 15년간 즉 1923년까지 경영을 위임한다고 하였지만, 99년간 즉 2007년까지로 개정한다. 길장철로의 조항도 근본적으로 개정하여 일본에 99년간 경영권을 부여한다.

앞서 살펴본 바와 같이 중국철로에 대한 열강의 투자와 분할에 반발하여 이권회수의 보로운동이 흥기하고, 이러한 열기 속에서 비로소 신해혁명이 성공할 수 있었다. 그러나 혁명이 성공한 이후에도 낙후된 중국철로를 전반적으로 발전시키기 위해서 철로에 대한 국가권력의 통제를 강화하는 철로 국유화정책을 실행하지 않을 수 없었다. 이러한 과정에서 국내 상공업이 충분히 발전되지 못한 이상 철로 부설을 위한 자금원으로 외국의 자본과 외채에 주목하지 않을 수 없었던 것이다. 이러한 조건 하에서 1차대전 시기에 일본은 중국에 막대한 철로차관을 제공함으로써 중국철로에 대한 지배권을 강화해 나갔다.

신해혁명 직후인 1912년 4월에 중화민국남경임시정부는 기존의 우전부를 교통부로 개조하고 이전의 우전부 노정사 및 철로총국 사무의 관리를 모두 이관하였다. 1913년 노정사를 노정국으로 변경하였다가 다음 해 1914년에는 路政局을 취소하고 다시 노정사를 설립하였다. 1916년 노정, 노공, 철로회계공사를 폐지하고 路政司를 설치하여 교통차장이 철로총판을 겸임하도록 하였는데, 이로부터 철로 행정기관은 비로소 초보적인 조직 계통을 갖추게 되었다.

철로 부설계획에 대한 국민정부의 청사진은 이미 손중산의 '철로 십만리부설계획'에 잘 나타나 있으며, 이후 남경국민정부는 국부의 유지를 계승하여 철로의 근대화를 달성하기 위해 구체적인 방안을 수립해 나갔다. 손중산의 철로 부설에 관한 계획은 일찍이 1893년에 이홍장에게 보낸 상소문인 '上李鴻章書'에 잘 나타나 있다. 여기서 손중산은 "철로를 가진 나라는 곧 전국이 사통팔달하여 왕래와 유통에 막힘이 없다"라고 하여 철로 부설의 필요성을 강조하였다. 특히 재원의 조달에 대해 이홍장은 최초 관상합판을 주장하였으나 민국 이후 점차 외자의 도입을 강조하는 방향으로 나아갔다.

일찍이 손중산은 '建國方略'에서 실업을 국가건설의 전제조건으로 제시하였으며, 특히 교통의 건설을 강조하였다. 그는 "교통은 실업의 어머니요, 철로는 교통의 어머니"라는 주지에서 철로정책의 수립과 추진에 많은 노력을 기울였다. 철로의 중요성에 비추어 1928년 남경국민정부는 철도부를 교통부로부터 독립시켜 철로를 실업발전의 기초로 적극 활용하였으며, 손중산의 아들인 孫科를 철도부장으로 발탁하여 이와 관련된 정책을 적극 추진하였다. 이렇게 볼 때, 철도부의 성립 자체가 기존의 반식민지, 반봉건적 성격을 타파하고자 하는 목적을 반영하고 있음을 알 수 있다.

1912년 4월 1일, 손중산은 임시대총통직을 사임하고 상해로 가서 "민국정부는 국내의 철로, 항운, 운하 및 기타 중요 사업을 모두 국유로 해야 한다"라고 철로 국유화 방안에 관한 계획을 피력하였다. 같은 해 7월 22일, 손중산은 상해에서 개최된 中華民國鐵道協會歡迎會 석상에서 강연을 통해 "철로가 많이 부설될수록 그 나라는 부강하게 된다. 미국의 경우 현재 철로는 30여만 킬로미터에 달하는 철로를 보유하고 있으며, 세상에서 가장 부유한 나라로 손꼽힌다"라고 하여 철로 부설이 곧 그 나라의 국력과 직결된다는 점을 강조하였다.

1912년 8월 말, 손중산은 북경에 도착하여 원세개와 13차례에 걸쳐 회담하고 철로 부설에 관해 논의하면서, 정부가 철로 부설에 적극 나서야 하는 당위성을 강조하였다. 9월 11일, 원세개는 손중산을 전국철로총국 독판으로 임명하고 '주획전국철로전권'을 부여하였다. 이에 따라 손중산은 북방, 남방, 동방 3대 항구를 중심으로 서북철로, 서남철로, 중앙철로, 동남철로, 동북철로, 고원철로 등의 철로망을 상호 연결하여 전국적인 철로망을 조직하려는 계획을 수립하였다.

국민정부는 1913년 대총통령으로 '민업철로조례'를 반포하고, 2년 후인 1915년에 다시 민업철로법을 반포하였다. 1924년 4월 '국민당 제1차 대회선언'은 중국국민당정강을 제정하면서, 국내정책의 제15조에서 "민간의 역량이 부족하므로 철로, 항로 등은 국가가 경영하고 관리한다"라고 규정하였다.

이와 함께 1912년 국민정부는 특별회계총처를 설립하고, 전국의 철로를 통일화하기 위해 각국의 선례 및 규정을 조사 및 참조하여 철로, 전신, 우편, 항업의 4정에 관한 특별회계법규를 편성하였다. 이 가운데 철로가 가장 급선무로서 통일철로위원회를 조직하여 회계법규를 연구하도록 하였다. 그리하여 1914년 8월에 이르러 철로 정리 사업을 개시하고 동일한 회계 계산, 철로 부설, 기관차 및 차량의 건조 등 각 양식의 통일에 착수하였다.

4) 남경국민정부 철도부의 성립과 철로행정의 통일

(1) 남경국민정부의 성립과 철로의 정비

1926년 북벌이 진전되면서 국민정부는 교통부를 설립하고, 다시 교통부 안에 철로처를 두어 '철로정리10대정책'을 공포하였다. 1927년 국민정부는 남경에 수도를 정하고 전국 철로의 정리에 착수하면서, 교통부로부터 철도부를 독립 신설하여 철로정책을 추진하기로 방침을 결정하였다.

1928년 6월과 7월, 남경국민정부는 상해, 남경에서 전국경제회의와 전국재정회의를 개최하였는데, 회의에는 민간기업가와 재정전문가, 그리고 중앙 및 지방관료들이 참석하였으며, 철로 부설이 주요한 의제가 되었다. 같은 해 8월에 개최된 국민당 중앙집행위원회 전체회의는 두 차례 회의에서 수렴된 주장을 반영하여 철로 부설계획을 핵심적인 내용으로 하는 경제계획을 수립하였다.

같은 해 10월, 남경국민정부는 철로의 행정관리권을 교통부로부터 독립시켜 철도부를 정식으로 설립하여 전국 철로의 부설 계획 및 철로행정업무를 담당하도록 하고, 손과를 철도부장으로 임명하였다. 철도부의 조직은 1928년에 공포된 국민정부 철도부조직법에 의거하여 국민정부 五院 가운데 행정원에 소속되어 철로의 국유와 국영을 원칙으로 하고, 부장을 장관으로 하여 정무, 당무 양 차관이 이를 보좌하도록 하였다.

손과는 취임 이후 1928년 11월 27일 '철로관리통일안'을 입안하여 철로행정의 기본방침을 천명하였다. 주요한 내용은 철로업무에 관하여 철로의 통일 관리 및 회계 독립의 양대 원칙을 견지하며, 종래의 철로국독판제를 폐지하고 국유철로관리국을 편제하여 철로행정의 통일과 집중을 도모하였다. 손과는 철로를 통일적으로 관리하기 위해 다음과 같은 방안을 중앙정치회의에 제출하여 승인을 받았다.

① 군사 수송을 정리하고 차량의 반환을 요구한다.
② 각 철로의 차량을 모두 철도부에 집중시키고 누구라도 이에 간섭할 수 없다.
③ 각 철로에 부과된 부가세를 취소한다.
④ 철로 관계 인사를 통일한다.

또한 회계의 독립을 위해서는 다음과 같은 요구사항을 제출하였다.

① 철로 수입의 군비 유용 중지
② 철로 수입 및 수익은 철로사업의 개량 확충에 사용할 것

이와 함께 1929년 1월 14일, 철도부는 '공정국 조직규정'을 공포하여 철로의 관리와 함께 鐵道部材料驗收委員會를 설치하여 철로 자재 구입을 위한 방침을 결정하였다. 또한 북평철로대학를 대학부와 전문부로 나누어 인재의 양성에 힘을 기울였다.

철도부는 성립 이후 우선적으로 전국 각 철로의 운임과 경영을 표준화하여 통일하고, 이를 통해 부진에 빠져 있던 중국철로의 경영을 개선하는 데 진력하였다. 철도부가 성립되기 이전에 철로는 각각 그 지방의 철로관리국이 관리하고 있었으며, 따라서 지방에 따라 경영 방식과 운임이 모두 달랐다. 수하물 운임은 1918년 제1차 운수회의가 개최되어 통일되었으며, 이후 1921년 미터법이 채용되었다. 특히 국민정부 철도부의 성립 직후인 1929년에 運價委員會가 성립되고, 이를 통해 철로 운임의 통일에 많은 진전이 이루어졌다.

이러한 결과 1930년부터 전국 화물의 등급을 통일하여 6등급으로 분류하였으며, 취급 종류별로 중량 단위를 제정하여 운임업무도 체계화되었다. 특히 중국에서 철로에 의한 화물 운송이 비약적으로 발전한 것은 철도부가 1932년 9월 '貨物負債運送規則'을 공포하고 각 철로에 대해 이를 시행하도록 공포한 이후의 일이었다. 1933년에는 제16회 國內聯運會議를 개최하여 철로와 국영수운회사인 招商局 항로 간의 수륙 연계운수가 개시되었으며, 이러한 과정에서 특히 농해철로는 운송 방면에서 많은 성과를 거두었다. 이와 같이 철도부 성립 이후 각 철로는 운수 분야에서 비약적인 발전을 이룩하면서 경영상태도 상당히 호전되었다.

(2) 남경국민정부의 철로 부설계획

1928년 가을, 국민정부는 신해혁명 이래의 숙원인 철로 부설 계획을 실현하기 위해 철도부를 설립하고, 이를 위한 정책의 입안과 실천에 착수하였다. 철도부는 전국의 철로를 통일적으로 관리하고 업무를 개선하며 기존 선로의 영업수입의 증가에 노력하였다. 다른 한편으로는 구채무를 정리하여 신용을 회복하고, 신철로를 부설하기 위한 자금을 모집하였다. 또한 관세와 庚子賠款(의화단운동 배상금) 등을 이용하여 신철로를 부설하는 동시에 기존 철로의 정비도 병행해 나갔다.

1928년 11월 국민당 제162차 정치회의는 철도부장 손과가 제출한 '철로건설대강'을 통과시키고 10년 내에 철로 32,000킬로미터를 부설하고, 이를 위해 매년 3,200킬로미터를 부설하는 방대한 계획을 마련하였다. 그런데 이 계획을 실천하기 위한 관건은 역시 재원의 조달 문제였다. 1929년 1월 28일, 손과는 다시 국민당 중앙정치회의에 '경관양관축로계획'을 제출하였는데, 이 계획의 골자는 영국, 러시아, 이탈리아 3국이 반환하는 의화단운동 배상금의 3분의 2를 기금으로 공채를 발행하여 철로를 부설하기 위한 경비로 충당한다는 내용이었다.

여기서 손과는 관세 수입과 의화단 배상금을 가지고 우선적으로 농해철로의 동란 구간을 부설하는 용도로 할당하였다. 이와 함께 농해철로를 1934년까지, 월한철로를 1932년까지, 롱수철로를 1937년까지 완공한다는 계획을 보고하였다. 더욱이 농해철로를 더욱 연장하여 섬서, 감숙, 신강, 청해의 제성을 연결시키는 명실상부한 횡단철로의 부설 계획을 발표하였다.

1929년 3월 23일 국민당 3중전회는 중앙집행위원회가 제출한 '훈정시기경제건설실시강요방침안'을 통과시키고, 우선적으로 교통의 개발에 착수하도록 결정하는 동시에, 이를 위해 5년 내 국가 총수입의 4분의 1을 철로 부설을 위해 지출하도록 결의하였다. 1931년 5월 2일, '국민당중앙 제3계 제1차 임시전체회의'는 장개석이 제출한 '실업건설정서안'을 통과시켰는데, 여기에서도 철로 부설을 국민정부가 이후 6년 내에 완성해야 하는 우선적인 과제로 설정하였다.

　　같은 해 11월 17일, 국민당 중앙정치회의는 '훈정시기 약법에 의거하여 국계민생규정으로 그 실시를 확정하는 방안'을 의결하였는데, 여기서 철로정책의 골자를 다음과 같이 확정하였다. 첫째, 현재의 철로를 정리하며, 둘째, 이미 절반의 공정이 진전된 농해철로, 월한철로 양 노선을 조속히 완공한다. 셋째, 광동에서 운남, 그리고 운남에서 사천, 그리고 사천에서 섬서에 이르는 노선을 농해철로와 연결시키는 철로를 빠른 기일 내에 부설한다.

　　1936년 이후 중국은행 총재 장가오가 새롭게 철도부장으로 취임하여 5년 동안 8,000여 킬로미터의 노선을 신설하는 신철로계획을 수립하였다. 이것이 바로 1937년 3중전회에서 발표된 '경제건설5개년계획' 안에 포함되어 있는 '철로부설5개년계획'으로서, 장개석이 직접 제안한 것을 구체적으로 입안한 계획이다. 이는 당시까지 부설된 철로 노선의 약 2배에 이르는 방대한 규모였는데, 이를 위해서는 대체로 8억 5,000만 원에서 9억 원에 이르는 부설비용이 소요될 것으로 추산되었다. 주요한 노선은 株州－貴陽, 寶雞－成都, 貴陽－昆明, 成都－重慶, 南京－貴溪, 廣州－梅縣, 衡州－馬平 등이었다.

　　1927-1937년의 10년간 남경국민정부가 부설한 철로는 모두 3,793킬로미터로서, 이로써 중국의 철로는 이미 21,036킬로미터에 달하게

되었다. 이 시기에 농해철로의 영보에서 보계까지의 구간과 대포에서 연운항에 이르는 구간 총 408킬로미터가 1936년 12월에 완공된 것을 비롯하여 월한철로, 경공철로 등의 부설이 완료되었다.

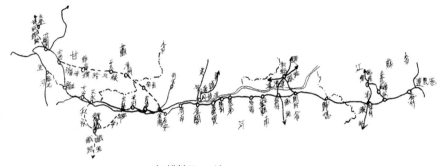

농해철로 노선도

국민정부 철도부는 철로의 신축뿐만 아니라 구철로의 개량과 보수에도 착수하였는데, 주요한 업무는 철로 궤도의 개축, 교량의 신축, 차량의 신규 구입, 신호 계통의 개선 등이었다. 통계에 의하면 1936년 5월 전국의 기관차는 1,116량, 화차 14,580량, 객차 2,090량이었다. 1937년 5월이 되면, 기관차, 貨車와 客車는 각각 156량, 1,762량, 326량 증가하였다.

뿐만 아니라 국민정부는 철로를 부설하면서 내지의 화물이 외부로 운송되기 편리하도록 하기 위해 수륙의 상호 연계에 많은 주의를 기울였다. 그 결과 철로와 화물선이 상호 연계되어 수륙 연계운수가 진전되었으며, 철로의 운수는 대외무역의 발전에 중요한 역할을 수행하였다. 뿐만 아니라 전시에는 항구와 철로와의 상호 연계운수를 통해 필요한 물자를 구입할 수 있었는데, 예를 들면 농해철로의 대포에서 연운항에 이르는 구간을 들 수 있다.

이 밖에 국민정부는 철로행정의 효율성을 제고하고 합리적으로 재편하였으며, 국영철로의 비중을 높여 교통운수에 대한 국가권력의 통제를 강화하였다. 이러한 결과 철로는 기존의 적자에서 탈피하여 국민정부의 재정에 적지 않게 기여할 수 있게 되었다. 다음의 통계수치는 해마다 중국철로의 경영성적이 호전되고 있으며, 이로 인한 잉여자금의 축적이 증가하고 있음을 잘 보여주고 있다.

중국철로의 잉여자본 축적 (단위 : 원)

연도	축적 액수
1932	2,794,122
1933	150,243
1933-34	7,978,652
1934-35	27,845,815
1935-36	35,077,374

1926년 국민정부는 교통부를 설립하고 예하기관으로서 철로처를 두었으며, 같은 해 10월에는 교통부로부터 철도부를 독립시켜 전국의 철로행정을 총괄하도록 하였다. 철도부장 손과는 1928년 11월의 국민당 제162차 정치회의에서 매년 3,200킬로미터의 노선을 부설하여 10년 내에 32,000킬로미터의 철로를 확보한다는 '철로건설대강'을 제출하였다. 1929년 3월 23일 국민당 3중전회는 '훈정기경제건설실시강요방침안'을 통과시켰는데, 그 요지는 5년 안에 국가 총수입의 25퍼센트를 철로 부설에 투자한다는 내용이었다.

1931년 9월 18일 만주사변이 발발하기 직전인 5월 2일에, 장개석은 '실업건설정서안'을 제출하고 철로의 부설을 6년 안에 시급히 달성해야 할 우선적 과제로 천명하였다. 이와 같이 국민정부가 북벌을 완성하고 중앙정부로서 전국의 철로를 확충하고 장악해 나간다는 정책기조는 철로를 기반으로 만주에서의 배타적 이권을 주장하던 일본에게 매우 민감한 문제가 아닐 수 없었을 것이다.

더욱이 국민정부는 철로의 경영에서도 남만주철로와의 경쟁을 의식하여 운임 할인을 통해 화물 운송률을 제고하고자 노력하였다. 예를 들면, 앞서 언급한 심해와 길해 양 철로는 1929년 11월 10일부터 화물 운송에서 상호 연계운수를 실시하면서, 화물의 운임을 일반 운임률보다 파격적으로 인하해 주기로 결정하였다. 예를 들면 곡류의 경우 4급품의 차량 한 대분 운임을 일반 운임률의 43퍼센트로 인하하였다. 1930년부터 중국의 광신공사가 제극철로 연선지역에서 생산된 곡류를 수출하기 위해 중국 자판의 사조철로와 조앙철로 양 철로와 운임을 각각 25퍼센트 할인해 주는 내용의 계약을 비밀리에 체결하였으며, 1931년의 수확기에도 전자가 20퍼센트, 후자가 10퍼센트씩 각각 운임을 할인해 주었다.

동북교통위원회는 남만주철로의 세력을 억제하기 위해 1928년 12월 북녕철로, 타통철로, 정통철로, 정조철로, 조앙철로 등 다섯 철로 노선의 연계운수제도를 확립하였다. 1930년 10월 동북교통위원회는 다시 북녕, 심해, 길해 세 철로의 연계운수제도를 확립하였다. 1931년 1월 9일 동북교통위원회는 일본이 동삼성에서 철로를 부설하려는 기도를 방지해야 한다고 국민정부에 건의하였다. 같은 해 1월 16일 남경국민정부는 동북의 우편물 운송에는 반드시 자국의 철로를 이용하도록 지시하였다.

중국은 남만주철로 병행선을 통해 동북지역에서 일본의 세력 확장을 억제하여 화물 운송을 점차 회수하는 성과를 거둘 수 있었다. 만주사변이 발발하기 직전의 3년 동안, 일본의 남만주철로와 관동군

관할 하의 철로 운수량은 300만 톤이나 감소되었으며, 1930년 말 남만주철로의 이윤은 전년도 말에 비해 3분의 1이나 감소되었다. 바로 다음 해인 1931년 남만주철도주식회사는 2,000여 명의 종업원을 해고하지 않을 수 없었으며, 남만주철로의 영업 부진은 만주사변 발발의 구실을 제공하였다. 동북지역에서 중국철로의 발전 추세는 다음의 표에서 잘 나타나고 있으며, 이러한 추세가 남만주철로의 경영에 심대한 영향을 미쳤음은 말할 필요도 없다.

동북지역에서 중국철로의 화물 운송 추세 (1930년과 1931년의 비교)

지역별	1930년		1931년(9월 18일까지)	
西四路	47,882톤	3,168,209元	284,995톤	16,873,159元
北寧, 沈海鐵道	95,695톤	332,851元	31,149톤	254,283元
東四路			379,000톤	3,558,997元
합계	143,177톤	3,501,061元	695,144톤	20,686,439元

(3) 철로채무의 정리와 재정의 충실

앞서 살펴본 바와 같이, 남경국민정부 수립 이전에 중국철로의 재정은 내전과 군벌의 착취 아래에서 극도로 악화된 상태였다. 만일 외채와 내채 등의 철로 채무를 방치한다면 중국철로의 파산은 자명한 일이었다. 아래의 도표는 남경국민정부가 수립된 직후인 1928년 중국철로의 재정상황을 극명하게 보여 주고 있다.

1928년 철로채무 (단위 : 원)

	상환기간 미도래 액수	상환기간 경과 액수	합계
내채	2,290,015.87	41,588,851.17	43,778,867.04
외채	296,822,327.96	218,888,968.55	515,711,296.51
합계	299,012,343.83	260,477,817.72	559,490,163.55

1928년 10월 26일 국민정부는 훈정 실시의 방침을 천명하고, 평등호혜에 의거하여 주권이 침해받지 않는 전제 하에서 가능한한 최대한 외자를 도입하였다. 또한 전문인재를 선발하여 육성한다는 원칙에 따라 철로와 공공도로의 건설 등 경제건설을 추진하기로 방침을 정하였다. 실제로 국민정부가 입안한 수차례의 '철로건설결의안'과 '철로건설계획'은 모두 외자를 도입하여 철로를 부설하는 내용이었다.

그러나 이를 실현하기 위해서는 무엇보다도 기존의 철로 채무를 정리하여 신용을 회복하는 일이 선결 과제였음에 틀림없었다. 이러한 인식에서 국민정부는 1928년 11월 철도부 성립 이후 구채무를 정리하기로 방침을 정하고, 차관의 이자를 경감하고, 채권의 기한을 연장하면서 채무를 정리해 나갔다. 이러한 노력을 통해 채권인이 중국철로에 투자할 수 있는 신용을 제고해 나갔다.

1929년 4월 13일 철도부는 철로채무위원회를 성립시키고 '철로채무정리위원회규정'을 공포하여 '編制各路負債元金利子總表'와 각 철로의 채무에 대한 구체적인 상환방법을 강구하도록 하였다. 1936년에는 미상환 채무를 정리하기 위한 구체적인 방법으로서 '내외채정리판법'을 공포하였는데, 여기서 채권국의 동의를 얻어 미지불된 이자의 일정 부분을 탕감하거나, 혹은 상환기간을 연장하는 등 구체적인 계획이 수립되었다. 정리판법이 공포된 이후 기존 미지불된 농해철로의 채권은 18-30퍼센트의 이자율이 확정되었다.

미상환 채무에 대한 국민정부의 적극적인 상환 의지는 결국 채권국과 국내 채권 소유자들에 대한 신용을 제고하여 결과적으로 철로투자에 대한 관심을 증폭시켰으며, 이는 중국철로의 발전에 크게 기여하였다. 1935년 2월, 국민정부는 금융계와 경제계에서 영향력이 상당한 장가오를 철도부장으로 임명하였으며, 장가오의 영향력이 미치는 정부은행과 유력한 상업은행을 통해 각국과 철로 투자와 관련한 상담을 진행하였으며, 이 과정에서 적지 않은 성과를 거둘 수 있었다.

채무의 정리를 통해 이율을 인하하고 복리를 면제하고 원금의 상환을 연장한 끝에 마침내 1936년 6월 말 국민정부는 철로 부채의 부담을 3억 6,800여만 원이나 감소시켰으며, 이 가운데 외채가 3억 380만 원, 내채가 2,000만 원 이상 감소하였다. 이러한 결과 마침내 중국 철로에 대한 투자가 새로운 고조기를 맞이하였다. 1936-1937년까지 철도부가 모집한 국내철로 부설자금은 내채가 총 7,455만 원이었으며, 이 가운데 6,300만 원이 신철로 부설에 투입되었다. 이와 같이 대량의 외채와 내채가 철로 부설자금으로 공급됨으로써 국민정부가 전국의 철로 부설계획을 성공적으로 추진할 수 있는 기반을 마련하였다.

비록 국민정부 철도부가 채무의 정리를 통해 외자를 새로 도입하여 철로의 부설에 적극 나서기는 하였으나, 기본적으로 이전과 같이 철로 이권을 외국에 넘겨주는 일은 극력 회피하였다. 나아가 국민정부 철도부는 교통주권을 완전히 회수하기 위해 다음과 같은 규정을 정해 두었다. 첫째, 철로 부설에 외자를 차용할 수 있으나, 평등 호혜에 근거하여 주권을 상실하지 않는 한도 내에서 이루어져야 한다. 둘째, 누구라도 철도부를 통해 국민정부의 허가를 얻지 않고서는 중국 영토 안에서 철로를 부설, 연장 혹은 매수할 수 없다. 지방정부도 마찬가지로 철도부를 통해 행정원의 허가를 얻지 않고서는 외자를 도입하여 철로를 부설할 수 없다.

(4) 철로 국영화의 확대

1932년 7월 2일, 국민정부는 '중화민국철도법' 22조를 공포하였는데, 여기서 "철로의 국유, 국영을 원칙으로 하며, 철로행정 업무는 철도부에서 통할한다"라고 규정하였다. 또한 국민정부의 허가 없이 중국영토 내에서 철로를 부설하거나 연장, 매매할 수 없다고 규정하였다. 이와 함께 경영 방식을 다음과 같은 4종으로 구별하였다.

① 전국교통의 모든 철로는 중앙정부가 경영하는 것을 원칙으로 하며, 국영철로라 칭하고 철도부가 관할한다.

② 지방교통과 관련 있는 철로는 지방정부가 공영철로조례에 따라 경영할 수 있다. 이를 공영철로라 칭하며 철도부가 이를 감독한다.

③ 철도부가 획정한 노선이 부설되기 이전에 일반인들은 민영철로를 부설하여 경영할 수 있으며, 철도부가 이를 감독한다.

④ 지방정부 혹은 일반인들은 철로조례에 따라 전용철로를 경영할 수 있는데, 이를 민영철로라 칭한다. 영업 개시일 부터 만 30년 이후에는 법에 따라 정부가 협정가격으로 이를 매입한다.

철도법을 살펴보면 국민정부 철로행정의 기본 방향이 잘 나타나 있음을 알 수 있다. 먼저 철도법 제1조에 "철로는 국영을 원칙으로 한다"고 규정하여 철로에 대한 국가권력의 통제 방침을 명확히 하고 있다. 뿐만 아니라 제4조에서는 중요 간선을 모두 법령에 의해 국유로 할 것임을 원칙으로 규정하였다. 지방정부가 외국과 차관계약을 통해 철로를 부설할 경우에도 반드시 철도부 및 행정원의 허가를 받은 이후에 가능하도록 제9조에서 명시하였다. 제12조에서는 지방관 혹은 민영철로는 모두 철도부의 감독을 받도록 규정하여 국영뿐만 아니라 전국의 철로를 모두 철도부의 일률적인 통제와 감독 하에 두어 철로행정의 통일화와 일원화를 기하였다.

이 밖에 철도법 제18조는 철로를 군수에 사용할 경우에는 반드시 국민정부가 공포한 '軍運條例' 및 철도부와 군정부가 상호 합의한 각 규정을 철저히 이행하도록 함으로써 지방군벌이 철로를 사사로이 운용할 수 없도록 규정하였다. 또한 제20조는 국유철로의 수입과 잉여를 모두 철도부 사업의 확충 및 정리에 충당하도록 하고 나머지는 철로 채무의 상환을 위해 사용하도록 규정하여, 철로 재정을 군사적 목적으로 전용하여 철로의 발전을 저해하는 일을 미연에 방지하고자 하였다.

이와 같이 국민정부의 철도법은 명확히 철로의 국영화를 지향하였으며, 모든 철로에 대한 철도부의 통일적 관리를 명시하였다. 이는 기존 중국철로에 대한 대외적인 열강의 간섭과 대내적인 봉건 군벌세력의 간섭을 일소하고, 철로 교통에 대한 정부의 일원적 관리와 통일화를 기함으로써 철로행정의 근대화를 도모한 것이다. 뿐만 아니라 근대화된 철로를 통해 다시 중국 전반의 근대화를 달성하기 위한 목적에서 입안된 것이라 할 수 있다.

(5) 철로의 통일화정책

가. 철로기술의 표준화

① 철로기술표준의 경과

중국에서 철로기술표준은 주로 철로의 궤간, 교량, 열차 차량 등의 제조, 구매 및 배치, 수리교환시 참고할 표준 등을 가리키는 것이다. 중국철로의 상당 부분이 열강이 투자하여 부설하거나 혹은 중국정부가 차관을 들여와 부설하였기 때문에 투자국 혹은 채권국 간의 철로 기술표준이 상이함으로 말미암아 경영 효율을 제약하는 요인으로 작용하였다.

채권국이 다양하여 레일, 자재설비 등이 여러 국가로부터 수입될 수밖에 없었으며, 채용한 기술표준, 열차 차량의 형식과 구조 등에서도 모두 차이가 있어 사람들이 국제철로전람회라고 풍자할 정도였다. 1912년에 이르러 연계운수의 업무를 시작할 즈음에 이러한 모순이 백일 하에 드러나 통일적 철로기술표준의 제정이 시급한 과제로 부상하였다. 이러한 기술표준의 통일을 통해 각 철로의 연계운수를 촉진하고자 하였다.

1917년 교통부는 '철로기술표준위원회'를 설립하고, 전문적으로 철로 부설과 설비표준을 책임지고 제정 및 통일하도록 하였다. 技監 詹天佑가 회장을, 기감 沈琪가 부회장을 맡았으며, 그 아래 공정, 기계, 운수, 총무의 4계를 두었다. 각 철로의 공정사 등을 전임위원으로 파견하였으며, 이 밖에 영국, 프랑스, 일본, 미국공정사 고문 각 1명씩을 초빙하였다. 위원회는 만국도량형제를 설계표준으로 채택하였으며, 아울러 '영프중독철로사전'을 편찬하여 기술용어의 표준으로 삼았다. 여러 차례에 걸친 공정, 기계, 운수, 총무 4개 분조회의의 토론을 거쳐 위원회는 마지막에 부설표준규칙, 교량과 강궤의 기술규범, 교량, 터널, 차량의 제한 등 공정표준, 열차제조규범, 차량재료규범, 열차 운행과 신호규칙, 기술인원의 양성, 자격, 복무, 직책 등에 관한 규정을 마련하였다.

국민정부 철도부는 성립 이후 1936년 9월 철로기술표준심정위원회를 설립하고 철로기술 각 항 표준 및 개량, 철로 관련 각 항의 기술사무를 제정하였다. 위원회는 주임위원, 부주임위원을 각 한 명씩 두고 전임과 겸임위원 약간 명을 두었으며, 모두 철도부장이 위임 혹은 파견하여 충원하였다. 그 아래 약간의 전업조를 두고 이를 위해 일부 고문을 초빙하였다. 당해위원회가 구체적으로 관여하는 업무는 다음과 같았다. (1)이미 반포되거나 정해진 각종 표준규범의 연구 및 개량, (2)부설 규격(양식)의 심사 및 수정, (3)철로부설규정의 심의, (4)최신 발명의 養路方法 및 養路機構의 조사, (5)재료장정의 검증 및 심의, (6)활용, (7)표준매수차 부품의 설계, (8)각 표준객차의 설계, (9)표준소포차 등의 설계, (10)열차역에 비치할 각종 기계설비의 설계, (11)정차역에 비치할 각종 기계의 설계, (12)기타 기술에 관한 일체의 사항 등이었다.

② 철로기술표준의 추진

중국의 철로기술표준은 일찍이 1922년과 1937년에 두 차례에 걸쳐 반포되었다. 철로운수에 대한 규범화는 철로 발전에 크게 기여하였다.

㉠ 선로 : 중국 최초의 철로는 1876년 英商이 상해에서 부설한 오송철로로서, 0.976미터의 협궤를 채용하였다. 이 철로는 이후 청조가 매입하여 해체되고 말았다. 1881년 개평광무국이 당서철로를 부설하여 석탄을 운반하였을 당시에는 기술표준이 없었으나 이후에 영국공정사 킨더의 주장을 받아들여 영국철로 기술표준 중에서 레일의 궤간을 1.435미터의 표준궤간으로 채택하였다. 이후 정태철로, 동포철로가 1미터의 협궤를 채용한 이외에 기타 철로는 대부분 영국의 표준궤간을 적용하였다. 그러나 중국에서 열강이 투자하여 부설한 철로는 모두 자국의 표준궤간을 채용하였다. 영국과 독일은 1.435미터의 궤간을 사

용하였으나 러시아가 부설한 중동철로는 시베리아철로의 표준에 따라 1.524미터의 광궤를 사용하였으며, 프랑스가 부설한 전월철로는 1미터의 협궤, 일본이 부설한 대만의 철로는 각각 1.067미터와 0.76미터의 양종 협궤가 있었다.

레일 중량은 열차의 운행 속도를 결정하였다. 중국철로는 초기 부설 시기에 영국철로표준을 채용하여, 1미터당 30킬로그램의 레일을 채택하였다. 이후 철로운수업의 발전과 열차 중량이 증가함에 새로 부설된 철로는 1미터당 43킬로그램의 레일을 채용하였다.

1922년 교통부가 제정한 철로 간선의 레일 중량은 1미터당 43 킬로그램, 지선은 1미터당 30킬로그램을 표준으로 결정하였다. 그러나 열강은 철로자재 및 부설 경비 부족 등을 이유로 여전히 1미터당 17.5킬로그램, 28킬로그램, 41킬로그램 등 다양한 형식을 채택하였으며, 심지어 동일 선상의 철로 레일 위에 서로 다른 레일을 적용하기도 하였다.

1937년 5월 철도부는 다시 선로기술표준을 제정하고 표준궤의 간지선은 일률적으로 1미터당 43킬로그램의 레일 중량을 표준으로 채용하도록 규정하였으며, 협궤 간지선은 일률적으로 1 미터당 중량 30킬로그램을 표준으로 채택하도록 하였다.

ⓛ 교량 : 철로교량 적재 강도의 표준으로 가장 먼저 채용한 것은 미국에서 통용하는 쿠퍼스(coopers) E字 각급표준이었다. 1922 년에 제정한 중국철로교량의 적재중량 표준은 당시 기차 중량과 열차적재량을 참조하여 간선에서 쿠퍼스 E-50級으로 규정하였다. 즉 기차주동륜축의 무게 50,000파운드, 지선은 E-35級, 즉 기차주동륜축 중량 35,000파운드이다. 1937년 5월 반포한

철로기술표준 중에서 교량중량표준을 중화20급(C-20급)으로
수정하여 쿠퍼스 E-50級을 대신하였다.

ⓒ 열차차량 : 철로차량, 특히 열차는 당시 대외 차관계약의 규정
으로 말미암아 절대부분이 국외로부터 수입되었다. 또한 각 채
권국의 기차창으로부터 구매하도록 되어 있었기 때문에 열차
의 모델, 견인력 등이 천차만별이었다. 예를 들면 화북지역에
서는 1935년에 총 848량의 열차가 있었는데, 이 가운데 324량
이 미국에서 구매한 것으로서, 전체의 38.2퍼센트를 차지하였
다. 147량은 영국에서 구매하여 전체의 17.3퍼센트를 차지하였
다. 127량은 벨기에에서 구매하여 15퍼센트를 차지하였다. 113
량은 독일에서 구매하여 13.3퍼센트를 차지하였고 이 밖에 프
랑스, 일본 등의 합계가 약 9.4퍼센트였다. 국산열차는 57량으
로서 6.7퍼센트에 지나지 않았다.

이 밖에 화차, 객차 차량의 종류 역시 50여 종에 달하여 적재중량
이 수 톤에서 40여 톤으로 매우 다양하였다. 이러한 상황은 철로운
수, 특히 기무공작에 부정적인 영향을 주었다. 1935년 이후 중국철로
의 설비는 거의 미국 한 나라로부터 수입하였으며, 또한 본국제조의
비중이 다소 증가하였다. 따라서 1937년 5월 개최된 철도부 기무, 공
무처장회의에서 다시 열차차량 기술표준을 다음과 같이 정하였다.

① 객운열차 : 4-6-2輪式, 차축하중(軸重, axle load) 18톤
4-6-4輪式, 차축하중(軸重, axle load) 18톤
4-8-4輪式(태평양식), 차축하중(軸重, axle load)
15.5톤
② 화운열차 : 2-8-2輪式, 차축하중(軸重, axle load) 16톤

2-8-4輪式, 차축하중(軸重, axle load) 16톤

2-10-4輪式, 차축하중(軸重, axle load) 14.5톤

③ 화차표준 : 차축하중(軸重, axle load) 40톤

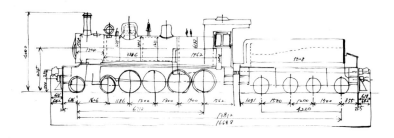

절공철로 기관차(401號 4-8-0式) 설계도

나. 철로의 기술표준 통일

초기 중국철로는 기술표준이 다종다양하여 통일되지 못하였으며, 궤간으로 말하자면 0.600미터에서 1.524미터까지 상이하였다. 레일의 중량으로 말하자면, 1미터당 15킬로그램에서 43킬로그램까지 다양하였다. 교량으로 말하자면 간선과 지선이 각각 통일되지 못하여 하나의 선로에 간선에는 쿠퍼스 E-40級의 교량이 있고, 이 밖에 E-30級의 교량도 있었다.

철로기술의 표준화를 위해 북양정부 교통부는 1917년 5월 철로기술표준위원회를 설립하여 詹天佑를 회장으로 沈琪를 부회장으로 임명하고, 그 아래 工程, 機械, 運輸, 總務의 4부서를 설치하였다. 이와 함께 각 철로 공무, 기무, 運行의 전문가, 공정사를 파견하여 전임위원으로 임명하였으며, 아울러 영국, 프랑스, 일본, 미국 공정고문을 한 명씩 초빙하였다. 철로기술표준위원회는 만국도량형제를

설계표준으로 채택하고, 1922년 철로 관련 교량, 레일 궤도, 터널(隧道), 기관차, 차량 등 공정, 기계건축표준 및 열차운행과 신호규칙 등을 제정하여 공포하는 동시에, 공포일부터 즉시 실행하도록 규정하였다. 또한 모든 신철로의 부설, 기계 구매, 제조는 모두 통일표준에 따라 처리하기로 하였으며, 기성철로는 점차 개량하여 표준화하도록 하였다.

이 가운데 레일 중량의 표준은 1마일당 85파운드(1마일 = 0.9143992미터), 즉 1미터당 43킬로그램, 지선 레일의 중량은 1마일당 60파운드, 즉 1미터당 30킬로그램이었으며, 교량중량 표준은 간선교량의 경우 쿠퍼스 E-35級이었으며, 침목 부설밀도는 10미터당 14根으로 규정하였다. 레일의 궤간에 대해서는 일찍이 1903년 청조 정부가 반포한 '철로간명장정'에서 이미 1.435미터를 표준궤간으로 채용하였기 때문에, 러시아가 부설한 동청철로(중동철로), 일본의 남만주철로가 1.524미터의 광궤를 설치한 것과(러일전쟁 이후 1.435미터로 개조), 프랑스가 부설한 滇越鐵路 및 차관을 도입하여 부설한 正太鐵路의 1.000미터 협궤, 그리고 중국이 자력으로 부설한 대만철로, 個碧鐵路가 각각 1.067미터, 0.600미터의 협궤를 채용한 이외에 그 나머지 철로는 기본적으로 동일한 1.435미터의 표준궤간을 채택하였다. 북양정부가 제정 및 실행한 철로기술표준은 중국철로 기술표준의 선구였다.

다. 회계통계제도의 통일

북양정부는 국유철로 기술표준, 연운제도의 제정과 동시에 철로 회계통계제도의 통일에 착수하였다. 그리하여 전로 영업수지와 재무이익, 손실의 계산, 각 철로 관리효율의 비교를 계산하여 개선의 방향과 방법을 제시하였다. 1913년 3월 교통부는 '통일철로회계통계위원회'를 설립하고 부내 및 각 철로국 회계전문가를 위원으로 선임하고, 동시에 미국철로회계전문가를 고문으로 초빙하였다. 위원회는 미국철로회계통계제도를 표준으로 삼아 중국철로가 채용한 각국회계통계를 참고 및 종합하여 통일적인 국유철로회계분류과목 및 통계방법을 제정하였다. 이를 바탕으로 1915년 1월 1일부터 모든 철로에서 시행하도록 하였다. 이러한 결과 철로자본지출분류통례, 철로영업진관분류칙례, 철로영업용관분류칙례, 영업철로처리신전선로 및 확충개량지출칙례, 영업철로열차이정통계칙례 등이 제정되었다. 상설기구로서 통일철로회계통계위원회는 상술한 조례에 감독과 집행의 권한을 보유하고 있었다.

1915년부터 통일철로회계통계위원회는 매년 『중국국유철로회계통계연보』를 편제하고 연도 내(1월 1일에서 12월 31일까지) 각 철로의 설비 유지, 영업수지, 회계수지 및 잉여손실 등의 통계자료를 책으로 묶어 출판하였다.

참고문헌

東亞同文會, 『支那年鑑』, 1935.6.

梁啓超, 『飮冰室合集 : 文集』11卷, 中華書局, 1936.

姜明淸, 『鐵路史料』, 國史館, 1992.5.

吳汝綸編, 『李文忠公全集 - 奏稿』17卷, 文海出版社, 1965

吳汝綸編, 『李文忠公全集 - 奏稿』24卷, 文海出版社, 1965.

戴執禮, 『四川保路運動史料』, 科學出版社, 1957.

隗瀛濤, 『四川保路運動史』, 四川人民出版社, 1981.

『四川辛亥革命史料』上, 四川人民出版社, 1982.

宓汝成, 『中華民國鐵路史資料』, 社會科學文獻出版社, 2002.9.

任卓宣, 『四川文獻』168卷, 1978.9.

孫文, 『孫中山全集』二卷, 中華書局, 1982.

宓汝成, 『中國近代鐵路史資料』1冊, 中華書局, 1984.

金士宣, 『中國鐵路發展史』, 中國鐵道出版社, 1986.11.

李占才, 『中國鐵路史』, 汕頭大學出版社, 1984.6.

李國祁, 『中國早期的鐵路經營』, 中央研究院近代史研究所, 1976.12.

郭沫若, 『辛亥革命』, 人民出版社, 1981.

李新, 『中華民國史』, 中華書局, 1982.

宓汝成著, 依田憙家譯, 『帝國主義と中國の鐵道』, 龍溪書舍, 1987.10.

張其昀, 『建國方略硏究』, 中國文化硏究所, 1962.10.

逸見十朗, 『中華民國革命二十周年記念史』, 1931.4.

小島憲市, 『支那鐵道槪論』, 中日文化協會, 1927.

日華實業協會, 『支那近代の政治經濟』, 外交時報社, 1931.12.

滿鐵調查課, 『滿蒙鐵道の社會及經濟に及ぼせる影響』, 1931.7.

吾孫子豊, 『支那鐵道史』, 生活社, 1942.

金志煥, 『鐵道로 보는 中國歷史』, 學古房, 2014.

金志煥, 「중국 국민정부 철도부의 성립과 隴海鐵道」, 『東亞硏究』49집,
        2005.8.

鄭鎭奉, 「洋務運動期 철로부설에 대한 일고찰」, 『釜山史學』28, 1995.

堀川哲南저, 王載烈역, 『孫文과 中國革命』, 역민사, 1983.9.

楊承訓, 「三十年來中國之鐵路事業」, 『三十年來之中國工程(下)』, 華文
        書局, 1967.8.

張德良, 「中日鐵路交涉案與九一八事變」, 『黨史縱橫』1997年 12期.

周新華, 「孫中山'實業計劃'述評」, 『鎭江師專學報』1994年 2期.

朱馥生, 「孫中山實業計劃的鐵道建設部分與湯壽潛'東南鐵道大計劃'的
        比較」, 『民國檔案』1995年 1期, 1995.3.

林福耀,「日本資本主義發展段階に於ける支那市場の意義」,『支那經濟
事情硏究』, 東亞事情硏究會, 1935.2.

馬場鍬太郎,「支那鐵道會計統計」,『支那硏究』25號, 1931.3.28.

桂城淳,「支那の鐵道建設に於ける明暗相」,『支那』28卷 6號, 1937.6.

제3장
철로학교와 철로인재 교육

청말 국방과 운수의 필요에 따라 직예총독 이홍장은 북양해군을 창설하고 윤선초상국을 설립하였는데, 이를 운용하기 위해서는 막대한 수량의 석탄이 필요하였다. 이에 1880년 청조는 개평매광공사를 설립하여 당시로서는 최신의 채굴법을 동원하여 대량의 석탄을 생산하기에 이르렀다. 광산에서 생산된 석탄을 북양해군과 윤선초상국 등에 공급하기 위해서는 획기적인 교통의 개선이 요구되었으며, 이러한 필요에서 철로의 부설은 불가피한 것으로 널리 받아들여졌다.

1881년 당서철로(당산-서각장)의 부설은 중국철로의 발전을 위한 서막을 열었다. 당서철로의 부설을 완료한 이후 다시 노태에 이르는 32.2킬로미터의 노선이 연장 부설되었으며, 이홍장은 다시 이로부터 천진에 이르는 총연장 75킬로미터의 노선 부설을 청조에 상주하였다. 1889년부터 1890년에 이르기까지 이홍장은 다시 동으로 당산에서 고야에 이르는 15킬로미터의 노선, 1888년에는 당산에서 천진에 이르는 131.4킬로미터의 노선을 부설하였으며, 1893년에는 철로 노선이 산해관에 도달하였다.

더욱이 청프전쟁 이후 종래 복건성에 속한 대만이 군사전략적 중요성에 비추어 독립적인 성으로서 위상을 확보하게 되었다. 초대순무 유명전은 대만철로국을 설립하고 총 107킬로미터의 철로 노선을 부설하였다. 대만의 철로를 포함하여 1895년 下關條約에 이르기까지 청조는 총 415.4킬로미터의 철로를 부설하였다.

이와 같은 철로의 발전에 조응하여 중국 내에서 철로를 부설하고 운영하며, 제반 업무를 주관할 수 있는 역량을 갖춘 철로인재를 배양하는 일이 시급한 과제로 부상하였다. 비록 현실적으로 미국인, 영국인 등 숙련된 철로기술자를 우선적으로 배치하여 철로를 부설하고 운영할 수밖에 없었지만, 중국 내에서 자체적으로 철로인재를 육성하여 이를 대체해야 한다는 당위성이 제기되었다. 이를 위해 철로인재를 육성하기 위한 교육기관의 설립과 철로교육의 실시가 시급하다는 사실에 모두가 공감하였다.

1 유학생의 파견과 철로인재의 양성

1) 유학교육과 '유미유동'

유학을 통한 선진국의 물질문명과 지식의 함양은 서구의 문물이 중국으로 침투하는 주요한 경로였다. 일찍이 손중산은 "우리는 외국을 학습해야 하며, 과학을 학습하여 뒤처진 200년의 시간을 따라잡아야 한다"고 강조한 바 있다. 일찍이 청조를 비롯하여 중국의 역대 정부는 유학생을 구미 등으로 파견하여 서양의 문명을 학습하도록 하였으며, 유학생들은 세계의 과학문명을 중국에 소개하는 통로가 되었다.

중국에 철로가 부설되어 운행되기 이전부터 영국, 미국 등 선진국에서는 이미 철로가 상당 수준으로 발전하여 운행되고 있었다. 일찍이 청조는 동치 말년부터 선발을 거쳐 미국 등 선진국으로 유학생을 파견하여 철로 등 선진 과학기술을 수학하도록 하고, 이를 통해 철로인재를 양성하는 것으로부터 철로교육이 시작되었다. 청조가 국비유학생을 선발하고 이들을 구미로 파견하여 선진적인 철로지식을 학습하도록 하는 일은 同治 연간의 '留美幼童'에서 시작되었다. 이들 국비유학생들은 귀국 후 淸末 民國初 정치, 외교, 군사, 교통 등 각 분야에서 상당한 영향력을 발휘하였다. 이들 가운데 교통분야에서의 인재로 梁如浩, 唐紹儀, 梁敦彦 등이 있었으며, 특히 철로전문가로서 詹天佑, 鄺孫陽 등을 꼽을 수 있다.

청조는 1872년부터 1875년까지 모두 네 차례에 걸쳐 9살에서 15살 사이에 해당되는 120명의 국비유학생을 선발하고 미국 샌프란시스코에 파견하여 근대과학을 학습하도록 하였다. 이들 가운데 50여 명은 하버드대학, 예일대학, 컬럼비아대학, 메사추세스공과대학 등에 진학하였으며, 귀국 후 중국의 철로, 전신, 광업의 개척자가 되었다.

詹天佑(1861.4.26-1919.4.24)는 1885년 첫 번째 미국유학생 그룹 속에 포함되어 철로공정을 학습하고, 귀국 후 철로의 발전에 크게 공헌하여 '중국철로의 아버지'라 불리우고 있다. 詹天佑는 字가 眷誠으로 광동성 남해현에서 출생하였으며, 원적은 徽州婺源(현재의 江西省 上饒市)이다. 자는 眷誠, 호는 達朝이며, 영문명은 Jeme Tien Yow이다. 일찍이 12세에 미국 유학길에 올라 철로공정을 전공한 중국인 최초의 철로공정사였다.

첨천우는 1872년 8월 중국의 체1차 관비 미국유학생으로 선발되

경장철로를 부설한 철로공정사
첨천우

어 1881년 예일대학에서 토목공정과 학사학위를 취득하고 그해 가을에 귀국하였다. 1888년 첨천우는 중국 철로총공사의 幇工程師로 선발되어 진고철로의 부설공사에 참여한 바 있으며, 당고에서 천진에 이르는 구간의 부설공정을 주관하였다. 1891년에는 관동철로의 부설공사에도 참여하였다. 1902년 가을 8개국연합군의 침입으로 서안으로 피신한 서태후가 북경으로 돌아온 이후 원세개의 건의를 받아들여 관비 白銀 60만 량을 편성하여 동으로는 京漢鐵路 新城高碑店驛으로부터 서로는 易縣 西陵 梁各莊行宮의 謁陵에 이르는 서릉철로를 부설하였다.

첨천우와 함께 서릉철로의 부설에서 중요한 역할을 한 사람이 바로 양여호였다. 1902년 10월 19일 원세개는 첨천우를 서릉철로를 부설하기 위한 총공정사로 임명하였으나, 명의상 첨천우는 당시 天津海關道 兼 關內外鐵路 總辦이었으며, 서릉철로 총판을 겸하고 있던 梁如浩의 조수로 임관되었다. 양여호(1863-1941)의 이름은 明濤, 자는 女浩, 號는 孟亭으로 광동성 香山人이다. 1874년 容閎을 따라 미국으로 유학하였으며, 1881년에 귀국하여 천진병공창에 설계사로 부임하였다. 1883년 唐紹儀와 함께 조선에 가서 해관을 개설하였으며, 1885년부터 총리교섭통상대신으로 조선에 부임한 袁世凱의 막료로 근무하였다.

1894년 청일전쟁이 발발하자 원세개를 따라 본국으로 귀국한 이후 계속해서 철로 관련업무에 종사하였다. 1902년 관외철로를 접수하여 경영에 착수하였으며, 높은 수익을 거두었다. 1907년부터 관내 외철로 총판, 천진해관도, 상해도 등의 직무를 관장하였다. 1908년에는 외무부 右丞에 올랐다. 1911년 10월 원세개의 組閣으로 우전부 부대신이 되었고, 1912년에는 외교총장에 올랐다. 鄺幖陽은 1887년 세 번째 미국유학생 가운데 포함되어 공정 및 기계를 학습하고, 귀국 이후 기무처장, 공무처장 및 총공정사 등의 직위를 역임하였다.

당시 이들 유학생은 미국에서 벨(Graham Bell)이 전화를 발명하는 것을 목도하였고, 에디슨의 손에서 유성기가 탄생하는 것도 볼 수 있었다. 1881년 吳仰曾, 陳榮貴, 陸錫貴, 唐國安, 梁普照, 鄺景揚 등의 유학생이 개평광무국의 路鑛學堂에 배치되었다. 이들은 중국이 자력으로 부설한 첫 번째 철로인 당서철로의 탄생을 두 눈으로 직접 목도하게 된다.

이들 국비유학생들이 가장 감탄했던 새로운 경험은 당시 미국에서 한창 유행했던 기차였다. 새로운 교통수단인 기차가 두 줄의 레일 선상을 달리며, '불'의 힘으로 움직이는 광경은 이들에게 단순한 호기심의 대상을 넘어서는 서구 근대의 실체였다. 첨천우는 이로부터 6년 후 예일대학 공과에 진학하였으며, 32년 뒤에는 경장철로의 부설을 주관하게 된다.

국비유학생이 미국에 도착한 1870년대에 미국은 이미 대륙을 횡단하는 철로가 부설된 상태였다. 건국한 지 100년도 안되는 신생국에서 기차는 승객과 물자가 끊임없이 실어 날랐다. 국비유학생들이 일기에서 기차를 타 본 경험에 대해 "기차바퀴가 돌아가자마자 곧 산과 강, 들판이며 수풀이 눈 깜짝할 사이에 스쳐갔다. 갑자기 터널로 들어서니 밤보다 더 컴컴해졌고 아무런 빛도 없었다. 저녁 6시경 느닷없이 눈이 쌓인 광경을 보았다. 금을 캐내는 산을 지날 적에는 아, 산빛이 얼마나 아름답던지…" 일기에서 이들은 자신들의 경험에 대해 서술하면서 차마 말을 맺지 못할 정도였다.

이들을 인솔한 미국인은 아동들에게 부딪힐 위험이 있으니 머리를 차창 밖으로 내밀지 말도록 신신당부하며, 혹시라도 기차에서 떨어지면 피가 멈추지 않고 흐르다 끝내 숨이 멎게 된다는 말로 위협하기도 했다. 이들의 일기에는 당시 열차 설비들이 다음과 같이 상세히 묘사되어 있다. "열차의 양 끝에는 화로와 물통이 2개씩 있고 화장실도 2개가 있었다. 양쪽으로 좌석이 놓여 있는데, 위쪽에 뒤집어 놓을 수 있는 침대가 매달려 있었다. 이 밖에도 침대칸이 있었으며, 매 칸마다 침대가 4개 있었다. 이곳에서 자려면 3, 4달러를 지불해야 했다. 기차에는 작은 탁자가 있어서 사람들이 그 위에서 밥을 먹었다." 당시 열차에는 식당칸이 없어 승객들은 모두 차가 멈춘 틈을 이용하여 플랫폼으로 가서 식사를 해결해야 했다.

2) 철로학교 학생들의 구미 파견과 교육

이 밖에도 중국의 철로학교를 졸업한 학생들 가운데 선발을 거쳐 영국 등에 파견하여 깊이있는 학습과 연구를 진행함으로써 철로인재를 양성하려는 정책을 추진하였다. 예를 들면 상해남양공학은 중국교통교육의 발전을 위해 광서 연간에 유학생 6명을 미국에 파견하였으며, 일부 졸업생들을 캐나다로 파견하여 철로업무를 학습하고 실습교육을 받도록 하였다. 1905년에는 교통대학의 中院 졸업생 10명을 영국으로 유학보냈다.

남경국민정부 철도부가 설립된 이후 교통유학이 교통사업의 발전에 매우 중요하다는 인식에서 1928년 교통대학을 1등으로 졸업한 학생을 철로공정을 연구하도록 유학을 보냈으며, 학비는 철도부가 전액을 지원하였다. 이후에도 여러 차례 교통대학 졸업생 가운데 성적이 우수한 학생이나 혹은 철도부 직원 가운데 선발을 통해 유학의 기회를 제공하였다.

유학생의 선발을 공정하게 심의하기 위해 철도부 내에 選派留學委員會를 설립하였다. 1929년 8월 철도부는 '선파유학규칙'을 공포하고, 같은 해 다시 '철도부선파유학위원회와 유학감독 및 대변인원 판사규칙'을 반포하였다. 위원회는 선발뿐만 아니라 유학생의 학습상황 및 시험성적 등까지 지도하였다. 1929년 12월 선파유학위원회는 제1차 회의를 개최하고 選派出洋學習院生의 標準 6條를 제정하였다.

① 학력: 대학 졸업생으로 한정(각각 성적증명서 및 전문 저술을 첨부해야 함)
② 資歷: 철로분야에서 3년 이상 업무 경험이 있는 자로서, 성적이 우수한 자로 한정
③ 체격: 청결하고 신체 건강한 자를 우선적으로 선발(의사의 신체검사를 거쳐야 함)
④ 품행: 처벌이나 학교의 징계처분을 받지 않는 자
⑤ 연령: 25세 이상
⑥ 특장: 적극적이고 투철한 복무정신을 구비한 자를 원칙으로 함

철도부가 유학생을 선발할 경우 대부분 이상의 6조를 판단 기준으로 삼았다. 선진국으로 파견하여 철로업무를 실습하는 교육을 제도화하기 위해 1913년 8월 '國外派遣修學實務員章程' 20條를 제정하였다. 철도부 직원 가운데 업무성적이 뛰어난 자에게는 철도부의

심의를 거쳐 선발되어 철로나 도로 등 전문분야의 교통문제를 연구할 수 있는 기회가 주어졌으며, 이를 통해 교통분야의 인재를 양성하였다.

민국 초년 구미에 유학하는 비용은 상대적으로 저렴한 편이었다. 더욱이 프랑스유학의 경우 틈틈이 아르바이트를 병행하면서 수학할 수 있는 방법이 있어 유학하는 학생이 날로 증가하였다. 일본의 경우도 중국과 지리적으로 가까워 청말 민초에 유학하는 학생이 매우 많았다. 일본 岩倉鐵道學校에서 유학한 중국인이 총 150명에 달하였으며, 東亞鐵道學校에 174명, 로광학당에 유학한 자가 131명, 동경철로학당에 131명 등 총 586명으로서 공정관리를 공부한 자가 가장 많았다. 벨기에와는 차관계약 관계가 있어 벨기에로 유학하는 학생의 수가 80여 명에 이르렀다. 미국에 유학한 자가 60여 명, 영국에 유학한 자가 수 명으로서 총 700여 명에 달하였다.

이 밖에 철로공사의 직원을 선진국에 파견하여 철로업무를 실습할 기회를 부여함으로써 현장의 철로인재를 양성하는 프로그램도 있었다. 외국으로 유학을 보내는 인원들은 수습실무원이라 불렸으며, 대부분 어느 정도 선행 학습능력(학력)이 있는 자들로 선발하였다. 유학비용은 교통부의 지원 하에 각국에 파견하여 실습훈련을 받도록 하였으며, 기한은 1-2년이었다.

1930년 5월 국민정부 철도부는 외국에 파견하는 실습원의 장정을 재차 제정한 이후 공포하고 실시하였다. 장정에 따르면, 선발되어 외국으로 파견되는 인원은 반드시 철도부 혹은 소속기관에서 1년 이상 재직을 조건으로 하였다. 또한 專科 이상의 학력 소지자로 한정하였으며, 신체가 건강하고 적어도 1개 이상의 외국어에 능숙한 자로 한정하였다.

업무의 필요상 철도부가 선발하여 파견하거나 혹은 스스로 자원하여 출국, 실습하는 자는 철도부의 비준을 거쳐야 했다. 실습기한은 2년이었고 철도부가 선발 파견하는 실습인원은 원래의 급여를 보류하며, 여비 및 체류비용을 지급하였다. 자원출국하는 자는 원래의 급여를 보류하고 급여의 절반을 지급하며, 자비로 여비를 마련하도록 했다. 기한이 만료되어 귀국한 이후에는 어느 경우든 반드시 철도부가 지정한 기관에서 복무하도록 하였다. 만일 이러한 규정을 위반할 경우 실습기간 동안 수령한 일체의 비용을 환급하도록 하였다.

중일전쟁 말기에 국민정부는 교통을 복구해야 한다는 절박감 및 전후 철로 부흥을 목표로 인재를 양성하기 위해 많은 기술자를 외국으로 보내 철로 관련업무를 실습하기 위한 기회를 부여하였다. 이러한 차에 동아시아에서 중국이 가지고 있는 전략적 위치에 주목한 미국이 차관을 제공하기로 결정하자, 국민정부는 미국정부의 동의를 얻어 1944년 차관의 총예산 가운데 중국인 기술실습인원 1,200명에 대한 자금 지원을 책정할 수 있었다. 이 가운데 교통분야의 인원이 무려 376명을 차지하였으며, 더욱이 철로분야에 속한 자가 113명이었다.

이 밖에 교통부는 별도로 미국정부와 상의하여 철로기술인원 11명을 미국으로 파견하여 정규교육을 받도록 합의하였다. 이로써 파견되는 철로분야의 인원은 총 223명에 달하였으며, 이 가운데 다수가 철로 중급간부에 속하였다. 파견의 자격은 대학을 졸업한 이후 2년 근무로 제한하였으며, 기관이 보증하여 추천한 이후 다시 교통부 시험을 거쳐 선발하였다. 실습기한은 1년이었다. 이들 유학인원은 항전 승리 이후 귀국하여 철로의 접수와 정리, 부흥업무에 크게 기여하였다. 이 가운데 적지 않은 인원이 1949년 중화인민공화국 수립 이후 철로인재로 활약하였다.

2 철로전문교육기관의 설립과 교육

초기 철로유학생의 파견과 외국인 철로공정사의 중용 등 외국의 철로기술에 의존하던 중국에서도 자국의 철로인재를 양성하기 위한 교육기관의 설립이 절실하다는 공감대가 널리 형성되었다. 이에 중국정부의 주도 하에 창설된 교통교육기관이 이후 교통대학으로 발전하여 중국의 철로인재를 양성하기 위한 중추적인 교육기관이 되었다.

1897년 청조는 국가가 철로를 부설하고 발전시키기 위한 기초로서 大理寺少卿 盛宣懷로 하여금 상해에 南洋公學을 설립하여 인재를 양성하도록 명령하였다. 소요 경비는 招商局과 電報局이 각각 매년 10만 량씩을 남양공학에 지원하였다. 다음 해에는 학교 내부에 師範院, 上院, 中院, 小學, 特班 및 東文學의 다섯 학원을 두었다.

1901년 의화단운동이 발생하자 北洋大學 학생들은 모두 이 학교로 옮겨 학업을 계속하였으며, 鐵路科를 신설하였다. 1904년에는 남양공학을 商部의 관할 하에 두었으며, 상부고등실업학당이라 개명하였다. 1905년 관내외철로국이 철로학교를 開平에 설립하였으나 오래지 않아 唐山으로 학교를 이전하고 개평광무공사와 합판 형식으로 교명을 唐山路學堂이라 개명하였다. 내부에 철로와 광무 두 班을 두었다. 1907년 이 학교는 상부고등실업학당과 함께 郵電部 소속으로 변경되었다. 1909년 우전부는 鐵路管理傳習所를 北平에 설립하였다.

이후에 우전부가 교통부로 개조되면서 우전부고등실업학당은 교통부상해공업전문학교로 개명되었다. 당산로광철로학당의 이름은 唐山鐵路學校로 개명되었으며, 1913년에 다시 교통부당산공업전문학교로 명칭이 변경되었다. 우전부절로관리전습소 역시 교통전습소로 개명되었으며, 1917년 철로관리학교와 우전학교의 두 학교로 나뉘어졌다.

1921년 5월 교통부는 통일학제라는 취지에서 이상의 네 학교를 합쳐 교통대학으로 개조하고 상해, 북평, 당산 등 각지에 분설하였다. 1927년 국민정부가 남경에 수도를 정한 이후 교통부는 상해학교를 제1교통대학으로, 당산학교를 제2교통대학으로, 북평의 대학을 제3교통대학으로 변경하였다. 1928년 다시 제2교통대학을 토목공정학원으로, 제3교통대학을 교통대학관리학원 분원으로 변경하였다. 이해 겨울에 철도부가 성립되어 이들 학교는 철도부의 직접 관할에 속하게 되었다.

1) 南洋公學

광서23년(1896년) 대리사경 성선회가 철로독판대신으로 임명된 이후 상해에 철로총공사를 설립하고, 다시 같은 해 南洋公學을 상해에 설립할 뜻을 조정에 상주하였다. 이후 청조는 남양공학을 상해에 개설하는 것을 윤허하고 성선회를 독판으로 파견하여 1897년 정식으로 설립되기에 이르렀다. 설립과 운영을 위한 자금은 招商局과 電報局이 각각 10만 량씩을 출연하도록 하였다. 남양공학은 特班과 預備班으로 구성되었으며 이후 교통대학으로 발전하였다.

1911년에 교통부에 귀속되었으며, 1913년 교통부 상해공업전문학교로 개칭되어 북경교통대학총판사처에 속하였으며, 주로 기계, 전기 및 철로관리 분야의 인재를 양성하였다. 1921년에는 교통부 남양대학으로 개명되었다. 대학으로 개조되기 이전에는 철로공정, 관리의 두 科가 있었으며, 공정졸업자는 130여 명, 관리졸업자는 30여 명에 달하였다. 1927년 다시 제일교통대학으로 개명되었다. 1931년 재학생 총수는 855명이었고, 재직교원의 총수는 174명이었다.

2) 路鑛學堂

1905년 關內外鐵路局이 開平에 철로학당을 창립하였다가 이후 唐山으로 옮겨 개평광무공사와 合辦한 이후 교명을 唐山路鑛學堂이라 하였다. 후에 교통대학 당산관리학원이 되었다. 1905년 창립 당시 원명은 철로학당으로서 개평광무국의 요청으로 鐵路와 鑛務의 두 班을 설치하였다. 1907년에 이 학교는 상부고등실업학당과 함께 우전부로 소속이 변경되었다.

1912년 교통부는 이 학교 鑛科를 폐지하고 명칭을 당산철로학교라 변경하고, 다음 해에는 다시 공업전문학교라 칭하였다. 1911년 교통대학 당산관리학원 제1기가 철로공정과를 졸업하였다. 이 당시 상해, 당산 양교는 모두 교통부의 직할이었으며, 淸末, 民初의 철로인재는 이들 두 학교에서 많이 배출되었다.

民國 元年에 교통부 소속으로 변경되면서 당산철로학교로 개명되고 1913년 당산공업전문학교로 개칭되어 1921년 교통대학 당산학교, 1922년에는 당산대학으로 개명되었다. 주로 토목공정의 인재를 배양하였으며, 대학으로 개칭되기 이전에는 철로공정, 기계, 관리의 3科가 있어 졸업생은 총 200여 명에 달하였다.

1928년에는 제2교통대학으로 철도부에 속하고 다시 토목공정학원으로 개명되었으며, 1931년에 採鑛冶金系가 증설되어 당산공정학원으로 개명되어 1937년 교육부에 예속되었다. 당산철광학당은 창설로부터 1930년까지 각 과 졸업생이 총 439명이었으며, 1931년 재학생 총수는 269명, 재직 교원수는 총 43명이었다.

3) 鐵路管理傳習所

1909년 郵傳部 尚書 徐世昌이 북경에 철로관리전습소를 부설하여 고등반 및 簡易班을 두었다. 고등반은 불문반과 영문반 두 반을 두었다. 간이반에는 영문반 세 반과 독문반 한 반을 두었다. 1910년에 우전반을 증설하고 교통전습소로 개명하였다. 전습소 시기에 철로고등과 졸업생은 110여 명에 달하였으며, 專修科 졸업자는 40여 명이었다. 1913년 우전부 철로관리전습소는 교통전습소로 개명되었다. 1916년에 철로관리학교와 우전2교의 두 학교로 나뉘어졌다. 모든 졸업생은 일률적으로 각 철로의 견습으로 임용되었다. 초기 차무 및 관리인재는 대부분 이 학교 출신이었다. 철로관리학교 시기에 고등, 실습, 전수 세 과의 졸업자는 190여 명에 달하였다.

철로관리학교와 우전2교는 1920년 합병되어 교통대학 북경학교로 개칭되었으며, 1922년 당산대학분교로 되어 1923년 북경교통대학으로 개칭되었다. 후에 철로관리학교와 상해, 당산의 두 학교는 합병되어 교통대학으로 통칭되었으며, 교통부 직할의 高等學府가 되었다. 1928년 제3교통대학으로 개명되어 다시 교통대학 교통관리학원 분관으로 개편되었으며 철도부 소속으로 변경된 이후 다시 북경철로관리학원으로 개명되었다. 1937년 다시 교육부 소속으로 변경되었다. 통계에 따르면 철로관리전습소는 창설 당시부터 1930년까지 각 과 졸업생 총수가 1,893명, 1931년 시에 재학생 총수가 269명, 재직교원 수가 69명이었다.

이들 세 학교가 창설한 科係에는 철로공정, 철로기계, 철로차무, 철로재무, 철로재료 등이 있었으며, 매회 졸업생은 모두 각 철로공사에 임용되었다. 1938년부터 1949년까지 매년 각 大專院校는 교통 및 유관 科係의 졸업생을 배출하여 모두 동등한 기회를 가지고 철로 실습에 임하였다.

1921년 교통대학이 정식으로 성립되기 전에 각 학교의 경비는 매년 지출이 합계 약 40만 원, 대학으로 개조된 이후 점차 증가하여 1925년 당시 매년 경비 예산은 586,000원으로 증가되었다. 1921년 교통대학이 정식으로 성립되기 이전에 각 학교의 자산 총계는 250만 원으로서, 이 가운데 남양이 약 150만 원, 당산이 약 80만 원, 경교가 약 20만 원에 달하였다. 교통대학의 경비는 구미 선진국의 공과대학에 미치지 못하였지만, 국내에서는 기타 工校와 비슷하였으며, 저명 공사립대학과 비교해도 손색이 없었다.

4) 사천철로학교

이 밖에 교통부 직할의 학교 중에서 사천철로학교가 있었다. 이 학교는 청조 광서 33년(1907) 川省鐵路公司가 창설한 것으로서, 1913년 천한철로가 국유화되면서 이 학교는 교통부가 접수하여 교통부 철로학교로 개칭되었다. 철로공정반 졸업생이 12명, 관리반 졸업생이 39명이었다. 1914년 12월 停辦되었다

5) 교통대학(1921 통합)

(1) 교통대학의 조직

교통부 직할의 고등교육기관은 앞서 서술한 세 학교가 병합된 교통대학이 위주였다. 교통대학은 중국 내 최고의 학부에 해당된다. 1920년 겨울 교통총장 葉恭綽은 교통교육의 발전과 고등인재의 배양을 목적으로 국무회의에서 직할의 북경철로관리학교 및 상해, 당산 양 공업전과학교를 병합하여 통일학제로 개조하고 명칭을 교통대학으로 결정하였다. 이와 함께 동사회(이사회)를 조직하여 학교업무를 관장하도록 하였으며, 총판사처를 북경에 설립하도록 제안하였다. 이후 동사회 및 총판사처를 취소하고, 育才科 직할로 하여 각 학교가 별도로 교장을 선발하여 모처 교통대학으로 개칭하여, 교통부 북경대학, 교통부 남양대학, 교통부 당산대학이 되었다. 교통대학의 조직을 살펴보면 다음과 같다.

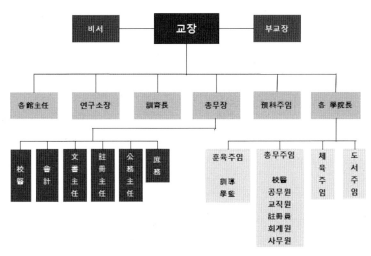

교통대학 조직도

(2) 교통대학의 학제

교통대학의 학제에는 여러 차례 변화가 있었다. 처음에는 師範科, 培養師資를 두었으며 후에는 附中을 두어 전과로 나아가기 위한 예비단계로 삼았다. 1927년에 이르러 中學을 預科로 변경하고 3년 과정으로 졸업하도록 하였다. 1929년 교육부는 대학예과제의 폐지를 공포하였으며, 이에 따라 1932년에 이르러 예과는 모두 폐지되었다.

교통대학 소요 경비의 내원을 살펴보면, 학생의 학비 이외에 나머지 경비는 모두 철도부가 지원하였다. 1932년도 교통대학의 예산경상비는 1년에 총 790,408원(1931년의 경우 710,760원), 임시비는 1년 총 187,100원, 경상비와 임시비 두 예산의 1년 합계는 975,008원에 달하였다. 철도부가 지원하는 경상비는 1년 총 731,420원, 매월 지원액이 약 60,095.167원, 철도부가 지원하는 임시비는 1년 187,100원 매월약 5,591.67원에 달하였다. 경비의 분배 상황을 보면, 1930년도 상해본부 각 학원의 1년 예산 경상비는 526,190원, 임시비는 38,250원, 북평관리학원의 경우 1년 총 96,000원, 당산학원은 1년 총 80,000원, 기타 각종 연구소는 1년 총 60,000여 원에 달하였다.

(3) 교통대학 소속의 각 학원

가. 상해 본부

상해본부에는 총 5院을 두었다.

① 科學學院 : 1학년은 계열을 나누지 않고 2학년이 되면 수리 및 화학의 양 계열로 나뉘었다. 과학인재를 양성함으로써 공업의 수요에 부응한다는 취지로서, 지질, 생물, 천문 등의 학과 부설도 추진하였다.

② 관리학원 : 철로관리, 실업관리, 재무관리 및 공무관리의 4과로 나뉘어져 있었다.

③ 토목공학원 : 1, 2, 3학년은 계열을 나누지 않고 4학년이 되면 철로, 市政, 構造의 세 전공으로 나뉘었다.

④ 전기공정학원 : 1, 2, 3학년은 계열을 나누지 않고 4학년이 되면 電信, 電力의 두 전공으로 나누어, 전기공정 분야의 인재를 양성하였다. 1, 2학년에는 기본과학 및 공장실습에 집중하고, 이후에는 전기공정 및 실험에 집중하였다. 전신전공은 무선전 및 전화전보의 학습에 집중하였으며, 전력전공은 전력 및 수전학 등의 과목을 학습하였다.

⑤ 기계공정학원 : 1, 2, 3학년은 전공을 나누지 않고, 1, 2학년은 전기학원과 합반할 수 있었으며, 4학년이 되면 철로기계 및 공업기계의 두 전공으로 나뉘었다.

나. 북평관리학원

철로관리전습소로 창립된 이래 1929년에 이르러 교통대학 북평교통관리학원으로 개조되었다. 이 사이 20여 년의 시간을 거치며 학교명이 여러 차례 변경되었다. 졸업생은 예과 외에 1,800명 정도에 달하였으며, 사회 및 철로 양 분야에서 근무하는 자가 많았다. 학제를 살펴보면, 1, 2, 3학년은 계열을 나누지 않고, 4학년이 되면 차무관리, 재료관리 및 철도회계의 세 전공으로 나뉘었다.

다. 唐山工程學院

철로학당으로 창립되어 당산학원에 이르기까지 약 28년의 역사를 가지고 있으며, 여러 차례 개조되었다. 1928년에 이르러 교통대학의 소속으로 편입되면서 명칭이 당산토목공정원으로 변경되었다. 1931 년에 採鑛, 治金學係가 증설되었으며, 이후 공정학원으로 개명되었 다. 이 학원의 편제는 토목공정 및 採治工程의 두 과로 나뉘어졌다. 1, 2, 3학년은 계열을 나누지 않고 토목공정과의 경우 4학년이 되면 철로, 水利, 市政, 構造 및 建設의 다섯 전공으로 나뉘어진다. 採治 工程은 4학년이 되면 채광, 야금의 두 전공으로 나뉜다. 각 항의 공 정 건설 인재를 양성하는 것을 목표로 하였다.

라. 교통대학연구소

교통대학연구소는 1925년에 창설되었다. 남양대학 시절에는 연구 소의 경비를 교통부가 지원하였으며, 이 밖에도 중화교육문화기금 동사회로부터 20만 원의 보조금을 지급받았다. 교통대학연구소를 창설한 주지는 공업과 실험을 학습하고 연구함으로써 과학의 발전 을 촉진하고, 교통 현황을 체계적으로 조사하는 것이었다.

3 鐵路學堂의 설립과 교육

(1) 산해관철로공정학당

광서 중엽 철로의 부설이 증가하면서 당연히 부설과 운영을 담당 하기 위한 철로인재가 널리 필요하게 되었다. 이에 학생을 외국으로 유학을 보내어 관련지식을 학습하도록 하는 한편, 천진무비학당에 철로반을 부설하여 독일인 교수를 초빙하여 교육을 실시하였는데,

이것이 철로인재를 양성하는 남상이 되었다. 그 후 철로당국은 산해관에 철로학원을 창설하여 기술인재를 배양하였으니, 이것이 중국철로학당의 시초였다.

청일전쟁 이후 청조는 천진에서 노구교, 산해관을 거쳐 영구와 신민둔 및 노구교에서 한구에 이르는 관외철로, 노한철로 등의 노선을 부설하기로 결정하였다. 1896년 津楡鐵路局(津楡鐵路公司) 관할의 山海關鐵路學堂을 창설하였으니, 이것이 중국철로학당 가운데 가장 오래된 것이다. 蘇日新, 張鴻浩, 耿友蘭 등 걸출한 인재들이 모두 이 학교 출신이다. 이 학교는 천진 南營門 밖의 北洋大學堂 내에 부설되었다.

당시 제1반 학생은 1897년 천진, 상해 두 지역에서 시험을 거쳐 제1반 학생 20명을 선발하였다. 철로 교습은 영국인 스프라그(Sprague)였으며, 助敎는 북양수사학당 졸업생 庄人松이었다. 제1반의 학생들은 1899년 말 졸업하였다. 1899년 開平武備學堂이 문을 닫자 교육을 위해 초빙했던 독일인 교습 쉘러(Schler)의 임용 기간이 만료되지 않아 제1반 학생 약 10명을 이끌고 산해관철로학당에 가서 철로교육을 담당하였다. 제2반은 1899년 초 천진에서 학생을 모집하였다. 스프라그가 3년 임기를 마친 이후 1900년 초 귀국하자 영국인 그리피(Griffich)가 직위를 계임하였으며, 조교는 북양수사학당 졸업생 張嘉樂이 담당하였다.

제3반 학생은 1900년 초 광주, 상해 두 지역에서 시험을 거쳐 30-40명을 선발하였다. 같은 해 6월 의화단 세력이 천진, 大沽를 공격하고 교사가 점용되어 학당은 해산되고 말았다. 1900년 의화단운동 이후 북양대학당 校舍는 독일군에 의해 점령되어 西沽에 별도로 校舍를 신축하였다.

당시 산해관철로학당은 수학, 측량, 역학, 철로공정 등의 교육과정 이외에 전보기, 축수기, 증기발동기, 목공공구 등의 설비를 갖춘 소공장을 보유하고 있었다. 산해관철로학당이 해산될 때까지 총 4반의 학생을 배출하였는데, 졸업생 총수는 60여 명에 지나지 않았다. 이들은 졸업 이후 관내외철로, 경장철로, 장수철로, 진포철로, 천한철로, 월한철로 등에서 업무에 종사하며 중국철로의 발전을 위해 힘썼다.

(2) 北洋武備學堂 鐵路工程科

北洋武備學堂 鐵路工程科는 1897년에 창립되어 학생이 모두 40명이었으며, 沈其, 兪人凡, 陳蔭東 등 철로분야의 걸출한 인재들이 이 학교 출신이었다. 의화단운동 시기에 폐교되었다.

(3) 正太鐵路學堂

正太鐵路學堂은 1906년에 창립되었다. 이 학당의 교육과정을 살펴보면 프랑스어, 한문, 수학 및 行車章程 등이 있었으며, 주로 철로분야의 초급인재를 양성하기 위해 개설한 것으로 볼 수 있다. 日班과 夜班으로 나누어, 주간반(日班)의 학생들은 대부분 4년제 학교를 졸업하고 철로분야에서 업무에 종사하고 있던 자들을 대상으로 하였다. 야간반(夜班)은 대부분 연소한 견습공(匠徒) 및 장인(工匠)의 자제들을 받아들였으며, 1년 과정을 마치면 졸업하였다.

(4) 閩皖贛(복건, 안휘, 강서성) 3성의 철로학당

이 학교는 1906년 閩皖贛鐵路公司와 공동으로 설립되었다. 校舍는 상해 沈家灣에 위치하였으며, 철로공정, 관리의 2科를 두었다. 졸업생은 모두 62명이었는데, 1910년에 자금의 부족으로 폐교되고 말았다.

(5) 湖北鐵路學堂

湖北鐵路學堂은 1906년 호북성 張之洞이 粵路를 회수한 이후 철로분야의 인재를 양성하기 위해 설립한 학당이다. 철로공정, 기계 및 측량의 3科를 두었으며, 졸업연한은 기계 3년, 공정 4년, 측량 2년이었으며, 졸업생은 총 180여 명으로서, 1911년 폐교되었다.

(6) 浙江鐵路學堂

浙江鐵路學堂은 철로분야의 車務 관련 人才를 양성하기 위해 1906년 창립된 학당이었다. 正科, 傳習科의 2科로 나누었으며, 정과는 3년 졸업으로 약 80명, 전습과는 1년 졸업으로 약 40명이었으며, 1911년 폐교되었다.

(7) 鄭州鐵路學堂

鄭州鐵路學堂은 1907년 경한철로의 직공들이 힘을 모아 창설한 것으로서, 경한철로국과 우전부가 학당을 운영하기 위한 자금을 지원하였다. 과정은 공정과, 관리과의 2科가 있었으며, 모두 프랑스어 교육을 의무적으로 받도록 하였다. 졸업생은 총 120여 명이었으며, 1911년 폐교되었다.

(8) 湖南鐵路學校

湖南鐵路學校는 호남신사 龍璋이 1910년 창립한 것으로서, 학교의 소요 경비는 월한철로공사가 지원하였다. 신해혁명이 발발하자 湖南交通司가 이 학교를 접수하여 개조하였으며, 交通司가 철폐된 이후 다시 호남교육사가 잠정적으로 관리하다가 1913, 1914년 두 차례에 걸쳐 교통부에 이 학교를 접수해 줄 것을 청원하였다. 그러나 시종 교통부의 허가를 받지 못하여 학교의 운영 경비를 학생들의 학비에만 의존할 수밖에 없었다. 학습과정은 철로공정, 기계, 관리의 3科를 두었으며, 졸업생은 총 500여 명에 달하였다. 1915년에 폐교되었다.

(9) 京漢鐵路學堂

경한철로공사는 일찍이 광서 말년에 長辛店에 傳習車務見習所를 설치하고, 후에 다시 북경에 강습소를 설치하였다. 두 지역을 합병하여 京漢鐵路學堂이 탄생하였다. 校舍는 북경에 두고, 회계부기 및 行車管理科를 두었으며, 학생은 총 90여 명이었다.

이 밖에 일부 私立鐵路院校가 있어 畿輔大學은 바로 私立院校 가운데 철로인재를 양성하기 위해 처음으로 창설한 학교로서 관리과가 점차 확충되어 토목, 기계 등 여러 과로 확대되었다.

4 扶輪學校

부륜학교는 각 철로 소속의 직원, 노동자의 자제가 취학할 학교가 부재한 상황에서 이들의 교육을 지원하기 위해 1918년에 교통부가 부설한 것이 시초이다. 교통부는 철로직원 및 노동자의 자제들을 교육하고 아울러 교통사업 가운데 중하급 간부를 양성하기 위한 목적에서 교통부 직할로 扶輪學校를 설립하였다. 당초 교육의 취지로 보자면 철로전과에 입학하기 위한 예비단계로 전문적인 중소학 교육을 실시하는 내용이었다.

최초의 부륜학교는 철로동인교육회 회장 엽공작에 의해 1918년 창립되었으며, 1922년 5월 교통부는 이 학교의 경비를 경봉철로, 경한철로, 진포철로, 경수철로 등으로 하여금 지원하도록 하였다. 이후 점차 각 철로에 8곳의 부륜소학을 속속 설립하였다. 이를 지원하기 위해 교통부가 4만 원의 경비를 마련하고, 平漢鐵路, 北寧鐵路, 津浦鐵路, 平綏鐵路로부터 각각 25,000원씩을 추렴하여 총 14만 원을 모아 부륜교육을 위한 기금으로 조성하였다. 이 밖에 이들 네 철로의 벌금, 운임 등의 수익금 일부와 연말상여금 25퍼센트를 공제하여 모아진 자금 등을 출연하여 天津扶輪中學를 설립하였으며, 이 밖에 기타 각 철로에 소학 20여개 교를 개설하였다.

1922년 교통부는 경비를 절약할 목적으로 철로동인교육회를 철폐하고 모든 부륜학교를 교통부 총무청 育才科의 관할로 편입시켜 관리하도록 하였다. 교통부는 철로의 벌금과 운임의 잉여 및 보너스 가운데 25퍼센트를 공제하고, 북녕철로, 진포철로, 평한철로의 세 철로로부터 매월 각각 3,800원을 추렴하고, 평수철로로부터 매월 3,200원을 추렴하여 경상비로 충당하였다. 이후 학교가 날로 확충되어 나가자 다시 매월 正太鐵路가 1,500원, 道淸鐵路가 500원, 膠濟鐵路가 1,000원, 隴海鐵路가 400원을 지원하였다.

1925년에 교통부 내에 철로동인교육위원회가 설립되어 부륜학교를 통일적으로 관리하게 되었다. 각 철로는 농해철로를 제외하고 모두 지원금을 확대해 나갔다. 1927년 교통부는 철로동인교육위원회와 철로직공교육위원회를 폐지하고 각 철로 부륜학교를 총무청 육재과로 하여금 통일적으로 관리하도록 하였으며, 이와 별도로 '扶輪學校及經費監護委員會'를 설립하였다. 이후 교통부는 각 철로에서 부륜중학 및 부륜소학을 설립하였다. 이후 철도부가 설립되면서 관련업무는 모두 철도부로 이관되었다.

1935년, 1936년에 국민정부는 '부륜학교설립관리규칙', 部立扶輪中,小學管理辦法, 小學管理辦法 등을 연이어 반포하고, 총 13개의 부륜중학을 天津, 靑島, 鄭縣, 重慶, 天永, 衡陽, 冷水灘, 宜山, 玉山, 漢口, 濟南, 長辛店, 徐州 등에 설립하였다. 부륜소학은 106개 교에 달하였으며, 모두 철로 연선에 설치하여 철로직공의 자제들이 취학하기 편리하도록 배려하였다. 이를 통해 철로인재를 육성하니, 실로 중국철로교육의 고유한 특징이라 할 수 있다.

평한철로 江岸扶輪學校

부륜학교는 비단 직원, 노동자들의 자제에게 취학의 기회를 제공할 뿐만 아니라, 직원과 노동자들로 하여금 안심하고 업무에 종사할 수 있도록 하는 역할도 하였다. 또한 각 철로 직원, 노동자의 소양을 제고하고, 지방교육이 미치지 못하는 부분을 보충하는 역할도 동시에 수행하였다. 따라서 이 분야의 교육은 많은 혼란 속에서도 중단되지 않고 지속될 수 있었다. 통계에 근거하여 부륜학교 학생의 구성을 살펴보면, 노동자의 자제가 60-70퍼센트, 직원, 기관사의 자제가 20-30퍼센트, 직원이나 노동자의 자제가 아닌 경우가 10-20퍼센트를 차지하였다. 졸업생은 대부분 부모나 형이 철로국 등의 관련업무에 종사하는 경우가 70-80퍼센트에 달하였다.

부륜학교 가운데 中學이 天津과 鄭州의 두 곳에 설립되었으며, 小學은 浦口鎭, 蚌埠 등 46곳에 설립되었다. 통계에 의하면, 남녀학생이 총 12,347명에 달하였으며, 매년 경비로 총 33,652.53원이 소요되었다. 철도부 소속 부륜중소학교의 1932년도 6월분 개황을 살펴보면 다음과 같다.

부륜중학은 매월 경비가 많을 경우 4,972원, 적을 경우는 2,700원, 소학에서는 唐山, 鄭州, 長辛店小學의 경비가 가장 많은 편이었다. 당산부륜소학은 매월 경비가 1,253원, 정주소학은 1,102원, 장신점소학의 경우는 1,088원이었다. 소학 가운데 경비가 가장 적은 것은 宣化, 包頭, 商邱 등의 부륜소학으로서, 선화부륜소학의 경우 매월 경비가 101원, 포두부륜소학이 175원, 상구부륜소학이 194원이었다. 철로국은 해당 철로국 소재의 부륜학교에 대해 감독의 권한과 책임을 지고 있었으며, 철도부는 경비를 지원할 책임이 있었다.

부륜학교의 교장은 철도부가 선임하였다. 단 교직원의 경우는 교장이 적합한 인물을 철도부에 추천하여 승인을 받도록 하였다. 교직

원의 대우는 일정한 등급이 있었으며, 대체로 정부기관과 대동소이
하였다.

소학교 교직원 월급 등급표 (단위 : 원)

직별/등급	1	2	3	4	5	6	7	8	9	10
교장	85	80	75	70	65	60	55	50	45	40
級任敎員	75	70	65	60	55	50	45	40	35	30
專科敎員	70	65	60	55	50	45	40	36	30	25
事務員	50	45	40	35	30	26	20			

부륜학교는 당초 취지가 직원, 노동자의 자제를 위해 설립한 까닭
에 직원, 노동자 및 그 자제가 아닌 경우에는 대우에 다소의 차별이
있었다. 자제는 철로직원, 노동자의 직계 자녀와 손자, 손녀, 친동생,
친자매를 가리킨다. 그러나 이들 직원의 방계 친족 역시 학비와 기
숙사비의 일부를 감면받을 수 있었다. 구체적인 비용 내역은 다음과
같다.

중학생 학비

학생별	학비	기숙사비
직원 자제	매학기 6원	18원
직원 방계 인척자제	30원	24원
직원 자제가 아닌 경우	36원	36원

소학생 학비

학생별	학비	기숙사비
직원 자제	면제	8원
직원 방계 인척자제	2-4원	8원
직원 자제가 아닌 경우	4-8원	16원

부륜학교는 철도부 교육사업의 일환으로서, 조직과 학제는 보통학교와 대동소이하였다. 고급중학은 普通科와 商科로 나누어지며, 초급중학은 과를 나누지 않고 단지 고급과 초급을 두고 모두 철로와 관련된 수업을 실시하였다. 소학은 철로상식과 직업 등의 교육을 실시하였다. 부륜학교는 철도부의 소관으로서 각 성 교육청의 관할에는 편입되어 있지 않았으며, 이들의 관리 영역도 아니었다.

5 국민정부 철도부의 철로교육정책과 직공교육

1) 직공교육위원회의 설립과 철로교육 법안

　철도부는 1932년 3월 직공교육위원회를 설립하여 각 철로 직공교육의 계획, 지도 및 감독을 전담하도록 하였다. 일찍이 직공교육과 관련해서 1920년 교통부는 鐵路職工敎育籌備處를 설립하고 職工敎育講習所를 개설하였다. 먼저 北寧, 京漢, 京綏, 津浦의 네 철로에서 직공학교 세 곳을 열고, 모든 철로에 소속된 직공의 입학을 허락하였으며, 학비는 면제였다. 그러나 초기에 교육이 수시로 중단되는 등 교육생의 수도 많지 않았다.

　1924년 국민당이 개조되고 손중산의 농공정책이 확립되면서 직공교육도 점차 세인들의 이목을 끌기 시작하였다. 그러나 국내정치의 혼란과 불안정으로 인한 철로사업의 어려움으로 직공교육 역시 원활하게 진행되지 못하였다. 그럼에도 직공의 교육은 철로기술의 습득과 노동 효율성의 제고, 철로지식의 증가, 교통사업 발전에 크게 기여하였다. 이에 1932년 철도부는 산하에 '철로직공교육위원회'를 설립하여 직공교육을 점차 확대해 나갔다.

남경국민정부 철도부는 직공교육위원회를 설립하여 각 철로의 직공교육에 관한 업무를 전담하도록 하였다. 교육위원회는 총무, 교육, 조사, 편집의 4股를 두고, 각 股는 다음의 업무를 주관하였다.

① 총무고는 다음의 사항을 관장하였다.
  (1)문서 업무, (2)개회 업무, (3)회계 업무, (4)서무 업무, (5)위에 속하지 않는 기타 각 부문의 업무
② 교육고는 다음의 업무를 관장하였다.
  (1)학교 설계 주비지도 및 심사평가 업무, (2)교사와 관련된 업무, (3)교수 업무, (4)훈육 업무, (5)도서관, 영화, 화극, 강연 등 업무, (6)기타 위에 속하지 않는 교육 관련 업무
③ 조사고는 다음의 업무를 관장하였다.
  (1)조사 업무, (2)통계 업무, (3)기타 조사와 관련된 업무
④ 편집고는 다음의 각 업무를 관장하였다.
  (1)교재업무, (2)출판 및 선전품 업무, (3)기타 편집계와 관련된 업무

직공교육위원회는 성립 이후 먼저 식자교육과 공민교육을 실시하였다. 식자와 공민교육을 통해 직업의 소양이 기본적으로 완성된 이후에 다시 직공기술교육 및 직공고등교육을 실시하였다.

① 각로직공식자보습학교의 설립계획 : 직공교육위원회는 성립 직후 즉시 각 철로에 제1기 직공보습학교 계획을 수립하였다. 이

미 설립한 것이 浦鎭 등 16개 교, 개설을 준비중인 것이 상해 등 19개 교에 달하였다.

② 철로직공주보의 간행 : 직공교육위원회는 학습 열기를 고취하기 위해 직공에게 읽을 거리를 제공한다는 취지에서 철로직공주보를 발간하였다. 내용은 철로노동자의 생활 상황의 기술 및 묘사에 역점을 두어 발간 이후에 수많은 철로노동자들의 호평을 받았다.

③ 직공식자교본의 편집 : 직공식자교육을 완성하기 위해서는 반드시 완비된 교학교과서가 마련되어야 하는데, 보통식자교과서와 철로직공생활의 많은 부분이 상호 합치되지 않았다. 직공교육위원회는 이러한 결점을 보충하기 위해 특별히 일용의 기본단어 및 어휘를 편집하여 교본으로 엮어 내고, 이를 각 직공학교에 구비하도록 하였다.

④ 기타 업무 : 직공교육위원회는 일반직공이 직공교육의 중요성을 명확히 인식하도록 하고 직공교육의 효율성을 제고하기 위해 각 철로에서 순회선전과 영화를 상영하였다. 또한 직공교육의 진행을 지도하기 위해 특별히 직공훈련방안 및 직공학교훈육수지, 교학수지 등을 편정하여 교육의 표준으로 삼았으며, 이 밖에 기타 조사통계 등 업무가 일일이 열거할 수 없을 정도로 다양하였다.

⑤ 노동자 생활상태의 조사 : 철도부는 전국철로직공의 상황을 명확히 파악하기 위한 목적에서 1931년부터 일찍이 각 철로직공노동자수 및 임금조사표, 각로 직공교육정보조사표 및 '경호철로공인가정생활상황보고표' 등을 편제하기 시작하였다. 이러한 내용을 파악하기 위한 양식을 표로 작성하여 각 철로에 보

내어 작성하도록 함으로써 장래 직공의 대우 및 교육의 보급을 위한 표준으로 삼고자 하였다. 이 밖에 전문인원을 파견하여 각 철로에 가서 노동상황 및 각 철로소비합작사 등 조직의 상황을 현지조사하도록 하였다.

⑥ 직공의 소비합작사 설립의 장려 : 철도부는 각 철로 연선지방의 생활수준이 점차 나아짐에 따라 직공들의 소비부담을 경감한다는 취지에서 1931년 1월 '국유철로원공소비합작사통칙' 22조를 공포하고, 각 철로로 하여금 이에 근거하여 시행하도록 하였다. 1932년 말 통칙에 근거하여 소비합작사를 정식으로 설립한 철로가 교제철로, 농해철로, 도청철로, 상악철로 등 4로였다. 이에 철도부는 각 철로를 적극 지도하여 진포철로 등 기타 철로에서도 속속 소비합작사가 설립되었다.

철도부 직공교육위원회는 1932년 설립된 이래 직공교육인원복무총칙과 직공학교교육실시잠행통칙, 관리직공식자학교규정, 직공보습교육실시규칙, 직공교육실시인원임용규칙, 직공교육관규정, 직공교육관성적평정규칙 및 직공학교시찰규정 등 8종의 법규를 제정하고, 철도부의 심사, 비준을 거쳐 직공교육을 실시하기 위한 표준으로 삼았다. 직공교육위원회는 우선적으로 실시해야 할 과제로 전국의 각 철로에 소속된 문맹직공을 청산하기 위한 목적으로부터 '철도부실시철로직공교육계획강요'에 근거하여 철로직공식자교육을 강제로 시행하는 방안을 제정하였다. 주요한 내용은 다음과 같다.

① 본 방안은 철로직공식자학교 직공식자반, 직공식자처에 적용한다.

② 직공식자교육의 실시기한은 잠정적으로 2년으로 정하며, 각 철로에서 기한을 정하여 시행한다.

③ 40세 이하의 직공, 혹은 글자를 이해하지 못하는 문맹의 직공은 직공식자학교나 혹은 직공식자반, 직공식자처에 모두 강제적으로 입학하도록 한다.

④ 40세 이하의 직공으로서 직공교육을 실시하는 기한 내에 식자기관을 졸업하지 못하였을 경우 주관 철로국은 이러한 사실을 조사한 이후 직무로부터 배제한다. 그러나 이미 상당한 정도로 식자교육을 받은 경험이 있는 자는 증명서를 지참할 경우 이 규정을 적용하지 않는다.

⑤ 과목 유급의 직공은 학교가 주관 철로국에 통보하여 당해연도 연말상여금의 지급을 중단하도록 한다.

⑥ 연달아 두 차례 유급된 자는 학적과 직무를 동시에 해제한다. 단 특별한 사정이 있는 경우는 예외로 한다.

⑦ 한 한기 동안 지각이나 결석이 한 차례도 없는 자에게는 상장을 수여하고, 이 밖에 상금과 상품을 학교가 제공해야 한다.

⑧ 본 방안은 철도부장이 각 철로국에 지시하고 각 철로국이 소속 학교에 명령을 내려 집행한다.

본 강요는 철도부령의 비준 후 시행되었다. 각 철로에는 7-8개 학교, 혹은 5-6개의 직공식자학교가 설치되었으며, 적을 경우에도 2-3개 정도의 학교가 있다. 철로직공교육은 직공교육위원회가 성립되기 이전에 이미 소수의 공인(노동자)보습학교가 존재하고 있었다. 따라서 직공식자교육도 이러한 교육기관의 연속선상에서 이루어진 것이라 할 수 있다.

2) 직공교육위원회의 활동

1932년 3월 철도부는 職工敎育委員會를 설립하고 각 철로의 직공교육을 전문적으로 관리하였다. 예를 들면 직공식자보습학교의 설립, 철로직공주보의 간행, 직공식자교과서의 편집 등을 들 수 있다. 철도부직공교육위원회가 마련한 전국 각 철로 제1기 직공보습학교 중 평한철로는 前門, 長辛店, 石家莊, 彰德, 鄭州, 信陽, 江岸의 7곳에 보습학교를 설립하였다 이 밖에 扶輪中小學 및 직공자제학교를 설립하였다. 예를 들면 1933년 장신점부륜소학이 10개 교학반을 개설하여 총 515명의 학생을 모집하였다. 정부부륜제1소학은 12개의 교학반을 개설하여 총 582명의 학생을 유치하였다. 강안부륜소학은 4개 교학반을 열어 총 104명의 학생을 수용하였다. 정주제2부륜소학은 총 5개 교학반을 열고 총 183명의 학생을 받았다.

부륜학교 외에 평한철로는 前門員工子弟學校, 장신점원공자제학교, 保定원공자제학교, 석가장원공자제학교, 순덕원공자제학교, 신향원공자제학교, 정주원공자제학교, 신양원공자제학교, 광수원공자제학교, 강안원공자제학교를 설립하였다. 1933년 9월에 반포된 '철로직공학교학생장징잠행세칙'은 이 가운데 철로직공학교의 설립을 장려하기 위한 세 가지 방법을 반포하였는데, 獎金(상금), 獎章(휘장, 포장), 獎品(상품)이 그것이다.

이와 함께 철로직공학교 학생의 징벌규정 역시 반포하였는데, 여기에는 벌점(記過), 유급과 제명의 3종 방법이 있었다. 직공학교 학생의 상벌은 명확한 조문 규정이 있었다. 일정 정도 직공학교 학생의 학습열의를 자극하는 측면이 있으며, 이를 통해 노동자의 기율위반 현상을 감소시켜 철로노동자의 소양을 제고하고 전반적인 지식수준을 제고하였다.

철로직공교육은 철로인재를 배양하기 위한 교육의 일환이라 할 수 있다. 1921년 1월 교통차장 鄭洪年은 철로직공학교를 설립하여 교육인재를 배양한다는 취지에서 철도부에 '철로직공교육위원회'를 설립하여 직공교육업무를 추진하였다. 한편으로는 철로에서 복무하는 직공을 위해 작업 중의 연수나 혹은 보습기회를 제공함으로써 지식과 기능을 제고하고 생산성의 향상을 도모하였다. 한편으로는 학교를 설립하여 학생을 모집함으로써 단기적인 훈련을 통해 장래 철로분야에서 근무할 직공을 배양하는 것이다.

鄭洪年 차장은 철로직공교육강습소 회원 80명을 모집하여 쉽게 이해할 수 있는 내용으로 교육을 실시하여 1개월 과정으로 수료하도록 교육과정을 편성하였다. 강습소 기간 동안 교육생에게는 12원을 수당으로 지급하며, 수료 후 각 철로로 배속되었으며, 급여는 30-40원으로 상이하였다. 그러나 政局의 불안정으로 말미암아 1기만을 시행하는 데 그치고 말았다.

이후 각 철로는 연선의 주요 지역에 직공학교를 설립하였다. 국민정부는 남경에 수도를 정한 이후 직공교육에 더욱 적극적으로 나섰다. 예를 들면, 차무견습소, 車僮訓練班, 電務人員訓練班, 각항차무기무전무직공훈련반, 藝徒訓練班 등을 설립하여 업무의 수요에 부응하였다. 1935년과 1936년에 교통부는 '각철로기차역원공강습회규칙'을 공포하여, 차무직공을 선발하여 사무관리 상식을 강습하였으며, 또한 '재료관리인원훈련판법'을 제정하여 직공보습학교를 설립하였다. 철로직공교육은 각 철로에서 대량의 기층간부를 배양하기 위한 것으로서, 열차의 운행 및 운영, 보수 등의 업무를 학습하였다. 그러나 각 철로마다 경제능력과 수요가 상이하여 효과는 일정하지 않았다.

철도부의 보고에 의하면 전국 국유철로 노동자의 총수는 99,754명이었으며, 각 철로노동자의 교육정도를 살펴보면, 문맹자가 가장 많은 철로의 경우 철로노동자의 65.63-71.71퍼센트, 가장 적은 경우가 13.5-26.33퍼센트 정도였다. 각 철로의 문맹자는 평균 48.2퍼센트를 차지하였다. 소학 졸업 혹은 수학자는 평균 5퍼센트에도 미치지 못하였다.

1930년 노동자의 교육정도의 통계를 살펴보면, 경한철로 중 문맹자는 6,662명, 略識字(기본적인 글자를 겨우 깨우친 자)의 경우가 239명, 1,000자 이상을 이해하는 자가 37명, 사숙 2년 이하가 2,787명, 사숙 3년 이상이 4,359명, 初小 수업 경력 59명, 初小 졸업 45명, 高小 수학이 55명, 高小 졸업이 64명, 초중 수업 15명, 초중 졸업 14명, 기타 학교 353명이었다. 이로부터 전국 철로노동자 가운데 문맹이 매우 많았으며 초보적인 식자교육의 필요성을 알 수 있다.

철로사업은 생산사업의 근본이며, 철로노동자는 생산사업의 선봉이었다. 따라서 직공에게 지식을 주입하는 것은 국가 생산사업의 핵심적인 내용이었다. 이러한 이유에서 철도부는 직공교육위원회를 설립하고 '실시철로직공교육계획강요'를 공포하여 철로노동자의 식자교육을 강제하는 방안을 강구하게 된 것이다. 각종 실시 법규는 3년 이내에 전국철로직공초보교육을 완성하고, 초보교육의 실시가 완료된 이후 각 철로마다의 필요에 근거하여 시기를 나누어 직공기술학교 및 직공고등학교를 기획하였다.

3) 철로직공 학교교육

직공교육은 학교교육이 위주였으며, 학교교육은 다시 초보교육을 기초로 하였다. 초보교육의 실시의 방법은 다음의 두 단계로 나뉜다.

(1) 직공식자학교

직공식자학교는 매기 반 년으로 졸업하고 총 4기로 구성되며, 2년 내에 전국철로직공식자교육을 완성하였다. 40세가 되지 않은 문맹의 직공은 학교 개학시에 반드시 입학하도록 하였다. 만일 실시 기간 내에 직공식자학교를 졸업하지 못할 경우, 이에 상당하는 학교교육을 이수했다는 관련 증서가 있는 경우를 제외하고는 각 주관 철로국으로 하여금 제명하도록 하였다.

식자학교의 목표는 노동자들로 하여금 생활환경 중 일상에서 필요로 하는 문자를 습득하게 하고, 철로의 간단한 통고 및 電文을 해독하게 하며, 간단한 서신을 쓸 줄 알게 하고, 평이한 수준의 백화간행물을 읽을 수 있도록 하는 것이다. 식자학교의 과정은 1)識字, 2)글자쓰기, 3)주음자모였다. 제1기 식자학교는 1932년 10월부터 1933년 3월까지 개설되었다.

(2) 직공공민학교

직공공민학교는 직공식자학교와 같이 직공의 초보교육을 실시하기 위해 필요한 학교였다. 각 철로 직공식자학교가 종료된 이후 직공공민학교를 설립하여 운영하였다. 공민학교 수업 기간은 1년으로 정해져 있었으며, 과목은 식자학교와 비교하여 복잡하였다. 공민이 마땅히 갖추어야 할 지식 이외에도 삼민주의, 국어, 산술, 사회공민, 회화 및 직공상식 등의 기본지식을 교육하였다.

(3) 직공기술학교와 직공고등학교

철도부 직공교육위원회의 원래 계획은 1932년부터 우선 식자학교를 완성하고, 두 번째로 공민교육을 완성하며, 세 번째로는 기술과 전문교육을 실시한다는 내용이었다. 반 년 정도의 경험을 바탕으로 이상과 현실의 필요에 근거하여 다소 조정이 있었다. 문맹의 직공은 연령 관계로 글자의 학습에 반감을 가지기 쉬웠으며, 식자직공의 경우 현실적으로 기술학습을 보다 필요로 하였다. 따라서 식자반 이외에 補習班을 설치하여 직공교육 정도의 고저에 따라 공민교육의 필수과정을 교육하는 이외에 기차학, 기계학, 전기학, 운수상식, 교통상식 등의 보습교육을 실시하였는데, 사실상 식자교육, 공민교육 및 기술교육의 3종 성질을 포함하고 있었다.

(4) 직공교육실시훈련소

직공성년교육은 일종의 특수교육으로서 과목의 선택, 교재의 편찬 및 교수관리방법 등 모두 연구가 필요하였다. 따라서 이와 같은 교육의 실시에 앞서 반드시 훈련소를 설립하여 교사를 훈련하고, 직공을 교육하기 위한 인재를 양성해야 했다. 훈련은 3개월을 기한으로 잠정적으로 남경과 북평 두 곳에 설치하였다.

4) 보조교육

보조교육은 학교교육의 미비점을 보완하고 동시에 학교교육과 병행하여 각 철로, 각 역의 직공 상황과 실질적 필요에 근거하여 각종 보조교육기관을 설립하였다. 직공교육관 설립의 표준은 다음과 같았다.

① 전국적으로 총관 한 곳을 수도 소재지에 설립한다.
② 철로 한 노선에 직공 4,000명 이상이 있을 경우 직공교육관 한 곳을 설립할 수 있다.
③ 한 노선에 직공 2,000명 이상이 있을 경우 혹은 한 역의 직공 수가 1,000명 이상일 경우 교육분관 한 곳을 설립할 수 있다.
④ 직공식자학교가 있는 각 철도역에는 모두 직공유식소를 설립할 수 있다.

이상의 표준에 근거하여 전국에 걸쳐 여러 지역에 교육관이 설립되었으나, 직공교육 경비가 지나치게 많아질 것을 우려하여 일시에 설립될 수는 없었다. 완급을 고려하여 먼저 학교교육을 점차 실시하고 나머지 교육관, 직공유식소 등은 설비가 간단하고 경비가 많지 않았으므로 식자학교와 동시에 시행할 수 있었다.

5) 직공교육위원회의 업무

철도부는 1932년 3월 직공교육위원회를 설립하여 각 철로에 대한 직공교육의 설계, 지도와 감독을 전담하도록 한 이후 각 철로직공 교육업무의 수량 및 내용에서 상당한 성과를 거둘 수 있었다. 직공 교육위원회의 1년 업무보고를 살펴보면 다음과 같다.

(1) 직공학교의 시찰

직공교육위원회는 각 철로에서 직공학교의 관리를 철저히 시행하기 위해 각 철로에 위원회를 두고 직공교육을 실시하였다. 시찰원은 각 학교를 시찰하고 나서 상세한 보고서를 작성하여 철도부에 보고하였다. 또한 시찰 결과 직공학교의 운영성과를 평정하여 우열에 따라 상벌을 결정하였다.

(2) 교무의 진행

① 졸업 관리 : 직공교육에 대한 엄격한 관리는 철로직공의 생활 및 기술의 증진, 그리고 국가생산사업의 운영에서 매우 중요한 요소였다. 각 철로의 직공식자학교 제1기 학생 가운데 전체 수업기한을 수료하고 졸업시험을 치룰 경우 특별히 별도의 인원을 파견하여 감독하도록 하였으며, 이를 통과할 경우 졸업증서를 발급하도록 하였다.

② 휘장의 규정 : 각 철로직공학교 교직원 및 학생의 휘장(證章)은 해당 철로국에서 발급하거나 자체적으로 제작하도록 하였다. 이후 휘장의 양식과 도안이 지나치게 복잡하여 교직원의 경우 철도부에서 일괄적으로 제작하여 배포하였으며, 학생 휘장의 경우는 각 학교의 실정에 맞게 자체적으로 제작하도록 허용하였다.

(3) 교재의 편제

① 보습반 교재의 모집 : 당초 직공학교 보습반의 각 과목과 관련된 통일된 교재가 없어 철도부가 이를 널리 모집하여 편집한 이후 교재를 배포하였다.

② 교재의 심사 : 각 학교는 처한 실정이 각각 상이하였으며, 이에 따라 사용하는 교재 역시 통일되지 못하였다. 그리하여 교재를 자체 제작한 이후 모두 철도부에 보내어 심의를 거치도록 하였다.

⑷ 선전의 확대

철도부가 시행하는 각 철로의 직공교육은 철로지식, 작업 효율 및 국가생산사업과 직결되는 것으로서 중요한 의미를 가지고 있었다. 이에 철도부는 직공교육과 관련된 영상을 제작하여 순회하며 각 철로역에서 상영하도록 함으로써 교육의 효율성을 제고하고자 하였다. 이 밖에 각종 선전물을 배포하여 직공지식을 증진시키고, 학습에 대한 흥미를 고취하였다.

⑸ 간행물의 편찬

① 『철로직공주보』의 간행 : 철도부는 『철로직공주보』를 발행하였으며, 주보의 내용도 매우 충실한 편이었다. 발행되는 호수에는 매번 시사논문 1편, 보통상식 34편을 게재하여 직공의 상식을 증진시키는 데 기여하였다. 이 밖에 소설, 시가 35편으로서 직공의 문학적 흥미를 자아냈으며, 상식, 논술, 문예, 수필 등 단문도 다수 게재되었다.

② 참고서의 편찬 : 철도부는 직공학교의 교사를 위해 식자교본 4책을 편찬하여 보급하였으며, 이를 교수법의 기본교재로 사용하도록 하였다. 이 밖에 직공들의 참고용으로 10여 종의 총서를 편찬하였다.

⑹ 규장 양식의 제정

국민정부 철도부는 다음과 같은 규정을 제정하였다. 즉, ⑴철로직공학교학생상장잠행규칙, ⑵철로직공학교학생졸업시험규칙, ⑶철로직공학교행정개황시찰표, ⑷철로직공학교시찰비망록, ⑸철로직공학교매월행정개황보고표 등이 있다.

참고문헌

鐵道部鐵道年鑑編纂委員會, 『鐵道年鑑』第一卷, 1933.

鐵道部鐵道年鑑編纂委員會, 『鐵道年鑑』第二卷, 1934.

鐵道部鐵道年鑑編纂委員會, 『鐵道年鑑』第三卷, 1935.

東亞同文會, 『支那年鑑』, 1935.6.

交通部編纂委員會, 『平漢鐵路年鑑』, 1933.

東亞同文會, 『支那年鑑』, 1935.6.

梁啓超, 『飮冰室合集：文集』11卷, 中華書局, 1936.

姜明淸, 『鐵路史料』, 國史館, 1992.5.

金志煥, 『鐵道로 보는 中國歷史』, 학고방, 2014.

吳承明著, 金志煥譯, 『舊中國 안의 帝國主義 投資』, 高麗苑, 1992.

孫中山, 『建國方略』, 中華書局, 2011.

曾鯤化, 『中國鐵路史』, 臺灣文海出版社, 1973.

宓汝成, 『中華民國鐵路史資料』, 社會科學文獻出版社, 2002.9, p.93.

孫文, 『孫中山全集』二卷, 中華書局, 1982.

宓汝成, 『中國近代鐵路史資料』1冊, 中華書局, 1984.

金士宣, 『中國鐵路發展史』, 中國鐵道出版社, 1986.11.

李占才, 『中國鐵路史』, 汕頭大學出版社, 1984.6.

李國祁, 『中國早期的鐵路經營』, 中央硏究院近代史硏究所, 1976.12.

郭沫若, 『辛亥革命』, 人民出版社, 1981.

李新, 『中華民國史』, 中華書局, 1982.

宓汝成著, 依田憙家譯, 『帝國主義と中國の鐵道』, 龍溪書舍, 1987.10.

逸見十朗, 『中華民國革命二十周年記念史』, 1931.4.

小島憲市, 『支那鐵道槪論』, 中日文化協會, 1927.

日華實業協會, 『支那近代の政治經濟』, 外交時報社, 1931.12.

滿鐵調査課,『滿蒙鐵道の社會及經濟に及ぼせる影響』, 1931.7.

吾孫子豊,『支那鐵道史』, 生活社, 1942.

楊承訓,「三十年來中國之鐵路事業」,『三十年來之中國工程(下)』, 華文
　　書局, 1967.8.

제4장
열강의 철로 투자와 차관철로

1 열강의 중국철로 투자와 이권 수탈

근대 이후 서구의 산업화 과정은 철로의 부설 및 발전과 불가분의 관계를 가지고 전개되었다. 산업혁명은 증기기관 등 원동기를 기축으로 발전된 증기기관차와 기계, 면방직공업 등을 통해 성취되었다. 산업화는 기계를 통한 대량생산을 의미하며, 기계를 가동하기 위해서는 석탄이 불가결한 원료였다. 공업 및 원동설비의 발전은 기본적으로 철광, 석탄 등 광업의 발전 없이는 불가능하였으며, 광업은 다시 수송을 위한 철로의 부설 및 발전을 전제로 하지 않으면 안되었다.

아편전쟁으로 타율적 개방의 길로 들어선 중국에게 서구의 과학과 합리를 수용하여 근대화를 달성하는 동시에 자주독립의 국민국가를 수립하는 일은 근대 이후의 국가적 과제가 되었다. 철로는 산업혁명의 산물인 동시에 그 자체가 산업혁명을 이끈 기관차였던 것이다. 이러한 의미에서 중국에서 양무운동과 함께 등장한 강병과 부국 등 근대화운동에서 철로의 부설은 매우 중요한 의미를 가지고 있었다.

그러나 철로는 근대화를 위한 불가결한 수단인 동시에 제국주의가 중국을 침략하는 전형적인 방식이기도 하였다. 역대 중국정부는 재정이 부족한 상황에서 외자의 도입을 통해 철로의 부설을 추진하였다. '洋債築路'란 열강의 외채를 차입하여 철로를 부설하려는 중국의 정책을 가리킨다. 철로는 문명의 이기이자 근대의 전파자인 동시에 국민경제의 형성을 왜곡하고 현지의 주체적 성장을 억압하는 태생적 성격을 지니고 있었다. 이러한 까닭에 철로의 도입 과정에서 경제, 군사적 유용성과 함께 열강의 침략적 성격으로 말미암아 철로의 필요성과 위험성이 동시에 제기되고 논의될 수밖에 없었던 것이다.

철로 부설은 열강에게 교통 운수를 넘어 석탄, 목재, 광물 등 연선 자원의 개발권과 자국 거류민의 안전을 빌미로 한 치외법권, 철로의 수비를 위한 군대 및 경찰의 주둔권, 철로 연선의 사법, 행정, 외교에 대한 일정한 권리 등 연선지역에 대한 광범위한 배타적 지배를 의미하였다. 따라서 철로 부설권의 분포는 바로 각 지역 간 열강의 세력범위 및 분포를 그대로 보여준다.

근대 제국주의의 식민지 및 반식민지에 대한 침략을 '철로와 은행을 통한 정복(Conquest by railway and bank)'으로 비유할 정도로 철로는 제국주의 침략의 상징적인 도구와 표현이었다. 일찍이 동청철로의 부설과 러시아의 만주 침략에 앞장섰던 러시아재무상 비테(Witte)는 "철로야말로 중국을 평화적으로 정복할 수 있는 수단"이라고 갈파한 바 있다. 또한 러시아의 황태자는 동청철로가 완성되고 나면, 10년이나 20년 안에 만주는 잘 익은 과일처럼 러시아의 손으로 떨어지게 될 것이라 낙관하였다.

제국주의 열강은 철로의 부설과 투자를 통해 중국에서 정치, 경제적 이권을 부식하고, 세력범위를 획정해 왔다. 중국철로에 대한 권리를 장악하는 효과적인 방법의 하나는 직접 철로를 부설하여 경영하는 것이었다. 예를 들면 러시아자본의 동청철로(중동철로, 東省鐵路)나 일본자본의 남만주철로, 독일자본의 교제철로와 프랑스자본의 전월철로 등을 들 수 있다. 이들 철로는 열강이 직접 철로를 부설하여 경영한 것으로서, 철로의 재정은 본국의 국가재정 및 식민지정부와 밀접한 관련을 가지고 있었다. 예를 들면, 동청철로의 경우 명의상 중러합판의 형식을 취했지만, 사실상 러시아정부가 직접 투자하여 경영한 철로였다.

이러한 이유에서 중국정부 역시 "남만주철로는 철로 경영뿐 아니라 사실상 植民을 위한 기구로서, 마치 영국이 인도를 멸망시키고 동인도회사를 설치한 것과 유사하다. 따라서 이는 단지 철로문제가 아니라 실로 東三省 존망의 문제이다"라고 하여 일본 소유의 남만주철로를 사실상 식민지기구의 일환으로 인식하고 있었다.

직접 철로를 부설하는 방식 이 밖에도 열강은 차관의 공여를 통해 철로에 대한 이권을 확보할 수 있었다. 중국철로에 대한 차관의 공여권은 부설권이나 경영권과 더불어 주요한 권리의 하나였다. 채권자는 차관의 공여를 통해 경제적으로 막대한 이윤을 획득할 뿐만 아니라, 철로의 부설과 경영에 개입함으로써 다양한 이권을 획득할 수 있었다.

시기별 철로외채의 수량과 비중   (단위 : 청대 10,000兩, 청대 이후 10,000元)

	청말	북양정부 시기	남경국민정부 시기
외채 총액	130,589	157,396	325,172
철로외채	31,815	32,426	21,729
총외채 가운데 철로외채의 비중	24.4%	20.6%	6.7%

열강은 철로의 부설과 투자를 통해 중국에서 정치, 경제적 이권을 부식하고, 세력범위를 획정해 왔다. 특정 국가가 특정 노선에 대한 부설권을 획득할 경우 실제로 철로를 부설하지 않더라도 기타 국가가 다시 해당 지역에서 철로의 부설권을 요구할 수 없었으며, 중국 역시 독자적으로 부설할 수 없도록 규정되어 있었다.

민국 이후인 1915년 11월 3일에 반포된 '민업철로법'의 제9조를 살펴보더라도 "허가된 철로 노선은 사업이 중단된 경우가 아니라면 타인이 동일한 노선의 부설을 신청할 수 없다"라고 규정하고 있다. 따라서 철로 부설권은 열강이 중국에서 세력범위를 구획하는 근거였으며, 철로차관은 제국주의가 중국을 분할하는 표식이었다. 개별 철로의 사례를 보더라도, 농해철로는 차관계약을 체결하면서 제9조에서 "철로 반경 80킬로미터 이내에서는 새로운 철로를 부설할 수 없다"라고 규정하였다.

열강이 중국에 공여한 차관 가운데 가장 많은 비중을 차지한 것이 바로 군사재정차관과 철로차관이었다. 이들 차관의 계약액과 실제 집행분의 차이를 살펴보면 이로부터 철로차관이 가지는 성격을 잘 살펴볼 수 있다. 철로차관의 경우 군사재정차관이나 기타 차관과 비교하여 계약 이후 미집행분의 수치가 매우 높은 편이었다. 중국에서 차관을 통해 획득된 철로 부설권은 사실상 해당지역을 '조차지와 동등한 세력범위'로 설정하였다.

이러한 결과 철로차관이 경쟁적으로 증가함으로 말미암아 계약총액이 실제 집행된 차관의 두 배 이상에 달하게 된 것이다. 아래의 표를 살펴보면 특히 철로차관에서 미집행분의 차관액수가 상당한 비중에 이르고 있음을 잘 알 수 있다. 이러한 원인은 일단 철로차관의 계약을 체결하게 되면 해당 지역에 대한 배타적 권리를 즉시 보유하게 됨에 따라 서둘러 철로차관을 체결한 이후 집행에는 서둘지 않고 방치한 결과라 할 수 있다.

제국주의 열강의 차관 미집행분 　　　　　　　　　　　　　(단위 : 100만 달러)

연도	군사재정차관	철로차관
1865-1902	-	18.4
1903-1914	84.8	295.6
1915-1930	63.1	66.3
1931-1936	32.9	21.5
1937-1941	3.0	195.6
1942-1948	182.2	0.5
합계	366.0	597.9
실제차입액 중의 비율	14.6%	115.2%

중국철로에 대한 차관의 공여권은 부설권이나 경영권과 더불어 주요한 권리의 하나로 전환되었다. 채권자는 차관의 공여를 통해 경제적으로 거액의 이윤을 획득할 수 있을 뿐만 아니라, 자재의 구매와 공급, 수수료, 사업의 청부를 통한 무역의 증진 등 다양한 권리를 획득할 수 있었다. 더욱이 차관이 대부분 정부의 보증을 수반하여 철로 혹은 지방수입을 담보로 하였기 때문에 정치적으로도 매우 중요한 의미를 가지게 되었다.

예를 들면, 북녕철로와 경호철로, 호항용철로, 포신철로, 도청철로, 광구철로는 영국자본을 도입하였고, 평한철로(경한철로)와 변락철로는 벨기에차관을 도입하였으며, 정태철로는 프랑스차관을 도입하였다. 차관을 도입하여 부설된 철로의 경우 공사의 청부, 부설을 위한 철로자재의 구매, 관련 인원의 선발과 임용, 철로의 운행 및 경영 등에 관한 제반 권리가 모두 차관 공여국에 부여되었다. 이러한 결과 철로에 대한 차관의 공여권은 해당 철로가 지나는 연선지역에 대한 열강의 세력범위를 획정하는 근거로 발전하고 말았다.

일찍이 1880년 이홍장 수하의 淮軍將領이자 대표적인 양무파 관료인 劉銘傳은 선구적으로 외채를 차입하여 철로를 부설해야 한다고 주창하였다. 같은 해 제정러시아가 이리지역을 점령한 채 반환하지 않자 민간에서는 拒俄運動이 대대적으로 전개되었다. 이에 유명전은 대운하를 따라 大道를 부설해야 하며, 淸江浦(지금의 강소 淮陰)로부터 북경에 이르는 철로를 부설해야 한다고 조정에 주청하였다. 그러나 철로 노선의 총연장이 길어 청조의 재정 여건상 官款을 염출하기 어려웠다. 이에 유명전은 민간자본(商股)를 모집할 것을 건의하였으나, 공상업이 충분히 발전하지 못한 상태에서 민간으로부터 자본을 모집하는 일도 쉽지 않았다. 유명전은 외채를 도입하여 철로를 부설하자고 제안하였으나, 청조는 이를 빌미로 열강이 중국에서 세력을 부식할 것을 우려하여 주저하였다.

경봉철로(관내외철로)의 부설 자금을 충당하기 위해 발행된 채권

이러한 가운데 중국이 자력으로 부설한 최초의 철로인 당서철로가 완공되고, 다시 이 노선의 연장공사를 위해 민간으로부터 100만 량의 자본을 모집하려 하였으나, 실제로 모집된 자본은 105,800량에 지나지 않았다. 이에 이홍장은 국고로부터 官款을 지원받으려 하였으나, 이 역시 160,000량에 지나지 않았다. 이홍장은 중국의 재정 여력에 비추어 차관의 도입이 불가피하다고 판단하였다.

이홍장은 차관을 도입하기 위해 세 가지 전제조건을 제시하였다. 첫째, 중국 측은 기한에 맞추어 차관의 원금과 이자를 상환함으로써 洋人이 차관을 빌미로 철로에 간섭할 수 없도록 한다. 둘째, 관독상판의 철로공사를 설립하여 철로의 부설을 주관하도록 하며, 철로를 담보로 제공할 수 없도록 한다. 셋째, 관세를 담보로 제공할 수 없으며, 철로가 개통된 이후 발생한 이윤을 가지고 외채를 상환하도록 한다. 이와 같이 이홍장은 차관을 도입하면서도 외국세력의 부식을 저지하고자 하는 취지를 강조함으로써 비로소 청조의 동의를 얻을 수 있었다.

이러한 결과 1887년 진고철로를 부설할 즈음에 부족한 자본을 보충하기 위해 英商 이화양행으로부터 637,000량을 차입하고, 독일상 華泰銀行으로부터도 439,000량을 차입하였는데, 당시 이자는 연 5리로 정해졌다. 이홍장은 중국이 자력으로 철로를 부설해야 하며, 부설에 필요한 철로자재는 영국이나 독일 등 서구로부터 수입할 수 있다고 생각하였다. 이들 차관은 외국에서 생산된 레일을 구매하기 위해 차입된 것으로서, 이후의 차관과는 성격이 달랐다. 먼저 차관의 액수가 적고, 상환 기한이 단기간으로 정해졌으며, 어떠한 담보도 설정하지 않았다. 또한 정부가 자신의 명의로 책임을 명시하지 않았으며, 여하한 정치적 조건도 개재하지 않았다. 이 시기 청조의 철로 부설과 외채 차입은 기본적으로 자주적이었다고 평가할 수 있다.

철로차관을 도입한 직후인 1887년에 이 구간의 철로 부설공사가 시작되었으며, 이홍장은 심보정, 주복 등을 파견하여 노선을 측량하였다. 철로 부설공사는 순조롭게 진행되어 마침내 1888년에 준공되었다. 이 철로가 노태에서 시작하여 北塘을 거쳐 塘沽, 新河, 軍糧城을 거쳐 천진(東站)에 이르는 총연장 75킬로미터의 津沽鐵路였다. 진고철로는 부설비용이 총 130여만 량이었으며, 이 가운데 외채가 107.6만 량으로서 약 82.7퍼센트를 차지하였다. 진고철로는 중국이 처음으로 외채를 도입하여 부설한 철로였다.

1889년 8월 26일 해군아문은 청조에 서양 각국으로부터 차관을 도입하여 철로를 흥판해야 한다고 상주하였다. 여기서 이홍장은 철로의 부설을 위해 商股(민간자본), 官庫(국고), 洋債(서양의 차관)의 3자가 병행되어야 한다고 주장하였다. 이에 대해 청조는 철로가 자강의 요책으로서 국가에 반드시 필요하다는 뜻을 내외에 선포하였으며, 사실상 차관을 도입하여 철로를 부설해야 한다는 이홍장 등 양무파 관료들의 주장을 전면적으로 수용하였다.

차관을 도입하여 철로를 부설하는 정책은 청일전쟁을 계기로 본격적으로 추진되었으며, 이후 철로차관의 성격이 크게 변화되었다. 1840-1894년까지 중국에 대한 열강의 경제 침략은 상품 수출이 주요한 형식이었다. 그러나 청일전쟁 이후 제국주의가 중국에 투자한 새로운 대상이 바로 철로였는데, 이는 재중국 외국자본의 추세가 고정성의 투자로 향하고 있음과 더불어 식민지화의 성격이 한층 강화되었음을 의미하였다. 왜냐하면 중국의 철로가 제반 산업이 발전한 결과 운수의 필요보다는 제국주의가 중국을 분할하기 위한 목적으로부터 발전하였기 때문이다.

삼국간섭 이후 철로 부설권을 근거로 중국을 분할하는 러시아, 프랑스, 독일

삼국간섭의 대가로 러시아, 독일, 프랑스는 철로 부설권을 부여받았으며, 이를 통해 자신의 세력권을 형성하였다. 오른쪽의 일본은 삼국간섭을 당한 당사자로서 불만스러운 표정을 짓고 있다. 뒤편에서 삼국이 중국을 분할하는 모습을 그저 지켜보는 국가가 바로 영국이다. 당초 러시아는 프랑스와 독일 이외에 영국을 배제하지 않았으며, 실제로 대일간섭을 위해 영국과도 협상을 진행하였다. 그러나 영국은 러시아의 세력을 저지하기 위해 동아시아에서 일본의 세력 확장을 지지하는 입장이었기 때문에 삼국간섭에 참여하지 않았다.

중국철로가운데 중국자본과 외국자본의 비중 　　　　　　　(단위 : %)

연도	중국자본 부설	외국이 직접 부설	외채로 부설
1876	0.0	100.0	0.0
1895	100.0	0.0	0.0
1903	3.9	96.1	0.0
1911	3.5	45.9	50.6
1914	3.0	38.9	58.1
1920	6.2	32.7	61.1
1926	15.2	26.3	58.5
1934	22.8	23.8	53.4

중국철로의 자본별 구성 비율(1923년)

자본별	총 연장(里)						출자액(日本円)	비율(%)
	기설	비율	미설	비율	합계	비율		
중국자본	846	12.3	236	12.4	1082	6.5	89,358,926	7.7
외국자본	6023	87.7	8580	87.6	15603	93.5	1,058,742,525	92.3
합계	6869	100	8816	100	16685	100	1,148,101,451	100

청일전쟁에서 패배한 이후 중국관민들은 철로의 군사, 전략적 중요성에 공감대를 형성하였다. 청일전쟁이 종결된 이후 민족적 위기 상황 하에서 장지동, 유곤일 등은 철로의 부설에 적극 나섬으로써 국력을 신장시켜야 한다고 주장하였다. 광서제 역시 1895년 7월에 "국난을 당하여 마땅히 상하가 일심 단결하여 자강불식해야 한다. 철로를 부설하고, 기계공장을 설립하며, 화폐를 주조하고, 광산을 개발해야 한다"고 주창하였다. 이와 같이 청일전쟁 직후 중국에서는 철로 부설의 열기가 급속히 확산되었다.

1895년 청조는 철로총공사를 설립하고 성선회를 독판철로대신으로 임명하였다. 그러나 철로를 부설하기 위해 국고 및 일반으로부터 부설 자본을 모집하기에 현실적으로 어려움이 있었으며, 어쩔 수 없이 외자를 차입하는 방법을 강구할 수밖에 없었다. 열강은 철로의 부설을 자신의 세력권을 확보하기 위한 주요한 수단으로 적극 활용하였다. 다시 말해 열강은 철로의 부설권에 근거하여 세력범위를 획정한 것이다.

1895-1903년의 9년 동안 노한철로, 정태철로, 호녕철로, 변락철로, 월한철로, 진포철로, 도청철로 등 각 철로를 부설하기 위한 차관계약이 체결되었으며, 소항용철로, 포신철로, 광구철로 등의 차관초약(가계약)이 체결되었다. 1896-1903년까지 중국에서 부설된 철로의

총연장은 4,038.4킬로미터에 달하였는데, 이 가운데 68퍼센트가 외국의 직접투자 및 관리에 속하였다. 이 시기에 열강이 직접 부설한 대표적인 철로로서 러시아자본의 동청철로(중동철로), 일본의 남만주철로, 독일의 교제철로, 프랑스의 전월철로 등을 들 수 있다. 나머지 32퍼센트가 차관을 도입하여 부설하고 청조가 경영을 담당하는 형식이었다. 양자 모두 외국인 총공정사를 초빙하여 설계 및 시공을 담당하였다.

1904-1911년 사이에 부설된 철로는 총 4,963.7킬로미터였으며, 이 가운데 청조가 외국으로부터 차관을 도입하여 부설한 것이 약 58퍼센트, 외국이 직접 투자, 관리한 것이 21퍼센트였다. 청조가 국고 재정을 투입하였거나 민간으로부터 자본을 모집한 경우가 약 21퍼센트에 달하였다. 주요 노선으로 경한철로(북경 - 한구), 교제철로(청도 - 제남), 정태철로(석가장 - 태원), 호녕철로(상해 - 남경), 호항철로(상해 - 항주), 경장철로(북경 - 장가구), 변락철로(개봉 - 락양), 전월철로(곤명 - 하구), 진포철로(천진 - 포구) 및 남심철로(남창 - 구강), 월한철로(광주 - 한구)의 일부 및 안봉철로(안동, 지금의 단동 - 봉천) 등이 있었다.

1900년 이후 열강의 이권 쟁탈이 일시 완화되었으나, 일본이 1907년 4월 길장철로(길림 - 장춘) 및 1909년 9월 길회철로(길림 - 회령)의 투자권을 획득하였고, 영국, 프랑스, 독일, 미국의 4개국이 1911년 5월 천한철로에 대한 권리를 획득하였다. 이 밖에 중국 동북지역에서 러시아와 일본 양국의 세력을 견제하기 위해 1907년 11월 영국폴링상회(Pauling) 및 미국자본단과 중국정부와의 사이에 法庫門을 기점으로 하여 新民屯에 이르는 남만주철로 병행선의 부설을 약속하였다. 이러한 가운데 1909년 12월 미국이 열강의 차관을 가지고 만주철로를 러일 양국으로부터 회수하여 열강의 공동관리 하에 두자고 제의하였다. 이와 함께 1909년 10월 미국 신디게이트와 중국정부와의 사이에 錦愛鐵路(금주 - 아이훈) 부설 차관계약을 체결하였다. 그러나 이러한 계획들은 러시아와 일본 양국의 반대로 말미암아 결실을 맺지 못하였다.

한편, 1900년 8개국연합군이 중국을 침략하고, 뒤이어 러일전쟁의 전장이 된 이후 중국 일반에서는 반제의식이 크게 고양되었으며, 이에 따라 철로이권의 회수운동이 전국으로 확산되었다. 청조는 1898년 8월에 설립된 광무철로총국을 철폐하고 1903년 12월 2일 중국철로공사를 설립하여 철로업무를 주관하도록 하였다. 이와 함께 '진흥상무, 상민보호'를 기치로 1903년 9월 7일 商部의 설립을 비준하고, 載振을 상부상서로, 오정방, 진벽을 좌우시랑으로 임명하였다. 뒤이어 '철로간명장정'을 반포하여 민간자본에 철로 부설권을 개방하였다.

1911년 사천보로운동이 비화되어 신해혁명으로 폭발하였으며, 1912년 마침내 아시아 최초의 공화정을 표방한 중화민국이 탄생하였다. 그러나 원세개는 머지않아 신해혁명의 승리를 가로채 북양군벌정부를 수립하였으며, 이후 군벌전쟁이 끊이지 않으면서 다시 혼란의 국면으로 빠져들었다. 1912년 원세개는 철로행정의 통일을 기치로 각 성의 민영철로공사를 해산하였으며, 이에 근거하여 각 성에서 이미 부설되었거나 부설중인 철로를 모두 국유로 환수하였다. 철로의 국유화 비용을 충당하기 위해서는 외채를 차입하는 외에는 방법이 없었다.

신해혁명 이후 중국철로의 발전은 손문에 의해 주도되었다. 주목할 점은 신해혁명 이후 중국정부가 국유화와 외채 도입이라는 두 가지 원칙을 철로정책의 근간으로 삼았다는 사실이다. 1912년 4월 1일,

손문은 "국내의 철로, 항운, 운하 및 기타 중요 사업을 모두 국유로 한다"는 철로 국유화에 관한 원칙을 천명하였다. 신해혁명의 주요한 동인 가운데 하나가 철로의 국유화에 반대하는 보로운동이었음에도 손문의 입장은 철로 부설에서 국가권력의 통일적 지도 및 통제를 지향하였음을 알 수 있다.

철로 국유화를 추진하기 위한 수단으로서 중국정부는 외자의 도입을 기본 원칙으로 확립하였다. 손문은 "국가가 실업을 진흥하기 위해서 자본이 없을 경우 부득불 외채를 차입할 수밖에 없다 … 외채를 차입하여 생산에 투자하면 이득이 많으며, 남미의 아르헨티나, 일본 등의 발전도 모두 외채의 덕이다. 우리나라도 철로를 부설하는 데 외채를 도입한다면 몇 년의 수입으로 철로외채를 모두 상환할 수 있다"라고 하여 철로 부설에서 외채의 중요성을 강조하였다.

이러한 가운데 신해혁명 이후 국내의 정치적 혼란과 국가 재정의 부족 등을 빌미로 열국 간에 철로 이권 쟁탈이 본격화되었다. 중국정부와 각국 사이에 수많은 정치, 경제차관이 성립되었다. 각국은 철로 투자를 명목으로 다투어 중국에 자신의 세력을 부식하였다. 러시아는 중국정부 차관단의 제1차 선후차관 교섭을 진행하였으며, 프랑스는 1912는 10월 벨기에신디게이트로 하여금 2억 5,000만 프랑의 海蘭鐵路(감숙성 蘭州 - 강소성 海州) 차관계약을 체결하였다. 다음 해 7월 프랑스는 벨기에재단으로 하여금 1,000만 파운드의 同成鐵路(산서성 大同府 - 사천성 成都) 차관계약을 체결하였다. 1913년 10월 프랑스는 浦口의 축항 및 북경시가의 개량사업에 충당할 목적으로 1억 5,000만 프랑의 실업차관을 체결함과 동시에 더욱이 다음 해 1월 欽渝鐵路(광동성 欽州 - 사천성 중경)를 부설하기 위한 6억 프랑의 대차관계약을 체결하였다.

영국은 浦信鐵路(남경 - 장사)의 부설과 관련하여 1913년 11월 300만 파운드의 차관계약을 체결함과 동시에 다음 해 3월 寧湘鐵路(남경 - 장사) 부설을 위한 700만 파운드의 차관계약, 같은 해 7월 沙興鐵路(호북성 沙市 - 귀주성 興義) 부설을 위한 1,000만 파운드의 차관계약을 연이어 체결하는 동시에, 운남철로에 대한 투자권을 중국정부로 하여금 승인하도록 강요하였다.

　　일본도 1913년 10월 四平街洮南線, 장춘조남선, 洮南熱河線, 關原海龍吉林線 및 洮南熱河線의 한 역으로부터 해안에 이르는 노선의 이른바 '만몽5철로'에 대한 투자권을 획득하였다. 1915년 12월 四洮鐵路를 부설하기 위한 500만 원의 차관계약을 체결하는 동시에, 1912년 5월 및 1914년 5월에 합계 750만 원의 南潯鐵路(九江 - 南昌) 차관계약을 체결하였다. 1915년 5월에는 산동성의 경제이권과 관련된 조약을 체결하였으며, 1917년에는 미국이 획득한 산동운하차관에도 일미공동의 차관으로 참여하였다. 1918년 10월에는 만몽4선 및 독일로부터 승계 받은 산동철로 연장의 두 노선(順濟, 高徐)에 대한 5,000만 원의 차관계약을 체결하기에 이르렀다.

　　각국의 철로이권 쟁탈에 대해 종래 방관자적 입장에 있던 미국도 마침내 1914년 1월 淮河 유역에서의 치수를 목적으로 1,000만 달러의 차관 및 산동성 내의 대운하 및 지류, 그리고 호수 등의 치수를 목적으로 한 300만 달러의 산동운하차관을 체결하였다. 이와 함께 1914년 2월 섬서, 직예에서 석유 채굴에 대한 투자권을 획득하는 외에 더욱이 1916년 심 앤 캐리상회(Siems and Carey Co.)를 통해 1,100리의 철로를 부설하기 위한 차관계약을 체결하였다.

　　영국은 중국을 중심으로 미얀마, 인도를 경유하여 유럽에 도달하는 세계교통로의 주도권을 장악함과 동시에 중국의 장강유역을 세력

범위로 하여 각종 이권의 독점에 나섰다. 남으로는 홍콩 구룡을 근거로 하여 프랑스의 세력권인 양광지역에까지 세력을 확장하였다. 더욱이 북방의 威海를 점거한 러시아를 제압하고 나아가 관내외철로를 통해 요서지방까지 세력을 확장하기 위한 계획을 수립하였다.

러시아는 시베리아철로를 연장하여 몽골을 횡단하고, 나아가 산서, 섬서를 관통하여 사천으로 나아가려는 계획을 수립하였다. 이밖에 러시아령 중앙아시아철로를 동으로 연장하여 섬서, 하남, 강소의 부원을 횡단하여 양자강 이북을 장악하려는 야심을 실현하기 위한 계획을 추진하였다.

프랑스는 자신의 영역인 인도차이나 및 조차지인 광주만을 근거로 광동, 광서, 운남, 사천으로 세력을 부식하고, 극동 경영의 근거지인 청도를 기초로 산동성을 중심으로 직예, 하남의 대부분, 안휘, 강소의 북부지역을 자신의 세력권으로 설정하였다.

손문은 진포철로의 북단인 제남을 시찰하면서 철로 부설을 위해 외자를 적극 도입할 방침을 다음과 같이 천명하였다. 첫째, 경한철로, 경봉철로 등의 사례를 참조하여 차관을 도입하여 철로를 부설한다. 둘째, 중외합자를 통해 중국에서 철로공사를 조직한다. 셋째, 외국자본가에게 철로 부설권을 부여하여 40년을 기한으로 국유로 환수한다. 단 조건은 중국의 주권을 침해하지 않는 범위에서 허락한다.

유의할 것은 중국정부가 외자를 도입하여 철로를 부설하려는 정책에 대한 열강의 대응과 그것이 가져온 결과이다. 중국의 외자 도입 정책에 가장 먼저 호응한 국가는 바로 영국이었다. 북양정부의 교통총장을 지낸 양사이의 회고에 따르면, 1913년에 주중 영국공사 조던(Jordan)은 원세개에게 우편국이나 해관처럼 중국 내의 모든 철로를 통일하고, 그 총지배인을 영국인으로 임용하도록 제의하였다.

영국 中英銀公司(중영공사)의 대표 메이어(Mayers)도 총철로공사를 설치하여 전국의 철로를 통일적으로 관리해야 한다고 주장하며, 중국정부가 영국인 총세무사로 하여금 전국의 해관을 관리하는 사례를 참조하도록 건의하였다. 조던의 건의와 같이 영국인 총철로사를 임명할 경우 중국해관과 마찬가지로 중국철로에 대한 영국의 절대적 지배권이 확립될 것임은 자명한 일이었다. 따라서 이러한 건의는 기타 국가의 반대로 결국 실행에 이르지 못하였다.

이러한 가운데 1914년 1차대전이 발발하면서 영국을 비롯한 유럽제국은 중국에 대한 상품 수출 및 자본 투자에 적극 나설 수 없게 되었다. 이와 같은 공백을 적극 파고들어 대전기 중국에서 세력을 확장해 나간 국가가 바로 일본이었다. 1차대전 기간 동안 일본은 중국시장에 대한 상품 및 자본 수출을 통해 급속한 자본주의 발전을 이룩할 수 있었다. 대전이 발발하기 전해인 1913년 중일무역의 총액은 1억 9,000만 해관량에 지나지 않았으나, 1919년에는 4억 4,000만 해관량으로 증가하였다.

1차대전 기간 동안 일본은 중국철로에 대한 독점적인 확장을 기도하였다. 1913년 10월 일본공사 야마자 엔지로(山座圓次郎)와 원세개는 비밀협정을 체결하고, 일본으로부터 차관을 도입하여 만몽5로철로, 즉 만철의 사평-조남 노선, 조남-열하와 북녕로 평행선, 개원-해룡, 해룡-길림, 길장의 장춘-조남 노선을 부설하기로 합의하였다. 1915년 1월 일본은 帝制를 지원하는 조건으로 원세개에게 21개 조항의 요구를 제출하였으며, 5월 26일 원세개는 일본의 요구를 수정없이 받아들였다.

이 가운데 철로에 관한 내용은 다음과 같다. 즉 "산동성 내에서 독일이 부설한 교제철로와 기타 철로의 권리를 일본에 양도한다. 동북지역에서 중국이 철로를 부설할 때는 우선적으로 일본의 자본을 차용한다. 남만주철로의 경우 1898년 체결된 조약에서는 개통 36년 후인 1939년에 중국이 회속(환수)할 수 있도록 규정하였으나, 이를 99년간, 즉 2002년까지 경영권을 갖는 것으로 개정한다. 안봉철로의 경우도 15년간 즉 1923년까지 경영을 위임한다고 하였지만, 99년간 즉 2007년까지로 개정한다. 길장철로의 조항도 근본적으로 개정하여 일본에 99년간 경영권을 부여한다.”

철로의 부설과 산업화를 실현하기 위해 국민정부는 1931년 12월 28일 행정원 명령의 형식으로 '외국의 자본과 기술을 충분히 이용한다'는 방침을 천명하였다. 이후 1932년 7월 국민정부는 '철도법'을 반포하였는데, 이는 중국 역사상 최초로 철로와 관련된 전론적인 법률이었다. 철도법은 전국교통과 관련된 철로의 경우 중앙정부가 경영하는 것을 원칙으로 한다고 명시하였다. 지방교통과 관련된 철로는 지방정부가 공영철로조례에 따라 경영하도록 하였다.

철로 노선이 부설되기 이전에는 민영철로조례에 의거하여 민영도 가능하도록 하였다. 국영철로는 철도부가 관리하며, 공영철로 혹은 민영철로는 철도부가 감독하도록 하였다. 철로 운임과 연계운수 등 철로와 관련된 일체의 업무는 철도부가 정한 규정에 준거하도록 지시하였다. 더욱이 철도법 내에는 주권과 이권을 침해하지 않는 범위 내에서 적극적으로 외자를 도입한다는 원칙을 명시하였다.

1934년 1월 남경국민정부는 철도부가 입안하고 실업부가 비준한 '利用外資辦法草案'을 반포하고, “정부는 외국은행단 및 상업단체와 합자의 형식을 취하거나 혹은 외국은행단, 상업단체로부터 차관을 도입하여 각종 실업을 일으킨다”라고 명시하였다. 합자의 경우 중국자본이 51퍼센트 이상을 차지하도록 규정함으로써 이사회에서 중국인 이사가 다수를 점하도록 하였다. 이 밖에도 총경리는 반드시 중국인으로 선임하도록 하였으며, 중국공사법 및 기타 법률의 규제 하에 두도록 하였다.

중외합자를 통해 철로를 부설한다는 국민정부의 철로정책 하에서 송자문, 공상희 등은 '中國建設銀公司'를 설립하고, 여기서 외국인과 합작 형식으로 철로를 부설하는 업무를 추진하도록 하였다. 1934년부터 중국건설은공사 및 기타 중국은행단, 그리고 외국자본집단이 합자의 형식을 통해 절공철로, 성투철로, 경공철로 등을 부설하기 위한 계약을 속속 체결하였다.

국민정부가 철로 부설계획과 합자를 통한 부설정책을 시행한 이후 1932년부터 중국에서는 철로 역사상 두 번째로 철로 부설이 고조되는 시기에 접어들게 되었다. 1937년 중일전쟁이 전면적으로 폭발하기까지 6년 동안 부설된 철로 노선은 일본이 동북지역에서 부설

제국주의 열강의 수탈에 신음하는 중국

한 철로를 제외하고 총연장 3,600킬로미터에 달하였다. 이는 중국철로 역사상 연평균 철로 부설이 가장 많았던 시기에 해당된다.

열강은 차관을 공여하는 방식으로 중국철로에 대한 지배권을 강화해 나갔다. 이미 1902년까지 열강이 중국에 공여한 철로차관은 총 4,800여만 달러였고, 1903-1914년에는 무려 2억 500만 달러, 1915년 이후에는 총 2억 6,600만 달러에 달하였다.

중국철로의 자본별 구성 비율(1923년)

자본별	총연장(里)						출자액(日本円)	비율(%)
	기설	비율	미설	비율	합계	비율		
중국자본	846	12.3	236	12.4	1082	6.5	89,358,926	7.7
외국자본	6023	87.7	8580	87.6	15603	93.5	1,058,742,525	92.3
합계	6869	100	8816	100	16685	100	1,148,101,451	100

2 철로차관 관행과 이권 상실

1) 철로차관 계약의 할인관행

1895년 청일전쟁이 종결된 이후 철로 부설권은 제국주의 열강이 중국을 침략하는 보편적인 수단이 되었으며, 중국철로에 대한 지배권도 열강의 수중으로 들어가고 말았다. 열강은 차관 공여라는 방식을 통해 철로 연선지역의 정치, 경제 및 군사 방면의 다양한 이권을 획득함으로써 중국사회의 반식민지적 성격을 심화시켰다.

청조를 비롯하여 중국의 역대정부는 公債의 조달을 통해 일상적인 재정 부족을 보충해 왔다. 예를 들면 1931년부터 1933년까지 국민정부의 재정은 매년 2억여 원의 세입이 부족한 상태였으며, 1935년이 되면 적자가 무려 3억 2,000만 원으로 확대되었다. 이러한 이유에서 1927년부터 1933년까지 34種의 內債를 발행하였으며, 발행 총액이 무려 14억 원에 달하였다. 1934년 말 국민정부는 내채 발행액 가운데 9억 5,000만 원을 아직 상환하지 못하고 있었다. 1932년 국민정부는 채무 상환을 위한 비용으로 1억 6,950만 원을 지출하였는데, 1936년이 되면 8억 3,460만 원으로 4년 만에 6억 6,510만 원이 증가하여 약 4배의 증가를 보이고 있다.

공채에 대한 투자가 높은 이윤이 남는 장사였던 이유는 바로 공채를 발행하는 과정에서 할인관행이 보편적으로 이루어졌기 때문이다. 중국의 채권 할인 관행은 특수한 경제적 조건 하에서 출현하였다. 이는 공채의 이윤율을 제고함으로써 수용자로 하여금 내재 및 외채의 공여를 보다 용이하게 할 수 있도록 하기 위한 목적에서 탄생한 것이라 할 수 있다.

신해혁명 이전인 1894-1911년 동안 청조는 모두 세 차례에 걸쳐 5,850만 원에 달하는 內債를 발행하였다. 북경정부는 1912-1926년 사이에 6억 1,206만 원에 달하는 총 27종의 내채를 발행하였는데, 이율은 연리 6퍼센트가 16종, 8퍼센트가 7종, 7퍼센트가 3종이며, 월리 1.5퍼센트가 1종이었다.

1927년부터 1934년까지 약 8년간 남경국민정부가 발행한 내채의 총액은 13억 3,000만 원에 달하였으나, 정부가 취득한 실수령액은 8억 950만 원에 지나지 않았다. 즉 남경국민정부는 공채 발행액의 61퍼센트만을 수취한데 반해 나머지 39퍼센트는 공채 수용자의 수중으로 흘러들어갔음을 의미한다.

공채의 실제 수익률 추이 (단위 : %)

시기	1928.1.	1929.1.	1930.1.	1931.1.	1931.9.
수익률	22.51	12.44	18.66	15.88	20.90

이러한 상황은 외채에서도 마찬가지였다. 열강의 관심을 불러일으켜 투자를 촉진하기 위한 목적으로부터 외채의 수익률을 제고하기 위한 취지에서 고안된 장치가 바로 차관의 할인관행이었다. 이를 중국에서는 折扣, 혹은 折이라 부른다. 모든 외채는 원금의 일정 부분을 할인함으로써 실제로 공여하는 차관(實付)의 액수는 원금보다 적게 된다. 외국차관은 대부분 서면가격을 할인(折扣)하여 實付로 한다. 예를 들면, 93折이란 300만 파운드의 차관을 실제로는 93퍼센트인 279만 파운드만을 차입하는 것이다. 차관 공여국이 차관 총액의 93퍼센트만을 공여함으로써 7퍼센트에 해당되는 이윤을 선이자로 먼저 수취한 위에서, 원리금의 상환 기준액은 100퍼센트로 기산함으로써 상환 시에 차관의 고이윤을 보장하는 관행을 가리킨다.

외채의 할인관행으로 말미암아 차관을 도입한 각 철로는 이자를 지불하기 위해 상당한 비용을 지출하지 않을 수 없었으며, 이는 결과적으로 철로의 경영에 부정적인 영향을 미쳤다. 이러한 사실은 경한철로의 이윤 가운데 벨기에공사로부터 차입한 외채 이자를 상환하기 위한 비용을 살펴보면 잘 알 수 있다. 다음의 표에서 경한철로공사의 총지출 가운데 철로차관의 원리금 상환을 위한 비용이 차지하는 비중으로부터 경영에 미친 부정적인 영향을 잘 알 수 있다.

100만 원의 차관이 성립될 경우 9折로 계약조건을 규정한다면, 실제로 차관을 제공하는 국가는 90만 원만을 제공함으로써 100만 원을 공여한 것으로 간주하는 것이다. 이렇게 된다면 예를 들어 10년 만기 이후 상환 시에 중국은 원금을 90만 원이 아니라 100만 원을 상환해야 하는 것이다. 따라서 원금의 상환에서 이미 공여국은 상당한 수익을 거둘 수 있게 되는 것이다. 이 밖에 기간 내의 이자 및 수수료 등으로 막대한 이윤을 창출할 수 있게 된다. 이와 같이 외채 공여의 할인관행은 차관 도입을 순조롭게 하기 위해 수익률을 제고함으로써 차관공여국의 관심을 제고하기 위한 목적에서 출현한 관행이라 할 수 있다.

경한철로(평한철로) 收支상황

연도	총수입	지출 내역	잉여이윤
1906	약 7,200,000원	전 노선 열차 운행 경비 220여만 원 벨기에공사차관 상환 약 230여만 원 탁지부차관 이자 약 40만 원 공적금 20여만 원 벨기에공사 수수료 40여만 원	160여만 원
1907	8,918,722원	전 노선 열차 운행 경비 3,572,305원 벨기에공사차관 상환 2,498,887원 탁지부차관 이자 약 400,182원 공적금 244,734원 벨기에공사 수수료 440,522원	1,762,089원
1908	9,693,358원	전 노선 열차 운행 경비 3,330,181원 탁지부차관 이자 및 공적금 약 603만 원	326,981원
1909	11,026,412원	전 노선 열차 운행 경비 391여만 원 벨기에공사차관 상환 2,498,887원 탁지부차관 이자 약 400,182원 공적금 244,734원 벨기에공사 수수료 440,522원	365여만 원
1910	1,224여만 원	열차운행, 수리비용 398여만 원 탁지부차관, 철로개선공정 및 이자, 공적금 약 402여만 원	423여만 원
1911	11,311,536원	열차운행, 수리비용 및 철로개선공정 및 이자, 공적금 총 3,459,041원	7,587,371원

개별철로의 차관 내역과 할인율(折扣)

연도	차관명칭	차관총액	할인율	이율(厘)	기한(年)
1892	관내외철로차관	2,300,000파운드	0.90	0.5	45
1902	정태철로차관	40,000,000프랑	0.90	0.5	30
1903	변락철로차관	25,000,000프랑	0.90	0.5	40
1903	경호철로차관	2,900,000파운드	0.90	0.5	50
1905	도청철로차관	800,00파운드	0.90	0.5	30
1907	광구철로차관	1,500,000파운드	0.94	0.5	30
1907	진포철로차관	5,000,000파운드	0.93	0.5	25
1908	회풍회리은행차관	5,000,000파운드	0.94	0.5, 0.45	30
1908	호항용철로차관	1,500,000파운드	0.93	0.5	30
1910	진포철로속차관	4,800,000파운드	0.945	0.5	30
1910	正金銀行借款	10,000,000円	0.95	0.5	25
1912	농해철로차관	10,000,000円	0.85	0.5	40
1912	남심철로차관(第一次)	5,000,000円	0.95	0.65	20
1913	동성철로차관(第一次)	1,000,000円		0.6	
1914	동성철로차관(第二次)	770,217円		0.6	
1914	동성철로차관(第三次)	5,798,518프랑		0.6	
1914	남심철로차관(第二次)	500,000円	0.95	0.65	20
1914	남심철로차관(第三次)	2,000,000円	0.95	0.65	28
1915	포신철로차관	2,100,000兩(庫平)		0.7	
1915	사정철로차관	5,000,000円	0.945	0.5	40
1917	길장철로차관	6,500,000円	0.915	0.5	40
1918	평수철로1차차관	3,000,000円		0.9	5
1919	농해철로단기차관	23,000,000프랑	0.49	0.8	10
1919	도청철로 購車借款	126,838프랑		0.75	10
1921	평수철로2차차관	30,000,000円		0.9	4
1921	교통부화북은행단기차관	700,000元		1.35	20
1922	남심철로차관	2,000,000円	0.96	0.76	15
1922	벨기에영업공사 購料借款	3,300,000파운드	0.87	0.8	10
1923	교제철로차관	40,000,000円		0.6	15
1923	길돈철로차관	24,000,000円		0.9	
1924	농해철로 8厘借款	150,000,000프랑*	0.9	0.8	10
1924	농해철로 벨기에,네델란드차관	50,000,000프랑**	0.87	0.8	10
1925	사조철로단기차관	32,000,000円		0.9	1
1928	길장철로차관	400,000円		0.9	1
1928	길장철로차관	1,000,000円		0.9	1
1929	경호철로 購車借款	156,000파운드		0.8	

* 벨기에 화폐, ** 네델란드 화폐

(1) 도청철로

1905년 7월 3일 성선회는 복공사 대표 제임슨(Jamieson)과 '도청철로차관합동'을 체결하였으며, 차관의 조건은 정태철로차관과 동등하게 규정하였다. 차관 규정은 첫째 도청철로 부설비용은 61.46만 파운드(중영 쌍방이 가격을 산정할 때 영국 측이 10퍼센트 이상 부설비용을 높게 報告), 90퍼센트(9折)로 지불하기 때문에 중국이 실제로 내어 부설하는 비용은 682,888파운드에 달하였다. 둘째, 연리 5리는 계약에 따라 매년 지불하도록 하였다. 1935년 차관을 상환할 시에 중국은 이자 483,895파운드를 지불해야 했다. 셋째 계약에 근거하여 복공사는 수익이 발생할 경우 일정 금액을 수취할 수 있도록 하였다.

(2) 노한철로(경한철로)

청일전쟁 이후 노한철로를 부설해야 한다는 필요성이 재차 제기되자 청조는 1896년 상해에 노한철로총공사를 설립하고 성선회를 蘆漢鐵路督辦大臣으로 임명하는 동시에, 탁지부로부터 10,000,000량, 남양, 북양해군으로부터 각각 3,000,000량을 염출하여 부설공사를 진행할 계획을 수립하였다. 그러나 청일전쟁 이후 국고가 바닥나 지출할 수 있는 예산이 4,000,000량에 지나지 않았다. 이에 1897년 5월 청조는 벨기에은공사와 차관가계약에 서명하고, 1898년 6월에 본계약을 체결하였다.

계약의 주요한 내용은 다음과 같다. 철로는 노구교에서 한구에 이르는 노선으로 확정하고, 官款 1,300만 량 이외에 벨기에은공사로부터 1억 2,500만 프랑(500만 파운드)를 90퍼센트 實付(9折)로 차입하기로 합의하였다. 이자는 연리 4厘로 정하고 상환기간을 30년으로

정하였다. 차관은 철로의 모든 자산을 담보로 설정하였으며, 공정사는 벨기에은공사가 추천하고 차관 기간 내에는 벨기에은공사가 철로의 경영을 전담하는 것으로 결정하였다. 또한 5년 이내에 철로의 부설을 완료하고 열차를 개통하는 조건을 부가하였다. 하지만 1907년 이후 언제라도 중국 측이 차관 전액을 상환하고 회속할 수 있는 규정도 추가하였다.

1911년 경한철로는 우전부의 명의로 일본의 橫濱正金銀行과 1,000만 엔의 차관계약을 체결하였으며, 계약의 제2조에서 차관의 할인(折扣)을 명시하였다. 즉 "이 차관은 총액의 九五扣(95퍼센트 실부)으로 제공한다. 즉 100엔은 95엔 實付로 제공한다. 상환 시에는 계약서의 총액에 근거하여 상환한다. 즉 100엔은 100엔으로 상환한다"라고 규정하였다.

(3) 변락철로

1903년에 이르러 중국과 벨기에 사이에 변락철로를 부설하기 위한 차관 협상이 재개되었다. 11월 2일 성선회는 벨기에철로공사 대표 로페어(Rouffare)와 '변락철로차관합동'을 체결하였다. 중국이 벨기에로부터 차관 2,500만 프랑(100만 파운드)을 도입하기로 하였으며, 연리 5리, 9折(즉 2,250만 프랑 實付), 상환 기한 30년(10년 거치 후 20년 상환)으로서, 조건은 대부분 노한철로차관과 동일하게 규정되었다. 그러나 곧 부설 자금의 부족으로 말미암아 이 회사로부터 재차 1,250만 프랑을 차입하였다. 철로 자산 및 개통 이후 철로의 수익을 차관의 담보로 설정하였다. 또한 벨기에 총공정사와 회계를 선임하도록 규정하였다.

(4) 진포철로

1908년 1월 13일 외무부 우시랑 梁敦彦은 德華銀行, 華中鐵路有限公司(1904년 중영은공사와 복공사가 합병하여 성립)와 '천진포구철로차관합동'을 체결하고 500만 파운드의 차관을 도입하였다. 이 가운데 독일이 63퍼센트, 영국이 37퍼센트를 분담하고, 연리는 5리, 상환 기한은 30년으로 정하였으며, 10년 거치 후 11년째부터 상환하도록 하였다. 제1기 300만 파운드는 93折(93퍼센트 實付)이며, 제2기 200만 파운드는 94.5折 實付로 합의하였다. 93折로서 300만 파운드의 차관을 실제로는 93퍼센트인 279만 파운드만을 차입하였지만, 기한 만료 시에는 300만 파운드를 상환해야 했다. 따라서 차관을 공여하는 측에서는 이미 7퍼센트의 이윤을 선이자로 확보한 셈이다. 더욱이 이자까지 포함한다면 더욱 많은 이윤을 획득하게 되는 것이다.

(5) 호녕철로

1903년 7월 9일에 상해에서 정식으로 '호녕철로차관합동'을 체결하였다. 차관의 액수는 325만 파운드였는데, 차입 조건이 매우 가혹하였다. 이자는 연리 5리, 차관은 90퍼센트(9折)로 공여되었으며, 차관 기한은 무려 50년에 달하였다. 만일 25년이 되기 이전에 회속할 경우 100파운드 당 2.5파운드를 가산하도록 하였다. 회풍은행 경리는 원금과 이자의 상환업무로 1,000파운드당 25파운드를 수수료로 수취하도록 규정하였다. 차관의 원금, 이자를 50년 기한으로 상환할 경우 원금 2,900,000파운드, 이자 5,510,000파운드, 수수료 21,025파운드로서 총 8,432,025파운드에 달하였다.

2) 열강의 중국철로 이권과 사례

외자를 이용하여 철로를 부설하는 것은 세계철로의 발전사에서 매우 보편적인 현상이었다. 철로의 부설에서 외자를 이용하는 것이 드문 일은 아니었지만, 여타 국가에서 도입한 외자는 대부분 원금과 이자의 상환 의무만을 가질 뿐, 철로 이외의 이권과 관련된 것은 아니었다.

1895년 청일전쟁이 종결된 이후 철로 부설권은 제국주의 열강이 중국을 침략하는 보편적인 수단이 되었으며, 중국철로에 대한 지배권도 외국인의 수중으로 들어가고 말았다. 열강은 차관 공여라는 방식을 통해 철로에 대한 일체의 권리를 장악하였다. 더욱이 열강은 철로 이권을 탈취하는 과정에서 철로 연선의 경제, 정치 및 군사 방면의 이권을 획득하여 중국사회의 반식민지적 성격을 심화시켰다.

통상적으로 철로차관은 다음의 몇 가지 조건을 전제로 체결되게 된다. 첫째, 일정한 기한 내 철로사업의 경영, 둘째, 철로 부설공사의 인수, 셋째, 총공정사(기사장), 회계주임의 임용, 넷째, 철로자재 공급의 우선권, 다섯째, 이자, 수수료 및 이익의 배당, 여섯째, 철로 관련의 전 자산을 담보로 제공 등을 들 수 있다. 예를 들면, 영국과 일본이 공동으로 투자한 경봉철로의 주요 직원은 영국인과 일본인으로 충원되었으며, 철로업무와 관련된 모든 공문서에는 일문과 영문만을 사용하도록 규정하였다.

열강이 중국철로를 지배하는 방식은 직접 부설이든 차관의 공여이든 부설자본을 근간으로 하였다. 열강이 중국철로를 부설하기 위해 자본을 모집하는 방식은 예외 없이 자국의 유력은행과 商社을 동원하는 것이었다. 즉 해당국 정부는 철로 부설자본을 모집하기 위해 자국의 유력은행 혹은 商社의 연합출자 형식으로 투자단을 조직하였다. 예를 들면, 영국의 匯豊銀行과 麥加利銀行, 中英公司, 미국의 花旗銀行, 博益公司, 裕中公司, 프랑스의 東方匯理銀行, 中法實業銀行, 러시아의 露淸銀行(華俄道勝銀行), 벨기에의 華比銀行, 比利時(벨기에)銀公司, 독일의 獨亞銀行, 일본의 橫濱正金銀行, 臺灣銀行, 朝鮮銀行, 中日實業會社, 東亞興業會社 등을 들 수 있다.

더욱이 역대 중국정부는 철로차관을 적극 도입하기 위해 신용도가 높은 국세, 지방세를 차관의 담보로 제공하였다. 예를 들면 진포철로의 부설 과정에서 도입한 차관의 담보로 직예성의 이금세 가운데 매년 120만 량, 산동성 이금세 가운데 매년 160만 량, 강해관(江寧釐金局)의 이금세 가운데 매년 90만 량, 강소성 淮安關의 이금세 가운데 10만 량을 담보로 설정하였다. 만일 기한이 되어 상환 여력이 부재할 경우 결과적으로 국가재정의 어려움을 가중시킬 수밖에 없는 것이다.

(1) 철로 경영권의 장악

가. 동청철로(중동철로)

동청철로(중동철로, 동성철로)를 관리하기 위해 1896년 9월 8일 러청은행과 청국전권공사 허경징이 동성철로공사장정에 서명하였으며, 이러한 기초 위에서 동청철로공사(大淸東省稽査鐵路進款公司)의 설립에 합의하였다. 철로를 경영하기 위해 외면상 기업의 형식을 취한 것은 러시아정부의 직접적인 개입과 이를 통한 만주지역의 지배를 노골적으로 드러내지 않으면서도 실질적으로 이를 관철시키기 위한 방편이었다고 할 수 있다. 이러한 형식은 영국의 동인

도회사나 일본의 남만주철도주식회사와 유사한 방식이다.

중동철로공사는 러청은행과 청조 사이의 계약을 통해 성립되었다. 그러나 이에 앞서 러시아 大藏省은 1896년 5월 30일 러청은행과 동청철로에 관한 비밀협약을 체결하고, 철로를 자신의 감독 하에 두었다. 이 협약에서 중국정부와 협정을 체결할 경우 사전에 러시아 대장대신의 허가를 득하도록 하였다. 또한 공사는 주식의 모집을 통해 자본을 조달할 수 있도록 하였다. 주식 보유자는 러시아인과 중국인으로 한정하였으며, 자금 모집은 대장대신의 재가를 득하도록 요구하였다.

그러나 실제로는 중국인으로서 동청철로공사의 주식을 구입할 기회는 사실상 차단되었다. 1896년 12월에 중동철로공사의 주주모집 광고가 관보에 게재되기는 하였지만, 당일 오전 9시에 장이 서자마자 러청은행의 창구는 몇 분 만에 폐쇄되고 말았다. 중동철로의 주식은 러청은행의 수매를 통해 모두 러시아정부의 수중으로 회수되었으며, 러시아국립은행에 보관되었다.

동청철로를 부설하기 위한 비용으로 러시아는 총 6억 6,200만 루블을 국고에서 지출하였으며, 이 밖에도 매년 약 2,000만 루블을 경영자금으로 지원하였다. 이와 같이 이 공사는 사실상 러시아 대장성에 의해 설립되고 경영된 기업이었으며, 재원의 조달은 러청은행의 감독권을 가진 러시아 대장대신의 통제 하에 있었다고 할 수 있다. 부이사장과 감사위원의 선임, 노선의 선정, 철로 부설 예산의 책정, 회사 내의 조직제도의 개편, 자본의 관리 방법 등 중동철로의 경영과 관련한 핵심적인 사안은 대부분 러시아 대장대신의 동의 없이는 불가능한 구조였다.

중동철로는 철로 이외에도 수익을 창출하기 위해 다양한 분야로 투자를 확대하였다. 예를 들면, 당시 한국의 인천지역에는 '청국거류지'라 불리던 청국조계가 설정되어 있었다. 仁川中華會館이 작성한 '인천청국거류지연세표'는 당시 청국조계지역에서 부동산을 소유하고 있던 자들에게 부과된 地稅 관련 세액표(tax table)였다. 이 표에 따르면 당시 인천 청국거류지에서 가장 많은 토지를 소유하고 있었던 것이 바로 華商 同順泰와 중동철로(동청철로)였다. 이러한 사례로부터 중동철로는 국경을 넘어 해외에까지 자본을 투자하여 수익을 창출하고 있었음을 알 수 있다.

중동철로의 최고의사결정기관인 이사회는 1명의 이사장(중국 측 명칭은 督辦)과 주주총회에서 선출된 9명의 이사로 구성되었다. 1896년의 중동철로 정관 제18조에 따라 구성된 이사회는 러시아와 청조 쌍방의 수도, 즉 상트페테르부르크와 북경에서 개최하도록 정해져 있었다. 동청철로공사는 1897년 3월 정식으로 설립되었으며, 본사를 상트페테르부르크에, 지사를 북경에 설립하였다. 이사회를 소집할 수 있는 주체는 이사장과 부이사장(중국 측 명칭은 會辦)으로서, 5명 이상의 이사가 출석해야 한다는 조건이 충족되었을 경우 비로소 개최가 가능하였다. 의결은 다수결을 원칙으로 하였다. 특히 정관 제28조는 중동철로의 세출입을 심사하는 감사위원회를 설치하도록 규정하였다. 이 위원회는 사외의 5명 위원으로 구성되어 예산안을 이사회와 협의하고, 대장대신의 승인을 받았다.

이사장은 부설계약 제1조에 의해 청조가 임명하였기 때문에 당초에는 許景澄 주러시아공사가 겸임하였다. 이사장은 러청은행과 중동철로가 계약을 원안대로 이행하고 있는지 감찰하는 등의 직무를 가졌지만, 북경에 거주하는 것이 허락되고 있는 것으로 보아 이후 사실상 명예직으로서의 성격이 강했다고 볼 수 있다.

1917년 러시아혁명이 발발한 이후 1919년의 제1차 카라한선언과 1920년의 제2차 카라한선언을 거치면서 소비에트연방은 중국 측에 중동철로의 처리를 위한 회담을 제안하였다. 이러한 결과 마침내 1924년 5월 31일 중국외교총장 고유균과 소련대표 카라한 사이에 중소협정(中蘇懸案解決大綱協定)이 체결되었다. 뒤이어 1924년 9월 20일에는 소련과 봉천성정부와의 사이에 봉소협정이 체결되었다. 협정을 통해 중동철로공사는 '순수한 상업적 기업'으로 규정되었으며, 공사의 경영에서도 양국의 공동경영(合辦)을 주요한 내용으로 규정하였다.

협정을 통해 중동철로공사 이사회는 10명의 이사로 구성되었으며, 각각 소련정부와 중국정부가 5명씩 임명하도록 하였다. 중국정부는 이사 중에서 이사장을, 소련정부는 부이사장을 선임하였다. 공사의 결정과 지시는 이사장과 부이사장의 공동서명을 거친 이후에 비로소 효력을 발생하였다. 의결에 필요한 이사의 출석수는 7명이었다. 이사회의 모든 결정은 최소한 6명 이상의 이사가 찬성해야만 가결될 수 있었다.

그러나 비록 중동철로의 최고 권한이 의결기관인 이사회에 두어져 있었지만, 전술한 바와 같이 법정수는 7명이며 더욱이 6명 이상의 동의가 없다면 효력을 발생할 수 없었다. 따라서 중국과 소련 사이에 양국의 이해가 상충되는 중대 문제의 경우 하등의 결정이 어려운 상황이었다. 소련 측의 제안에 중국인 이사가 반대하거나 중국 측의 제안에 소련 측이 반대하는 경우 제안이 통과될 수 없었다. 이러한 결과 관리국장이 이사회에 구애되지 않고 독자적으로 전결할 수 있는 입장에 있어 사실상 절대적인 권한을 행사하게 된 것이다.

중동철로 관리국

관리국의 수뇌는 관리국장 1명과 이를 보좌하는 부관리국장 2명으로 구성되었다. 제정러시아 시기에는 관리국장도 부관리국장도 모두 러시아인이 차지하였으나, 1924년 중소합판으로 전환된 이후 관리국장은 소련정부가 임명하였으며, 그 아래 양국 정부가 중국인과 소련인 각각 1명씩을 부국장으로 임명하였다. 철로공사의 중추적 업무는 관리국장의 관할 하에 있었으며, 중국 측의 부관리국장은 수입 심사, 전화, 중소교섭, 봉급산정의 4과 및 인쇄소를 담당하고 있을 따름이었다.

이 밖에 5명의 감찰인원으로 구성된 감사회가 있어 공사의 업무를 감찰하였다. 선임된 5명의 감찰위원 가운데 2명을 중국정부가 임명하고 나머지 3명을 주주, 즉 러청은행이 임명하였다. 위원장은 중국위원으로부터 선출되고 3명 이상 위원의 출석으로 개최되도록 규정하였다.

중동철로 역대 이사장(督辦)과 부이사장(會辦)

이사장(독판)	임기	부이사장(회판)	임기
許景澄	1897.1.11-1900.7.28	스타니스라프 케르베즈	1986.12.26-1903.6.18
郭宗熙	1917.12.16-1919.8.15	알렉산더 벤제리	1903.6.18-1920.11.6
鮑貴卿	1919.8.16-1920.5.31	바시리 라치노프	1920.11.6-1921.7.5
宋小濂	1920.6.1-1922.1.1	세르게이 다니레프스키	1921-1924
王景春	1922.4.10-1924.10	레오니드 세레프라코프	1924.10.3-1924.12.17
鮑貴卿	1924.10.3-1925.9.28	바시리 보즈체프	1924.12.17-1925.5.1
劉尙淸	1925.9.28-1926.9	이바노프 그란드	1925.5-1925.10
于沖漢	1926.9-1927.4	레오니드 사브라코프	1925.11.1-1926
呂榮寰	1927.6.4-1929.12.5	미하일 라체프스키	1926-1928.8.31
莫德惠	1929-1932.3	바시리 치르킨	1928-1929
李紹庚	1932.3-1935.3.23	알렉산더 엠샤노프	1930-1931
		스테판 구즈네쵸프	1931-1935.3.23

중동철로(동청철로) 휘장의 변화

나. 호녕철로

다음으로는 호녕철로의 사례를 살펴보도록 하자. 1898년 5월 13일 성선회와 英商 이화양행은 상해에서 300만 파운드의 '호녕철로차관 초합동' 25조항을 체결하고 호녕철로를 부설하기 위한 차관을 도입하기로 합의하였다. 호녕철로 노선은 1898년 성선회가 이화양행의 영국공정사 모리슨(Morrison)에게 측량을 위탁하였다. 1902년 8월 영국은 상해총영사를 보내 이화양행 및 회풍은행으로 하여금 영국 은공사의 대리신분으로 성선회와 '호녕철로상세합동'에 관해 협의하도록 지시하였다.

1903년 7월 9일 양측은 상해에서 정식으로 '호녕철로차관합동'을 체결하였다. 차관의 액수는 325만 파운드였는데, 차입 조건이 매우 가혹하였다. 이자는 연리 5리, 차관은 90퍼센트(9折) 할인을 조건으로 공여되었으며, 차관 기한은 무려 50년에 달하였다. 만일 25년이 되기 이전에 회속1)할 경우 100파운드 당 2.5파운드를 가산하도록 하였다. 회풍은행 경리는 원금과 이자의 상환업무로 1,000파운드당 25파운드를 수수료로 수취하도록 규정하였다. 차관의 상환표에 의하면 원금, 이자가 50년 기한으로 상환할 경우 원금 2,900,000파운드, 이자 5,510,000파운드, 수수료 21,025파운드로서 총 8,432,025파운드에 달하였다.

호녕철로차관합동의 규정에 근거하여 철로 부설공사의 착공 시에 상해에 호녕철로총관리처를 설립하여 철로 부설공사 및 열차 운행업무를 주관하도록 하였다. 차관합동 제6조는 "철로의 부설 시기에 독

---

1) 저당 잡혔던 것을 제 값 주고 되찾는 다는 것이다. 즉, 차관의 원리금을 만기 이전에 상환하고 철도의 경영권을 회수하는 것을 말한다.

사조철로공사가 차입한 일본차관과 철로 소유권의 상실

사조철로를 부설하기 위해 일본으로부터 막대한 차관을 차입할 수밖에 없었으며, 이러한 이유로 사실상 일본으로 경영권이 넘어갈 수밖에 없었다. 아래의 그림은 바탕에 일본 침략의 상징인 '旭日旗'를 그려 넣음으로써 사조철로가 사실상 일본의 소유가 되었음을 풍자하고 있다.

판대신이 관리도로행차사무처를 설립하여 이를 호녕철로총관리처로 명명하고, 총국을 상해에 설립하여 판사인원 총 5명으로 구성한다. 1명은 독판대신이 선발하여 파견하고 다른 1명은 철로가 통과하는 성의 독무가 독판대신과 협의하여 선발 및 파견하며, 총공정사 이외에 영국인 2명은 영국은공사가 선발하여 파견하도록" 규정하였다.

이와 같이 관리처는 2명의 중국인 직원과 2명의 영국인 직원, 영국인 총공정사 1명 등 총 5명으로 구성되었다. 차관계약이 성립된 직후인 1903년 9월 영국인 콜린슨(Collinson)이 총공정사로 취임하여 재차 측량에 돌입한 이후 다음 해 4월 완료하였다. 매번 회의에서는 영국인의 수가 많아 사실상 이들에 의해 주요 사안이 결정되었으며, 중국 측이 권리를 행사하기 어려운 구조였다. 결국 모든 부설권과 경영권은 영국의 수중에 있었던 것이다. 이러한 구조를 통해 영국은 선로의 측량과 부설, 설비 및 자재의 구매, 열차의 운행 관리 등 제반 업무에 관한 권한을 장악할 수 있었으며, 영국인 총공정사가 실질적인 권한을 보유하고 있었다. 더욱이 차관을 상환하지 못할 경우 영국 측이 전적으로 대리 관리하도록 하였다.

(2) 인사권(用人權)

가. 도청철로

철로총공정사 및 총회계는 차관을 공여한 국가가 자국인(洋人)을 추천하여 임용하였다. 철로의 부설에 소요되는 모든 자재는 이들 두 사람이 주관하여 결정하였다. 중국이 파견한 독판 혹은 局長에게는 사실상 특별한 권리가 없었다. 총공정사는 대부분 總管의 명의를 겸하며, 행정 및 직원 고용은 사실상 이들의 추천에 의거하였다. 중국인 직원을 채용할 경우에도 반드시 서양인 총공정사의 동의를 얻지 않으면 안되었으며, 중국당국이 임의로 파견할 수 없었다.

나. 노한철로(경한철로, 평한철로)

1897년 7월 벨기에와 체결한 蘆漢鐵路借款合同의 8조를 살펴보면, 벨기에공사는 공정의 과정에 인원을 파견하여 철로 부설의 감독을 대행하도록 하였다. 모든 공정은 그에게 위임해야 하며, 이 인원은 단지 독판대신 한 사람의 업무와 인력의 관리 배치 및 통제를 받을 뿐, 모든 철로와 관련된 업무의 권한은 총공사에 귀속되어 있었다. 계약 기간 내에 공정을 감찰하는 인원의 월급은 독판과 벨기에공사가 상의하여 총공사가 지급하도록 하였다. 또한 9조에서 철로총공사는 철로의 부설을 위해 외국인을 고용하며, 계약기간 내에 모든 것은 벨기에공사가 감찰인원을 선발하여 파견하도록 되어 있었다.

부설 시기에 채용한 서양인은 프랑스인이 40명, 벨기에인이 30명, 이탈리아인이 25명, 기타 국가 인사가 1명이었으며, 이 밖에도 수많은 외국국적의 包商(청부상인)이 있었다. 완공 후에도 여전히 서양 총공정사를 두었으며, 급여로 연 6만 프랑을 지급하였다. 1908년 중국정부가 평한철로의 경영권을 환수한 이후 총공정사 등 벨기에인 13명의 임용을 종결하고, 각 처의 책임자를 모두 중국인으로 교체하여 충원하였다.

다. 교제철로

부설공사가 완료된 이후 철로의 경영 역시 山東鐵路公司가 담당하였다. 산동철로공사는 독일정부가 특허한 식민지회사로서, 일본의 남만주철도주식회사와 같이 자국의 이익을 위해 철로를 경영하였다. 공사의 관리인원도 모두 독일정부가 임명하였다. 공사의 장정, 자금과 채권은 모두 독일정부의 비준을 거쳐야 했다. 공사의 직원은 총 61명으로 모두 독일인이었다. 중독협정에 근거하여 청조는 산동 성정부로 하여금 1명의 중국관원을 파견하여 濰縣에 주재하며 철로 및 광산의 교섭업무를 담당하도록 하였다.

그러나 중국관원은 산동철로공사의 관리인원 가운데 하나에 지나지 않았으며, 급여로 300량을 받았다. 중국 측 관리인원은 명의상 중국도 교제철로에 대한 관리권을 행사한다는 것을 상징하는 직책에 지나지 않았으며, 실질적으로는 독일인이 교제철로의 모든 업무와 관리 권한을 장악하고 있었다. 산동철로공사의 최고 행정기관은 董事室이었으며, 그 아래 문서, 운수, 기술, 회계, 用度, 전신의 6課를 두었다. 이 밖에 운수감독, 보선감독, 공장장, 기관주임 및 의사 등이 있었다.

(3) 駐兵權과 警務權(警察權)

가. 駐兵權

① 교제철로

1900년 3월 21일 산동순무 원세개와 독일산동철로공사총판 사이에 체결된 '中德膠濟鐵路章程'에는 "철로의 치안은 중국군대에 의해 유지되며 외국병사를 고용하지 않는다"라고 규정되어 있었으나, 실제로 독일은 장정의 규정에 속박되지 않았다. 高密城에 주둔하고 있던 독일군대는 교제철로의 부설공사 기간 중에 줄곧 철수하지 않고 철로의 치안에 관여하였다. 철로의 부설비용은 총 2억5,590만 원으로서, 1킬로미터당 55,000원이 소요된 셈이며, 기타 화북의 철로와 비교해 보면 부설비용이 높은 편이었다.

독일은 교제철로를 부설하면서 외국군대의 주둔을 불허한 장정을 무시하고, 청조가 철로를 보호할 역량을 갖추지 못하였다는 구실로 자국군대를 진입시켜 노선을 경비하도록 하였다. 1906년에는 다시 2개 대대의 병사를 파견하여 연선지역에 주둔시키면서 치안을 담당하도록 하였다.

② 남만주철로

20세기 초 열강은 중국에서 다수의 철로를 부설하였는데, 대표적으로 독일이 산동에서 부설한 교제철로, 프랑스가 운남에서 부설한 전월철로, 러시아가 동북에서 부설한 중동철로, 영국이 운남에서 부설한 전면철로, 일본이 동북에서 부설한 남만주철로 등을 들 수 있다. 이 가운데 남만주철로는 여타 철로와 비교하여 특히 중국사회와 경제에 대한 침략성이 매우 농후하였다.

일본은 남만주철로 연선에 10킬로미터마다 15명의 수비병을 둘수 있는 권리를 취득하였다. 1907년부터 철로 연선에 1개 사단과 6개 철로수비대 총 1만여 명의 병사를 주둔시켰다. 이러한 병력이 이후 중국 침략의 선봉에 선 日本關東軍의 전신이 되었다. 1919년 4월 12일 關東廳이 軍政分治를 실행하면서 육군부를 기초로 별도로 관동군사령부를 조직하여 남만주철로 연선의 주둔군을 관할하게 되었다. 관동청은 최고행정사법기관이었으며, 관동군사령부는 최고군사기관이 되었다.

1931년 만주사변 당시 관동군은 3개 사단에 지나지 않았으나, 1932년에는 6개 사단, 1933-1936년 사이에는 5개 사단의 병력을 보유하였으며, 1937년에는 7개 사단, 1938년에는 9개 사단, 1939년에는 11개 사단, 1940년에는 12개 사단으로 급증하였다. 1941년 말 진주만 공습 당시에 관동군의 병력은 이미 31개 사단, 85만 명에 달하였다. 1945년 8월 9일 소련이 150만 명의 병력을 투입하여 동북지역의 관동군에 대한 총공세를 전개하여 겨우 20일 만에 관동군을 섬멸하였다. 총 83,700명의 병사를 사살하였으며, 149명의 장교를 포함한 594,000명을 포로로 사로잡았다.

나. 警務權(警察權)

① 동청철로(중동철로)

1903년 청조 商部가 반포한 '鐵路簡明章程'의 제22조 역시 "철로를 부설하거나 이미 부설된 이후 철로를 수비하기 위해 경비를 고용할 필요가 있을 경우 1리당 중국인으로 1, 2명을 고용할 수 있도록 허가한다. 단, 군용화기를 소지해서는 안된다. 만일 군기를 소지한 병사를 고용할 필요가 있을 경우 반드시 상부 및 각 성의 장군, 독무의 심의를 거쳐야 하며, 마음대로 사적으로 고용해서는 안된다"라고 규정하였다. 이와 같이 철로의 경비를 빌미로 외국인 경찰을 배치하여 운용하는 것은 법률로서 금지되었으며, 중국인 경비의 경우라 할지라도 중국정부의 허가를 통해 한정된 수자로 운용할 수 있을 뿐이었다.

그럼에도 열강은 철로를 부설하면서 노선의 경비와 보호를 구실로 무단으로 철로 연선에 철로경찰을 배치하여 운용하였다. 동청철로(중동철로, 동성철로)의 부설을 위해 중일 간에 체결된 1896년 '중러합판동성철로공사합동장정' 제5조에 따르면, "중국정부는 해당 철로 및 철로 소속의 인원을 보호한다"라고 명시되어 있다. 그러나 러시아는 스스로 반포한 '동성철로공사장정'의 제8조에서 "철로 연선지역 내의 질서를 수호하기 위한 목적에서 철로공사가 경찰인원을 파견하여 경비를 담당하며, 이를 위해 특별히 '경찰장정'을 제정한다"는 조문을 추가하였다.

더욱이 러시아는 1897년 12월 무단으로 500여 명의 騎兵을 블라디보스토크로부터 중국 동북지역으로 이동시켜 護路軍으로 편성하였으며, 1901년에는 병사의 수자가 25,000명으로 증가하였다. 1902년 4월 8일 중러 사이에 '交收東三省條約'을 체결하면서, 러시아군대가 동삼성으로부터 철수한 이후에도 중국 측이 동청철로 각 구간에서 경비 및 치안업무를 담당하지 못하도록 강박하였다. 따라서 중국으로서는 동청철로 부설공사가 진행되던 각 구간에서 순경 등을 운용하여 치안을 유지하는 일이 불가능하였다. 1903년 7월 동청철로의 전 구간이 개통된 이후 러시아는 하얼빈에 경찰국을 설립하고 각 大驛에는 경찰소를 설립하였다. 더욱이 1904년에는 헌병대를 증설하였다.

② 전월철로

프랑스는 운남 등 서남지역을 관통하는 전월철로의 부설권을 획득한 이후 1898년 청조와 '중프전월철로장정'을 체결하였는데, 장정 가운데 철로의 방비를 위해 경찰권과 관련된 조항을 추가하였다. 장정의 조항에는 프랑스 측이 자본을 출자하여 현지의 주민을 선발하여 순경으로 임명하여 철로의 수비 및 치안을 담당하도록 하는 규정을 두었다. 이 밖에 순경을 관리 감독하기 위해 외국인이나 중국인을 巡捕長, 管帶로 임명하였다. 프랑스는 철로의 부설기간뿐만 아니라 준공 이후에도 일상적으로 약 500명 내외의 경찰을 운용하여 치안을 담당하였다.

⑷ 삼림 벌채권

가. 북흑철로와 삼림 벌채권

만주국이 수립된 이후 교통부는 海倫에서 泰東에 이르는 철로의 부설계획을 수립하였다. 즉 치치하얼과 하얼빈을 상호 연결하려는 계획을 수립하고 남만주철도주식회사와 계약을 체결하였다. 일본으로서는 黑河 일대의 풍부한 삼림자원과 광물자원의 개발이 경제적, 군사적으로 매우 중요하다는 사실을 간파하고 있었다. 더욱이 일본은 흑룡강성을 소련으로 나아가기 위해 군사적으로 매우 중요한 전진기지로 간주하였으며, 黑河 유역의 풍부한 자원을 전쟁을 치루기 위한 군수물자의 공급원으로 염두에 두고 있었다. 이러한 인식 하에서 일본은 북흑철로(北安‒黑河)의 부설에 착수하여 흑하에서 하얼빈, 치치하얼에 이르는 노선을 개통하였으며, 흑하에서 嫩江, 치치하얼 등에 이르는 군사도로를 부설하였던 것이다.

북흑철로는 北安, 二井, 二龍山, 訥漠爾, 龍镇, 南頭, 龍門, 禮井, 辰清, 腰嶺, 清溪, 孫吳, 北孫吳, 額雨, 潮水, 瑷琿(즉 西崗子), 綠神, 神武屯, 黑河, 黑河埠頭 등에 열차역을 설치하였다. 전체 노선에 걸쳐 29량의 교량, 한 곳의 터널, 11개의 給水所 및 黑河, 北安 두 곳에 機關區를 설치하였다.

1932년 12월 만주국 교통부와 남만주철도주식회사 사이에 '北黑鐵路建設承包合同'을 체결하여 항공측량을 실시하였다. 1933년 8월 6일 일본은 黑河省을 군사작전의 요지로 간주하여 '北黑線建設紀

要'를 입안한 이후 정식으로 북흑철로의 부설에 착수하였다. 북흑철로는 北辰線과 辰黑線의 양 구간으로 나뉜다.

북신선은 北安에서 辰淸에 이르는 총 136.8킬로미터의 노선으로서, 모두 4개 구간으로 나누어 부설하였다. 1933년 6월 부설에 착수하여 1934년 10월 15일부터 임시영업을 개시하였으며, 같은 해 12월 1일 정식으로 영업을 개시하였다.

북흑철로의 신흑선은 신청에서 흑하까지로 총연장 166킬로미터에 달하였으며, 모두 4개 구간으로 나누어 부설하였다. 1934년 5월에 약 166.1킬로미터의 부설공사에 착수하여 1935년 2월 20일 비공식 영업을 개시하였으며, 같은 해 11월 1일 북흑철로는 흑하 부두에 이르는 철로를 부설함으로써 수운과 연계하여 철로를 경영할 수 있게 되었다. 이로써 총연장 302.9킬로미터의 북흑철로 전 노선이 개통되게 된 것이다.

북흑철로가 개통된 이후 철로의 운행에서 승객은 비교적 적은 편이었다. 따라서 단순한 여객열차로서의 성격은 희박하였으며, 주로 객차와 화차의 조합으로 이루어진 객화 혼합열차를 운영하였다. 매일 오전 11시 黑河驛을 출발하여 다음날 오전 7시에 하얼빈에 도달하였다. 이 가운데 흑하에서 北安 사이의 운행은 약 11시간, 북안에서 하얼빈까지 약 9시간이 소요되었다. 흑하에서 하얼빈까지의 표는 1등석, 2등석, 3등석으로 구분하여 판매되었으며, 1등석 표의 경우 일반에게는 판매되지 않았다.

北安 - 黑河의 北黑鐵路가 개통됨으로써 이전에 흑룡강 동결로 수운이 단절된 동절기에도 물자의 운송이 가능하게 되었다. 北黑鐵路 이외에 嫩江, 치치하얼로 통하는 霍竜門 - 黑河 구간의 철로가 1942년에 완성되기는 하였지만 1945년 봄 다른 철로의 資材로 전용

하기 위해 철거되었다. 수운에 의한 운송비가 철로에 비해 저렴했기 때문에 北黑鐵路 개통 후에도 수운은 소멸되지 않았고, 양자는 분업적 관계를 형성하였다. 북흑철로의 개통으로 흑하는 하얼빈과의 연계를 더욱 강화했지만 러시아와의 무역 없이는 흑하의 상업이 발전할 가능성은 적었으며, 따라서 이전과 같은 번영은 지속될 수 없었다.

1935년 北黑鐵路(北安－黑河 구간)가 개통된 이후 북안이 급격하게 발달하는 등 철로 부설로 인해 상업이 비약적으로 발전하였다. 새로운 구간이 부설된 결과 콩의 수송경로가 늘어났기 때문에 본고장에서의 매매를 주로 했던 기존의 거래 방식에서 대련으로 콩을 수송하여 해외로 수출을 시도하는 등 새로운 상황에 대처하여 상거래를 다변화하려는 상인들도 속속 등장하였다.

북흑철로의 부설은 지역경제의 활성화뿐만 아니라 이 지역에 대한 대대적인 벌목정책과 불가분의 관계를 가지고 있었다. 일본은 북흑철로의 부설뿐만 아니라 흑하 유역을 교통 및 물류의 중심지로 변모시키기 위한 개발정책을 적극 추진하였다. 일찍이 1933년 만주국의 만주항공주식회사 흑하출장소가 흑하비행장을 조성하기 시작하여 다음 해 3월에 준공하였다. 준공 직후 흑하에서 하얼빈에 이르는 노선을 개통하고, 매주 두 차례 운행하였다. 1935년에 奇克, 遜河 두 縣에 간이비행장을 조성하여 각각 흑하와 사이에 부정기적으로 항공기를 운행하였다. 1937년에 일본이 孫吳 西山에 군용비행장을 건설하였다.

1933년 3월 만주국정부는 하얼빈철도국 흑하자동차사무소를 설립하고 그 아래 흑하영업소를 두어 객차 10대, 화물차 9대를 배치하고 흑하에서 訥河, 흑하에서 罕達汽金鑛으로 향하는 승객과 화물의 운수에 종사하였다. 같은 해 6월 흑하에서 시작하여 山神府 , 興安金廠을 거쳐 嫩江에 도달하는 도로가 준공되었다.

1934년 11월 1일 흑하강부두가 준공되었으며, 이 부두가 북흑철로와 상호 연결되면서 목재가 수운과 육운의 연결을 통해 보다 원활하게 운송될 수 있게 되었다. 같은 해 嫩江縣公署는 '빈민생활의 해결'을 명분으로 省公署에 이들을 동원하여 삼림의 벌목을 진행할 계획을 제출하여 승인을 받았다. 이후 벌목을 담당하는 노동자들에게는 '입산경영허가증'이 발급되었으며, 같은 해 입산을 허락받은 자가 900여 명에 달하였다. 嫩江을 따라 치치하얼과 大賚 등 지역으로 운송되어 판매되었다.

더욱이 1933년 만주전기주식회사가 北安에 발전소를 건설하여 130킬로와트와 200킬로와트 두 대의 중유발전기를 배치하였다. 1936년 10월 만주전기주식회사 新京(長春) 摠部는 黑河恒曜電燈電力股份有限公司를 매입하여 嫩江發電廠을 설립하였다. 1937년 4월 일본은 중국인 노동자를 동원하여 孫吳發電廠(南電廠)을 설립하였다. 같은 해 5월 일본은 다시 중국인 노동자를 동원하여 北安火力發電廠의 설립에 착수하여 1940년 완성하였다. 이와 함께 黑河恒曜電燈電力股份有限公司를 滿洲電業株式會社 北安支店 黑河營業所로 명칭을 변경하였다.

1932년 가을 일본군이 孫吳를 점령한 이후 일본자본의 川本商會가 川本木材廠을 설립하여 손오 서부산구에서 벌목을 시작하였다. 매년 겨울에 1,000여 명의 인원이 동원되어 산에 올라 벌목에 종사하였다. 1934년 일본은 흑룡강 수운의 편리함을 이용하여 대대적으로 흑하 유역의 삼림을 수탈하였다. 이를 위해 흑하성은 林務署를 설립하여 전문적으로 목재의 판매를 담당하도록 하였다. 1937년부터 1938년에 걸쳐 흑하에 414헥타르에 달하는 당시 만주국 최대의 黑河東牧丹江木材廠을 설립하였다. 1933년부터 1945년까지 일본군은 흑하로부터 목재 약 532만 입방미터를 약탈하였으며, 이들 목재는 철로 운수를 통해 각 戰場으로 보내지거나 일본 국내로 운송되었다. 이로 인해 흑하 유역의 삼림자원은 크게 훼손되었다.

만주국 붕괴 당시 嫩江 臥都河 이남의 소나무는 거의 모두 벌목된 상태였으며, 縣內에 원시삼림이 더는 존재하지 않았다. 1935년 일본은 新京(길림성 長春)에 설립한 東盟貿易股份有限公司의 경리가 60만 원을 출자하여 흑하출장소를 설립하였다. 8월 일본인 코스

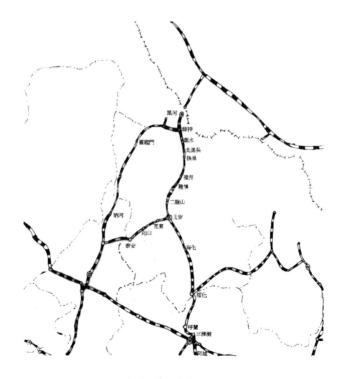

북흑철로 노선도

케다(侯圭田), 야쓰마루 아이지로(安丸愛次郎)가 합자로 大北木材公司를 설립하고 呼瑪河 유역 및 依古泥河 유역에서 벌목에 착수하였다. 그리하여 매년 흑하로 보내는 목재가 무려 4만 입방미터에 달하였다. 1936년 일본은 흑하성에 營林署를 설립하여 목재의 자유매매를 금지하고, 모든 목재를 영림서와 林山公司로 하여금 일괄적으로 판매하도록 하였다. 이후 흑하 영림서는 佛山縣(현재의 嘉蔭縣)과 孫吳縣에 출장소를 설립하였다. 1937년에는 다시 흑하출장소 아래 漠河出張所를 설립하여 馬札爾河에서 連釜河에 이르는 지역의 목재를 독점적으로 벌목하도록 하였다. 이를 위해 목재창 30여 곳을 설립하였으며, 매년 흑하로 운반되는 원목이 10만 입방미터에 달하였다.

같은 해 嫩江營林署는 嫩江, 訥河, 莫旗, 巴彦旗, 多普庫爾 등 지역의 營林과 벌목, 林政管理 등의 업무를 주관하였으며, 매년 목재 2만 입방미터를 벌목하여 일본군에게 제공하였다. 1938년 일본인 兒玉과 九東이 盤古河采木公司를 설립하고 매년 漠河와 盤古河 유역에서 원목 약 64,000入方미터를 벌목하여 모두 수운을 통해 흑하로 운송하였다. 1941년부터 1943년까지 흑하영림서는 일본인을 파견하여 伐採組를 편성하여 遜河의 삼림구에서 목재를 벌목하여 일본군에 제공하였으며, 벌목한 소나무가 무려 18만 입방미터에 달하였다.

나. 도가철로와 삼림 벌채권

濱黑鐵路, 圖佳鐵路 양 노선을 연결하고 소흥안령 삼림을 개발하기 위하여 일본은 綏化에서 神樹, 神樹에서 佳木斯의 건너편인 蓮

江口에 이르는 철로 노선을 부설하였다. 綏神線은 濱黑線의 綏化驛에서 동북쪽으로 慶城(현재의 慶安), 鐵力, 桃山을 거쳐 神樹에 이르는 총연장 135.8킬로미터이며, 1937년 3월 기공하여 1938년 12월 15일 완공되었다. 연선지역은 토지가 비옥하고 농산물이 풍부하며, 神樹 이동은 소흥안령의 삼림지대에 포함되었다. 신수에서 가목사 구간은 郎鄕, 帶嶺, 南岔, 沿湯旺河 우안을 지나 威嶺, 浩良河, 湯原를 거쳐 다시 송화강을 따라 達蓮江口와 西佳木斯에 도달하였고, 마침내 가목사에 도달하였다. 이 철로는 1937년 기공하여 1941년 완공되었으며, 수화에서 가목사까지 총연장 381.8킬로미터에 달하였다.

당시 일본에서는 남만주철로와 도가철로, 그리고 洮昻鐵路를 동삼성의 3대 종관철로라 불렀다. 동북의 동부 및 북부지방은 임업, 농업 및 광산물이 매우 풍부하였다. 도가철로는 依蘭, 三姓지방의 삼림 및 穆棱, 密山, 寧安, 勃利, 三姓 등에서 생산되는 곡류를 일본으로 수출하는 통로이기도 하였다. 1934년 도가철로가 운송한 임산물은 5,795톤에 달하였으며, 1935년에는 58,860톤에 달하여 무려 10배나 증가하였다. 1936년에 임산물 운송량은 158,815톤으로 2년 전의 27배에 달하였다.

다. 수가철로와 삼림 개발

일본은 동북지역의 여러 철로를 상호 연결하기 위해 빈흑철로의 수화역으로부터 동쪽으로 연장하여 가목사 송화강 對岸까지 노선을 부설하여 수가철로라 하였다. 이 철로는 濱黑鐵路와 圖佳鐵路 양 노선을 연결하여 소흥안령 삼림을 개발하기 위한 목적에서 일본이

綏化에서 神樹, 신수에서 佳木斯 건너편의 蓮江口에 이르는 두 철로 노선을 부설한 것이다. 수신철로는 濱黑鐵路의 綏化驛으로부터 동북으로 慶城(현재의 慶安), 鐵力, 桃山을 거쳐 神樹에 이르는 135.8킬로미터의 노선으로서, 1937년 3월 기공하여 1938년 12월 15일 완공하였다. 노선이 지나는 지역은 토지가 비옥하고 농산물이 풍부하며, 신수 이동은 소흥안령의 삼림지대로 들어가게 된다.

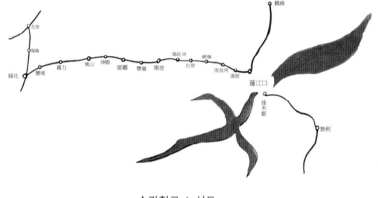

수가철로 노선도

(5) 원료자원의 수탈

1929년 7월 국민정부는 손문의 유훈을 실행하기 위해 철도부를 설립하는 동시에 철로 부설계획을 수립하였는데, 이 때 창석철로가 가장 시급히 부설해야 할 철로 가운데 우선순위를 차지하였다. 국민정부는 何澄을 공정국장으로 임명하고 日商 華昌公司의 대표 키요시 데쓰오(市吉徹夫)와 차관계약을 체결하여, 철로의 부설경비로 日貨 1,000만 엔을 차입하기로 합의하였다. 노선은 석가장 滄縣으로부터 大沽 해안까지로 결정되었다. 차관 계약 이후 6개월 이내에 철로의 부설공사에 착수하도록 규정하였으며, 2년 내 완공하기로 합의하였다. 차관의 이자는 8厘로 정하여 20년 내 상환을 완료하도록 하였다. 차관의 담보는 철로 자산 및 정태철로 차관의 상환 이후 발생하는 수익으로 설정하였다. 차관 계약 기간 동안 회계주임에는 반드시 일본인을 임명하도록 하였다.

그러나 철도부는 차관계약이 일본 측에 유리한 방식으로 이루어졌다며, 중국외교부에 정식으로 항의서를 제출하였다. 이러한 가운데 철로의 부설은 계속 미루어졌다. 1935년 초 남경주재 일본총영사 스마 야키치로(須磨彌吉郎)는 중국외교부에 창석철로 문제의 조속한 해결을 요구하였다. 그러나 1935년 4월 중국철도부는 훈령을 내려 차관계약 및 공정국을 완전히 철폐하며, 창석철로를 부설하기 위해 일상 화창공사와 체결한 계약을 취소한다고 선언하였다.

일본은 창석철로가 내포하는 경제적, 정치적 의미를 깊이 이해하고 있었다. 경제적으로 창석철로가 지나는 지역은 토지가 비옥하여 농산물의 생산이 풍부하였다. 아울러 창석철로 연선지역은 기후가 건조하고 강수량이 적은 편으로서, 무엇보다도 면화를 생산하기에 적합한 토양이었다. 일본은 자국 방직공업의 발전과 군수품 보급이라는 견지에서 하북성의 면화에 주목하고 있었다. 특히 중일전쟁 직전 중일경제제휴의 핵심적인 내용이 바로 창석철로의 부설과 이를 통한 면화의 운수였다. 더욱이 창석철로를 부설할 경우 교통의 편의를 적극 활용하여 면화의 생산과 운송을 확대할 수 있는 가능성이 충분하다고 판단하였다.

화북지역에서 면화를 생산하여 일본경제의 골간산업이라 할 수 있는 방직공업의 원료를 확보한다는 구상은 매우 구체적인 정책적 배경을 바탕으로 추진되었다. 1935년 1월 22일 일본외상 히로타 고키(廣田弘毅)는 중국정부에 '中日親善, 經濟提携'를 제안하였다. 일본의 아리요시 아키라(有吉明) 공사는 남경으로 가서 왕정위와 장개석을 만나 중일친선의 제안을 전달하였다. 1월 30일 장개석은 아리요시 아키라 공사를 불러 중일관계의 개선 의사를 표명하는 동시에, 일본군부의 강경한 태도를 완화시켜 주도록 요청하였다. 이에 有吉明 공사는 중국 측의 배일운동을 철저히 단속해 주도록 요구하였다.

이러한 분위기 속에서 일본공사관의 요코다케 헤타로(橫竹平太郎) 상무참사관은 2월 13일 중일경제제휴에 대해 "중국의 농업 방면에 기술을 원조하고 면화의 대량 생산을 지원하여 일본에서 이를 구매하도록 한다"는 구체적인 방법을 언급하였다. 다음날인 14일에 일본외무성은 중일경제제휴의 구체적인 방안에 대해 "중국은 배일운동을 단속하여 성의를 표시해야 한다. 일본은 중국에서 면화 등의 농산물을 수입하고 동시에 중국으로 공업제품, 기계류 등을 수출한다"는 원칙을 마련하였다.

이와 같이 중국의 면화는 중일경제제휴의 주요한 매개물이었다. 중일 간의 무역 구조를 살펴보면 중국의 대일 수출품목 가운데 가장 큰 비중을 차지한 것이 바로 면화였으며, 반대로 일본의 대중 수출품목 가운데 가장 큰 비중을 차지한 것이 면직물이었다. 따라서 만주사변 이후 위축된 중일무역의 추세를 중일경제제휴를 통해 주력품목의 교류를 확대함으로써 양국의 외교 및 경제관계를 회복시키고 나아가 발전시켜 나간다는 목적이었던 것이다.

1935년 7월 2일 關東軍, 남만주철도주식회사, 東洋拓殖會社, 滿洲國 財政部, 實業部는 新京(長春)에서 개최된 연석회의에서 화북자원의 확보를 위한 구체적인 대강을 결정하였다. 회의에서는 광산업, 교통업, 무역 및 면화 재배사업에 우선적으로 착수하고, 남만주철도주식회사가 山東의 棉花를 중심으로 일본의 면화 자급에 노력하기로 합의하였다. 면화의 확보가 대중국 정책, 특히 중일경제제휴에서 중요한 문제로 취급되었던 이유는 대영제국 블럭경제의 형성과 日印 간의 통상 마찰, 그리고 이로 인해 단행된 인도면화 불매 이후 심각한 문제로 대두된 일본의 면화 부족을 해결하기 위한 정책적 배려라고 할 수 있다. 일본경제에서 차지하는 綿業의 비중을 고려할 때 저렴하고 안정적인 면화의 확보는 중요한 문제가 아닐 수 없었으며, 이러한 이유로 중일경제제휴에서 면화가 핵심적인 문제로 대두되었던 것이다.

일본은 면화를 확보하기 위해 특히 중국의 하북성, 산동성, 하남성 등 화북지역에 주목하였다. 일본의 대표적 신문인 『朝日新聞』은 "화북으로의 진출에서 일본이 특히 주목할 것은 하북, 산동, 하남으로 이어지는 면화이다"라고 보도하였다. 화북의 각 성에서는 면화 등 농산물 이외에도 석탄과 철광석, 농산물, 五金 등이 다량으로 산출되었다.

그러나 교통의 불편으로 말미암아 적시에 채굴과 운송이 쉽지 않았다. 화북지역의 교통은 북녕철로와 평수철로가 북부를 관통하는 것 이외에 평한철로, 진평철로 양 철로가 남북으로 평행하게 부설되었다. 비록 정태철로가 있지만 하북성과 산서성 사이의 운송에 기여할 뿐이었다. 하북성 남부 40여 현을 동서로 관통하는 철로가 부재한 까닭에 이들 지역에서 생산되는 산서 동부의 석탄과 면화, 그리고 식량 등의 운송은 운하를 통한 운송에 의지하는 형편이었다. 따라서 연선지역의 경제 발전을 위해서도 창석철로의 부설이 매우 시급한 현안이 아닐 수 없었다.

이상과 같은 경제적 효과 이외에도 창석철로의 부설은 군사적으로도 매우 유용할 것으로 기대되었다. 창석철로는 하북성 내지를 관통하여 동쪽으로 진포철로와 연결되어 천진에 도달하며, 서로는 정태철로, 동포철로와 연결하여 섬서성과 산서성에 도달할 수 있었다. 따라서 하북의 방어를 위해서도 창석철로의 부설은 매우 효과적일 것으로 예측되었다. 일본은 화북에서의 정세를 공고히 하고 북평, 천진 일대의 군사력을 강화하기 위해 반드시 석가장과 해안 사이의 운송로를 확보하지 않으면 안되었다. 이를 통해 관외에 주둔하고 있던 일본군과 여순을 거점으로 하는 해군을 상호 연계하는 계획을 마련하였다. 이러한 과정에서 일본은 창석철로의 정치, 군사적 효용성에 주목한 것이다.

일찍이 일본정부는 남만주철도주식회사 건설국 공정사 趙七兆, 趙寧會와 하얼빈철로학교의 일본인 교원 마쯔야먀 노부스케(松山信輔)로 하여금 德州에서 石家莊 사이의 구간에 대한 정밀 측량을 실시하도록 하였다. 중일전쟁이 발발하고 화북지역이 일본의 판도로 넘어간 이후, 일본은 산서성의 석탄을 약탈하기 위해 석덕철로의 부설을 추진하였다. 일본이 산서성의 석탄을 확보하기 위해 특별히 창석철로의 기점을 석가장으로부터 德州로 변경하였으며, 이로 인해 石德鐵路라고도 불렸다. 1940년 7월 1일부터 현지 주민들을 징용하여 철로의 부설에 동원하였으며, 같은 해 11월 15일 180킬로미터에 달하는 전 노선을 개통하였다.

중일전쟁이 발발한 이후 화북지역의 대부분을 점령한 일본은 1938년 11월 이 지역의 경제개발을 총괄하기 위한 기관으로서 화북개발주식회사를 설립하였다. 다음 해인 1939년 4월에 화북지역의 모든 철로를 국유화하는 동시에 이를 관리하기 위한 기관으로서 화북

개발주식회사의 산하에 화북교통주식회사를 설립하였다. 화북교통
주식회사의 자본금 3억 엔 가운데 화북괴뢰정권이 3,000만 엔, 화북
개발주식회사가 1억 5,000만 엔, 남만주철도주식회사가 1억 2,000만
엔을 출자하였다. 남만주철도주식회사는 화북교통주식회사의 주식
가운데 40퍼센트를 보유하고 있었으며, 화북교통주식회사의 총재에
서 직원에 이르기까지의 모든 인사권을 장악하고 있었다.

1941년부터 창석철로는 화북교통주식회사의 소속으로 편제되어
운영되었으며, 화북과 화동을 잇는 중요한 철로 노선이 되었다. 석
덕철로는 중국공산당의 八路軍이 치열하게 항일유격전을 전개했던
전장이기도 하다. 이들은 진포철로, 석덕철로 연선의 레일 및 열차
역, 철로 설비에 대한 공격을 감행하여 이를 파괴하였다.

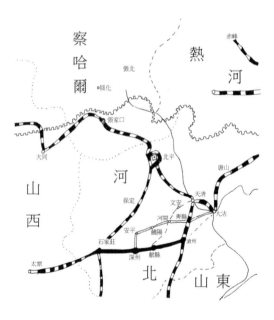

창석철로 노선도

(6) 기타 수탈

가. 도가철로와 양식의 수탈

일본에서는 남만주철로와 도가철로, 그리고 洮昻鐵路를 동삼성의 3대 종관철로라 불렀다. 동북의 동부 및 북부지방은 임업, 농업 및 광산물이 매우 풍부하였다. 도가철로는 依蘭, 三姓지방의 삼림 및 穆棱, 密山, 寧安, 勃利, 三姓 등에서 생산되는 곡류를 일본으로 수출하는 통로이기도 하였다. 1934년 도가철로가 운송한 임산물은 5,795톤에 달하였으며, 1935년에는 58,860톤에 달하여 무려 10배나 증가하였다. 1936년에 임산물 운송량은 158,815톤으로 2년 전의 27배에 달하였다.

도가철로가 부설된 이후 농산물의 운수도 크게 증가하였다. 1934년 도가철로가 운송한 농산물 수출량은 30,751톤이었으며, 1936년에는 61,128톤에 달하였다. 도가철로가 막 부설된 1935년에 나진항의 수출입품은 2.6만 톤이었는데, 철로를 운영한지 1년 이후인 1938년에는 무려 84만여 톤으로 증가하였다. 이 가운데 콩의 수출이 64만 톤으로 당해연도 나진항 수출 총량의 91퍼센트를 차지하였다. 도가철로는 농산품의 운송에서 매우 중요한 역할을 수행하였다.

나. 중동철로와 이민

1935년 일본이 소련으로부터 중동철로관리권을 매수한 이후 관동군은 '만주농업이민100만호이주계획안'을 수립하여, 20년 내에 100만호 총 500만 명을 동북지역으로 이주시킬 계획을 수립하였다. 20년은 4기로 나누고 1期는 각각 5년으로 구분하였다. 제1기는 1937-1941년으로 10만 호의 이민을 계획하였으며, 제2기는 1942-1946년으로 20만

호의 이민을 계획하였다. 제3기는 1946-1951년으로 30만 호의 이민을
계획하였으며, 제4기는 1952-1956년까지 총 50만 호의 이민을 계획하
였다.

다. 정태철로와 중일전쟁 시 활용

1937년 7·7사변이 발발한 이후 일본이 화북으로 세력을 확장하면
서 다음 해 3월에 정태철로를 점령하였다. 일본은 군수물자의 운송
및 산서 자원의 개발을 위해 1938년부터 1939년까지 정태철로를 기
존의 협궤로부터 표준궤로 개조하고, 명칭도 石太鐵路로 변경하였
다. 이후 항일무장유격대는 일본군대의 이동과 군수물자의 수송에
서 핵심적인 역할을 담당하던 정태철로를 주요한 공격 목표로 설정
하여 끊임없이 공격을 가하였다. 이러한 결과 석태철로는 중일전쟁
기간 동안 적지 않은 구간이 파괴되었다.

3 국가별 철로 이권

중국에서 최초로 부설된 철로는 영상 이화양행이 1875년에 착공
하여 다음 해 2월 상순에 준공한 오송철로(상해－오송)로서, 파이오
니어호라 명명된 기관차가 이 노선에서 최초로 시험운전을 개시하
였다. 그런데 이화양행이 철로 부설에 착수한 직후 중국의 조야에서
는 풍수를 해친다거나 조상의 분묘 및 가옥을 이전해야 한다거나 인
명이나 가축에 위협이 된다는 등의 이유로 들고 일어나 반대의 소리
를 드높였으며, 정부의 입장에서도 외적의 방비라는 국방상의 이유

로 철로의 부설을 달가워하지 않았다.

청일전쟁 이후 열강은 중국에서 철로 부설권을 획득하기 위한 경쟁에 본격적으로 돌입하였다. 러시아는 프랑스, 독일과 함께 삼국간섭을 주도함으로써 요동반도를 일본으로부터 회수하는데 결정적인 역할을 수행하였다. 이를 통해 만주지역을 관통하는 동청철로의 부설권을 획득하고, 철로의 관리와 경영에 대한 권리를 바탕으로 만주에서 배타적인 세력권을 확대해 나갔다. 동청철로는 러시아의 극동전략에서 매우 중요한 의미를 가지고 있었으며, 더욱이 만주에서 일본의 세력 확장을 견제하는 의미를 가지고 있었다. 러시아의 동청철로 부설권 획득은 열강이 중국철로를 두고 본격적으로 경쟁에 돌입하는 계기가 되었다.

(1) 러시아

청일전쟁 이후 러시아는 청러밀약을 통해 동청철로 부설권을 획득하였다. 이 철로는 제정러시아 시베리아철로가 중국 영토를 횡단하는 연장선으로서, 중국 동북지방에 대한 세력권을 확대하기 위한 근거이자 도구였다. 1896년 5월 26일 니콜라이2세의 대관식에 참석한 이홍장은 6월 3일 러시아공사 카시니와 청러밀약, 소위 '카시니조약'(Cassini Convention)을 체결하였다. 조약은 제4조에서 동청철로 부설권을 승인하고 철로의 부설과 경영을 모두 러시아자본의 화아도승은행에 일임하도록 하였다. 이 밖에 러시아가 이 철로를 이용하여 병력의 운송, 양식, 군기를 운송하는 행위를 허용하였다.

청일전쟁시 조선과 중국을 유린하는 일본군

(2) 영국

영국은 독일의 세력 확장을 견제하기 위해 영미신디게이트를 조직하여 총 550만 원 상당의 차관계약을 체결하여 진포철로를 부설하고, 이를 통해 철로 연선지역에 대한 이익을 독점하고자 하였다. 그러나 독일은 산동에서의 배타적 지배권을 주장하면서 이 노선이 산동을 통과하는 것에 반대하였다. 결국 1899년 영국은 산동에서 독일의 배타적 지위를 인정한 위에서 영국과 독일이 공동으로 차관계약을 체결하도록 조항을 개정하였다. 이러한 결과 천진으로부터 산동, 남경에 이르는 전 노선 가운데 3분의 2를 독일이, 나머지 3분의 1을 영국이 부설하기로 합의하였다.

이 밖에도 영국은 천진 – 진강 노선, 산서 – 하남 노선, 구룡 – 광동 노선, 포구 – 신양 노선, 소주 – 항주 노선 등 총 다섯 노선의 철로 부설권을 획득하였다. 1899년 철로 부설을 둘러싸고 영국과 러시아 사이에 이해가 충돌하자 협상을 진행한 끝에 만주에서 러시아의 권익 및 장강 유역에서 영국의 권익을 상호 승인하기로 합의하였다.

이 밖에 영국은 중국으로 하여금 운남성에서 신도시의 개방 및 미얀마철로의 운남 연장을 기도하고(1897년 2월), 福公司(Pecking Syndicate)의 명의로 산서성 내의 광산 채굴권을 획득(1897년 9월)하였다. 이와 함께 장강 연안 각 성의 이권을 열강에 할양하지 못하도록 강요하였으며, 영국인 총세무사의 지위를 확보하였다.

1897년 5월에 중국정부가 벨기에재단과 경한철로의 부설을 계약하였는데, 재단의 배후에는 러시아, 프랑스 세력이 있었다. 영독 양국은 최혜국조약을 따라 항의를 제출하고, 마침내 그 대상으로서 1898년 9월 영국은 廣九鐵路(광동 구룡) 浦信鐵路(浦口 - 信陽) 및 蘇杭甬鐵路(소주 항주 영파) 등 세 철로의 부설권을 획득하였다. 또한 독일과 공동으로 津浦鐵路(浦口 - 天津) 부설권을 획득하는 동시에 같은 해 10월 러시아의 북방 침입에 대항하기 위해 京奉鐵路를 부설하기로 결정하고, 이를 위해 230만 파운드 차관계약을 체결하였다. 더욱이 같은 해 5월 福公司의 명의로 획득한 산서성의 채광권을 확장하고, 또한 새롭게 하남성에서도 채광권을 획득하였다. 더욱이 1900년에 이르러서는 하남성 道口鎭으로부터 澤州에 이르는 선로 및 택주로부터 襄陽에 이르는 철로 노선의 부설권을 획득하였다.

영국은 1897년 가을 총리아문에 粤漢鐵路, 滬寧鐵路, 寧漢鐵路의 세 철로에 대한 부설권을 요구하였다. 교주와 여대(여순, 대련)가 각각 독일, 러시아로 넘어간 이후 영국은 중국의 관세와 이금을 담보로 미얀마로부터 장강유역으로 이어지는 철로의 부설을 승인해 줄 것과 대련항과 총세무사의 배타적인 지위를 장기적으로 보증하도록 요구하였다.

1898년 1월 15일 러시아는 청조에게 영국이 요구한 대련항의 조차를 거부하도록 강요하였다. 4월 26일 영국은 청조가 프랑스에게 운남과 양광지역에서 특권을 부여한 것을 빌미로 호녕철로의 차관 대여권을 요구하였다. 8월 21일 영국공사 맥도날드(MacDonald)가 총리아문에 津鎭鐵路(천진-鎭江), 廣九鐵路, 浦信鐵路, 蘇杭甬鐵路 및 산서에서 하남을 거쳐 장강 연안에 이르는 노선 등 다섯 철로의 차관 공여권과 부설권을 요구하였다. 10월 10일 영국은 청조와 '관내외철로차관합동'을 체결하였다.

영국과 독일은 1899년 4월 협의를 통해 1899년 5월 청조 및 영독 은행단과 계약을 체결하도록 하는 동시에, 津鎭鐵路 북단을 독일에 귀속하여 부설하도록 하고, 남단은 영국에 부설권을 주기로 합의하였다. 1899년 4월에는 러시아와 영국이 각각 장강 유역과 장성 이북에서 각자의 세력권을 존중하기로 합의하였다.

(3) 독일

청일전쟁 이후 삼국간섭에 참여했던 독일은 1897년 산동성 곤주현에서 두 명의 독일 선교사가 살해된 사건을 빌미로 교주만을 점령하고 이곳에 조차권을 강요하였다. 이와 함께 이 지역의 철로 및 광산에 대한 이권을 획득하여 중국에서의 근거지를 마련하였다. 독일은 '독청교주만조약'을 체결하여 교주만으로부터 유현, 청주, 박산, 치천, 추평 등을 거쳐 제남에 이르는 산동철로 부설권을 획득하였으며, 이와 함께 석탄의 채굴권과 기업 운영권을 획득하였다. 이어서 1904년에는 청도-제남 간의 노선 및 장점-박산 사이의 철로 지선을 부설하였다.

독일은 1897년 11월 산동성 兗州府에서 선교사 조난을 호기로 중국을 압박하여 다음 해 3월 교주만 부근의 지역을 할양하였으며, 또한 광산 채굴권 및 철로 부설권도 획득하였다. 또한 1897년 러시아의 니콜라이2세가 독일의 교주만 침략을 반대하지 않겠다는 의사를 전달받은 이후 독일은 11월 4일 산동 曹州敎案을 빌미로 해군을 파견하여 교주만을 점령하고, 이어서 12월 14일 대련항에 입항하여 무력으로 여순, 대련을 점령하였다.

1898년 3월 6일 독일은 청조와 '中德膠澳租界條約'을 체결하고 교주만을 조차하였다. 조차기간은 99년으로서, 같은 날 교주로부터 유현, 제남을 거쳐 산동 변경에 이르는 것과 교주로부터 기주, 래무를 거쳐 제남으로 가는 양 철로 노선의 독점권을 획득하였다. 더욱이 철로 연선 양측 각 30리 이내의 광산 채굴권을 획득함으로써 산동성 전역을 사실상 독일의 세력범위로 설정하였다.

(4) 프랑스

프랑스는 1895년 6월 운남성의 철로 부설권, 운남, 광서, 광동에서의 채굴 우선권 및 전선 접속권 등을 획득하였다. 더욱이 1897년 6월 운남 및 광서성에서 철로 부설권을 획득하고, 다음 해 4월 광주만의 조차 및 운남, 광서, 광동 3성을 타국에 할양하지 않을 것임을 약속받았다. 같은 해 6월 광서성에서 선교사의 조난을 구실로 동킹만에 임한 북해로부터 광서성 남녕부를 통하는 철로의 부설권을 획득하였다.

프랑스는 청프전쟁의 결과 1885년 체결된 천진조약에서 이미 중국 남부지역에 대한 권리와 철로 부설권을 확보하였으며, 더욱이 1895년에는 운남, 광동, 광서 등 각지에서 광산 채굴권과 안남으로부터 중국 내지로 통하는 철로 부설권을 보장받았다. 이에 근거하여 다음 해에는 중국정부와 광서-용주 간의 철로 부설계약을 체결하였으며, 이후 다시 용주-남녕, 용주-백색, 안남-운남철로 구간의 철로 부설권도 획득하였다.

　프랑스는 청일전쟁 이후 제1차 러프 양국차관 교섭 중 1895년 6월에 이미 운남 변경에 위치한 猛鳥, 鳥德의 양 지역에 대한 권리를 승인받았으며, 이 밖에 운남, 광서, 광동 3성에서 광산을 개발할 수 있는 우선권을 획득하였다. 차관계약을 체결한 후 9월 9일 다시 피브스 릴리공사(Fives-Lilles Co)가 베트남 동당(同登)으로부터 연장하여 중국의 龍州에 이르는 철로의 부설권과 경영권을 요구하고, 1896년 6월 5일 계약을 체결하였다. 프랑스는 1898년 4월 9일 러시아의 지지 하에서 운남, 양광지역을 타국에 할양하지 않는다는 사실에 청조가 동의하도록 압력을 행사하였다. 이와 함께 광주만을 99년간 조차하고, 베트남에서 昆明에 이르는 철로의 부설권 및 全國郵政의 관리권을 요구하였다. 6월에 청조는 北海로부터 南寧 혹은 다른 지역으로 향하는 철로를 프랑스가 부설할 수 있도록 하는 권리를 승인하였다. 이러한 결과 운남, 양광의 대부분 지역은 프랑스의 세력범위로 편입되고 말았다.

(5) 미국

　미국도 제국주의 열강을 따라 중국철로에 대한 침략의 마수를 뻗기 시작하였다. 1898년 4월 월한철로(광동-한구)의 부설권 및 관리권을 획득하였다. 미국의 경우 기타 열강에 비해 뒤늦은 1899년 국무장관 존 헤이가 영국, 러시아, 프랑스, 독일, 이탈리아 등에 대해 '기회 균등, 문호 개방'에 관한 선언을 발표하면서 본격적으로 중국 철로 부설권을 획득하기 위한 경쟁에 뛰어들었으며, 경한철로와 월한철로의 부설권을 주장하였다. 1898년 미국은 주미 중국공사 오정방과 중국에 대한 투자기관으로서 中美啓興公司를 설립하기로 계약을 체결하였다. 이후 이 회사의 주도 하에 월한철로 계약을 성립시키고, 다음 해 철로를 부설하기 위한 실측까지 완료하였다.

(6) 일본

일본은 영국의 지지 하에 1898년 4월 복건성을 자신의 세력범위로 상정하고, 5월에 총리아문의 동의를 얻어 복건성 내 철로 부설권을 획득하기 위한 교섭에 착수하였다. 일본은 러일전쟁에서의 승리를 통해 러시아로부터 남만주철로 부설권을 획득하였으며, 곧이어 길장철로의 부설권도 획득하였다. 이러한 결과 러시아가 북만주철로를, 일본이 남만주철로를 장악함으로써 만주에서의 세력권을 양분하였다.

4 개별 철로의 사례로 본 이권

차관의 공여를 통한 철로의 통제 및 장악 방식은 대체로 다음의 세 가지를 들 수 있다.

첫째, 차관 공여국의 자본투자집단 혹은 은행이 채권인의 신분으로 철로의 부설을 담당하며, 수탁인의 신분으로 이들 철로의 경영을 담당하게 된다. 따라서 철로차관 계약을 체결할 때 완공 이후의 경영계약을 동시에 체결하는 것이 일반적이었다. 차관계약의 유효기간은 대체로 30년으로 규정되었다.

계약기간 내에 이들 자본집단 혹은 은행이 철로의 부설 및 경영의 주체가 되었다. 그리하여 열차의 운행 및 관리, 경영, 심지어 인사권

(用人行政) 및 자금의 배정, 기자재의 구매 등에 관한 전권을 보유하였다. 철로의 영업은 만일 손실이 발생할 경우 중국정부가 부담하도록 규정하였으나, 이윤이 발생할 경우 20퍼센트를 은공사 혹은 은행에 사례금으로 지불하도록 명시하였다. 이들 철로는 단지 명의상 중국의 소유에 지나지 않았을 뿐이며, 노한철로, 정태철로, 변락철로, 도청철로 등이 모두 여기에 해당된다.

둘째, 표면상 중외합자로서 철로의 부설, 운행을 관리하는 기구는 없었지만, 사실상 경영관리의 권한은 모두 자본집단이나 은행을 대표하는 총공정사, 그리고 소수 외국인의 수중에 장악되어 있었다. 호녕철로의 '총판사처', 월한철로의 '총관리처'는 한 명의 외국인 총공정사를 두는 이외에 별도로 총판 4명을 두었는데, 이 가운데 두 명을 중국 측이 선발하여 파견하였으며, 두 명은 차관은공사(자본집단)나 은행이 선발하여 파견하도록 하였다.

이들은 흡사 주주대표인 것처럼 영업방침을 결정하였지만, 반면 손실을 보충할 책임은 지지 않도록 되어 있었다. 다른 한편 그들은 채권 소지인을 대표하여 원금과 이자 상환의 안정성을 요구하였으며, 동시에 잉여 이익의 배분을 요구하였다.

이들은 철로 관리의 책임을 부여받은 관리인처럼 행세하였으나, 중국정부의 임명이나 수탁을 통한 것이 아니라 은공사나 혹은 은행이 자체적으로 선발하여 파견한 사람들이었다. 채권 당사국은 철로의 인사행정권을 장악하였을 뿐만 아니라, 철로가 발행하는 채권의 수입과 영업수입을 모두 자신들의 은행에 보관하였으며,2) 이를 통

---

2) 예를 들면 관내외철로와 호녕철로 두 철로의 수입은 영국의 회풍은행에 보관되었다.

해 중국에서 금융세력을 부식하는 데 노력을 경주하였다.

철로차관계약의 유효기간을 살펴보면, 40년(예를 들면 관내외철로), 50년(호녕철로) 등과 같이 장기간으로 설정된 경우도 있었다. 철로가 개통되고 경영에 착수한 이후 매년 수입은 지정된 비용을 위해 지출되는 이 외에도 餘利가 있을 경우 20퍼센트를 사례비(노한철로, 정태철로, 호녕철로 등)로 지불하였다.

셋째, 관내외철로(경봉철로, 북녕철로)의 경우 차관은 원래 관외 구간을 부설할 때 산해관으로부터 신민둔에 이르는 철로 및 영구 지선을 부설하기 위한 용도로 도입되었다. 이들 철로는 차관의 담보로 제공하지 않고 조기에 부설된 북경에서 산해관에 이르는 관내 구간의 철로자산 및 관내외 전 노선의 영업수입을 담보로 제공하였다. 경봉철로는 부설을 둘러싸고 일찍부터 영국과 러시아가 이권을 다투었기 때문에, 차관 계약의 과정에서 어부지리로 중국이 철로를 관리할 수 있게 되었다. 따라서 영국 회풍은행이 추천한 총공정사와 洋賬房(총회계사)은 단지 기술상 관여할 뿐 철로의 관리와 인사를 전적으로 담당할 수는 없었다.

1902년 원세개와 영국공사 사이에 체결된 '관내외철로교환이후장정'에 따르면, 이 철로는 독판대신의 통제 하에 총관리처를 설립하여 구성원을 총판, 양총판(외사총판), 양총관(영국인) 및 은공사대표로 조직하고, 철로직공의 임용은 총관리처의 동의를 받도록 규정하였다.

(1) 동청철로(중동철로)

러시아는 중동철로의 부설권과 함께 이에 부수되는 수많은 권리를 획득할 수 있었다.

① 철로 수비권 : 중동철로 부설권 및 경영에 관한 계약 제5조에 따라 러시아는 철로 연선지역에 수비병을 배치할 수 있는 권리를 획득하였다.[3] 이에 따라 1897년 500명의 수비병을 배치하기 시작한 이후, 1900년에는 의화단운동을 빌미로 크게 증원하여 1901년 1월에는 종래 철로수비대를 흑룡국경수비대로 개편하여 모두 25,000명으로 증원하였다.

② 철로부속지 수용권 : 계약 제6조에 따라 철로부지뿐 아니라 점차 부속지를 확대해 나갔다.

③ 면세특권 : 철로 운수를 통해 발생되는 일체의 수입에 대해 세금의 부과를 면제하며, 철로의 부설, 경영 및 수리에 필요한 부속 및 재료에 대한 모든 관세 및 내국과금, 세금을 면제하였다.

④ 부속지의 행정권 : 계약 제6조 중의 "공사는 부속 토지에 대해 절대적, 배타적 행정권을 행사한다"라는 규정에 따라 (1)민정과(경찰포함), (2)토지과, (3)대중교섭과, (4)교육과, (5)사원과, (6)신문발행과, (7)의무위생과, (8)금수방역과 등을 설치하였다.

⑤ 광산 채굴권 : 중동철로 부설 경영 계약에 의거하여 철로 양측 30리 이내의 지역에서 채굴권을 우선적으로 독점하며, 이에 따라 길림성 및 흑룡강성 내의 탄광 시추 및 채굴권을 획득하였다.

⑥ 삼림 벌채권 : 계약 제6조에 의거 철로 부설의 진전과 함께 연료대책으로 강구되었다. 실제로 1904년에는 흑룡강성 내 삼림 벌채 계약이 이루어졌으며, 1907년에는 길림성 내 삼림 벌채

---

3) 1896년 중러 간 체결된 '중러합판동성철로공사합동장정'은 철로의 수비를 중국정부의 책임으로 규정하였으나, 러시아정부는 스스로 제정한 '동성철로장정'의 제8조에서 철로 연선 내의 질서를 빌미로 공사가 직접 경찰을 파견하여 경비를 담당하도록 규정하였다.

계약이 체결되었다.

(2) 교제철로

일찍이 1897년 1월 주중 독일공사는 총리아문에 산동 교주만을 장기 조차해 주도록 요구하였다. 마침 1897년 11월에 산동성 曹州府에서 2명의 독일인 선교사가 살해된 '曹州敎案'을 빌미로 독일은 교주만을 점령하고, "양국 자본으로 德華公司를 설립하여 산동에서 철로를 부설하며, 이와 함께 철로 부근의 광산을 개발할 수 있도록" 요구하였다. 1898년 3월 6일 독일공사와 청조의 이홍장, 翁同龢는 '中德膠澳租界條約'을 체결하고 교주만을 독일에 99년간 조차하기로 합의하였다. 조약의 주요 내용은 다음과 같다.

① 독일은 교주만의 토지를 중국으로부터 99년간 조차한다. 주권은 중국에 속하나 독일군대가 자유롭게 교주만 항구를 출입할 수 있도록 허용한다. 중국정부가 이 지역에서 여하한 정책을 시행하기 위해서는 반드시 먼저 독일정부의 동의를 득해야 한다.

② 중국은 독일이 산동에서 철로 두 노선을 부설하도록 허가한다. 첫 번째 노선은 교주만으로부터 濰縣, 青州, 博山, 淄川 등을 거쳐 제남으로 향하는 노선이며, 두 번째 노선은 교주만으로부터 沂州, 萊蕪를 거쳐 제남으로 들어가는 노선으로 한다. 이 밖에 철로 연선 15킬로미터 이내에서 독일이 광산을 개발할 수 있도록 승인한다.

③ 중국이 산동성 내에서 어떠한 사업을 시행하더라도 반드시 외국인을 고용해야 하며, 외국자본 혹은 외국자재를 구매하거나 사용할 경우 반드시 독일에 우선권을 부여한다.

이후 1899년 6월 1일 독일은 '特許山東鐵路公司建築鐵路及營業條款' 16조를 반포하였다. 주요한 내용은 다음과 같다.

① 산동성 내 청도에서 치현을 거쳐 제남에 이르는 철로 및 이 철로 노선상의 한 지점에서 博山에 이르는 지선을 산동철로공사로 하여금 부설하여 경영하도록 승인한다. 철로의 준공은 5년 이내로 한정하며, 특히 이 가운데 청도에서 渝縣에 이르는 구간은 반드시 3년 이내에 완공해야 한다.

② 궤간은 1.435미터의 표준궤로 하며, 단선으로 부설한다. 그러나 토지 여분을 남겨 이후 복선 공사에 대비한다.

③ 공사 자본액은 54,000,000마르크로 정하고, 독일인과 중국인만이 투자할 수 있도록 한정한다.

④ 공사는 매년 철로로부터 획득한 수입 가운데 규정된 백분비에

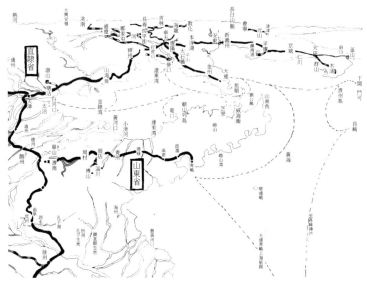

교제철로 노선도

따라 독일의 교주총독에게 일정액을 납부하여 교주항의 건설
및 행정 비용으로 충당한다.

⑤ 철로의 객화운임, 열차시각표의 제정 및 변경은 모두 독일 교
주총독의 승인을 득해야 한다.

⑥ 철로 운수 및 영업부문을 주관하는 인원의 임용은 반드시 독
일정부의 동의를 얻어야 한다.

(3) 정태철로

노한철로차관의 차입 조건을 참조하여 1902년 10월 18일 성선회
는 華俄道勝銀行(露淸銀行) 상해분행 총판 웨렁(C. R. Wehrung)과
'정태철로차관합동' 28개조를 체결하고, 이로써 이전의 '유태철로차
관합동'을 대체하기로 합의하였다. 여기서 철로의 기점을 기존의 유
림보로부터 북쪽 노한철로의 大驛인 正定으로 이전하였다. 차관계
약의 주요 내용은 다음과 같다.

① 正定府에서 太原府에 이르는 총연장 250킬로미터의 철로로서
蘆漢鐵路의 지선이며, 모든 부설 공정은 3년 이내에 완료한다.

② 화아도승은행으로부터 차관 4,000만 프랑(華銀 1,300만 량)을
도입하고, 90퍼센트를 實付로 지급한다.(9折口) 연리는 5厘로
정한다. 정부가 보증하며, 정태철로의 모든 자산 및 수입을 담
보로 한다.

③ 상환 기간은 30년으로 하며, 10년 거치 이후 원금을 상환하기
시작하여 20년으로 나누어 균등 상환한다.

④ 중국이 지불하는 이자 총액의 0.25퍼센트를 화아도승은행에
수수료로 지급한다.

⑤ 철로 부설과 운행에 필요한 자재는 모두 화아도승은행이 대리

구매하며, 厘金을 면제한다.

⑥ 화아도승은행이 총공정사를 임명하고 파견하여 모든 공정업
무를 총괄하며, 중국 국적과 외국 국적의 직원은 모두 총공정
사가 임명한다.

이 밖에도 '行車合同' 10條를 체결하여, 중국이 정태철로를 화아
도승은행에 위탁하여 경영을 대리하도록 하며, 경영 및 운행의 영업
이익을 수취하도록 하였다. 철로를 부설할 시에는 채권자 측, 즉 러
시아가 총공정사를 추천하며, 차관 기한 내에는 철로 부설과 관련된
일체의 경영, 관리권을 장악하고, 그 보수로서 영업 이익의 20퍼센트
를 수취하도록 하였다. 중국철로총공사는 단지 재정의 출납을 감독
하기 위해 감독자를 한 명 파견할 뿐이었다.

(4) 호녕철로

청일전쟁 이후 영국은 장강 유역을 자신의 세력범위로 간주하여,
노한철로 부설권의 획득에 실패한 이후 호녕철로의 부설권을 획득
하기 위해 많은 노력을 경주하였다. 1897년 5월 주중 영국공사는 총
리아문에 호녕철로의 부설권을 요구하는 동시에, 러시아, 독일, 프랑
스, 미국에게 장강 유역은 자국의 세력권에 속하므로 호녕철로의 부
설권은 반드시 영국이 획득해야 한다고 주장하였다. 결국 1898년 5
월 13일 성선회와 영상 이화양행은 상해에서 300만 파운드의 '호녕
철로차관초합동' 25조항을 체결하고, 호녕철로를 부설하기 위한 차
관을 도입하기로 합의하였다. 호녕철로 노선은 1898년 성선회가 이
화양행의 영국공정사 모리슨(Morrison)에게 측량을 위촉하였다.
1902년 8월 영국은 상해총영사를 보내 이화양행 및 회풍은행으로 하

여금 영국은공사의 대리신분으로 성선회와 '호녕철로상세합동'에 관해 협의하도록 지시하였다.

마침내 양측은 1903년 7월 9일에 상해에서 정식으로 '호녕철로차관합동'을 체결하였다. 차관의 액수는 325만 파운드였는데, 차입 조건이 매우 가혹하였다. 이자는 연리 5리, 차관은 90퍼센트(9折)로 공여되었으며, 차관 기한은 무려 50년에 달하였다. 만일 25년이 되기 이전에 회속할 경우 100파운드 당 2.5파운드를 가산하도록 하였다. 회풍은행 경리는 원금과 이자의 상환 업무로 1,000파운드 당 25파운드를 수수료로 수취하도록 규정하였다. 차관의 상환표에 의하면 원금, 이자가 50년 기한으로 상환할 경우 원금 2,900,000파운드, 이자 5,510,000파운드, 수수료 21,025파운드로서 총 8,432,025파운드에 달하였다. 이와 같이 호녕철로차관은 영국이 차관을 통해 중국철로를 지배하려는 전형적인 방식이었다.

(5) 호항용철로

영국은 청조가 철로공사의 성립과 호항 구간(段)의 부설을 비준하자 차관초약이 폐기되기 이전에 철로 부설권이 여전히 영국 측에 있음을 주장하며, 정약(본계약)을 체결할 것을 요구하였다. 1908년 3월 6일 청조 외무부, 우전부 양 부는 중영은공사와 '호항용철로차관합동'을 체결하고 중국 측이 영국으로부터 차관을 도입하기로 결정하였다. 차관의 주요한 내용은 아래와 같다.

① 차관의 액수는 150만 파운드이며, 93퍼센트 實付로 수취하며 연리 5厘로 정한다.

② 이 차관은 상해를 출발하여 嘉興, 杭州를 거쳐 寧波에 이르는 철로를 부설하는 용도로 사용한다.

③ 차관은 30년 기한으로 10년 거치 이후 11년째부터 20년간 상환한다.

④ 차관의 담보로 관내외철로의 잉여(수익)를 제공한다.

⑤ 부설 공정 시에 중국 측 총판이 영국인 총공정사 1명을 선임하거나 혹은 영국이 선임하거나 아니면 중국철로에서 근무하는 영국인 공정사 가운데 선발한다. 부설 공정이 완료된 이후 차관의 기한 내에는 마찬가지로 영국인 총공정사를 1명 둔다.

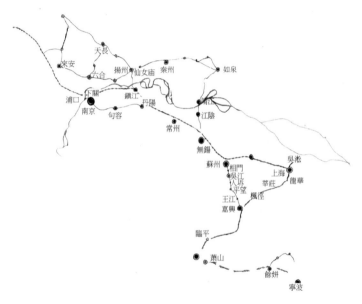

호항용철로 노선도

(6) 진포철로

진포철로를 부설하기 위해 500만 파운드의 차관을 도입하였는데, 이 가운데 독일이 63퍼센트, 영국이 37퍼센트를 분담하였다. 연리는

5리, 상환 기한은 30년으로 정하였으며, 10년 거치 후 11년째부터 상환하도록 하였다. 제1기 300만 파운드는 93折(93퍼센트 實付)였으며, 제2기 200만 파운드는 94.5折 實付로 합의하였다. 직예(하북), 산동, 강소 3성의 이금세를 담보로 하여 직예 120만 량, 산동 160만 량, 남경 90만 량, 淮安 10만 량 등 총 380만 량을 제공하기로 합의하였다.

철로를 부설하기 위해 영국정부와 독일정부는 각각 1명씩의 총공정사를 임명할 수 있는 권리를 보유하였다. 1910년 9월 28일 진포철로의 부설자금이 부족하여 다시 영국과 독일로부터 300만 파운드를 차입하였다. 영국과 독일 양국은 차관의 공여를 통해 진포철로 부설권을 획득하였으며, 자국의 총공정사 각 1명씩에 대한 임명권을 보유하였다.

진포철로 노선도
오른쪽 점선이 진포철로 노선도

(7) 길장철로

1차대전 기간 중인 1916년 2월 21일 남만주철도주식회사는 이사 가와카미 도시히코(川上俊彦)를 파견하여 북경에서 북양정부 교통부와 길장철로협약을 개정하기 위한 회담에 착수하였다. 9개월 여의 교섭 끝에 최종적으로 같은 해 11월에 협약초약을 체결하였다. 주요한 내용은 다음과 같다.

① 차관 금액은 일화 500만 엔(이미 250만 원을 교부), 이자 5리로 정한다.

② 차관 담보는 본 철로의 자산 및 수입금으로 충당한다. 차관이 상환되기 이전에 다른 곳에 이를 담보로 제공할 수 없으며, 기한은 50년으로 한다.

③ 중국정부가 만일 차관의 원금 이자를 상환하지 못할 경우, 이 철로의 모든 자산 및 수입은 남만주철도주식회사가 관리한다.

④ 차관 기한 내에 남만주철도주식회사에 경리, 영업 및 서무 등 일체의 경영을 위탁한다.

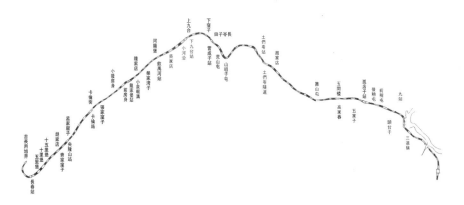

길장철로 노선도

⑤ 남만주철도주식회사는 간사를 선임하고, 철로 사무 및 인원의 채용, 자재 구매 등의 권한을 행사한다.

⑥ 중국정부는 대표 1명 및 회계 1명, 통역 1명을 파견하여 철로의 재정을 감독한다. 그러나 중국직원은 모두 일본직원의 副에 상당하며, 중국대표가 선임한 중국직원은 반드시 일본간부의 지휘에 복종해야 한다.

⑦ 이 철로의 모든 방법은 남만주철로와 동일하게 처리한다. 이 밖에도 장춘의 길장철로 원래의 역을 철거하여 남만주철로의 역과 병합하여 상호 연결한다.

1915년 5월 일본은 중국에 '21개조약'의 요구안을 강요하였는데, 이 가운데 길장철로를 일본정부의 관리로 귀속시켜 99년간 경영하도록 한다는 내용이 포함되어 있었다. 이러한 강압적 요구에 굴복하여 6월 10일 중국 재정부와 교통부는 남만주철도주식회사와 20개 조항에 달하는 '길장철로차관

일본이 차관을 통해 길장철로와
사조철로를 장악한 사실을 풍자한 삽화

계약'을 체결하였다. 1915년 5월 말의 계산에 의하면 이 철로의 자본 총액은 6,182,047원으로서, 일본화폐로 약 500만 엔에 상당하였다. 이후 1917년 10월 12일 '남만주 및 동부 내몽골에 관한 조약' 제7조에 기초하여 중국정부와 남만주철도주식회사 사이에 '개정길장철로차관합동'이 체결되었다.

주요한 골자는 650만 엔 상당의 차관을 도입하며, 이 가운데 제1
차 차관의 미상환액 1,988,750원을 제하여 실제로는 4,511,250원을 교
부하기로 하였다 연리는 5리이며, 매 100원은 91원 5각으로 수령하
였다.(91.5퍼센트 實付) 이 밖에 상환 기한을 30년으로 연장하였다.
매년 지출을 제외하고, 여기에 20퍼센트의 紅利를 제외한 수입을 남
만주철도주식회사에 송금하였다.

차관기간 내에 중국정부는 남만주철도주식회사에 일본인 3명의
선임을 위탁하여 길장철로의 공무, 운수, 회계주임으로 임명하였다.
3명 가운데 1명을 회사의 대표로 임명하여 계약 기간 내 일체의 권
리 및 의무를 집행, 행사하도록 하였다. 이 밖에 길장철로 영업 수입
의 잔액은 일본의 횡빈정금은행 長春分行에 예치하도록 하고, 1914
년 3월에 동삼성은행과 길장철로 사이에 체결된 계약을 취소하였다.
같은 해 12월 남만주철도주식회사는 무라다 가쿠마(村田憲磨)를 파
견하여 대표 겸 운수주임을 겸하도록 하였다. 이 밖에 마루야마 요
시키(丸山芳樹)와 地永辰을 각각 공무주임과 회계주임을 담당하도
록 하였다. 이에 이르러 길장철로 경영권은 완전히 남만주철도주식
회사의 수중에 떨어지고 길장철로는 남만주철로의 한 노선으로 명
실상부한 배양선이 되었다.

(8) 동성철로

1913년 7월 중화민국 교통부와 재정부는 벨기에, 프랑스 양국철
로공사와 同成鐵路借款合同을 체결하였다. 주요한 내용은 다음과
같다.

① 公司는 중국정부에게 연리 5厘로 차관 1,000만 파운드의 차관
을 제공한다.

② 차관의 용도는 大同에서 경수철로와 상호 연결하며, 太原, 平陽, 蒲州, 潼關, 西安, 漢中을 거쳐 成都에 이르는 철로를 부설하는 데 사용한다. 또한 이전의 상판 동포철로공사는 중국정부가 국유로 회수한다.

③ 차관은 40년 기한으로 10년 거치 이후 11년째부터 원금을 상환한다. 10년 이후 중국정부는 하시라도 원금을 상환할 수 있다.

④ 차관의 담보는 동성철로와 관련된 일체의 재산 및 장래 영업개시 이후의 수입으로 설정한다.

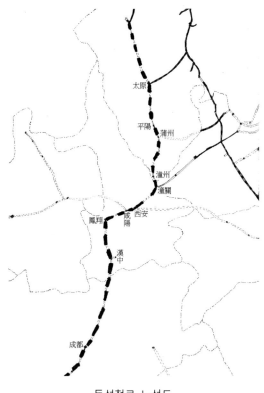

동성철로 노선도

⑤ 계약 체결 이후 6개월 이내에 측량에 착수해야 하며, 측량이 완료된 이후 5년 이내에 준공해야 한다.

⑥ 중국 측이 파견한 총판은 公司와 상의하여 벨기에, 프랑스 국적 인원을 총공정사로 임명한다.

⑦ 동등한 가격이라면 철로 부설 자재는 프랑스산, 벨기에산을 우선적으로 구매한다.

⑧ 장래 지선의 부설이 필요하거나 연장 공사를 진행하게 되어 외국자본을 차입할 경우 우선적으로 公司와 상의해야 한다.

⑨ 부설이 완료된 이후 철로 관련 업무는 총공정사가 총판을 보좌하여 경영하도록 한다.

원세개는 公司로 하여금 우선적으로 100만 파운드와 800만 프랑을 선대금으로 지불하도록 하고, 선대금에 근거하여 공사가 임시로 채권을 250퍼센트, 즉 300만 파운드를 발행하도록 하였다. 채권은 정태철로의 자산 및 수입, 그리고 경한철로의 이윤을 담보로 설정하도록 하였다. 이는 원세개가 철로차관을 군정비로 전용한 발단이 되었다.

(9) 포신철로

1908년 영국공사는 중국에 포신철로 정약의 체결을 독촉하였다. 중국 측은 이 철로 노선이 대부분 벽지를 통과하는 까닭에 수익이 적을 것을 우려하여 부설을 지연시켰다. 이러한 이유로 영국이 계속 재촉하였지만 교섭은 타결되지 못하였다. 1913년 북경정부는 沈雲沛를 포신철로독판으로 임명하고, 그로 하여금 華中公司 대표와 차관계약 협상을 추진하도록 하였다. 마침내 1913년 11월 재정총장 熊希齡, 교통총장 周自齊는 화중철로공사와 포신철로차관정약을 체결하였다. 차관의 주요 내용은 다음과 같다.

① 중국정부는 화중철로공사로부터 포신철로차관 300만 파운드
   를 차입하며, 이자는 5리로 한다.

② 차관은 40년 기한으로 하고, 11년이 경과한 이후 상환을 시작
   한다.

③ 차관은 본 철로의 자재, 차량 등 자산 및 철로 개통 이후의 수
   입을 담보로 한다.

포신철로 노선도

④ 독판이 영국인 총공정사를 선임하여 부설 및 관리 공정을 위임한다. 재정의 관리 역시 독판이 영국인을 총회계로 선임한다.

⑤ 철로 공정이 완공된 이후에는 총공정사를 두지 않고 별도로 독판이 영국인을 養路工程師(保線技師)로 임명한다.

⑥ 이후 본 철로의 지선이나 연장선을 부설할 경우 외국자본을 사용하게 될 경우 반드시 본 공사와 협의한다.

⑽ 흠투철로

흠투철로가 지나는 서남지역은 원래 프랑스의 세력 범위로서, 프랑스가 오랫 동안 철로 부설을 요구해 왔던 지역이었다. 이러한 이유로 중국정부는 이 철로를 부설하기 위해 프랑스의 中法實業銀行과 차관의 도입 문제를 협의하게 되었다. 마침내 프랑스는 欽渝鐵路의 부설권을 획득하고, 中法實業銀行을 통해 차관을 제공하기로 약속하였다. 차관의 주요한 내용은 다음과 같다.

① 연리는 5리로 하고, 차관 총액 6억 프랑을 중국정부에 공여한다.

② 차관의 용도는 첫째, 欽州를 출발하여 南寧, 百色, 興義, 羅平을 거쳐 雲南 남부에 이르는 철로를 부설하기 위한 것이다. 이와 함께 각종 차량과 자재를 구매한다. 둘째, 雲南府를 출발하여 叙州府를 거쳐 강을 건너 重慶에 도달하는 철로를 부설하며, 차량과 자재를 구매하기 위한 용도로 사용한다. 셋째, 欽州港 및 일체의 부속 시설을 부설하기 위한 용도로 사용한다. 넷째, 각 공정에 필요한 물품을 구매한다. 다섯째, 공정 기한 내에 이자를 상환하기 위한 용도로 사용한다.

③ 차관의 상환 기한을 50년으로 정하고, 16년째 되는 해부터 원금을 상환하기 시작한다.

④ 欽州 - 雲南 구간 및 운남 - 중경 구간의 철로 및 부속 차량, 자재, 건축물 및 개통 이후의 수입을 차관의 담보로 설정한다.

⑤ 중국정부는 독판 1명을 파견하며, 독판은 은행과 상의하여 프랑스인 총공정사 1명을 선임한다. 부설공정이 완료된 이후 열차를 개통하게 되면 독판은 은행과 상의하며, 별도로 프랑스인 총공정사 1명을 초빙하여 철로의 관리를 위임한다. 이와 함께 독판은 은행과 상의하여 프랑스인 총회계 1명을 선임하여, 차관 기간 내에 수입 및 지출을 관리하도록 한다.

⑥ 철로 자재를 구매할 경우 같은 가격이라면 가능한한 프랑스산 제품을 구매한다.

그런데 中法實業銀行이 공여한 欽渝鐵路 부설을 위한 차관 가운데 일부가 원세개의 帝制 추진 비용으로 전용되었다. 원세개는 中法實業銀行 측에 선대금으로 1억 프랑을 요청하였으며, 92퍼센트(92折扣)에 해당되는 9,200만 프랑을 지불하도록 하였다. 이에 中法實業銀行 측은 매주 한 차례씩 5주로 나누어 해당 금액을 재정부로 송금하기로 약속하였다. 그러나 마침 1차대전이 발발하여 약속한 금액을 모두 지불할 수는 없었으며, 1914년 6월까지 中法實業銀行이 제공한 금액은 3,211만 프랑에 달하였다. 1차대전이 발발하자 은행은 계약을 이행할 수 없게 되었으며, 철로를 부설하기 위한 측량도 실시하지 못하였다. 마침내 1919년 철로 부설의 중단을 선포하였으며, 철로계약도 효력을 상실하였다.

남경국민정부가 성립된 이후 흠투철로차관은 외채 정리의 범주로 편입되었지만, 프랑스는 여전히 이 차관 권리의 효력을 주장하였다. 따라서 1935년 11월 중국건설은공사는 프랑스은행단과 합작계약을

흠투철로 노선도

체결하였다. 이와 동시에 川黔鐵路公司가 설립되어 자본금 2,000만 원, 그 중 商股(민간자본)가 1,100만 원, 별도로 철도부와 사천성이 각각 官股 450만 원을 지출하여 우선적으로 成渝鐵路를 부설하기로 결정하였다.

1936년 2월 18일 철도부와 중국건설은공사, 중국건설은공사와 프랑스은행단은 각각 성투철로차관초합동을 체결하고 12월 7일 정식 계약을 체결하였다. 계약 규정은 프랑스은행단이 자재비용을 제공하고 이와 함께 상해와 중경 사이의 운송비로 현금차관 3,450만 원을 제공하기로 하였다. 계약 조건은 93折, 연리 7리, 기한 15년으로 하고, 프랑스은행단은 15년간 매년 34만 5,000원을 수취하기로 합의하였으며, 아울러 貴昆(貴陽 - 昆明)鐵路를 부설할 경우 투자 우선권을 부여하였다. 그러나 중일전쟁이 발발하면서 이 철로의 부설 역시 연기되고 말았다.

278

⑾ 유태철로

1898년 5월 21일 산서상무국 신사 曹中裕가 북경으로 가서 화아도
승은행을 대표한 뽀꼬찔로프(Pokotilv)가 '柳太鐵路借款合同'을 체결
하였는데 계약은 모두 16조로 구성되어 주요한 내용은 다음과 같다.

① 이 철로는 滹沱河 이남의 柳林堡(호한철로의 正定驛에 근접
   한 지역)로부터 太原까지로 총연장은 약 250킬로미터에 달하
   며, 두 구간으로 나누어 부설한다. 1구간(段)은 유림보에서 灘
   水河 左岸, 平定州 이북의 석탄탄광(현재의 陽泉탄광)까지이
   며, 또 한 구간은 이 탄광으로부터 太原府에 이르는 지역이다.
② 산서상무국은 화아도승은행으로부터 2,500만 프랑(중국화폐
   680만 량 상당)을 차입한다.
③ 중국인은 채권을 구입할 경우 마땅히 판매가격의 20퍼센트를
   더 지불해야 한다.(이는 중국인의 투자권리를 제한하는 조치임)

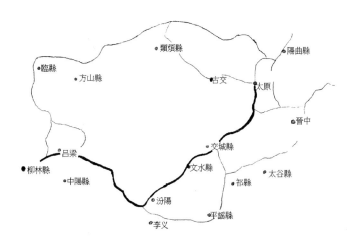

유태철로 노선도

④ 열차를 개통한 이후 30퍼센트의 영업 수익은 화아도승은행으로 귀속하며, 차관이 상환될 때까지 계속된다.
⑤ 이 차관은 중국, 러시아 양국 상인 공동의 협상 건으로서, 모든 수익과 지출은 양국 국가가 간섭할 수 없다.

⑿ 남심철로

남심철로는 당초 강서성 성민의 자본을 동원하여 철로를 부설할 계획을 수립하였다. 이에 따라 1905년 철로부지를 측량한 이후 자본금 700만 원을 모집하였으나 실제로 모집된 자본은 150만 량에 지나지 않았다. 이에 李有棻는 大成工商會社 경리 吳端伯으로부터 차관 100만 량을 차입하고, 연리 7厘, 10년 상환으로 정하였으며, 철로공사는 277,777股를 담보로 제공하였다. 이 자본은 대성공상회사의 명의였지만, 실제로는 일본자본(興業銀行)이었다. 따라서 부설자재, 교량 및 부설공사는 大倉洋行이 청부를 받았다. 즉 철로 부설에 이미 일본세력이 침투하였던 것이다. 차관 관계로 공사는 일본인 오카자키 헤사부로(岡崎平三郎)가 철로공정사를 담당하였다.

1911년 철로공사는 일본의 동아흥업회사와 차관문제를 논의하였다. 동아흥업회사는 1909년 7월에 三井, 三菱, 日本興業銀行이 공동으로 출자하여 설립된 회사였다. 이 회사는 외면상 상업조직이지만 실상 일본정부가 깊이 관여하여 중국에 자본을 수출하고 투자하는 회사였다. 1912년 7월 남심철로공사는 흥업회사와 계약을 체결하여 500만 円을 차입하고 연리 6厘, 10년 거치 이후 11년째부터 원금과 이자를 상환하도록 하였다.

만일 이자의 지급이 지체되거나 원금과 이자의 지불이 어려울 경우 회사는 공사의 영업을 대행하도록 하였다. 더욱이 계약에서는 동

아홍업회사가 총공정사를 추천할 권리, 차관의 우선 공여권 및 장부
의 감찰권, 철로 부설자재의 구매권 및 기차역과 교량 등 중요 공사
를 청부하는 등의 권리를 획득하였다. 이 차관의 내원은 바로 일본
대장성의 자본이었다.

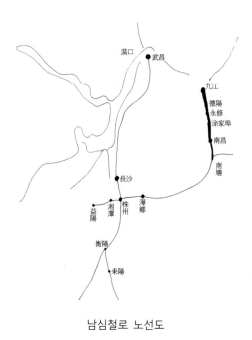

남심철로 노선도

⒀ 농해철로

廣九鐵路, 滬寧鐵路, 隴海鐵路, 四洮鐵路를 살펴보면 비록 행차
합동 등을 통해 철로 이권을 완전히 외국인에 넘긴다는 규정은 없었
지만 철로 주권인 관리권은 여전히 외국인에 의해 집행되도록 규정
되어 있었다. 예를 들면 농해철로합동은 총공정사, 회계총관 등은
반드시 프랑스인을 채용하도록 규정하였으며, 사조철로합동은 총공

정사, 행차총관, 회계총관은 반드시 일본인을 채용하도록 규정하였다. 광구철로, 호녕철로합동은 모두 총공정사, 회계총관의 경우 반드시 영국인을 채용하도록 하였다. 기타 철로의 주요 직위도 서양인으로 충당하도록 규정되어 있었다. 따라서 철로의 관리전권은 모두 서양 총관의 수중에 장악되어 있으며 중국총판, 혹은 국장은 장식품에 지나지 않았다.

가. 주권의 상실

① 관리권 : 철로의 부설관리권, 행차관리권을 차관공사의 대판으로 위탁하거나 혹은 총공정사에 위탁하여 집행하도록 한다.

② 감사권(稽核權) : 외국대표와 총공정사가 철로 수지 재정과 행차 운임에 대해 감사하는 권한을 갖는다.

③ 인사권 : 총공정사, 회계총판 및 양로총관 등이 대다수 차관공사에 의해 지명되어 파견된다.

④ 자재 구매권 : 모든 철로 상 소용되는 재료를 차관공사가 대신 구매한다.

⑤ 철로의 연장, 지선의 부설 시 차관의 우선권 : 철로 반경 80킬로미터 이내에서는 새로운 철로를 부설할 수 없다.

나. 이익의 상실(失利)

① 할인관행(折扣) : 차관을 8-9折로 實收하나 원금의 상환과 이자의 지급에서는 당연히 허수에 근거하여 계산한다.

② 經紀費(경영비, 관리비), 자재 구매 보수 5퍼센트, 원금 상환 및 이자 지급의 25퍼센트 및 기타 특별 수당비

③ 餘利 : 농해철로, 호녕철로, 월한철로, 정태철로, 변락철로 등의
   노선은 매년 이윤 10분의 2를 차관공사에 지급한다.
④ 차액(부가세) : 기간보다 앞서 사전에 차관을 상환할 경우 100
   원당 별도로 2.5원을 부가세로 지급해야 한다.

5 중국의 철로이권 회수운동

1898년 8월에 총리아문 내에 鑛務鐵路總局(Board of Mines and
Railways)을 부설하고 각국에 허여한 철로광산에 관한 사무를 관장
하는 동시에 다른 한편 開鑛築路公共章程을 제정 공포하여 광산 및
철로를 관할하였다. 또한 가급적 중국상민을 독려하여 투자하도록
하였다. 이를 전후하여 중국관민 사이에 이권회수열이 발흥하였기
때문에 기성 혹은 미성 선로를 매수하는 데 힘쓰고, 이후 외국이 관
리하는 철로는 점차 중국정부에 의해 회수되기에 이르렀다. 1905년
먼저 호광, 광동의 紳商들이 미국이 부설을 계획하고 있던 월한철로
의 매수에 나섰으며, 뒤이어 道澤鐵路는 1905년 영국으로부터, 광구
철로(영국조차지 이외의 선로)는 1907년 영국으로부터, 경한철로는
1908년 벨기에로부터, 호항용철로는 같은 해 영국으로부터 그 관리
권을 회수하였다.

더욱이 중국정부는 1906년 鑛務鐵路總局을 폐지하고 새롭게 우
전부를 설치하여 철로 및 기타 교통운수와 관련된 일체의 업무를 관
리하도록 하고, 1903년 철로간명장정, 1906년 철로구지장정을 반포
하여 철로의 부설을 장려한 이후 이권회수운동과 더불어 철로자판
운동이 크게 일어났다. 중앙정부는 1905년 9월 京張鐵路(북경 - 張

家口 사이)의 기공에 착수하여 1909년 8월에 완공하였다. 본 노선은 중국인 첨천우를 총공정사로 임명하여 경봉철로의 순익을 가지고 부설한 것으로서, 순수하게 자건자영의 철로였다.

지방정부 역시 株萍鐵路(강서성 萍鄕炭鑛 - 호남성 株株 간) 및 영성철로(호녕철로 종점 - 下關南京城內)의 부설을 기획하고, 전자는 1898년에 기공하여 1906년에 전노선 개통하고, 후자는 1907년에 기공하고 얼마 지나지 않아 완공하였다. 민간에서도 철로 부설에 뛰어든 자가 많았다. 그 선봉에 선 것이 潮汕鐵路(油頭 - 潮州)로서, 본선은 네델란드령 수마트라의 거상 張煌南이 부설을 기획한 것이다. 1904년 9월 일본인 총공정사에 의해 기공되어 1906년 11월 개통되었다. 뒤이어 新寧鐵路(광동 斗山 - 江門), 南潯鐵路(九江 - 南昌), 安徽鐵路(蕪湖 - 廣德州 간) 및 호항용철로(상해 - 항주 - 영파), 1907년에는 漳廈鐵路(廈門 - 漳州) 및 齊昻鐵路(동청철로 齊齊哈爾역 - 치치하얼), 1910년에는 洛潼鐵路(하남성 潼關 - 河南府) 및 川漢鐵路(한구 - 중경)의 부설공사에 착수하기에 이르렀다.

그렇지만 이상의 각 선로 가운데 결국 민간자본으로 부설된 것은 신녕철로와 장하철로의 일부에 한정되었다. 전자는 미국 출신의 화교 陳宜禧의 계획에 의거하여 1906년부터 기공하여 1913년에 전 노선을 개통하였고, 후자는 1908년에 기공하였지만 廈門島의 대안 嵩嶼로부터 18리를 부설한 상태에서 공사를 중단하기에 이르렀다. 이와 같이 민간철로의 기획이 대부분 실패로 끝났기 때문에 철로국유론을 불러 일으켰으며, 마침내 1911년 청조가 국내의 철로간선을 모두 국유로 전환한다고 선포하기에 이르렀다. 이에 천월한노선의 국유에 대한 반대의 봉기가 발생하여 마침내 혁명으로 이어졌다.

1) 중국철로의 전근대성과 철로이권 회수운동의 발흥

중국에서 최초로 부설된 철로는 英商 이화양행이 1875년에 착공하여 다음 해 2월 상순에 준공한 오송철로(상해 – 오송)로서, 파이오니어호라 명명된 기관차가 이 노선에서 시험운전을 개시하였다. 그런데 이화양행이 철로 부설에 착수한 직후 중국의 조야에서는 풍수를 해친다거나 조상의 분묘 및 가옥을 이전해야 한다거나 인명이나 가축에 위협이 된다는 등의 이유로 들고 일어나 반대의 소리를 드높였으며, 정부의 입장에서도 외적의 방비라는 국방상의 이유로 철로의 부설을 달가워하지 않았다.

철로를 통한 열강의 세력 확대와 이에 따른 이권의 유출이 심화되면서, 중국관민들도 국방상의 이유나 혹은 이권회수운동의 차원에서 철로 부설의 필요성을 깊이 인식하게 되었다. 이러한 이유에서 열강으로부터 철로의 부설권과 경영권의 제반 권리를 회수하여 철로행정에서 대외적으로 중국의 자주적, 독립적 권리를 확립하는 것이야말로 중국의 근대화 과정 속에서 반드시 달성하지 않으면 안되는 과제로 부상하였다.

이러한 가운데 1895년 청일전쟁이 종결된 이후 철로 부설권은 제국주의 열강이 중국을 침략하는 보편적인 수단이 되었으며, 중국철로에 대한 지배권도 외국인의 수중에 들어가고 말았다. 열강은 차관 공여라는 방식을 통해 철로에 대한 일체의 권리를 장악하였다. 통상적으로 철로차관은 다음의 몇 가지 조건을 전제로 체결되게 된다. 첫째, 일정한 기한 내 철로사업의 경영, 둘째, 철로 부설공사의 인수, 셋째, 총공정사(기사장), 회계주임의 임용, 넷째, 철로자재 공급의 우선권, 다섯째, 이자, 수수료 및 이익의 배당, 여섯째, 담보로서 철로

사업의 전 재산 설정 등을 들 수 있다.

　예를 들면, 영국과 일본이 공동으로 투자한 경봉철로의 주요 직원
은 영국인과 일본인으로 충원되었으며, 철로업무와 관련된 모든 공문
서에는 일문과 영문만을 사용하도록 규정하였다. 열강으로부터 철로
의 부설권과 경영권의 제반 권리를 회수하여 철로행정에서 대외적으
로 중국의 자주적, 독립적 권리를 확립하는 것이야말로 중국의 근대
화 과정 속에서 반드시 달성하지 않으면 안되는 과제로 부상하였다.

　일찍이 1903년 청조정부는 '철로간명장정'을 제정하고 철로를 차
관의 담보로 설정하지 못하도록 규정하였다. 1906-1911년 사이에 각
성의 紳士들은 열강의 철로 부설권 획득에 반대하여, 철로차관의 계
약을 폐지해야 한다고 주장하며, 정부로 하여금 이권을 회수하도록
요구하였다. 이에 따라 중국정부도 철로 부설권을 회수하기 위해 적
극 나섰다. 예를 들면 1908년 10월 중국정부는 匯豊銀行과 匯理銀
行으로부터 자본을 차입하여 철로차관을 상환함으로써 열강의 철로
부설권 일부를 회수하였다. 뒤이어 호북, 호남, 광동의 3성에서 철로
부설권의 회수를 주장하는 격렬한 민중운동이 발생하자, 장지동 등
청조대신들은 미국정부와 교섭하여 마침내 6,750,000달러를 지불하
고 華美合興公司로부터 월한철로의 부설권 및 경영권을 회수하고
각 성에서 자체적으로 철로를 부설하기로 결정하였다.

　월한철로의 제 권리가 성공적으로 회수된 이후 철로이권 회수운
동은 전국적으로 확산되었으며, 이후 민영철로공사가 우후죽순처럼
생겨났다. 이와 같은 열기에 힘입어 영국과 독일의 합자형태였던 진
진철로에 대해 직예, 산동, 강소 3성이 연명으로 민영으로의 회수 운
동을 전개하여 마침내 이를 회수하기에 이르렀다. 또한 蘇杭甬鐵路
는 진진철로와 같은 방식으로 중영공사와의 사이에 계약이 체결되

었는데, 강소, 절강 양 성민이 공전의 廢約運動(조약폐지운동)을 전개하면서 蘇路, 浙路 양 공사를 설립하고 주식을 모집하여 철로 부설에 적극 나섰다. 이와 함께 중국관민들은 자국의 기술과 자본을 동원하여 철로를 부설함으로써 이권의 유출을 방지하자는 취지에서 철로의 自辦運動에 적극 나섰다.

그러나 철로이권 회수운동과 철로자판운동은 국력과 재정적 여건을 고려하지 않고 열의만을 가지고 추진되었기 때문에 곧 난관에 봉착하고 말았다. 수많은 철로공사들은 중앙정부의 배경이나 보증 없이 오로지 그 지역 출신들로만 발기인을 구성하였으며, 이러한 결과 민간자본의 자발적인 호응이 매우 적어 무엇보다도 자본 조달에 큰 어려움을 겪었다. 이렇게 되자, 각 성정부는 각종 잡세를 강제적으로 할당하여 부과하지 않을 수 없었다.

철로자판운동이 진전되면서 안휘성에서는 안휘철로, 산서성에서는 동포철로(대동-태원-평양-포주), 절강성에서는 절강철로(항주-엄주-금화-온주), 광동성에서는 신녕철로(신령-광주), 복건성에서는 장하철로(장주-하문), 광서성에서는 계전철로(계림-전주) 등 각종 철로 부설계획이 속속 출현하였다. 그러나 각 성의 철로공사에 모집된 자금은 수백만 량에 지나지 않았으며, 수십만 량에 불과한 지역도 허다하였다.

이 시기에 중국의 자본과 기술을 가지고 자체적으로 부설된 철로는 조산철로와 경장철로 두 노선에 지나지 않았다. 뿐만 아니라 철로관리의 부패, 비용의 남발, 경영의 열악함 등은 오히려 철로의 발전을 저해하였다. 철로이권 회수운동이 성공을 거두지 못한 채 청조가 타도되면서 이와 같이 산적한 과제가 그대로 민국 시기로 넘어오고 말았다.

2) 중동철로와 이권회수

1차대전이 종결된 이후 중국에서는 철로 부설권 등 제국주의 열강의 이권을 회수하기 위한 운동이 전국적으로 광범위하게 전개되었다. 이와 같은 열기에 부응하여 동북지방에서도 철로의 이권회수를 목표로 하는 鐵道自辦運動이 전개되었으며, 주요한 대상은 바로 중동철로(동청철로, 동성철로)와 남만주철로였다

그렇다면 앞서 지적한 바와 같이 소련이 중소협정, 봉소협정을 통해 제정러시아 시대의 특권을 포기하였음에도 중동철로는 왜 이권회수운동의 주요한 대상이 되었을까? 이러한 원인은 중동철로의 소유권 및 지배권에 대한 중동철로공사, 즉 소련의 영향력이 정치, 군사적 이권을 반환하였음에도 여전히 강고하게 유지되고 있다는 구조적 문제에서 찾을 수 있다. 다시 말해 카라한선언과 중소협정을 통해 이권을 반환한다고 하였음에도 소련은 여전히 중동철로에 대한 경영권을 견지하고 있었으며, 이를 통해 만주에서의 지배권 역시 변함없이 유지하고 있었던 것이다.

1차대전이 종결된 직후인 1919년 1월 18일에 개최된 파리강화회의에서 중국은 3개항의 요구사항을 제출하였는데, 주요한 내용은 1)1915년 일본과 체결한 '21개조약'의 폐지, 2)교주조차지 및 산동에서 독일 이권의 회수, 3)자국의 주권을 훼손하는 일체 조약의 폐지 및 회수 등으로 요약할 수 있다. 특히 세 번째 요구와 관련해서는 "중국에서 모든 외국의 세력 및 이익범위의 폐지, 외국군대 및 경찰의 철수, 영사재판권의 폐지, 조자치의 환수, 외국의 이권 및 조계의 환수, 관세자주권의 확립"이라는 구체적인 조항을 명시하였다.

그러나 1922년 1월 19일에 개최된 워싱턴회의의 중동철로분과회 제1회 위원회에 참석한 일본, 영국, 미국, 프랑스, 이탈리아, 소련, 네

델란드, 포르투갈 등 중국을 제외한 각국 위원들은 "중동철로는 소련정부의 재산으로서, 중국은 1896년의 계약에 따라 종국적으로 귀속권을 갖는다"고 결의하였다. 이에 대해 중국위원은 중동철로가 결코 소련의 자산이 아니라고 주장했으나 일본, 프랑스 등이 여기에 정면으로 반대의 뜻을 표명하였다. 프랑스위원은 중국이 지출한 500만 고평량은 철로 부설에 투자된 것이 아니고 은행자본의 일부일 뿐으로서, 철로 소유권과는 하등의 관련이 없다고 주장하였다. 중국위원이 이를 강하게 반박하였으나, 곧이어 일본, 프랑스, 미국, 영국의 반대에 직면하였다.

이와 같은 국제적 여론에 힘입어 비록 카라한선언과 중소협정, 봉소협정을 통해 중동철로의 이권과 그 성격이 상업적인 것으로 대폭 축소되긴 하였지만, 그럼에도 소련은 이 철로에 대한 소유권과 경영권을 여전히 유지하고 있었던 것이다. 바로 이러한 점이 중국에서 중동철로를 비롯한 철로이권의 회수운동을 촉발한 주요한 원인이 되었다고 할 수 있다.

한편, 임성사건은 중국철로의 전근대성을 단적으로 보여주었는데, 이 사건은 중국철로의 관리가 얼마나 통일성을 결여하고 봉건세력인 지방군벌의 지배 하에 놓여 있었는지를 잘 말해주고 있다. 민국 초에는 군벌이 할거하고 내란이 끊이지 않았으며, 각 철로의 관리권은 군벌의 지반에 따라 이리저리 이전하였으며, 따라서 중앙정부가 일률적으로 통제하기 어려웠다. 각 철로의 수입은 대부분 그 지역에서 사용되었고, 채권의 상환과 철로의 증설이나 보수에는 거의 신경쓰지 않아 철로의 발전을 기대하기 어려웠다.

1922년 4월에 제1차 봉직전쟁이 발생한 이후 중국에서는 군벌 간의 전쟁이 끊이지 않았으며, 1925년이 되면 군벌전쟁은 마치 전국시대를 방불케하였다. 군벌전쟁의 시기는 바로 철로의 수난기라고도 할 수 있는데, 특히 제2차 봉직전쟁의 특징은 전투가 철로 노선을 따라 발생했다는 사실이다. 이러한 이유는 무엇보다도 철로가 신속한 군사행동을 가능하게 해 주었을 뿐만 아니라, 그 재원을 마련하기 위해서도 철로는 주요한 공급원이 되었다는 사실에 유의하지 않으면 안 된다. 중국에서 군비의 조달에 큰 역할을 수행한 부서는 다름 아닌 교통부와 재정부였으며, 특히 교통부는 매년 거액의 군사비를 부담해 왔다.

이러한 와중에서 1923년 진포철로에서 발생한 임성사건은 중국철로의 신용을 국제적으로 크게 실추시켰으며, 중국철로의 전근대성을 잘 웅변해 준 사건이었다. 1923년 5월 6일, 포구로부터 천진으로 향하던 열차가 임성 – 사구 사이의 구간에서 토비의 습격을 받아 35명의 외국인 승객 가운데 한 명이 사살되고 26명은 부근 토비의 소굴로 납치되는 공전의 사건이 발생하였다. 북경외교단은 이를 중시하여 중국정부에 책임을 묻는 동시에 조사원을 현지에 파견하여 구조업무를 독촉하고 감독한 결과 수 명의 부녀승객은 곧 석방되었으나 기타 인질들은 6월 20일에 이르러서야 구조될 수 있었다.

이 사건에 대해 중국정부가 유감을 표명하고 36만여 원의 배상금을 지불하는 것으로 낙착되기는 하였으나, 이를 계기로 재중외국인 사이에서는 중국철로 국제관리안이 대두되고, 영국 측으로부터는 공동경비국안이 제기되었다. 이 방안은 교통총장 하에 중국인을 국장으로 두고 외국인을 부국장으로 하는 철로경비국을 설치하여 외국장교의 지도, 감독, 감찰 하에 충분한 병력을 상비함으로써 여객의 안전을 도모하여 철로재산을 보호하고 철로행정을 원조한다는 내용이었다.

임성사건은 군벌에 장악되어 있던 중국철로의 전근대성을 잘 보여준 사례이며, 공동경비국안은 군벌에 대한 불신임안으로 해석할 수 있다. 제2차 봉직전쟁에서 직예파가 철로당국으로부터 운수권을 탈취하여 군사 운수를 실행한 이래 군벌의 철로에 대한 전횡은 더욱 강화되었다. 이들은 스스로 철로의 경영에 뛰어들어 임의로 운임의 인상을 단행하는 등 철로를 거리낌 없이 사유재산화하였다. 한 철로에 두 개 혹은 수 개의 관리국이 출현하여 경영권을 다투는 일도 드문 현상이 아니었으며, 교통부는 유명무실한 존재로 전락하고 말았다. 군벌들은 철로 수입을 군비로 유용하였으며, 부가세를 징수하여 군비로 충당하였다.

이와 같이 반식민지적, 반봉건적 철로행정을 일신하고 발전시키기 위해서는 무엇보다도 첫째, 내외채를 정리하여 불평등조약의 무효를 선포하고 외채를 상환하며, 둘째, 철로 주권을 통일하고 열강이 중국에서 경영하는 철로의 권리를 회수하며, 셋째, 철로행정을 독립시켜 군벌의 간섭을 허용치 않으며, 넷째, 인재를 선발하여 철로행정을 담당하도록 하는 일이 급선무가 아닐 수 없었다.

이러한 가운데 교통부 및 각 철로당국은 군벌의 질곡으로부터 벗어나 철로 본연의 면목을 갖추기 위해 진력하였으나, 총검의 위협 앞에서 개선안을 실행하기는 쉽지 않았다. 마침내 1927년 남경국민정부가 수립된 이후 북벌을 개시하면서 중앙집권적 통일국가의 수립이 가능하게 되고, 이에 따라 자연히 국유철로 역시 국민정부 교통부의 통일적 지배 및 관리 하로 들어가게 되었다.

3) 철로부지 수용과 '潮汕鐵路案'

조산철로의 부설 청원이 비준을 득했다는 소식을 전해 들은 대만 총독부는 이 기회를 틈타 일본인 아쿠자와 나오야(愛久澤直哉)에게 일본국적 대만인 林麗生과 홍콩상인 吳理卿 사이의 관계를 이용하여 자본의 투자에 적극 나서도록 지시하였다. 3월 임여생은 아쿠자와 나오야와 차관계약을 체결한 이후 총 100만 원 상당의 차관을 차입하고 상환기한을 99년으로 정하였다. 이후 임여생은 철로의 경영에서 아쿠자와의 의견을 적극 수용하지 않을 수 없었다. 4월 아쿠자와 나오야는 장욱남 등과 조산철로부설계약을 체결하고 철로의 부설과 관련된 모든 권한을 장악하였다. 이와 같이 일본은 차관의 공여를 통해 조산철로의 부설권 및 경영권을 수중에 넣을 수 있었다.

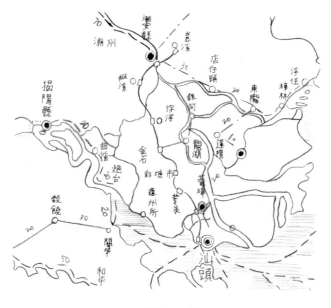

조산철로 노선도

조산철로의 부설 과정에서 일본 세력의 확장에 대해 당시 이 지역 주민들의 반감이 적지 않았던 것으로 보인다. 조산철로의 부설 과정에서 철로 연선의 주민들이 일본인을 구타하여 사망에 이르게 한 사건이 발생하였는데, 이것이 바로 조산철로안의 서막이었다.

서태후는 장욱남이 신청한 조산철로의 부설 계획을 직접 비준하는 동시에 50년 이후 국유로 귀속할 것에 상호 합의하였다. 이와 함께 철로대신 성선회는 첨천우를 조산철로를 부설하기 위한 측량과 설계를 담당할 인물로 추천하였다. 그러나 청조 지방관원 및 奸商이 일본인과 결탁하여 첨천우를 배척하였으며, 마침내 100만 원의 부설 비용으로 일본에 조산철로의 부설을 위임하였다.

조산철로의 부설 과정에서 향촌의 수많은 전답이 수용되었으며, 지역과 지역이 분단되자 연선 주민들의 불만이 고조되었다. 1905년 초 철로의 부설이 澄海縣과 海陽縣(현재의 潮安縣)의 교계지역인 葫蘆市에 이르게 되자, 일본은 인구가 밀집되어 있고 경제가 발달해 있는 菴縣(龍溪都)에 기차역을 설치할 것을 적극 고려하였다. 이를 위해 원래의 부설 계획을 변경하여 직선코스를 버리고 완만한 노선을 선택하여 노선이 菴埠를 관통하도록 결정하였다.

이 철로를 부설하기 위해서는 먼저 노반을 조성해야 했다. 그런데 菴埠 지역은 陳姓과 楊姓의 양대 성씨가 집거하는 향촌으로서, 馬隴鄕과 文里鄕에 방대한 전원과 묘지가 조성되어 있었다. 철로가 부설됨에 따라 문리향이 둘로 나뉘어지면서 일시에 민성이 들끓었다. 이에 문리향에 거주하던 70여 세의 향신 楊元榮이 향민을 대표하여 몸소 해양현에 탄원서를 제출하고, 원래 계획된 철로 노선의 변경이 불가하다고 항변하였다. 당시 청조의 관원들은 열강 세력을 두려워하여 일본인이 관여된 안건이라며 감히 나서서 결정하지 못하고 가부에 대한 회답도 없이 자리만 지키고 있었다.

이에 1905년 2월 3일 月浦 향민과 철로를 부설하던 일본인 공정사 사이에 분쟁이 발생하면서 사태가 걷잡을 수 없이 확대되었다. 월포 향민들은 분노에 못이겨 일본인 공정사를 구타하였으며, 이 과정에서 두 명의 일본인이 葫蘆市에서 살해당하였다. 이후 馬隴과 文里 향민들은 일본인 간상과 결탁한 市長의 가택을 습격하여 약탈하였다.

海陽縣 駐庵埠의 通判은 洋人이 목숨을 잃은 사안이 중대하여 자신의 능력으로 수습하기 어렵다고 판단하여 이를 급히 潮州府에 보고하고, 庵埠의 陳姓과 楊姓의 두 집단이 모반을 하였으므로 병사를 파견하여 진압해 줄 것을 요청하였다. 조주부는 보고를 접수한 이후 한편으로는 楊元榮을 구금하고 한편으로는 督辦 吳祥達이 수백 명의 병사를 이끌고 이들을 진압하기 위해 나섰다. 이들 병사가 庵埠에 도달한 이후 문리향의 橋邊村에서 머무르자, 진, 양 두 성씨의 향민들은 관병이 진압하러 왔다는 소식에 황망히 도주하여 사방으로 몸을 피하였다. 菴埠 지역 내의 점포들도 모두 문을 걸어 닫았다.

일본은 산두 주재 자국영사를 통해 청조 지방정부와 교섭하여 조속히 해결할 것을 촉구하는 동시에, 향후 일본이 철로를 부설하는 과정에서 일본군대를 파병하여 수비할 것임을 통보하였다. 조속한 해결을 위한 일본의 독촉에 몰린 광동총독 歲春煊은 조사를 실시한 이후 일본인을 살해한 책임을 진씨와 양씨 두 향민에게 지우고, 살해범을 한 명씩 잡아내어 대가를 치루도록 강요하였다. 이러한 결과 이들 두 성씨는 1명당 1,000원의 대가로 가난한 사람 가운데 희생양을 물색한 결과 문리촌의 楊阿會와 19세의 점원인 陳元貞에게 죄를 뒤집어 씌워 죽음으로 죄를 갚도록 하였다. 마침내 일본과의 협상을 거쳐 1905년 3월 안건은 종료되었으며, 진원정과 양아회는 사형, 양

원영은 5년 감금에 처해졌다. 이 밖에 배상금으로 26,000원이 부과되었다. 비록 형식적으로 사건이 해결되기는 하였지만, 일본에 대한 일반인의 원성은 여전히 잠복해 있었다.

참고문헌

『神戶又新日報』

『大阪每日新聞』

『滿洲日報』

『時事新報』

『新聞報』

『申報』

宓汝成, 『中華民國鐵路史資料』, 社會科學文獻出版社, 2002.

上海檔案館編, 『中國外債檔案史料匯編』1-3, 1988-1989.

國民政府鐵道部, 『鐵路年鑑』1933, 1934, 1936年板.

日本外務省理財局國庫課, 『支那鐵道國際管理問題參考資料』3卷, 1919.3.

孫文, 『孫中山全集』二卷, 中華書局, 1982.

千家駒, 『舊中國公債史料』, 中華書局, 1984.

北京大學法律係國際法教硏室編, 『中外舊約章彙編』第一冊, 第二冊, 第三冊, 三聯書店, 1959.

東亞同文會, 『支那年鑑』, 1935.6.

陳樹曦, 『中華民國史交通志』, 國史館, 1993.

金志煥, 『鐵道로 보는 中國歷史』, 學古房, 2014.

吳承明著, 金志煥譯, 『舊中國 안의 帝國主義 投資』, 고려원, 1992.

송승석, 『옛길 사이, 작은 사연들』, 다인아트, 2017.8.

Kent著, 李抱宏等譯, 『中國鐵路發展史』, 三聯書店, 1958.

雷麥著, 蔣學楷譯, 『外人在華投資』, 商務印書館, 1959.

金士宣, 『中國鐵路發展史』, 中國鐵道出版社, 1986.11.

李占才, 『中國鐵路史』, 汕頭大學出版社, 1984.6.

曾仲鳴, 『路政論叢』, 開明書店, 1934.

衡陽謝彬, 『中國鐵道史』, 上海中華書局, 1934.

陳立夫, 『中華鐵路史』, 臺灣商務印書館, 1981.

李國�よる, 『中國早起的鐵路經營』, 臺灣中央研究院, 1961.

馬陵合, 『清末民初鐵路外債觀研究』, 復旦大學出版社, 2004.

馬陵合, 『晚清外債史研究』, 復旦大學出版社, 2005.

王致中, 『中國鐵路外債研究』, 經濟科學出版社, 2003.

中國史學會主編, (中國近代史資料叢刊)『義和團』第三冊, 上海人民出版社, 1957.

隆武華, 『外債兩重性』, 中國財政經濟出版社, 2001.

楊蔭溥, 『民國財政史』, 中國財政經濟出版社, 1984.

何媛媛, 『京漢鐵路早期經營研究』, 哈爾濱師範大學碩士論文, 2010.

南滿洲鐵道株式會社, 『北滿洲と東支鐵道』下, 大阪每日新聞社, 1928.7.

南滿洲鐵道株式會社, 『北滿洲と東支鐵道』上, 大阪每日新聞社, 1928.7.

町田耘民, 『滿蒙の鐵道戰』, 民衆時論社, 1926.1.

中村明人, 『東支鐵道の過去及現在』, 陸軍省調查班, 1932.5.

吾孫子豐, 『支那鐵道史』, 生活社, 1942.

吾孫子豐, 『滿支鐵道發達史』, 內外書房, 1944.

日華實業協會, 『支那近代の政治經濟』, 外交時報社, 1931.12.

日本外務省理財局國庫課, 『支那鐵道國際管理問題參考資料』3卷, 1919.3.

石川順, 『支那の鐵道』, 鐵道生活社, 1928.

小島憲市, 『支那鐵道概論』, 中日文化協會, 1927.

滿鐵會編, 『滿鐵四十年史』, 吉川弘文館, 2007.

山上金男, 『浙江財閥論』, 日本評論社, 1938,

滿鐵經濟調查會, 『世界經濟班業務月報』, 1935.10.

宓汝成著, 依田憙家譯, 『帝國主義と中國の鐵道』, 龍溪書舍, 1987.

中國經濟情報社, 『支那經濟年報』第一輯, 白揚社, 1936.

麻田雅文,『中東鐵道經營史』, 名古屋大學出版會, 2012.

莊階三,「支那の鐵道」,『支那問題』69號, 1927.7.

Chi-ming Ho, Foreign Investment and Economic Development in China, 1840-1937, Havard Univ Press, 1965.

金志煥,「南京國民政府의 公債政策과 統一公債의 性格 再論」,『東洋史學研究』115輯, 2011.6.

金志煥,「中日戰爭 直前期 中日經濟提携論」,『中國學論叢』22輯, 2006.12.

金志煥,「中國 東北地域 상품유통망의 변화와 東淸鐵道의 매각」,『歷史學報』217輯, 2013.3.

金志煥,「滿鐵과 東北交通委員會」,『中國近現代史研究』40輯, 2008.12.

김지환,「제정 러시아의 제국주의와 東方政策의 역사적 고찰: 東淸鐵道를 둘러싼 중러관계의 변화를 중심으로」,『中國學報』50輯, 2004.12.

송한용,「중동로사건에 대한 일본의 대응과 영향」,『역사와 담론』31집, 2001.

林福耀,「日本資本主義發展段階に於ける支那市場の意義」,『支那經濟事情研究』, 東亞事情研究會, 1935.2.

趙冬暉,「北黑鐵路」,『黑河學刊』, 1986.10.

張潔,「九一八事變后日本攝取中國東北鐵路權探析」,『遼寧大學學報』2009年 6期.

張景泉,「第二個滿鐵線圖佳鐵路的建築及影響」,『吉林師範大學學報』1996年 11期

鄭宜紅,「試析1935年以前中國銀行對待政府內債態度之演變」,『民國檔案』1993年 1期.

蔣星德,「中東鐵路的時代背景與政治反映」,『東方雜誌』26卷 15號, 1929.8.10.

叔銘,「日人眼中滄石鐵路之重要性,『競存』創刊號, 1936.5.

方秋葦,「滄石鐵路問題」,『新中華』5卷 15期, 1937.8.7.

章勃,「滄石鐵路問題與華北存亡之關係」,『交通雜誌』5卷 7期, 1937.7.

제5장
전쟁과 군사 운수(軍運)

1 중국철로의 국방 意義

중국에서 최초로 철로를 부설한 목적은 무엇보다도 유사시 신속하게 병력 및 군수를 운반하기 위한 국방의 필요성에 있었다. 1880년 직예총독 이홍장은 청조 중앙에 철로의 부설을 통해 병력을 신속히 이동시킨다면 18개 성의 방비가 가능하다고 주장하였다. 이를 위해 이홍장은 전국에 걸쳐 4개 노선의 철로를 부설해야 한다고 주창하였다. 우선 남로의 두 노선으로서, 하나는 淸江으로부터 산동을 거치는 경로였고, 다른 하나는 한구로부터 하남을 거치는 노선으로서 모두 북경에 도달하는 경로였다. 다음으로 북로의 두 노선은 북경으로부터 동쪽으로 봉천으로 통하고 서쪽으로는 감숙으로 통하는 경로였다. 이홍장이 주창한 이들 네 노선은 주로 정치, 군사적 필요성과 고려에서 제기된 것이다.

이러한 가운데 청조는 특히 동북지역과 화북지역에서 철로를 부설해야 하는 절박한 상황에 직면하였다. 1890년 총리해군아문과 이홍장은 이미 예정된 노한철로의 부설을 늦추고 대신에 러시아의 위협에 신속히 대처하기 위해 關東鐵路를 우선적으로 부설한다는 데에 의견이 일치하였다. 1891년 청조는 관동철로의 부설을 비준하고 이홍장을 독판으로, 裕祿을 會辦으로 임명하였다. 이홍장은 동북 변방의 방비를 강화하기 위한 목적에서 산해관에서 遼西走廊을 향해 綏中縣으로 철로 노선을 부설해 나갔다.

일찍이 1886년 이홍장은 철로의 군사적 효용성에 주목하여 청조 중앙에 총리해군아문으로 하여금 철로와 관련된 제반 업무를 관할하도록 주청하였다. 1896년 청조는 철로총공사를 설립하여 성선회를 독판대신으로 임명하고, 노한철로의 부설을 주관하도록 하였으나, 여전히 해군아문의 지휘 하에 놓여 있었다. 1898년 광무철로총국이 성립되어 철로 유관업무는 마침내 해군아문으로부터 독립할 수 있었다.

19세기 중엽 서구 열강은 철로의 발전과 신식병기의 발전을 대등한 비중으로 중요시하였다. 1890년 프랑스에서 출판된 『현대전쟁』은 "한 국가가 변방의 방어진을 구축할 때에 가장 먼저 고려해야 할 것은 철로망으로서, 전체 국경을 커버하여 가능한한 신속히 병력을 집결시키는 것"이라고 설파하였다.

중국철로가 처음으로 전쟁에 활용된 것은 청일전쟁 시기였다. 당시 대만철로까지 포함하여 중국철로의 총연장은 400킬로미터에 달하였다. 청일전쟁에서 패한 원인은 여러 가지로 들 수 있지만, 무엇보다도 철로의 미비로 인해 병력과 군수의 수송능력이 미흡하였음이 주요한 원인으로 거론되었다. 청일전쟁 이후 중국에서는 "철로를 부설하면 화물의 수송에 매우 편리하여, 일단 변경에서 사건이 발생하면 군량의 수송, 병력의 운송이 아침에 출발하여 저녁에 도달할 수 있다"라고 널리 인식하게 되었다. 이러한 인식 하에서 1896-1903

년 동안 청조는 4,038킬로미터의 철로 노선을 부설하였다. 이 가운데 32퍼센트가 차관을 도입하여 부설되었으며, 68퍼센트가 외국의 투자 및 경영으로 운영되었다.

1900년 의화단운동 당시 8개국연합군은 무엇보다도 철로의 효용성을 십분 활용하였으며, 모든 군대는 철로병, 공병 등의 특수병종을 갖추고 있었다. 이들은 무엇보다도 먼저 북경으로 향하는 철로 노선을 장악했다. 직예만의 상륙지점과 이로부터 북경으로 이어지는 철로를 장악하였으며, 大沽에서 북경에 이르는 철로 연선을 주요한 군사의 요충으로 삼았다. 전쟁 초기 8개국연합군은 진고철로, 진통철로를 따라 병력을 전진시켰다. 이미 당서철로를 비롯하여 관동철로, 당고철로, 노한철로 등이 개통되어 북경과 천진, 보정, 장가구 등의 도시가 공용도로로 상호 연결된 상태였다. 청군은 천진을 수호한다는 소극적인 방어태세를 취하였으나, 연합군은 북경과 천진의 문호인 大沽를 먼저 공략하여 진고철로를 장악한 이후, 대고를 병참기지로 삼아 철로를 통해 군대, 탄약 및 각종 물자를 부단히 수송하였다.

손중산은 철로의 전략적 가치를 중시하여 일찍이 1894년에 작성한 '상이홍장서'에서 철로의 부설을 적극 주창하였다. 손중산은 중화민국대통총의 직책을 사임한 이후 철로네트워크의 건설에 온 힘을 다하였다. 손중산은 "현재 각국이 우리나라를 삼키려하는데, 훈련된 병사와 철로 부설만이 망국의 위기로부터 구할 수 있다"라고 주장하였다.

1903년 12월 청조 商部가 반포한 '철로간명장정'은 이미 철로를 통해 병사 및 군수품을 적재하여 운송할 경우의 규정을 명확하게 반영하고 있다. 즉 장정의 제21조는 "중국자본이나 외국자본으로 부설된 철로를 막론하고 만일 군사 운수(軍運)의 필요로 말미암아 중국 정부가 병사를 실어 나르거나 군량, 무기 및 기타 군수물자를 운송하도록 요청할 경우 반드시 우선적으로 탑재하도록 해야 한다. 이때 운임은 정상가의 절반으로 할인하여 혜택을 부여해야 한다"라고 명시하였다. 또한 제50조에서도 "민영철로도 평시, 전시를 불문하고 군사용도로서 편의를 제공할 의무를 지닌다"라고 규정하였다.

1912년 8월 28일 손중산은 『아세아일보』 기자와의 대담 가운데 철로 부설과 병사의 훈련 가운데 "철로가 우선"이라고 강조하며, "만일 철로가 없다면 병사 역시 효율적으로 활용할 수 없으며, 따라서 전국에 걸쳐 철로를 부설한다면 상비군 500만 명만 있어도 열강의 모멸을 겪지 않게 될 것"이라고 말하였다. 또한 북경에서 거행된 전국철로협회의 환영석상에서 "중국에 200만 명의 병사가 20여 省에 분포하여 평균 10만 명에 불과한 실정이다. 30만 명의 병사만 있어도 승리할 수 있는 방도가 있다. 명목은 200만 명의 병사이지만 실상은 없는 것과도 같다"라고 연설하였다.

1912년 9월 12일 손중산이 전국철로독판으로 취임한 이후 상해에 '중국철로총공사'를 설립하고, 10년 내 총연장 20만 리의 철로를 부설하려는 대철로계획을 수립하였다. 손중산은 "철로의 부설은 民國의 생사존망이 걸린 대사로서, 대철로계획의 중요한 목적 가운데 하나는 전국의 교통을 편리하게 하여 병사와 군향을 실어 나르며⋯철로가 있으면 교통이 편리하여 내지의 군대를 변경으로 실어 나를 수 있다"고 주장하며 철로가 가진 군수 및 국방상의 중요성을 강조하였다.

2 軍運

1) 영성철로와 군운

영성철로의 경우 군인은 승차표를 구매하지 않고도 승차할 수 있었다. 그러나 군인의 탑승 수자가 일반 승객보다 많아지자 '군용차표장정'을 제정하여 1명당 표가로 銅元 2枚를 납부하도록 하고, 만일 이를 위반할 경우 의법처리하도록 하였다. 1936년에는 월표(5원 8각), 단체표(10명 이상)를 발행하였다

2) 남심철로의 군운과 영업 손실

남심철로는 특히 군사 관련 객화의 운송 비중이 매우 높았다. 이것이 비록 국가 경영과 관련하여 기여한 바가 적지는 않았지만, 철로 경영의 측면에서 보자면 부정적인 영향이 적지 않았다. 예를 들어 1933년과 1934년의 상황을 살펴보면, 남심철로의 경우 군운업무의 비중이 매우 높았다. 예를 들어 1933년의 경우 남심철로의 총운송 여객수가 63만 명이었는데, 이 가운데 군인이 약 53만 명으로 무려 전체의 84퍼센트를 차지하였다. 군당국은 記帳[1]의 방식으로 대금을 지불하였다.

---

1) 평시에는 요금을 지급하지 않고 성명과 관련 정보만을 기입한 이후에 일정한 기간을 정하여 정기적으로 시기가 도래하면 한꺼번에 결산하는 일종의 외상 거래를 말한다.

1933, 1934년도 남심철로 손익표   (단위 : 元)

연도	총수입	총지출	결손
1933	638230.48	675883.81	37653.33
1934	597757.04	645991.54	48234.50

3 중일전쟁과 중국철로

1936년 국민정부는 국방교통건설계획을 제정하기 시작하여 1937
년부터 1940년 4월까지 새로운 철로 간선의 부설계획을 완성하였다.
1937년 2월 장개석은 국민당 5계 3중전회에 '중국경제건설방안'을
제출하고, 향후 5년 동안 "철로 부설은 마땅히 국방운수 및 경제 소
통을 원칙으로 삼아야 한다"고 강조하며, 총 9억 9,480만 원의 예산
을 철로네트워크의 건설에 투입해야 한다고 강조하였다.

1937년 7월까지 중국 관내지역에는 철로 노선의 총연장이 이미
12,000킬로미터에 달하였다. 중일 간의 군사, 외교적 충돌이 현실화
되면서 화북지역의 정세가 긴박하게 전개되자 국민정부 철도부는
군수업무를 주요한 현안으로 상정하고, 각 철로국에 다음과 같은 4
항의 업무를 철저히 준비하도록 지시하였다. (1)鐵路員工에 대한 군
사훈련의 실시, (2)자재의 구매 및 비축, (3)각종 철로 관련 설비의
충실, 운수 효율의 제고, (4)방공업무의 적극 추진, 철로의 遷移 대비

이미 1936년에 국민정부는 '민국26년도(1937)국방작전계획'을 수
립하고, 전국의 철로를 일률적으로 최고통수부 직할로 귀속하였다.
이와 함께 한구, 남창, 남경, 서주, 태원, 정주, 서안 등에 주요병참을
설립하여 군량, 탄약 및 연료를 비축하였으며, 수비군을 조직하여

진포철로에서 평한철로의 남단, 농해철로 및 절공철로 등의 방비를 담당하도록 하였다. 이 밖에 국민정부는 전당강대교를 가설하여 진포철로, 경호철로, 호항용철로, 절공철로 등을 상호 연결하였으며, 더욱이 평한철로, 월한철로의 관통으로 말미암아 각 주요 철로 간선은 항전을 앞두고 철로 상호 간의 연계를 긴밀히 하였다.

중일전쟁이 폭발하자 철로는 즉각 전시 운수업무를 담당하였다. 7·7사변이 발발한 이후 무한이 함락되기까지의 1년 3개월 동안은 철로운수가 가장 활발한 시기였다. 군수는 대부분 철로로 운송되었다. 무한이 함락된 이후 중국철로 가운데 약 8,800킬로미터 노선이 적의 수중에 떨어졌는데, 이는 관내철로 총연장의 4분의 3에 해당되는 수치였다. 이에 철로를 통한 운수로부터 공로 및 수로로 전환할 수밖에 없었다.

1937년 7월 14일 남경국민정부는 '戰時運輸辦法'을 반포하고, 이를 총괄하기 위한 철도부 운수사령부를 설립하였다. 이 밖에 각 철로관리국에 線區司令部를, 기차역에는 車站司令部를 설치하여 철로에 대해 軍管理을 실행하였다. 철도부는 정주역과 柱州역에 각각 장강 이북과 이남 두 곳의 運輸總調度所를 설치하여 각 철로국과 운수사령부 사이에 긴밀한 협조를 담당함으로써 철로의 효율성을 최대한 제고하고자 하였다. 이 밖에 철로직공들로 하여금 적기의 공습에도 군대가 철수하기 이전에는 절대 먼저 철수하지 말도록 지시하였다. 항일전쟁 중 철로의 역할은 대체로 다음의 세 방면으로 나누어 볼 수 있다.

1) 병력과 군수의 운송

중국철로는 병력과 군수물자를 집결지역으로 대량으로 신속히 운송하여 항전을 적극 지원하였다. 항전 기간 동안 철로가 병력을 운송한 회수는 총 27,430,000次에 달하였으며, 군수물자는 총 543만 톤에 달하였다. 북평과 천진이 함락된 이후 평한철로(경한철로)는 국방의 최전선에 있었으며, 농해철로와 직접 연결되었고 간접적으로 동포철로와도 연결되었다. 국민정부는 평한철로를 중심으로 제1전구를 설립하였으며, 제2집단군도 평한철로 인근에 주둔하였다. 제14집단군이 평한철로 이서를 방어하였으며, 제20집단군은 평한철로 이동에 주둔하며 철로선상을 따라 항일전쟁을 수행하였다. 1937년 8월부터 1938년 2월까지 평한철로 선상에서 열차가 총 2,826회 발차하였으며, 평균 매일 13회, 운송한 군수물자는 총 279,195톤에 달하였다. 평한철로 연선지역에 철로의원을 확충하고 구호열차를 운행하여 부상병을 구호하였다.

1937년 8월 13일 제2차 상해사변이 발발하자 중국은 총 73개 사단을 투입하였는데, 이는 중국이 보유하고 있던 총병력의 3분의 1 이상에 달하는 수치였다. 이를 지원하기 위해 경호철로는 총 1,346차례에 걸쳐 군용열차를 운행하였으며, 이를 통해 병력 50개 사단과 군수물자 5만 톤을 운송하였다. 일본전투기가 열차역을 폭격하였으나 열차의 운행을 중단시킬 수는 없었다. 낮에 열차를 운행할 수 없게 되자, 철로직공들은 야간에 열차를 운행하였다.

2) 물자와 인원의 大后方 遷移

중일전쟁이 발발한 이후 국민정부는 중경을 임시수도로 선포하고 장기항전을 천명하였다. 전쟁이 장기전으로 접어들면서 총력전의 양상으로 전개되자, 전쟁을 지원하기 위한 생산설비 등 경제적 기초를 확보하는 일은 매우 긴요한 과제가 되었다. 중일전쟁이 폭발한 이후 장개석은 항전을 위한 물적 기초로서 생산설비의 내지 이전에 많은 노력을 기울였다. 중일전쟁이 폭발한 이후 국민당 5계 5중전회에서 장개석은 "현대전쟁의 승패는 경제력의 지속 가능성 여부에서 결정된다"고 언급하였다. 상해 등 연해지역이 적의 수중으로 떨어지자 국민정부는 서남지역의 개발과 건설을 모토로 전시경제를 부흥시키는 전략을 세웠다. 이를 위해서는 연안지역의 기계 등 생산설비와 기술자, 그리고 일반인들을 중경 등 대후방으로 천이하는 것이 매우 중요한 국가적 과제로 부상하였다.

1938-1942년 상해, 청도, 무한 등의 공업 선진지역으로부터 후방으로 이전한 민영공장은 총 639廠이었으며, 기계설비는 12만여 톤, 기술인원은 약 12,000여 명에 달하였다. 국민정부 兵工署는 적의 위협하에 놓여 있던 군수공장 및 유관기관으로 하여금 1937년 11월 15일 이전에 서남지역으로 이전하도록 명령하였다. 광동성에서 광서성으로 이전한 병공창은 黔桂鐵路를 따라 귀주로 이전하였으며, 일부 설비는 중경으로 이전하였다. 북방의 제남, 태원의 군수 및 생산설비도 서남지역으로 이전하였다. 1939년 1월까지 중경으로 이전한 공장은 50여 창에 달하였으며, 특히 嘉陵江邊에는 공업지구가 형성되었다.

이와 함께 동남연해와 서남 각 성의 교통을 연계하고 물자를 후방으로 운송하기 위해 국민정부는 1938년 6월 湘桂鐵路를 부설하여 열차를 개통하였다. 이것은 중일전쟁이 발발한 이후 중국이 처음으로 부설한 철로로서, 총연장 1,000킬로미터에 달하였다. 무한, 광주가 함락된 이후 장강 이북의 교제철로, 진포철로, 평한철로의 각 기관차, 客貨車, 자재 및 기기 등은 모두 한구로부터 강을 건너 월한철로, 상계철로를 통해 운송되었다. 연해 각 성으로부터 서남 대후방으로 천이된 인원, 기기, 자재 등은 상계철로를 거쳐 계림, 귀양, 중경, 곤명 등 각지로 운송되었다.

3) 대외무역과 원조물자의 運入

중일전쟁이 폭발한 이후 국민정부는 철로를 통해 부단히 桐油, 차, 텅스텐, 안티몬 등의 물자를 해외로 수출하였으며, 이를 통해 획득한 외화로 군수물자를 구매하였다. 돼지털(猪髭) 수출만으로도 매년 2,800만 원 상당의 외화를 획득할 수 있었다. 1938년 중국과 소련 사이에 신용차관조약이 체결되어, 소련은 중국에게 매년 1억 달러의 차관을 제공하였으며, 중국은 동유, 텅스텐, 안티몬, 차 등의 현물로 이를 상환하였다. 중국은 이 차관을 이용하여 소련으로부터 군수물자를 구매할 수 있었다.

소련의 군수물자는 두 경로를 통해 수입되었다. 하나는 카자흐스탄 알마티로부터 신강, 감숙을 거쳐 중국 내지로 통하는 노선이고, 다른 하나는 우크라이나 오데사로부터 선박을 통해 해로로 홍콩과 베트남 하이퐁(海防), 미얀마 양곤(仰光) 등지에 도착하여 월한철로, 전월철로 및 기타 철로를 통해 수입되는 것이다. 월한철로와 광구철로는 상호 연계한 이후 구룡으로부터 海口로 나아가 항전 초기 군수품을 수입하고 화물을 수출하는 유일한 노선이 되었다.

중일전쟁이 발발한 직후 각국으로부터 수입되는 군수품은 주로 홍콩을 통해 반입되었다. 휘발유를 비롯하여 철로자재 및 군수물자 등 수입되지 않는 것이 없을 정도였다. 1938년 1월에서 10월까지 월한철로를 통해 수입된 화물은 70만 톤에 달하였다. 수출화물은 76,000톤에 달하였다. 전월철로는 항전 중 큰 역할을 담당하였다. 운송량이 매월 3,000여 톤으로부터 7,000톤으로 제고되었으며, 주로 중국의 군수물자를 수송하였다. 浙贛鐵路는 7·7사변 이후 서둘러 레일을 보수하여 1937년 9월 전 노선이 완공되어 열차를 개통하였다. 이 철로는 장강 이남의 유일한 동서철로간선이 되었으며, 절강성, 강서성, 호남성 3성의 교계를 하나로 연결하였다. 서남지역으로부터 수출된 안티몬, 동유 등 물자는 모두 이 철로를 통해 金華로 운송되어 溫州로 운반되거나 혹은 영파로부터 수출되었다. 절강, 안휘, 강서의 차, 종이, 자기 등도 해외로 수출되었으며, 역시 본 철로가 유일한 교통수단이었다.

4) 중일전쟁 시기별 철로 운수

(1) 제1단계(1937.7.7 - 1937.12.13)

중일전쟁이 발발한 이후 일본군은 철로의 전략적 중요성을 인식하여 즉시 철로 노선의 점령에 착수하였다. 북녕철로 남단 북평에서 산해관에 이르는 구간, 평한철로 安陽 이북, 교제철로, 정태철로는 완전히 일본군에 점령당하였다. 경호철로, 소가철로, 호항용철로는 제2차 상해사변 기간 중에 운수가 가장 활발하였다. 경호철로 가운데 군용열차가 운행한 회수는 1,346회, 병력의 수송은 50개 사단, 군용화물의 운수가 5만 톤에 달하였다.

1937년 11월 16일 국방회의는 중경으로의 천도를 결정하고, 철도부의 지시에 따라 鎮江 이동의 철로 노선를 해체하고 동시에 진포철로, 경호철로, 강남철로의 차무처장으로 하여금 철로의 운행을 계속 유지하도록 지시하였다. 철로 운행은 남경에 주둔한 병력이 철수하는 마지막 날까지 계속되었다. 1937년 12월 13일 남경이 함락되자 경호철로, 소가철로 양 철로는 일본군에 의해 점령되었다. 경호철로의 열차 72량 가운데 55량을 후방으로 철수하였으며, 객화차량의 경우 파손된 것을 제외하고 모두 절공철로와 진포철로로 이전하였으며, 일부 철로자재도 절공철로로 이관되었다. 이 시기에 각 철로운수는 병력의 수송이 4,467,376次, 군수품의 수송이 1,236,629톤에 달하였다.

(2) 제2단계(1937.12.13 남경 함락 - 1938.5.19 徐州 포기)

경공철로는 중일전쟁이 발발한 이후 열차를 일부 운행하였으나 전 노선의 완공에까지는 이르지 못하였다. 전쟁이 격화되면서 철로의 부설공사가 여의치 않게 되자 400여만 톤에 달하는 부설자재를 후방으로 이전하였으며, 이미 부설이 완료된 노선은 파괴하고 해체하였다.

절공철로는 원래 기관차 47량, 객차 66량, 화차 648량을 보유하고 있었는데, 이후 기타 철로로부터 이전되어 온 것을 더하여 기관차는 107량, 객차는 1,500량으로 증가되어 운수능력이 크게 신장되었다. 전당강 북안으로부터 철수하는 기관인원, 공무원, 일반인 및 철로자재 등이 이 철로를 통하여 후방으로 遷移되었다.

평한철로는 매월 열차의 평균 운수량이 487회, 운수 화물은 총 10만 톤에 달하였으며, 서주회전 당시 매일 열차운행은 30회에 달하였다. 통계에 따르면 1937년 12월 軍運列車(政府公物의 운수 포함)의 운행이 425회, 운수화물이 총 31,543톤에 달하였다. 1938년 1월 군운열차가 491회, 44,398톤에 달하였다. 2월 군운열차는 345회, 47424톤에 달하였다. 이와 같이 평한철로는 중국철로 가운데 운수량이 가장 많았다.

　진포철로는 戰區에 위치하여 일본군의 맹렬한 폭격으로 피해가 극심하였다. 그러나 수많은 鐵路職工의 희생과 분투에 힘입어 열차의 운행을 유지하여 군사운수(軍運)에 크게 기여하였다. 이 철로를 통해 병력을 수송하고, 군수물자, 병기를 실어 날랐다. 서주회전이 한창일 당시 이 철로를 통해 대포, 탄약 등의 병기를 수송하였다.

　농해철로는 평한철로 및 진포철로와 상호 연계하여, 서주회전 기간 동안 농해철로 자체의 운수뿐 아니라 서북전선으로 향하는 병력 및 군수물자의 운송에도 크게 기여하였다. 또한 평한철로로부터 운송되어 온 병력 및 군수물자도 농해철로를 통해 연계하여 운송하였다. 이 시기에 각 철로가 담당한 병력의 운송은 총 4,337,777회, 군수품 수송은 총 1,146,998톤에 달하였다.

(3) 제3단계(1938.5.19. 서주 포기 - 1938.10. 25. 武漢 함락)

　평한철로는 무한회전의 막바지에 남쪽 구간이 절단되었음에도 210량의 기관차 가운데 170량과 3,881량의 객화차 가운데 3,401량을 동원하여 병력과 군수물자를 운송하였다. 중일전쟁이 폭발한 이후 광구철로, 월한철로는 화물의 수출입에서 매우 중요한 교통노선으로서, 운수물자가 총 70만 톤에 달하였다. 열차 운행이 가장 빈번할 때에는 140회, 적을 때는 60여 회에 달하였다. 무한회전이 종결되기 직전에 일본군대는 광주에 상륙하여 광구철로와 월한철로 남단에 엄중한 타격을 가하였다. 이 시기에 철로를 통한 병력의 수송은 총 2,647,583명, 군수품 수송은 486,163톤에 달하였다.

(4) 제4단계(1938.10.25 武漢 함락 - 1939.11.24 南寧 함락)

광주, 무한이 함락된 이후 당시 유일하게 비교적 온전한 철로가 諸暨에서 桂洲에 이르는 절공철로의 서단이었다. 주주에서 월한철로와 접속하여 衡陽을 거쳐 장차 완성할 상계철로와 상호 연결되었다. 동단은 金華로부터 溫州나 혹은 諸暨로부터 영파를 통해 바다로 나아가게 된다. 서남지구의 안티몬, 동유, 차잎 등의 수출품 및 절강의 소금, 강서성의 식량 가운데 많은 수량이 이 철로를 통해 운송되었다. 이 시기에 각 철로를 통해 운송된 군대는 2,823,872명, 군수품은 359,863톤에 달하였다.

(5) 제5단계(1939.11.24 南寧 함락 - 1942.말)

항일전쟁이 장기화되면서 전장에 대한 일본군의 투입은 상대적으로 감소되었으며, 더욱이 여러 전장으로 분산되었다. 이러한 이유로 중국군에 대한 절대적 우세를 지속적으로 유지하기는 어려웠다. 이러한 결과 전쟁이 교착상태에 빠지면서 철로의 운수에도 영향을 미쳤다.

일본군은 1940년 10월과 1941년 4월 두 차례에 걸쳐 절동으로 진공하여 절공철로에 폭격을 가하였다. 1939년부터 1941년 말까지 일본군은 세 차례에 걸쳐 長沙에 대한 침략을 감행하였는데, 이것이 바로 장사회전이다. 장사회전으로 인해 월한철로의 정상적인 운수가 어렵게 되었다.

중일전쟁이 폭발한 이후 새로 부설된 상계철로는 운수량이 매우 많았으며, 개통 후 1년도 안되어 군용열차가 480회 운행되었으며, 이를 통해 수송된 병력이 36만 명, 화물이 23만 5,000톤, 客運이 64만 명에 달하였다. 절공철로, 월한철로의 북단에서 철수할 당시 열차 차량 및 자재가 속속 상계철로로 이관되었다. 이러한 결과 상계철로의 객차가 4,450량으로 증가하였고, 기관차도 350량으로 증가하였다. 상계철로의 운수성적을 살펴보면, 1940년 병력의 운송이 2,915,725명, 군수품 475,984톤, 1941년에는 병력의 운송이 2,802,526명, 군수품이 311,558톤에 달하였다. 1942년에는 병력의 운송이 2,007,195명, 군수품은 340,843톤에 달하였다.

(6) 제6단계(1943 - 1945 항전 승리)

전쟁의 양상이 안정 국면에 접어들자 절공철로의 운행 역시 안정되기 시작하였다. 이러한 결과 어려운 가운데에서도 江山에서 上饒에 이르는 구간에서 열차를 운행함으로써 동남지역에서 생산된 물자를 내지로 운송하는 데 크게 기여하였다. 전월철로의 중국 구간 노선과 상계철로, 검계철로도 항전을 위한 운수에 크게 기여하였다. 항전기간 중 중국철로 가운데 훼손된 노선이 12,000여 킬로미터에 달하였다.

이 시기에 철로운수의 상황을 보면 다음과 같다. 1943년 각 철로를 통해 운송된 병력은 2,984,456명, 군수품은 455,849톤에 달하였다. 1944년 운송 병력 총 1,529,887명, 군수품 운송은 250,244톤, 1945년 운송 병력은 916,556명, 군수품 운송은 369,124톤에 달하였다. 중일전쟁이 발발한 이후 항전승리까지 철로는 병력 27,432,953명, 군수물자 5,429,255톤을 운송하였다.

군수물자 이외에도 철로는 客貨의 운수에도 기여하였다. 물자와 인원을 후방으로 운송하였으며, 연안지역의 생산설비를 대후방으로 이전하는 데 크게 기여하였다. 전쟁 발발 이후 국민정부는 경제를 전시체제로 전환하면서, 경제전략으로 '서남개발, 서남건설'의 슬로건을 내걸었다. 철로는 軍運 이외에도 지방의 물자, 자재, 인구, 난민 및 일체 公私貨物의 疏開를 담당하였다. 철로는 연안지역이 적의 수중에 떨어지기 이전에 기관차 및 열차 차량, 자재, 당안(문서), 각종 설비의 운송을 담당하였으며, 이와 함께 생산설비의 內遷을 담당하여 후방의 경제 발전에 기여하였을 뿐만 아니라, 항전을 위한 물적 기초를 확립하는데 크게 기여하였다.

중일전쟁이 발발한 이후 철로 운수는 시종 軍運이 위주였으며, 전쟁의 여파로 화물 운송의 절대량이 감소할 수밖에 없었다. 화물 운송 가운데 商運은 주로 양식, 식염, 석탄 등 일용필수품 및 내천 민영공장의 기기, 설비, 재료 등이었다. 公運은 주로 국방자재, 국영공장의 내천 물자, 戰區 물자 및 철로자재 등이었다. 1938-1942년 말까지 상해, 청도, 무한 등지에서 후방으로 천이한 민영공장은 총 639창, 기기 설비 12만여 톤, 기술인원 12,000명이었다. 이러한 물자와 인력의 운수는 항전의 승리와 종전 이후 철로의 복구공작에 크게 기여하였다.

4 개별 철로로 보는 항일전쟁

1) 전월철로

중일전쟁이 폭발한 이후 전월철로는 연해지역 및 내지 기업, 공장, 기관, 학교 등 생산설비와 인원을 후방으로 수송하는 데에도 크게 기여하였다. 수십만 명에 달하는 적 점령지역의 주민들이 전월철로를 통해 후방으로 피난길에 올랐다. 1938년과 1939년 2년 동안 전월철로의 운송량은 최고조에 달하였다. 1938년 운송량은 376,628톤, 1939년에는 524,329톤에 달하여 1919년의 무려 3배에 달하였다.

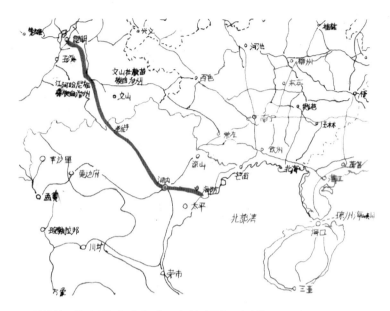

전월철로를 통해 운남과 베트남 하이퐁을 연결하는 국제 원조루트

중일전쟁이 발발한 이후 중국 연안지역이 일본군대의 수중으로 함락되자, 장개석 국민정부는 곤명에서 중월 국경을 넘는 국제교통로인 전월철로를 통해 국제원조물자 및 군수품을 확보할 수 있었다. 영미 등 연합국은 해로를 통해 베트남의 하이퐁항구로 물자를 운송해 오면, 전월철로를 통해 라오카이, 곤명을 통해 중경 등 중국 후방지역으로 물자를 운송할 수 있었다. 이와 같이 전월철로는 전시 매우 중요한 항전 루트였다고 할 수 있다.

중일전쟁 기간 동안 전월철로는 후방에 대한 전략물자의 공급 및 일용 필수품의 운송에서 매우 중요한 역할을 했다. 이로 인해 전월철로는 항전을 수행하기 위해 물자를 운송하는 대동맥이라 불리기도 하였다. 전쟁이 발발한 이후 전월철로는 야간에는 운행하지 않았던 기존의 방식을 변경하여 밤낮을 가리지 않고 열차를 운행하였다. 비록 일본전투기의 폭격이 있었지만, 그럼에도 운수량이 평시의 무려 3배로 급증하였다. 연안지역의 기관, 기업, 학교, 민간인 등의 대량 피난 행렬로 전월철로의 객운이 급증하였다. 1939년 한 해 동안 객운량이 무려 454만 명에 달할 정도였다. 이는 평시의 무려 15배에 해당되는 수치였다. 중국정부는 연합국 등 해외로부터 지원되는 원조물자의 유통루트를 확보하기 위해 고사포부대를 철로 인근의 곳곳에 배치하여 주요 교량과 터널을 방어하도록 하였다.

1940년 9월 10일 중국정부는 '滇越鐵路滇段線區司令部'를 창설하여 철로 운수에 대한 지휘 통제를 한층 강화하였다. 1940년 말 일본군대가 베트남에 상륙하자 이들이 전월철로를 따라 운남성으로 진격하는 것을 차단하기 위해 河口에서 芷村에 이르는 100여 킬로미터 구간의 철로 노선을 해체하였다. 곤명에서 벽색채에 이르는 구간에서는 변함없이 열차를 운행하였다.

2) 광구철로

1937년 8월 광구철로는 九龍에서 汕頭에 이르는 직통열차를 개통하였다. 중일전쟁이 발발한 이후 광구철로의 중국 구간은 끊임없는 일본전투기의 공습으로 말미암아 정상적인 운행이 불가능하였다. 단지 일부 철로직공의 노력 하에서 가능한한 열차의 운행을 최소한도로 유지하려 노력하였다. 이와 같은 노력에 힘입어 광구철로를 통해 차, 桐油, 담배, 주석, 안티몬 등의 물자가 외부로 수출되어 외화의 획득과 이를 통한 군수품의 구매 및 운송에 크게 기여하였다. 특히 월한철로와 광구철로가 연결된 이후 구룡을 통해 바다로 나아가는 유통로가 확보됨으로써 항전 초기 군수품의 수입 및 중국산 물자를 수출하는 유일한 통로가 되었다. 수많은 외국의 원조물자 및 군수품, 무기가 홍콩으로 유입되었으며, 광구철로를 통해 운송되었다.

광구철로 노선도

지도에서 보이듯이 광주 - 구룡 간의 광구철로는 廣州에서 漢口로 이어지는 월
한철로 및 佛山을 거쳐 三水에 도달하는 월한철로 廣三支線과 상호 연결된다.

1938년 10월 12일 광구철로 중국 구간의 철교가 파괴되면서 열차
의 운행이 중단되었다. 같은 해 10월 21일 광주가 적의 수중에 함락
되면서 어쩔 수 없이 광구철로의 중국 구간은 운행을 완전히 중단하
고 말았다. 1941년 12월 8일 일본군이 홍콩을 공략하자 영국은 광구
철로의 영국 구간과 수많은 부속 설비를 파괴하여 일본군의 진입을
저지하고자 시도하였다. 같은 해 12월 25일 홍콩이 함락되었다. 일본

은 1943년 광구철로의 복구를 완료하고 홍콩으로부터 광주로 향하는 직통열차의 운행을 회복하였다. 다른 한편 원래 광구철로에 속한 영국 구간의 열차와 설비는 중국 대륙으로 이전하여 사용되었다.

3) 호항용철로

호항용철로는 제2차 상해사변을 비롯하여 항전의 과정에서 중요한 역할을 수행하였다. 1937년 노구교사변이 발발하자 7월 15일 국민정부 철도부장 張嘉璈는 남경에서 비행기를 타고 상해에 도착하여 경호철로 및 호항용철로 국장 黃伯樵와 철로 운수를 통한 병력의 이동 문제를 협의하였다. 이 밖에 호항용철로국은 상해, 鎭江, 杭州 등 지역에 병원을 설립하고 객차를 의무위생차로 개조하여 전쟁에 대비하였다. 7월 23일 국민당 경호호항용철로특별당부는 '항적후원회'를 조직하고, 모든 철로직공들로 하여금 일치항일 및 한간의 심판 등을 당부하기도 하였다.

7월 24일 국민정부는 '戰時運輸辦法'을 반포하고, 이어서 '鐵路運輸司令部'를 창설하였다. 그리하여 錢宗澤을 사령으로 임명하고, 아울러 당시 철도부 철도대경총국 국장인 蔣鋤毆와 何竞武를 부사령으로 임명하였다. 경호철로, 호항용철로의 군수업무는 운수사령부가 파견한 線區司令이 주관하였으며, 군사위원회에 직속되었다. 객화운수는 여전히 경호철로국과 호항용철로국이 주관하였다. 제2차 상해사변 당시 경호철로와 호항용철로(상해의 소가철로를 포함하여)는 병력의 수송을 통해 중국의 항전에 크게 기여하였다. 제2차 상해사변 당시 군사위원회 위원장 장개석도 경호철로를 이용하여 여러 차례 상해를 비롯한 戰區를 방문하였다.

제2차 상해사변(淞滬抗戰) 시 일본군의 폭격으로 폐허가 된 호항용철로 상해남역
上 : 폭격 당한 上海南驛 下 : 폭격으로 파괴된 호항용철로의 객차
출처 : 『東方雜志』34권 16-17호, 1937.9, p.9.

　1937년 항전 중에 경호철로는 8월 13일부터 12월 7일까지 총 118
일 동안 군수업무에 종사하였으나, 마침내 12월 7일에 이르러 업무
를 중단하지 않을 수 없었다. 호항용철로는 135일 동안 군수업무에
종사하였으며, 12월 24일에 이르러 운수업무를 중단하지 않을 수 없
었다. 이러한 가운데 호항용철로에 대한 일본전투기의 공습이 수시
로 자행되어 큰 피해를 입었다. 2차대전이 종결된 이후 호항용철로

는 경호철로 및 소가철로와 더불어 京滬區鐵路局의 관리 하로 편입
되었다.

중일전쟁 기간 중 경호철로와 호항용철로의 손실액 (단위 : 법폐원)

| | 1931.9.18 - 1945.8.15 | | 1932 |
	직접손실	간접손실	직접손실
경호철로	37,202,100	24,977,900	8,049,736
호항용철로	28,196,500	7,093,700	1,159,314

4) 남심철로

1938년 6월 초 일본군이 장강으로 진격해 들어오면서 武漢會戰이
시작되었다. 이후 남심철로 구간이 부분적으로 절단되면서 6월 12일
부터 모든 객운과 화운이 중단되고 말았다. 이에 국민정부는 6월 15
일 레일을 해체하고 교량을 파괴하였으며, 모든 기관차와 화물차,
그리고 해체한 레일 및 전신재료 등을 南昌으로 이전하여 浙贛鐵路
를 통해 내지로 운송하였다. 남심철로의 직공 1,100여 명과 철로경찰
(路警) 400여 명은 대부분 절공철로, 월한철로, 상검철로 및 각 성으
로 전보되었다. 같은 해 9월 중순 남심철로관리국의 모든 檔案(내부
문건)과 잔류해있던 직공들이 遂川으로 이관되었다.

1938년 7월부터 10월까지 중국군과 일본군이 남심철로 연선에서
전투를 전개하였는데 이것이 이른바 南潯會戰이다. 전투가 발발하
자 중국군의 작전을 지원하기 위해 남심철로의 직공들은 정부의 명
령에 따라 필요시 때로는 선로를 복구하고 때로는 해체하는 작업을
반복하였다.

南潯會戰은 男昌에서 九江 사이의 철로 연선에서 전개된 중일

320

주력부대의 교전을 가리키며 贛北戰役이라고도 부른다. 1938년 10월 7일 중국군대 第一兵團은 薛岳 장군의 지휘 하에 德安으로 총공격을 감행하여 張古山을 점령하였다. 10월 9일 중국군대는 일본군 106사단 소속의 1만여 명의 병사를 섬멸하고 대승을 거둔 이후 馬回嶺을 수복하였다. 1938년 10월 20일 일본군은 博陽河를 따라 德安으로 진공하였다. 이에 중국군은 남심철로 노선을 통해 덕안으로 건너는 博陽河鐵橋를 폭파하였다. 26일 일본군은 전투기를 동원하여 덕안성을 폭격하였다. 중국군의 완강한 저항 앞에서 29일 일본군은 2,000여 명의 사상자를 낸 끝에 덕안을 함락시켰다. 이에 중국군대는 어쩔 수 없이 永修, 吳城으로 퇴각하여 방어진을 쳤다.

　1939년 3월 28일 일본군이 南昌을 점령하면서 남심철로의 전 노선이 적의 수중에 들어가고 말았다. 1939년부터 10개월에 걸쳐 일본군은 남심철로의 복구에 착수하였다. 1938년부터 1940년 1월에 걸쳐 중국군대는 남심철로를 장악하고 있던 일본군에 대해 무려 79차례에 걸쳐 습격을 감행하였으며, 이 가운데 선로의 폭파가 32차례, 교량의 폭파가 8차례, 열차의 습격이 6차례 등으로 집계되었다. 1944년 6월 일본은 남심철로의 레일과 침목 등을 해체하여 평한철로를 복구하기 위한 용도로 전용하였다.

5) 개벽석철로

　항일전쟁 전야에 개벽석철로는 운남에서 유일하게 전월철로와 연결되는 노선이었다. 운수업무에서 개벽석철로는 전월철로의 지선으로서 역할하였다. 개벽석철로는 碧色寨를 통과하여 주석(朱錫, Tin)을 전월철로로 옮겨 홍콩으로 실어 나를 수 있었다. 개벽석철로의 부설은 운남성 동남부의 대도시인 蒙自, 個舊, 建水(臨安), 石屛을 상호 연결하였으며, 주석의 도시인 個舊는 개벽석철로의 열차 운행으로 최대의 수혜자가 되었다. 개벽석철로가 개통된 이후 개구에서는 상공업이 크게 발달하고 인구가 날로 증가하여 번영을 구가하였다. 주석의 생산량도 날로 증대되었다. 매년 수출되는 주석과 수입되는 각종 연료, 양식, 목재, 포필, 잡화 등도 철로의 개통으로 운수가 매우 편리하게 되었다.

개벽석철로의 영업수입은 화운이 가장 많았고 객운이 그 다음이었다. 화운의 수량은 碧色寨 지역이 가장 많았고 그 다음이 개구, 몽자, 임안, 석병 등의 순이었다. 각 역의 운수 수량을 살펴보면, 벽색채의 쌀, 석탄, 松要炭, 목재 등이 주종이었다. 개구의 경우는 주석이 대종이었다. 몽자는 開化米가 대종이었다. 임안은 松要炭, 기와(瓦貨) 등이 대종이었다. 석병은 송요탄, 목재, 소금이 대종이었다. 개벽석철로의 레일 궤간은 60센티미터로서 전월철로와 聯運(연계운수)을 실시하기 어려웠다. 따라서 화물의 운수를 위해서는 다시 옮겨 싣는 절차가 필요하였다.

1940년 일본군이 베트남의 하이퐁(海防)을 점령한 이후 전월철로를 통한 주석의 수출이 크게 감소하면서 철로의 경영이 급속히 악화되었다. 일본은 개구에서 생산되는 주석이 세계경제에서 차지하는 전략적 중요성을 충분히 인식하고, 우선 하이퐁으로 통하는 통로를 차단하였다. 뒤이어 個舊城과 인근의 광산에 대한 대대적인 폭격을 감행하였다.

이로 말미암아 개구의 주석 생산은 엄중한 타격을 입었다. 더욱이 운남 서부와 남부지역이 일본군에 의해 포위되면서 주석이 개벽석철로를 통해 전월철로로 반출될 수 없게 되었다. 뿐만 아니라 외부

물자 역시 이 철로를 통해 유입될 수 없었다. 1943년 개벽석철로에 督辦公署가 설치되어 성 재정청장과 민정청장이 정, 부 督辦에 임명되었으며, 이후 개벽석철로의 민영 성격에는 변화가 발생하기 시작하였다. 1945년 2차대전이 종결된 이후 전월철로의 복구가 지체되면서 주석의 생산 역시 침체되었으며, 이에 따라 연선지역의 경제도 쇠퇴하고 말았다.

개벽석철로 노선도

6) 절공철로

절공철로의 전 노선이 개통된지 3개월도 안되어 항주가 함락되자 국민정부는 일본군의 남침을 저지하기 위해 중국군대로 하여금 전당강대교 및 항주에서 眉池 사이 구간의 레일을 파괴하도록 명령하였다. 이후 기타 구간도 전황이 불리해지면서 속속 파괴되었다. 비록 많은 구간이 파괴되기는 하였지만 일부 구간에서는 열차의 개통이 이루어져 중일전쟁 발발 이후 항전에 크게 기여하였다. 1938년 초 장강의 수로가 전쟁의 영향으로 운송로로서의 역할을 수행하기 어렵게 되자 이후 5년 정도의 기간에 절공철로는 장강 수로를 대신하여 동서교통의 간선 역할을 수행하였다.

특히 절공철로의 화물운수는 쌀과 소금이 대종이었다. 절강지역은 소금의 생산으로 유명하였으나, 인구가 많은 반면 토지가 협소하여 식량이 늘상 부족하였다. 반면 강서, 호남 등 후방의 경우 식량생산이 많은 반면 식염의 생산이 부족하였다. 따라서 절공철로는 이들 양 지역의 부족함을 철로 운송을 통해 상호 보충하는 중요한 역할을 하였다. 절공철로는 병력 및 군수품의 수송뿐만 아니라 강남 일대의 생산품을 운송함으로서 이 지역의 사회경제 발전에 크게 이바지하였다.

절공철로 기공식과 운행

개통식 기념사진에서 앞에 앉아있는 사람이 절공철로의 부설을 주창한 장정강이며, 그 왼쪽에 서 있는 사람이 절강성정부 주석이다.

출처 : 「交通網 : 浙贛鐵路開工典禮」, 『浙江省建設月刊』10卷 11期, 1937, p.1.(上海圖書館 《全國報刊索引》數据庫)

중일전쟁 시기 항일위문공연단을 실어 나르는 절공철로(항강철로)

중일전쟁 발발 이후 항강철로는 전선의 병사를 위문하고 일반의 항일의식을 고취하기 위해 음악회를 적극 후원하였다. 이 삽화는 '적개심을 고취하기 위한 후원음악회'를 개최하기 위해 상해국립음악학교 학생들을 태우고 항주로 향하는 항강철로의 모습을 묘사하고 있다. 항강철로는 절공철로의 지선이다.

출처 : 如絲, 「爲杭江鐵路開馳"探風車"」, 『越國春秋』49期, 1933, p.43.(上海圖書館 《全國報刊索引》數据庫)

7) 경한철로(평한철로)

중일전쟁은 7·7사변(노구교사변)으로 시작되었으며, 일본의 침략은 바로 경한철로(평한철로)의 노구교에서 발발하였다. 이러한 이유에서 일본군은 침략을 발동한 이후 경한철로를 따라 신속히 남하할 수 있었다. 중일전쟁 시기에 일본군대는 화북지역을 점령한 이후 경한철로를 통해 군사와 보급품을 수송하였으며, 중국의 자원을 수탈하였다.

이에 대해 경한철로 노동자들은 항일유격대를 결성하여 항일운동을 전개하였는데, 유격대 인원이 가장 많았던 시기에는 무려 2,000여 명에 달하였다. 1938년부터 1945년까지 이들은 도청철로, 경한철로, 동포철로, 진포철로, 농해철로, 회남철로 등에서 일본군에 대한 유격전을 전개하였으며, 이로 인해 이들 철로교통은 수시로 중단되었다. 항전 승리 이후 국공내전이 전개되면서 이 철로의 복구는 지연될 수밖에 없었다. 단지 北平-保定 구간과 鄭州-漢口 구간만이 복구되어 열차를 운행할 수 있는 정도였다.

8) 棗台(臺)鐵路

1938년 10월 11일 일본군이 조장역을 점령하고 조장이 일본의 세력권으로 편입되면서 조대철로 역시 일본의 통제 하에 들어갔다. 일본은 조대철로를 수중에 넣은 이후 철로 운영에 대한 기술적 개량을 거듭하여 1939년에는 최신기종의 신호기를 설치하였으며, 1941년에는 일제 대형열차를 운행하였다. 일본은 철로를 통해 조장지역의 석탄자원을 외부로 반출하였으며, 이러한 결과 조대철로는 일제의 '흡혈관'으로 탈바꿈하였다.

이에 1940년 1월 洪振海, 王志勝 등의 광산노동자 및 철로노동자들이 주축이 되어 魯南鐵路大隊를 창설하여 일본군과 치열한 유격전을 전개하였다. 이러한 결과 조대철로는 곧 항일세력의 격전지로 변하였다. 일본군의 통치 하에 있던 기차역과 레일은 이들의 공격으로 상당 부분 파괴되었다.

9) 소가철로

소가철로를 부설한 주요한 목적 가운데 하나는 일본군대의 저지와 남경의 보위였으며, 따라서 이 철로는 국방과 군수에서 매우 중요한 의미가 있었다. 소가철로는 乍(浦)平(湖)嘉(興)線과 吳(縣)福(山)線이 핵심적인 구성 부분이었다. 소가철로는 1937년 제2차 상해사변(송호항전) 기간과 중일전쟁 기간 동안 매우 중요한 역할을 수행하였다. 상해사변이 발발한 직후의 3개월 동안 소가철로는 상해를 보위하는 데 크게 기여하였다. 중국군대의 완강한 저항으로 일본군대가 상해로 진입하는 것이 쉽지 않았다.

일본군대는 부득불 호녕철로와 호항용철로의 두 철로를 폭파하여 중국군대의 철수를 저지하려 시도하였다. 상해 부근의 철로는 기본적으로 일본군대의 세력 범위 하에 있었다. 따라서 항주에서 상해 북부와 남경에서 상해 교외로 병력을 수송하기 위해서는 소가철로를 이용할 수밖에 없었으며, 소주와 가흥의 두 역은 병력을 이동하기 위한 주요한 연결역이 되었다. 이와 같이 소가철로는 전선과 후방, 상해 서부 외곽을 연결하는 중요한 軍運의 교통선이 되었다. 1937년 11월에 호녕철로의 기관차, 객화차 등의 차량이 소가철로를 통해 가흥의 호항용철로 및 절공철로를 통해 후방으로 이전되었다.

1937년 8월 17일 일본전투기 6대가 嘉興驛에 대한 폭격을 감행하였다. 같은 해 11월 중순 일본이 平望驛을 점령하기 전야에 열차의 운행이 중단되었다. 상해가 함락된 이후 일본군대는 소가철로의 선로를 복구하여 침략의 도구로 활용하고자 하였다. 1937년 12월 6일 일본군 중지나방면군 철도대가 소가철로를 장악한 이후 이 철로를 통해 군수물자를 운송하였다.

소가철로(蘇州－嘉興) 노선도

마침내 1938년 2월 9일 일본은 정식으로 소가철로를 접수하였다. 1939년 4월 26일 일본군 공병대가 파손된 소가철로를 복구하여 4월 30일 전 노선을 개통하였다. 같은날 일본자본 화중철도주식회사[2])를

---

2) 화중철도주식회사는 중일전쟁 발발 이후 일본이 화중지역의 철로사업을 추진하고 관리하기 위해 설립한 기관으로서, 1939년 4월 상해시 北四川路 소재의 新亞旅館에 설립되었다. 자본금은 총 5,000만 원으로서, 이 가운데 중지나진흥회사가 2,500만 원, 왕정위정부가 1,000만 원을 출자하였으며, 나머지는 일본제철주식회사, 일본차량주식회사, 日立, 住友 등 22개 일본기업이 출자하였다. 이 회사는 왕정위정부의 특수법인 형태로 경영되었으며, 주로 화중지역의 철로 및 공로 등 교통운수사업을 경영하였다. 2차대전이 종결된 이후 국민정부 교통부는 전시 화중철도주식회사가 관리하던 모든 철로를 접수하였으며, 1946년 3월 1일 화중철도주식회사를 경호철로관리국으로 개조하여 경호철로, 호항철로, 경공철로 등을 관할하였다.

설립하여 소가철로의 경영을 위임하였다. 소가철로의 역장, 기관사, 직원, 심지어 검표원까지 모두 일본인으로 충원되었다. 소가철로, 호항용철로 각 역에는 일본인 직원이 총 300여 명에 달하였으나, 중국인 직원은 단지 잡역(인부)으로만 고용될 뿐이었다. 소가철로의 전 노선이 개통된 이후 매일 세 차례에 걸쳐 열차를 왕복하였는데, 주로 군용열차였다. 1940년 이후 왕정위정부 철도부가 명의상 소가철로를 관할하였으나 실질적으로는 여전히 일본자본의 화중철도주식회사와 일본군대의 통제 하에 있었다.

10) 경공철로

중일전쟁이 발발하기 이전에 국민정부는 이미 일본과의 전쟁에 대비하여 남경에서 후방으로 철수하기 위한 철로 노선의 부설 준비에 착수하였다. 제2차 상해사변이 발발한 1937년 8월 13일 당일 사천성의 주석인 劉湘은 장개석에게 사천성으로 국민정부의 수도를 이전하도록 건의하였다. 장개석은 당일 장학량의 공관에서 유상을 만나 사실상 수락의 뜻을 표시하였다. 1937년 11월 20일 국민정부는 천도선언을 발표하고, 서남지방을 항일을 위한 대후방으로 공식 선포하였다. 이후 국민정부에게는 상해 등 연안지역의 생산설비를 대후방으로 이전하여 항전을 위한 물적기초를 확보하는 일이 매우 긴요한 과제가 되었다. 동부 연안지역으로부터 서부의 대후방으로 사람과 생산설비, 물자, 식량 등을 이전하기 위한 교통설비, 즉 철로의 부설이 시급한 현안으로 부상하였다.

이를 위한 가장 이상적인 루트는 강남철로를 이용하여 남경으로부터 宣城 이남의 孫家埠 구간에 이르고, 다시 孫家埠를 기점으로 남쪽으로 노선을 연장하여 寧國, 績溪, 徽州를 거쳐 절공철로로 이어지는 노선이었다. 경공철로의 원명은 京衢鐵路이다. 浙贛鐵路 간선과 연결되며, 孫家埠에서 시작하여 貴谿에 이르는 노선으로서, 이후 경공철로로 명칭이 변경되었다.

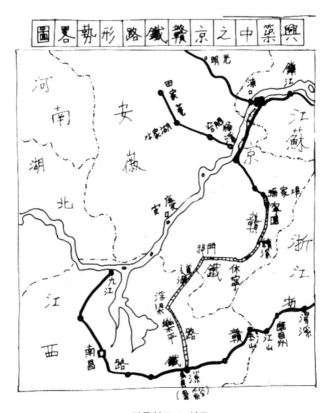

경공철로 노선도

경공철로는 孫家埠에서 貴谿에 이르는 노선이며, 貴谿에서 절공철로와 연결된다.

일찍이 1936년 5월 京贛鐵路工程局이 설립되어 전 노선에 대한 측량과 설계를 진행하였다. 그리하여 皖段(안휘성 구간)과 贛段(강서성 구간)의 양 구간으로 나누어 1936년 9월과 1937년 2월에 각각 부설공사에 착수하였다. 皖段은 1937년 11월에 孫家埠에서 歙縣에 이르는 160킬로미터의 구간을 완공하였다. 贛段은 같은 해 11월 1일에 50여 킬로미터의 노선을 완공하였다. 1937년 10월에 레일을 상호 연결하는 공사에 착수하였다. 그러나 1937년 11월 중일전쟁의 발발로 남경과 宣城이 연이어 함락되자 1938년 여름 국민정부는 현지 주둔군에게 명령하여 철로의 노반과 터널을 파괴하고 레일을 해체하도록 지시하였다.

11) 상검철로

상검철로는 호남과 귀주를 잇는 중요한 간선철로이다. 상검철로는 동으로는 호남성 株州를 출발하여 서로는 귀주성 貴陽에 이르는 총연장 990킬로미터의 노선으로서, 중간에 湘潭, 藍田, 新化, 辰溪, 麻陽, 銅仁을 지났다. 1936년 측량을 시작하여 같은 해 7월 상검철로공정국을 설립하여 구간을 나누어 부설공사에 착수하였다. 그러나 중일전쟁이 발발한 직후 전황이 급박하게 전개되자 1939년 5월 철거되고 말았다.

일본은 만주사변을 통해 동북지방을 점령한 이후 화북지역에 대해 점차 압박을 가하였다. 화북지역의 각 철로, 예를 들면 북녕철로, 평수철로는 점차 일본 세력에 의해 지배되었다. 국민정부 철도부는 중일 간 충돌이 발생할 경우 황하 이북을 통제하기 어렵다고 생각하여 화중 및 서남 각 성에서 철로를 부설하기 위한 노선을 선정하여 구체적인 계획을 수립하였다. 1936년 월한철로가 부설되어 개통되고 절공철로 역시 장차 개통을 앞두고 있었다.

상검철로는 부설공사에 착수한지 얼마 지나지 않아 중일전쟁이 폭발하면서 독일이 일본을 지지하여 더는 차관을 제공하지 않아 공사는 藍田에 이르러 중단되고 말았으며, 총연장 175킬로미터에 달하였다. 1938년 11월 장개석은 이 지역으로부터 철수하면서 철로가 적에게 이용될 것을 우려하여 레일을 해체하도록 지시하였다. 장개석의 지시에 따라 상검철로의 레일과 침목은 모두 해체되었으며, 이를 柳州로 옮겨 黔桂鐵路를 부설하기 위한 자재로 사용하였다.

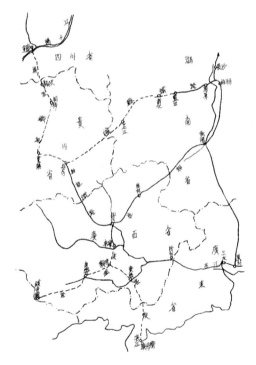

상검철로 노선도

12) 상계철로

상계철로는 1937-1939년과 1950-1955년에 걸쳐 부설된 중국 서남
지역 교통의 주요한 간선으로서, 총연장이 1,029킬로미터에 달하였
다. 粤漢鐵路 衡陽驛을 출발하여 湘江을 넘어 東安, 全州를 거쳐
광서성 성도 桂林에 이르며, 여기에서 다시 柳州를 거쳐 南寧과 鎭
南關(현재의 友誼關) 이남과 베트남 철로의 동당(同登)역을 서로 이
어주고, 하이퐁항에 도달하는 노선이었다. 동남 연해지역과 서남지
역 각 성을 연결하는 교통노선으로서, 매우 중요한 전략적 의미를
갖는다.

1936년 국민정부 철도부가 국방건설의 목적에서 호남성, 광서성
양 정부와의 협의를 거쳐 이 철로를 부설하기로 결정하였다. 1937년
4월 중일 간의 갈등이 급박하게 전개되자 철로의 부설을 더는 지체
할 수 없게 되었다. 철도부는 상계철로공정처를 衡陽에 설립하고 측
량대를 조직하여 조속히 실측에 착수하도록 지시하였다. 이 가운데
일부 노선이 1916년 미국의 裕中公司의 차관을 도입하여 부설한 株
(洲) 欽(州)철로로서, 이미 측량을 마친 상태였다.

이러한 가운데 중일전쟁이 발발하면서 철로 연선지역이 전장으로
변하고 말았으며, 이에 국민정부의 철로 부설계획에도 근본적인 변
화가 발생하였다. 일본의 침략에 맞서 국민정부는 항전의 역량을 제
고하기 위해 국제노선을 개척해야 했으며, '일면 항전, 일면 건설'의
구호 아래 철로의 부설에 매진하였다.

중일전쟁이 발발한 이후 6개 직할시 가운데 5개 도시가 일본의 세
력 하에 편입되었다. 1937년 7월 29일 북평시가 함락되었으며, 7월
30일에 천진, 11월 12일에 상해, 12월 13일에 남경, 1938년 1월 10일

청도가 연이어 함락되었다. 유일하게 중경시만이 국민정부 통치구 (國統區)로서 명맥을 유지할 수 있었다. 대만성, 요녕성, 길림성, 흑룡강성, 열하성, 찰합이성, 하북성, 산동성, 강소성의 전역이 일본의 수중에 떨어졌으며, 하남성(98.5퍼센트 윤함), 산서성(98.2퍼센트 윤함), 안휘성(81.9퍼센트 윤함), 절강성(78.6퍼센트 윤함), 수원성(71퍼센트 윤함), 광동성(70.3퍼센트 윤함), 호북성(69.3퍼센트 윤함), 광서성(68.6퍼센트 윤함), 호남성(68.4퍼센트 윤함), 강서성(63.5퍼센트 윤함)의 대부분과 복건성(18.5퍼센트 윤함), 귀주성(4.8퍼센트 윤함)과 운남성(3.3퍼센트 윤함)의 일부 지역도 일본의 세력권 하에 편입되었다.

국민정부는 임시수도인 중경으로 이전한 이후 결사항전을 선포하였다. 국민정부의 통치력이 미치는 大後方(國統區)은 사실상 호남성, 광서성, 귀주성, 사천성, 운남성 등 몇 성이 중심이 되었다. 그러나 이들 지역 사이에 연계 운송로가 매우 취약하였으며, 무엇보다도 철로를 통한 연계가 취약한 상태였다. 이러한 이유에서 항전 초기 상계철로의 부설에 착수하여 衡陽으로부터 桂林에 이르는 구간이 완공되어 1938년 말에 이미 열차 운행을 시작하였다. 당시 전쟁의 여파가 호남성에 미쳐 이로 인해 상검철로의 운행이 중단된 상태였으며, 따라서 상검철로의 모든 레일과 기타 자재를 상계철로의 부설에 투입하였다. 이후 다시 월한철로의 레일을 해체하여 마찬가지로 상계철로의 부설을 위해 투입하였다. 이러한 결과 상계철로를 柳州까지 연장 부설할 수 있었다. 이와 함께 유주로부터 검계철로를 부설하기 시작하여 貴州와 연결함으로써 후방의 교통네트워크를 구축할 수 있었다.

이 간선은 1,000킬로미터에 달하며, 湘桂, 桂柳, 柳南, 南鎭의 네 구간으로 나누어 부설이 진행되었다. 衡桂 구간은 형양서역을 출발하여 黃陽司, 沿湘江을 거쳐 東安, 全州에 도달하고 이후 湘離 두 강과 합류지점을 거쳐 桂林驛에 도달하는 361킬로미터의 노선이었다. 1937년 4월 이미 측량을 시작하여 9월에 기공하였으며, 1938년 9월 28일 열차를 개통하였다. 이것은 중일전쟁이 폭발한 이후 최초로 부설된 철로였다. 이 철로를 통해 상해 등 각 공장의 설비들이 계림으로 운반되어 공장을 설립하거나, 혹은 다시 서남쪽으로 內遷하는데 크게 기여하였다. 1944년 10월 일본군이 계림과 유주를 점령하기 이전의 6년간 상계철로는 동남 연해 각 성과 서남 각 성 사이를 잇는 유일한 교통선이기도 하였다.

중일전쟁 시기 일본전투기의 공습 하에서 부설된 상계철로
출처 : Y. C. Shen, 「湘桂鐵路, 在轟炸下築成」, 『今日中國』7卷 11期, 1939.7, p.11.(上海圖書館《全國報刊索引》數据庫)

13) 전면철로

1935년에 화북사변이 발발한 이후 국민정부는 항일의 방침을 다지며, 항전을 위한 기초로서 서북과 서남 양 방향을 관통하는 철로를 부설하기 위한 계획을 수립하였다. 서북방면으로는 농해철로의 부설에 중점이 두어졌으며, 서남방면으로는 전월철로와 전면철로의 부설이 중요한 노선으로 계획되었다. 1935년 11월 국민당 제5차 전국대표대회 대표 李培天이 국방의 견지에서 교통의 중요성을 강조하며 조속히 철로를 부설하여 일본의 침략에 대비해야 한다고 주장하였다. 전쟁이 발발할 경우 철로를 통해 군수물자를 운송할 수 있으며, 국제해운의 안전이 보장되지 않는 한 철로의 부설이 매우 중요하며, 특히 전면철로의 부설이 시급하다고 주장하였다.

중일전쟁이 발발한 직후인 1937년 8월 운남성 주석 龍雲은 장개석에게 전시 국제교통로의 확보가 절실하다는 의견을 상신하였다. 특히 전면공로와 전면철로의 부설을 통해 직접 인도양으로 통하는 것이 긴요하다고 주장하였다. 전면철로가 부설되기 이전에 비록 철로는 없었지만 화물은 주로 도로(公路)를 통해 운송되고 있었다. 이 당시 전면공로는 중국의 항전을 위한 국제전략 교통로로서, 생명선으로 표현될 정도로 매우 중요한 노선이었다. 이를 바탕으로 확장 부설된 전면공로는 1936년에 이미 곤명에서 大理의 下關까지 부설되었으며, 계속 공사가 진행 중인 상태였다. 공로는 총 1,146킬로미터에 달하였으며, 미얀마철로와 상호 연결되어 미얀마의 양곤항으로 이어지는 총연장 909킬로미터에 달하였다.

1937년 8월 말 용운은 운남성의 모든 역량을 동원하여 전면공로의 부설에 나섰으며, 운남성 성민 수십만 명의 노동력을 동원하며 겨우 8개월 만에 공사를 완료하였다. 9월 7일 용운은 장개석에게 비록 장거리에 걸친 전면공로가 이미 완성되기는 하였지만, 대량의 물류 운송을 위해서는 무엇보다도 전면철로의 부설이 시급하다는 의견을 상신하였다. 전면공로는 운송능력에 한계가 있었으며, 5월부터 11월까지의 기간은 우기에 해당되어 도로의 폐쇄가 비일비재하였다. 따라서 전면철로의 부설은 매우 긴요한 과제가 되었다.

이와 같이 전면공로는 대후방의 중요한 국제운수 노선이라 할 수 있다. 그럼에도 공로(도로)를 통한 화물의 운수 능력에는 한계가 있었으며, 연간 운수량이 18만 톤에 지나지 않았다. 장기 항전을 지속하기 위해서는 매년 적어도 국외로부터 군용물자 20만 톤과 민수물자 10만 톤 전후를 수입하지 않으면 안되었다. 더욱이 해남성 海口가 봉쇄된다면 전면공로는 운수의 수요를 감당할 수 없게 되어, 전면철로를 조속히 부설하여 운수능력을 제고하지 않으면 안되는 상태였다.

전면철로, 서곤철로 연합기공식(1938년 12월 25일)

출처 : 「滇緬敘昆兩路聯合開工典禮」, 『東方畵刊』1卷 12期, 1939, p.18.(上海圖書館 《全國報刊索引》數据庫)

일찍이 중일전쟁이 발발하기 직전인 1935년에 국민정부 공로총국은 이미 인원을 파견하여 선로의 측량에 착수하였다. 국민정부는 전면철로 연선의 지리, 상업, 토지 등의 개황에 대한 조사를 진행하고, 1937년 교통부 공무사 司長 薩福均을 전면철로국 국장으로 임명하였다. 마침내 1938년 12월부터 전면철로의 부설공사에 착수하였다.

1938년 10월 일본군이 광주로 상륙하면서 광구철로와 월한철로 남단이 일본군에 의해 점령되고 말았다. 1939년 11월 일본군이 남경을 점령하고 광서와 베트남을 횡단하는 교통로가 차단되자, 1939년 말 베트남 海防港에는 중국화물 22만 톤이 운반되지 못한 채 쌓여 있었다. 전월철로의 매월 운송능력은 13,000톤에 지나지 않았으며, 공로를 통한 물류 운송도 가능하기는 하였지만 매월 운송능력이 2만 톤을 넘지 못하였다. 설사 새로운 화물이 더는 도달하지 않더라도 적재된 물류를 수송하는 것만으로도 최소 1년 여의 시간이 소요될 형편이었다. 더욱이 1940년 6월 프랑스가 패배하고 1940년 6월 20일 괴뢰 비시정부가 수립되면서 베트남으로부터 중국으로 운송되는 전월철로의 국경 통과를 금지하였다.

1937년 중일전쟁이 폭발한 이후 국민정부 교통부 차장 曾養甫는 만일 연해지역을 장악하지 못할 경우 외부로부터 중국에 대한 지원이 차단되어 곤경에 빠질 것임을 예측하였다. 따라서 조속히 서남지역으로부터 국외로 통하는 국제연락 통로를 마련해야 한다는 당위성을 강조하였다. 이에 부응하여 수많은 철로전문가와 노동자가 전국 각지로부터 몰려들었다. 1937년 교통부 公務司 司長 薩福均이 전면철로국의 국장으로 파견되었으며, 1939년에는 杜鎭遠이 전면철로국 국장 겸 총공정사로 파견되었다. 杜鎭遠은 철로의 부설을 위해 부국장에 張海平, 부국장 겸 부총공정사에 王節堯, 공정국 공무과

공정사 汪菊潛, 공정처 부처장 陶述曾, 총공정사실 부총공정사 李耀祥, 독판공서 기술위원회위원 汪禧成, 설계과장 林同炎, 제3공정처 공무과 技術股 주임 雷從民, 제3총단 부공정사 겸 분단장 長石衡과 朱葆芬, 夏舜參, 顧懿成, 祝秦萱, 周庸華, 盧肇鈞 등 일류 철로기술 전문가를 초빙하였다. 이들 기술자들은 대부분 국내 유명대학이나 구미대학에서 토목공정 관련 학위를 취득한 철로 부설 관련 인재들이었다.

1938년 가을 곤명에서 전면철로공정처가 설립되어 철로를 부설하기 위한 자본의 모집에 착수하였다. 1938년 8월 1일 전면철로와 叙昆鐵路의 양 철로공정국이 설립되어 영국과 프랑스 양국의 차관을 도입하였다. 이 양 노선은 영국과 프랑스 양국의 공정사가 측량을 마친 이후 12월 25일부터 정식으로 부설공사에 착수하였다. 전면철로의 노선은 최종적으로 昆明을 출발하여 安寧, 祿豊, 一品浪, 楚雄을 거쳐 祥雲에 이른 후 남선으로 彌渡, 雲縣, 孟定을 거쳐 蘇達, 滾弄으로부터 미얀마로 들어가 샨 고원에 위치한 라시오(臘戌)[3]로 통하여 미얀마철로와 상호 연결하도록 되었다. 중국 경내의 노선은 총 880킬로미터이며, 미얀마 국경 내의 노선은 184킬로미터에 달하였다. 레일은 1미터 궤간의 협궤였는데, 이는 미얀마철로의 궤간과 합치한 결과였다.

---

3) 라시오는 만달레이 북동쪽 약 200킬로미터, 해발 770m미터에 위치한 샨 고원 북부의 정치·문화·교통의 중심지이다. 샨족(族)과 산지의 이동 농경민족인 카친족·파라운족 들이 교역하는 상업 중심지이기도 하다. 또한 만달레이에서 출발한 미얀마철로의 종착역으로서, 만달레이와 운남성 昆明을 연결하는 교통의 요지이다. 따라서 2차대전 시기에 영국이 중국을 원조하는 '미얀마루트', '원장루트'의 요지였다.

1939년 봄부터 부설공사는 한층 속도를 내며 진행되었다. 전 노선을 3개 구간으로 나누어 부설공사를 진행하였으며, 철로가 지나는 향촌의 주민 30만 명을 민공으로 징발하였다. 그러나 운남성정부와 운남성 민공들에게 공급할 30만 명분의 식량을 공급하는 것부터 지난한 문제가 되었다. 이 지역은 공사 구간이 척박하여 말라리아가 횡행하고 모기 등 온갖 벌레들이 서식하였다. 수많은 노동자들이 학질과 위장병에 시달렸다. 더욱이 운남 현지에서 징발한 민공들 가운데 열에 아홉은 아편을 흡식하였다. 이로 말미암아 민공의 체력이 약하여 부설공사에 어려움이 많았다.

따라서 부설공정의 속도를 제고하기 위해서라도 작업환경을 개선하는 것이 매우 절박한 상태였다. 작업환경을 개선하면서 부설공정도 한층 속도를 내었다. 이와 함께 전면철로공정처를 전면철로공정국으로 개조하는 동시에, 공정국을 祿豊으로 이전하여 전 노선에 걸쳐 부설공사를 관할하도록 하였다. 전면철로의 부설공사는 비교적 빠른 속도로 진행되었다. 부설공사를 시작한지 1년 만에 전 노선 공정의 25퍼센트가 진전되었다.

한편, 전면철로 공정이 진행되는 가운데 국제정세가 크게 변화되었다. 1940년 6월에 일본이 베트남에 상륙하면서 7월에 들어 전월철로의 부설공사가 중단되었다. 일찍이 국민정부는 전월철로를 통해 국외로부터 물자를 수입하였으며, 구룡과 양곤의 철강레일 등 철로부설자재를 수입할 수 있었다. 그러나 1940년 7월 18일 2차대전에 참가한 영국은 일본의 압력에 굴복하여 '미얀마禁運協定'을 체결하고 전면공로를 3개월 동안 봉쇄하는 데 합의하였다. 9월에는 일본군이 하노이에 상륙하여 국제운수선의 절단을 시도하였다.

1940년 독일, 이탈리아, 일본의 삼국동맹을 풍자한 삽화

전면철로의 부설에 필요한 15만 톤의 자재는 기존에 전월철로를 통해 공급되어 왔는데, 전월철로가 막히자 전면철로의 부설자재 공급도 중단될 수밖에 없었던 것이다. 부득불 전면철로는 필요한 자재를 전면공로를 통해 운송할 수밖에 없었다. 그러나 전면공로 역시 전시 상황 하에서 운수가 원활할 수 없었다. 이러한 가운데 독일, 이탈리아, 일본의 삼국동맹이 성립된 이후 영국은 1940년 11월 18일 전면공로의 확대 개방을 선포하였다. 1941년부터 전면철로의 부설을 위한 각종 자재가 미얀마를 거쳐 철로, 공로, 수로로 운반되어 왔다. 항전을 위해 전면철로의 신속한 부설이 매우 필요한 상황 하에서 서둘러 부설이 진행되었다. 1941년 5월 미국은 중국의 전면철로의 자재를 구매하기 위한 차관 1,500만 원의 공여를 약속하였다.

1942년 일본이 미얀마를 점령한 이후 다시 운남성의 腾冲, 龍陵, 畹町에 대한 공격을 개시하면서 운남성 서부지역의 방위가 크게 동요되었다. 이에 일본이 전면철로를 이용할 가능성을 차단하기 위해 어쩔 수없이 서단에서 이미 조성해 놓은 노반과 기초공정을 파괴하기로 결정하였다. 이에 전면철로의 부설공사는 전면 중단되었으며, 전면철로 독판 역시 내지로 철수하고 말았다.

14) 서곤철로

1938년 4월 국민정부 교통부는 전시 후방의 교통수요를 해결하기 위해 부서 인원을 파견하여 철로를 부설하기 위한 기초적인 측량을 실시하였다. 1938년 9월 교통부는 사천성, 운남성의 양 성과 공동으로 川滇鐵路公司 및 川滇鐵路公司理事會를 발족하여 철로의 부설공사에 착수하도록 하였다. 이사회의 구성은 교통부 및 사천성, 운남성 관계자를 이사로 초빙하여 조직하였으며, 그 산하에 서곤철로 공정국을 설치하였다.

1938년 9월에 측량의 결과를 바탕으로 실제 부설할 철로 노선을 확정한 이후, 1938년 12월 25일 정식으로 부설공사에 착수하였다. 곤명으로부터 曲靖에 이르는 노선을 우선 완공하였으며, 총연장 160킬로미터에 달하였다. 그러나 재정 및 부설 노동자의 부족으로 철로의 부설이 지연되자 운남성은 현지 주민들을 노동자로 징발하여 철로의 부설을 계속 진행하였다.

이와 함께 부설비용을 충당하기 위해 국민정부 교통부는 1939년 12월 11일 프랑스은행단과 차관계약을 체결하였다. 이를 통해 차관 및 부설자재의 운송비 명목으로 4억 8,000만 프랑을 차입하고, 중국건설은공사로부터 3,000만 원의 현금을 충당하였으며, 이와 별도로 川滇鐵路公司 및 중앙정부로부터 부설비 명목으로 9,000만 원을 지원반았다. 이와 함께 차관 공여 은행과 경제부는 합작으로 연선에 소재한 광산을 개발하기로 협정을 체결하였다. 1941년 말까지 소요된 부설비용은 총 1억 95만 원에 달하였다.

전면철로와 서곤철로의 연결 공사

昆明 東城 밖의 王旗營에서 전면철로와 서곤철로의 레일을 연결하기 위한 공사를 진행중인 모습

출처 : 「滇緬 · 叙昆鐵路印象記」, 『東方畫刊』2卷 7期, 1939, p.9.(上海圖書館《全國報刊索引》數据庫)

15) 검계철로

중일전쟁이 발발한 이후 국민정부 교통부는 외국으로부터의 원조 루트를 개척하여 중경을 중심으로 한 후방의 통치를 공고히 하기 위한 방안을 강구하였다. 전쟁을 수행하기 위해 필요한 병력의 수송, 광산물과 농산물의 이출 및 외국 원조물자의 운반, 나아가 후방경제의 개발을 통한 항전력의 제고 등을 위해 서남지구에서 철로를 부설

하는 일은 중국에게 초미의 관심사였다. 국민정부가 중경으로 천도한 이후 貴州는 서남공로 상에서 교통의 중심지였다. 貴陽으로부터 중경에 이르기까지 484킬로미터, 곤명까지는 657킬로미터, 계림까지는 543킬로미터, 장사까지는 904킬로미터에 달하였다. 湘桂鐵路를 부설하기 시작한 이후 만일 다시 柳州로부터 貴陽으로 통하는 철로를 부설한다면 당연히 중경으로 통하는 운수능력을 배가시킬 것임에 틀림없었다.

이를 위해 국민정부 교통부는 철로 노선을 선정하고, 철로전문가들의 의견을 구하여 黔桂鐵路를 부설하기로 결정하였다. 검계철로는 柳江 남안으로부터 獨山을 거쳐 貴陽에 이르는 총연장 460킬로미터의 노선으로서, 1939년 9월 기공하여 1941년 2월 1일 전 구간에 걸쳐 열차를 개통하였다. 철로를 부설하기 위해 중국정부는 1937년 4월 7일 상계철로공정처를 형양에 설립하고, 공정처 아래 총무, 공무, 기무, 회계, 운수의 각 과 및 각 공정총단을 설치하였다. 1938년 10월 국민정부 행정원 철도부장인 張嘉璈는 상검철로의 부설 중단과 검계철로의 부설 계획을 제출하여 중앙정부의 비준을 받았다.

호남성과 강서성 일대에서 중일 간의 전쟁이 치열하게 전개되면서 중국 측에 형세가 불리하게 진행되었다. 1939년 4월 국민정부 철도부는 이 지역이 만일 일본의 수중으로 넘어갈 경우 철로가 적을 이롭게 할 우려가 있다고 판단하였다. 이에 절공철로 남창에서 株州 구간 및 상검철로의 레일을 해체하여 후방으로 이전하도록 지시하였다. 이와 함께 상검철로공정국을 검계철로공정국으로 개조하였으며, 레일, 침목, 차량을 포함하여 모든 물자와 인원을 유주 방면으로 疏開하는 조치를 단행하였다. 이러한 결과 상검철로의 레일을 비롯한 모든 물자와 공정인원은 검계철로를 부설하기 위한 지역으로 이전되었다.

이후 黔桂鐵路의 부설공정도 한층 속도를 더하였다. 검계철로는 광서성 柳州로부터 시작하여 貴州省의 貴陽에 이르는 노선으로서, 유주를 출발하여 金城江, 獨山, 都匀, 龍里를 거쳐 貴陽에 이르는 총연장 615킬로미터의 노선이었다. 유주에서 금성강(현재의 河池) 구간의 161킬로미터는 지세가 평탄하여 1939년 9월 기공하고 1940 년 말 완성하여 열차를 개통하였으며, 도로(공로)와 상호 연결되었다. 金城江 이서의 선로는 산맥이 중첩한 지역을 지났으며, 유주와 귀양 간의 고도 차이도 무려 920미터에 달하였다. 금성강에서 獨山 까지는 총연장 237킬로미터로 산맥이 중첩하여 부설공정이 매우 험난하였다. 1941년 초 기공하고 1943년 완공하여 마침내 열차를 개통하였다. 1944년에는 다시 都匀까지 연장하여 열차를 개통하였으며 총연장 73킬로미터에 달하였으며, 광산이 있는 淸泰波까지 약 6킬로미터의 지선을 부설하였다. 유주에서 청태파까지는 총연장 467킬로미터에 달하였다. 검계철로는 이후 월한철로, 상계철로와 연계하여 연계운수(聯運)를 실시하였다.

1944년 일본군이 광서로 진격해 오면서 정세가 날로 급박하게 전개되자 검계철로의 부설 공사를 중단할 수밖에 없었다. 단 이 때까지 부설을 완료한 柳州에서 都匀, 淸泰坡에 이르는 461킬로미터의 구간에서만 열차를 개통하여 운행하였다. 그러나 1944년 일본군이 이 지역으로 진격해 들어오면서 철로 레일이 상당 부분 파손되었다. 1944년 3월 일본군이 검계철로와 도로를 따라 麻尾, 獨山, 都匀으로 진격해 들어왔다. 이에 중국군대는 초토항전의 구호 하에 '小홍콩' 이라 불리던 獨山縣城을 소각하였으며, 뒤이어 百子橋를 파괴하였다. 獨山驛에 남아있던 10여 량의 군수품 운송열차마저 남김없이 불태우고 말았다. 1945년 국민정부는 이 노선에 대한 복구에 착수하였으나, 1949년까지 柳州에서 金城 구간의 161킬로미터 구간만이 복구되었을 뿐이다.

검계철로 노선도

출처 : 王世威, 「黔桂鐵路黔境段路線之商榷」, 『抗戰與交通』65期, 1941,
pp.1117-1118.(上海圖書館《全國報刊索引》數据庫)

16) 기강철로

綦江鐵路는 중일전쟁 기간 동안에 부설되었으며, 사천성에서 처음으로 부설된 표준궤 철로였다. 부설의 주요한 목적은 社台, 南桐

으로부터 大渡口에 이르는 광석과 점결탄(코크스)을 운송하기 위한 것이었다. 중일전쟁이 발발한 이후 중국정부 兵工署는 중경 장강 상류의 大渡口에 철강공장을 설립하였다. 그런데 석탄과 철의 원료는 주로 綦江 상류지역에 매장되어 있었다. 비록 기강 및 蒲河, 松坎河에서 선박으로 운송이 가능하긴 했지만, 수심이 얕고 물길이 험난하였다. 기강 상류 및 지류에 위치한 六中, 大華, 大仁, 大勇, 大智, 大信 등에 수문(도크)을 설치하여 이러한 단점을 극복하려 시도하였지만, 수문을 개폐하는 데 여전히 다대한 시간과 비용이 소요되었다. 결국 관리가 어려워 수송로로서의 기능을 충분히 발휘하기 어려웠다.

중일전쟁이 폭발한 이후 한구가 함락되자 국민정부는 한양철창과 한양병공창 내에 있던 철로 레일, 차량 및 기타 기기 등을 해체하여 중경으로 운송하여 새로 군수공장을 설립하기 위한 계획을 수립하였다. 군수공장은 석탄과 철광을 필요로 하였으며, 그 원료를 綦江縣 三溪煤鐵鑛으로부터 공급할 계획이었다. 그러나 기강은 수심이 얕아 운수가 원활하지 않았으며, 이러한 결과 결국 기강철로를 부설할 수밖에 없다는 결론에 도달하였다. 이 당시 이미 大渡口의 鍊鋼廠에서 35파운드의 강철 레일을 생산할 수 있는 능력을 갖춘 상태였다. 이러한 조건에 기초하여 중국정부는 교통부로 하여금 기강철로공정처를 설립하여 철로를 부설하도록 지시하였다.

마침내 1940년 기강철로를 부설하기로 결정한 이후 같은 해 6월 교통부 綦江鐵路工程處를 설립하고, 그 아래 총무과, 공무과, 운수과, 회계과, 재료과, 공무총단, 인사실을 두었다. 이후 綦江三溪場으로부터 江津猫兒沱에 이르는 노선의 측량, 부설, 설비 장착 및 부속 건설사업 등을 진행하였다. 1945년 10월 교통부는 기강철로공정처를

철폐한 이후 같은 해 12월에 이를 鋼鐵遷建委員會의 관할로 이관하
였으며, 이후 기강철로국이 설립되었다.

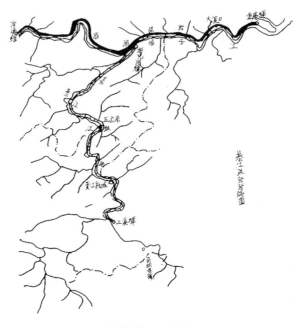

기강철로 노선도

이 철로는 중경 서남의 江津縣을 출발하여 사천성(川)과 귀주성
(黔)의 省境을 지나 三溪鑛場에 이르는 총연장 86킬로미터의 노선
이었다. 1942년 4월에 기공하여 1945년 11월 10일에 열차의 개통식
을 거행하였다. 그러나 이날 개통식이 거행되기까지 부설된 구간은
40킬로미터에 지나지 않았다. 綦江 이북에서 五岔에 이르는 구간은
당시 개통식까지 부설되지 못하였으며, 1947년 8월에 이르러 비로소
완공되었다. 전 노선은 표준궤로 부설되었으며, 사천성에 위치한 大

道口煉鋼廠에서 생산된 30파운드 중량의 전용레일을 부설하였다. 기관차는 1944년에 계림으로부터 철거하여 운반해 온 차량을 사용하였다. 기강철로국의 주도 하에 철로의 부설에 착수하여 1948년에 이르러 기강철로는 江津 경내의 猫兒沱에서 五岔를 거쳐 綦江縣城 대안의 石佛崗까지의 노선에서 열차를 개통하였으며, 총연장 67킬로미터에 달하였다.

17) 호림철로

호림철로는 동북지역에서 일본세력의 주요한 근거지였으며, 따라서 중국인으로 구성된 비밀별동대가 조직되어 호림철로를 파괴하는 사건이 빈번하게 발생하였다. 1936년 5월의 신문보도에 따르면 중국

호림철로 노선도

인으로 구성된 20명 정도의 별동대가 소련 측으로부터 무기 등의 지원을 받아 비밀리에 흑룡강성으로 잠입하여 현지의 의용대와 연계하여 철로를 파괴하였음을 잘 알 수 있다.

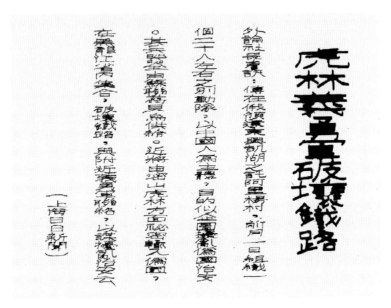

호림철로의용군이 철로를 폭파한 신문기사(上海日日新聞)

번역 : 外信이 전하는 바에 의하면, 러시아령 興凱湖(러시아어 : óзеро Ха́нка, Khanka Lake) 부근에 위치한 투리혼 마을(Turiy horn village)에서 지난달 1일에 20명 내외로 구성된 별동대가 조직되었다. 별동대는 중국인 위주로 구성되었으며, 주요한 목적은 만주국의 치안을 어지럽히는 것이다. 별동대가 소지한 무기는 모두 소련의 국가정치보위총국(OGPU)으로부터 공급되었다. 머지않아 密山 虎林을 통해 비밀리에 만주국으로 잠입하여 흑룡강성에서 회합한 이후 철로를 파괴하고 이 지역에 있는 의용군과 합세하여 만주국의 치안에 타격을 가할 예정이라고 전해진다.

350

18) 매집철로

梅輯鐵路는 남만주철도주식회사 사평가 건설사무소의 주관 하에 19개 일본자본 계열사가 철로를 부설하기 위한 시공을 담당하였다. 이와 함께 만주국 군대 및 철로경비대가 부설 공정 중에 연선지역에 대한 치안 및 수비를 담당하였다. 기록에 따르면 1936년부터 1939년 4월에 걸쳐 중국공산당이 영도하는 동북항일유격대가 매집철로 부근에서 끊임없이 출몰하여 레일을 파괴하였으며, 교량과 일본열차를 전복시켰다. 이로 인해 죽고 부상당한 일본군이 무려 3,000여 명에 달했다고 한다.

동북항일연합군 제1로군은 楊靖宇 사령관의 지휘 아래 여러 차례 매집철로 연선지역에 출몰하여 철로의 부설공사에 부단히 타격을 가하였다. 일본군, 만주국군, 헌병대, 철로경호대와 일본상인, 측량 인원 등은 이로 인해 막대한 피해를 입었다. 일본의 통계에 따르면 1935년 4월부터 항일연합군의 게릴라전술로 매집철로에 대한 공격 회수가 총 196차례에 달한다고 기록할 정도였다.

참고문헌

宓汝成, 『中華民國鐵路史資料』, 社會科學文獻出版社, 2002.
國民政府鐵道部, 『鐵路年鑑』1933, 1934, 1936年板.
日本外務省理財局國庫課, 『支那鐵道國際管理問題參考資料』3卷, 1919.3.
東亞同文會, 『支那年鑑』, 1935.6.
陳樹曦, 『中華民國史交通志』, 國史館, 1993.
金志煥, 『鐵道로 보는 中國歷史』, 學古房, 2014.
Kent著, 李抱宏等譯, 『中國鐵路發展史』, 三聯書店, 1958.
陳樹曦, 『中華民國史交通志』, 國史館, 1993.

孫文, 『孫中山全集』二卷, 中華書局, 1982.

金士宣, 『中國鐵路發展史』, 中國鐵道出版社, 1986.11.

李占才, 『中國鐵路史』, 汕頭大學出版社, 1984.6.

曾仲鳴, 『路政論叢』, 開明書店, 1934.

衡陽謝彬, 『中國鐵道史』, 上海中華書局, 1934.

陳立夫, 『中華鐵路史』, 臺灣商務印書館, 1981.

李國杋, 『中國早起的鐵路經營』, 臺灣中央研究院, 1961.

何媛媛, 『京漢鐵路早期經營研究』, 哈爾濱師範大學碩士論文, 2010.

趙冬暉, 「北黑鐵路」, 『黑河學刊』, 1986.10.

張景泉, 「第二個滿鐵線圖佳鐵路的建築及影響」, 『吉林師範大學學報』1996
　　　年 11期

町田耘民, 『滿蒙の鐵道戰』, 民衆時論社, 1926.1.

中村明人, 『東支鐵道の過去及現在』, 陸軍省調查班, 1932.5.

吾孫子豊, 『支那鐵道史』, 生活社, 1942.

吾孫子豊, 『滿支鐵道發達史』, 內外書房, 1944.

日華實業協會, 『支那近代の政治經濟』, 外交時報社, 1931.12.

日本外務省理財局國庫課, 『支那鐵道國際管理問題參考資料』3卷, 1919.3.

石川順, 『支那の鐵道』, 鐵道生活社, 1928.

小島憲市, 『支那鐵道概論』, 中日文化協會, 1927.

滿鐵會編, 『滿鐵四十年史』, 吉川弘文館, 2007.

宓汝成著, 依田熹家譯, 『帝國主義と中國の鐵道』, 龍溪書舍, 1987.

中國經濟情報社, 『支那經濟年報』第一輯, 白揚社, 1936.

麻田雅文, 『中東鐵道經營史』, 名古屋大學出版會, 2012.

金志煥, 「中日戰爭 直前期 中日經濟提携論」, 『中國學論叢』22輯, 2006.12.

莊階三, 「支那の鐵道」, 『支那問題』69號, 1927.7.

「交通網 : 浙贛鐵路開工典禮」, 『浙江省建設月刊』10卷 11期, 1937.

如絲, 「爲杭江鐵路開馳"採風車"」, 『越國春秋』49期, 1933.

Y. C. Shen, 「湘桂鐵路, 在轟炸下築成」, 『今日中國』7卷 11期, 1939.7.

「滇緬敍昆兩路聯合開工典禮」, 『東方畵刊』1卷 12期, 1939.

叔銘, 「日人眼中滄石鐵路之重要性, 『競存』創刊號, 1936.5.

方秋葦, 「滄石鐵路問題」, 『新中華』5卷 15期, 1937.8, 7.

章勃, 「滄石鐵路問題與華北存亡之關係」, 『交通雜誌』5卷 7期, 1937.7.

「滇緬·叙昆鐵路印象記」, 『東方畵刊』2卷 7期, 1939.

王世威, 「黔桂鐵路黔境段路線之商榷」, 『抗戰與交通』65期, 1941

제6장
철로위생과 방역관리

1 전염병 확산과 철로위생의 초보적 진전

1) 청말 철로위생의 낙후성

아편전쟁으로 타율적 개방의 길로 들어선 중국에게 서구의 과학과 합리를 수용하여 자주독립의 근대적 국민국가를 수립하는 일은 절체절명의 국가적 과제가 되었다. 이러한 의미에서 양무운동과 함께 등장한 강병과 부국 등 근대화운동에서 철로의 부설은 매우 중요한 의미를 가지고 있었다. 일찍이 손중산은 "교통은 실업의 어머니요, 철로는 교통의 어머니"라고 하여, 근대화의 과정에서 철로의 중요성을 강조한 바 있다.

청대에 관방과 일반의 위생에 대한 관념은 그다지 철저하지 못하였다. 더욱이 청조는 철로 부설비용을 대부분 외자의 차입에 의존하였기 때문에, 철로위생과 관련된 제도와 설비를 갖추기 위한 재정도 부족할 수밖에 없었다. 이러한 결과 청대 철로위생은 매우 낙후된 실정이었다. 기록에 따르면, 열차 객실 내에서 승객들은 거리낌 없이 흡연을 하거나 가래침을 뱉고, 쓰레기를 아무 곳에나 버리

곤 하였다. 이와 같은 현상이 매우 보편적이었으며, 철로위생은 매우 열악한 상태였다. 열차 안에는 지정된 장소에 가래를 뱉도록 가래통(痰盂)을 두었지만, 3, 4등 객차에는 이마저도 설치되어 있지 않았다.

위생관념의 결여뿐 아니라 철로위생과 관련된 설비를 제대로 구비할 재정적 여건도 충분치 못한 상태였다. 이러한 원인은 중국철로가 부설 과정에서 대부분 열강의 자본을 차입함으로써 경영권이 차관공여국의 투자단에 부여되었기 때문이다. 열강은 차관의 공여를 통해 경제적으로 막대한 이윤을 획득할 뿐만 아니라, 인사권 등 철로의 경영권을 장악할 수 있었다. 鐵路公司는 철로를 운영하고 경영하는 과정에서 철로차관의 상환과 이윤의 획득에 우선 순위를 둔 반면, 철로위생과 관련된 충분한 설비와 정책을 수립하는 데에는 그다지 적극적이지 않았다.

중국철로 가운데 중국자본과 외국자본의 비중

연도	중국자본	열강의 직접 부설	차관철로
1876	0.0	100.0	0.0
1895	100.0	0.0	0.0
1903	3.9	96.1	0.0
1911	3.5	45.9	50.6
1914	3.0	38.9	58.1
1920	6.2	32.7	61.1
1926	15.2	26.3	58.5
1934	22.8	23.8	53.4

중국근대 공공위생의 제도화는 사회 전반에 걸친 방역의 영향 하에서 발전해 왔다. 특히 1910년 동삼성과 1918년 산서성에서 페스

트(흑사병)가 급속히 확산되는 과정 속에서 철로가 전염의 주요한 매개로 부각되면서 철로위생이 크게 주목받기 시작하였다. 철로는 네트워크의 속성상 일 구역의 위생을 지방행정 차원의 역량으로 해결하기 어려우며, 중앙정부의 통일적 정책 수립과 시행이 불가결하였다.

20세기 초 철로위생은 공공위생의 일부에 속하였다. 1905년 청조는 경찰행정을 통일하기 위해 중앙에 巡警部를 설립하고 순경부 警保司 예하에 衛生課를 설립하였다. 위생과는 醫學堂의 설립, 위생관리, 방역 및 위생 심사, 보건장정의 감사 등이 주요한 업무였다. 위생과의 설립은 중국 위생 제도화의 단초라고 할 수 있다. 그러나 순경부 산하의 위생기구는 사실상 허명이고, 철로위생에 대한 관리는 철저히 이루어지지 못하였다.

1906년 순경부는 民政部로 개편되고 그 아래 衛生司가 설립되었다. 위생사 아래는 保健科, 檢疫科, 方術科의 3과를 두었다. 지방에서는 1907년 각 성에 巡警道를 설립하고 그 아래 衛生課를 두었다. 위생과의 업무는 도로청소, 방역, 음식물의 검사, 도축, 의무시설의 검사, 醫科 및 관립의원과 관련된 사항을 관리하는 것이다.

1906년 지방철로관리국이 최초로 京綏鐵路阜成門醫院을 설립하였는데, 이는 중국 최초의 철로위생 행정기구라 할 수 있다. 이후 각 지방철로국은 다투어 유사한 철로의원을 설립하였다. 예를 들면 1909년 호녕철로는 상해역 부근에 상해철로의원을 설립하였다. 이 당시 철로위생은 주로 의원과 醫官이 담당하였으며, 중앙의 민정부 위생사와 지방의 巡警道 衛生課가 이들을 관할하였다.

신해혁명 이후 1912년 郵電部가 交通部로 대체되면서 교통부는 철로위생 관리에 대한 전문적인 기구를 설립하였다. 1912년 국민정부는 내무부에 衛生司를 설립하여 전국의 위생행정업무를 관할하도록 하였다. 1913년 북양정부는 내무부 위생사를 警保司 衛生科로 개편하였고, 1915년에 다시 衛生司로 변경하였다. 위생사 아래는 四科를 두었는데, 2科가 전염병 예방, 지방의 병리예방, 선박과 차량의 검역, 국제방역, 천연두 접종, 천연두 왁진 및 혈청 관리 등의 업무를 주관하였다.

이러한 가운데 남경국민정부의 수립은 철로위생의 발전과 제도화에서 중요한 기틀을 마련하였다. 1928년 남경국민정부는 철도부를 교통부로부터 독립시켜 전국의 철로행정을 전담하도록 하였으며, 이후 철로위생은 중앙정부의 입법적, 재정적 지원 하에서 획기적으로 발전하기 시작하였다.

2) 동북페스트의 확산과 철로위생의 대두

중국근대 위생의 제도화는 사회 전반에 걸친 위생방역의 영향 하에서 발전해 왔다. 1910년 이전에 중국위생의 제도화가 이미 개시되기는 했지만, 매우 완만한 편이었다. 이러한 가운데 1910년 동북지방에서 발생한 페스트는 중국인들의 전통습관을 뒤흔들어 놓았다. 철로위생은 1910년 동삼성에서 페스트(흑사병)가 확산된 사건을 계기로 크게 주목받기 시작하였다. 북양정부시기 국가 차원의 위생건설뿐만 아니라 철로방면에서의 위생은 기본적으로 방역이 중심이 되었다. 단기간 내에 폭발적으로 확산된 전염병이 바로 근대 철로위생의 제도화를 추동한 것이다.

동북에서 페스트가 대대적으로 유행하기 이전인 1904년에 청조는 營口에서 이미 한 차례 철로위생 방역을 실시한 바 있다. 당시 상해에서 전염병이 발생한 이후 영구에서도 페스트가 발생하기 시작하는 상황이었다. 청조는 영구의 페스트가 천진을 통해 북경으로 전파될 것을 우려하여 특별히 '鐵路沿道設立醫院防疫章程'을 제정하고 영구, 전소, 북방, 신하의 네 지역에 임시검역소와 임시의원을 설립한 이후 내왕하는 상인과 여행객을 대상으로 페스트 검역을 실시하였다. 그러나 동북지역에서 空前의 대규모로 발생한 페스트가 중국 철로위생의 제도화를 촉진한 계기가 되었다고 할 수 있다.

1910년 10월 중국 동북지역에서 페스트가 발생한 이후 2개월이 채 지나지 않아 동북 전역이 페스트의 공포에 휩싸였으며, 곧 關內(산해관 이내)로 확산될 기세였다. 더욱이 1911년 초 춘절을 앞두고 '闖關東'[1]으로 동북지역으로 이주한 사람들이 속속 관내지역으로 귀성할 것으로 예측되었다. 이 밖에 페스트를 피해 동북인들이 대규모로 경봉철로를 통해 하북, 산동 및 京津 지역으로 이동하였다. 동삼성 총독 錫良은 페스트 확산의 위험성을 충분히 인식하여 방역을 위한 예산의 지출을 시급히 승인하였다.

1911년 1월 중 하얼빈에서만 사망자가 254명에 달하였으며, 浦家店에서는 1,184명, 송화에서 38명이 사망하였으며, 장춘과 길림에서는 사망자의 발생이 집계 속도를 넘어 섰다. 페스트로 인한 사망자가 급증하자 정부는 시체를 화장하도록 명령하였으나, 당시 이 지역에서는 화장의 습속이 거의 없어 매장으로 처리하였다. 그러나 매장으로 인해 전염병의 확산이 우려되자 어쩔 수 없이 7척 이하로 깊이 파묻는 조건으로 매장을 허용하였다.

---

1) 기아를 탈피하기 위해 산동, 하북 등지로부터 산해관과 발해만을 넘어 중국 동북지역으로의 대량 이주를 가리킴

중국정부는 의관 伍連德을 급히 파견하여 동북지역 일대의 페스트 상황을 조사하도록 하였다. 오런덕은 중동철로 탑승객에 대한 철저한 방역조치와 방역을 위한 예산의 확보, 그리고 경봉철로 연선의 공공위생 관리와 더불어 일본의 남만주철도주식회사와도 긴밀히 협조해야 한다는 의견을 중앙에 전달하였다.

중동철로에 대해 관할권을 행사하고 있던 러시아정부도 내각회의를 개최하고 외무대신의 명의로 중국정부에 양국 공동으로 조사단을 조직하여 철저한 조사를 실시하자고 건의하였다. 각국 공사단 역시 전염병이 북경으로 확산될 것을 우려하여 공동으로 방역대책을 논의하였다. 동북지역을 자신의 세력권으로 간주하고 있던 일본도 관동청과 남만주철도주식회사 소속 의사 6명을 급히 현장으로 파견하였으며, 환자 3,000여 명을 수용할 수 있는 수용시설의 건립에 착수하였다.

페스트가 철로 노선을 따라 관내지역으로 전파되는 것을 저지하기 위해 1911년 1월 14일 우전부는 외무부, 민정부와 회동하여 '검사경봉화차방역장정'을 반포하고, 경봉철로에서 전염병이 발생할 경우 2, 3등석 객차의 운행을 중단하기로 합의하였다. 이와 함께 산해관에 임시의원을 설립하고 의원 내부에 검역소(留驗所)와 요양실(養病房) 등을 설치하여 洋醫와 각 의원 소속의 洋醫學 생도들을 경봉철로, 경한철로의 양 철로에 파견하였다. 중국인, 외국인을 불문하고 관내지역으로 진입하는 승객은 반드시 검역을 거쳐야 했으며, 의심될 경우 구류처분을 내려 장기간 관찰하도록 하였다. 환자와 같은 객차에 동승하였거나 함께 식사한 경우에는 정밀검사를 실시하도록 하였다. 환자가 탑승한 객차는 반드시 소독을 실시하도록 하고, 가죽제품, 생가죽, 모발, 폐휴지나 폐섬유, 야채, 과일, 화초와 모래, 잡토 등의 화물은 열차에 탑재하지 못하도록 하였다.

전염병이 경한철로 연선을 따라 북경, 천진 등으로 전파되는 것을 방지하기 위해 중앙정부는 지방정부와 공동으로 경한철로의 주요 열차역에 임시의원과 검역소를 설립하였다. 영국, 미국 등 영사단은 조계공부국의 명의로 천진조계로 중국인이 진입하는 것을 금지하였다. 천진시정부는 천진위생국의 주도로 '私驗火車章程' 15조를 제정하여 검역을 실시하였다. 이와 같은 노력을 통해 페스트는 반 년 후인 1911년 4월경에 이르러 총 43,972명의 사망자를 낸 끝에 비로소 진정될 수 있었다.

이와 같은 페스트 방역의 성공은 청정부의 위생정책이 일정 정도 효과를 거둔 것으로 평가할 수 있으며, 특히 서구의 위생관념과 위생제도를 도입한 것이 주효했다고 할 수 있다. 특히 청조는 전염병의 전파 과정에서 철로 노선이 주요한 통로가 된다는 사실에 주목하여, 철로의 통제와 방역에 많은 노력을 기울였다. 청조 우전부와 지방정부가 공동으로 철로의원, 검역소를 설치하여 위생방역 인원을 배치하였다. 이와 같은 제도적 조치는 중국 위생방역이 발전하기 위한 토대가 되었다.

동북지역에서 대대적으로 유행한 페스트는 당시 중국인들에게 큰 충격을 주었지만, 동시에 중국의 위생사업과 철로위생에 발전의 기회를 부여했다고 할 수 있다. 방역이 종결된 이후 청조의 방역총관과 외무부 醫官을 지낸 伍連德 등의 노력으로 1911년 4월 5일부터 28일까지 심양에서 만국페스트연구회가 개최되었다. 이 회의는 청조의 제창으로 개최되었으며, 중국인이 대회주석을 담당한 국제적 학회로 발전하였다.

만국페스트연구회는 근대 이래 중국에서 개최된 대규모의 세계학

술대회로서, 청조가 페스트에 적극적으로 대처하여 세계 각국의 의학계로부터 방역대책을 학습하기 위한 시도라 할 수 있다. 또한 결과적으로 서방의학의 학습과 도입을 가속화시켰다. 그러나 강고한 전통적 습관과 타성으로 말미암아 중국인의 위생이 획기적으로 개선되었다고 볼 수는 없으며, 특히 철로에서도 마찬가지였다. 동북 페스트가 종결된 이후 막 건립된 임시철로의원, 수용소, 검역소는 대부분 철폐되었으며, 반포된 규장제도 역시 철저히 시행되지 못하고 말았다.

3) 晋綏페스트와 철로위생의 제도화

대규모의 전염병 창궐과 방역의 경험에도 중화민국이 수립된 이후 철로위생의 발전은 여전히 완만하였다. 무엇보다도 중앙관제의 직제 속에서 전문적으로 위생을 주관하는 행정기구 및 이와 관련된 위생법규를 마련하지 못하였으며, 이를 담당할 지방행정기관이나 법규도 없었다. 일부 지방철로국은 현지 직공의 의료문제를 해결하기 위해 철로의원과 진료실(소)을 설립하기 시작하였으나, 조건이 갖추어지지 못한 철로국은 지방의원이나 교회의원에 위탁하여 의료서비스를 제공하기도 하였다.

의료서비스가 시작되면서 점차 각 철로국에서는 위생행정과 관련된 기구로서 총무처 산하에 위생과나 혹은 의무처를 설립하였으며, 총무처에 경무과를 설립하기도 하였다. 그러나 각 철로국 차원에서 의원이나 혹은 진료실을 갖춘 경우에도 경비 조달의 어려움이나 의무인력의 부족 등으로 말미암아 수시로 업무가 중단되거나, 설령 있다고 하더라도 규모가 지나치게 작아 직공들의 요구를 만족시킬 수는 없었다.

이러한 가운데 1917-1918년 사이에 綏遠, 山西에서 다시 페스트와 콜레라 등 전염병이 창궐하였다. 전염병에 대처하기 위해 북양정부 교통부는 철로위생과 관련된 행정조직과 관리규장을 마련하며 방역에 나섰다. 1917년 8월 내몽골 新安鎭에서 전염병이 발생한지 4개월도 안되어 27개 현으로 확산되었으며, 같은해 12월에는 산서성 大同에까지 여파가 미쳤다. 대동역은 경수철로 노선상의 주요한 열차역 가운데 하나로서 여객이 매우 많았다. 만일 전염병을 통제하지 못한다면 철로 노선을 따라 他省으로 파급될 것은 충분히 예측할 수 있는 일이었다.

1918년 초 진북, 수원 일대에 전염병이 파급되면서 겨우 20일 만에 15戶로 전염되어 12명이 사망하기에 이르렀다. 이후 석가장, 正定 두 역으로부터 100리 이내에 위치한 평산현에서는 歸化로부터 온 3명의 전염병 환자가 사망하였으며, 지역 내에서 확산되어 사망자가 무려 70여 명에 달하였다. 산서의 페스트는 흉부와 머리에 통증이 있고 객담에 피가 섞여 나오는 등 1910년 동북지역의 페스트와 대동소이한 증상을 보였다.

산서성 독판 熊希齡은 산서와 몽골의 접경지역에서 페스트가 발생한 사실을 중앙에 급전으로 전하였다. 1월 8일 임시국무회의는 전염병의 확산을 저지하기 위한 대책을 논의하고, 伍連德, 陳祀邦, 何守仁 등 3명의 의관을 방역위원으로 임명하였다. 또한 전염병을 차단하기 위해 교통을 통제하고, 환자의 조기 발견, 그리고 외교, 교통, 내무의 3부가 공동으로 대처하기로 결정하였다. 이와 함께 경수철로 전 노선에 대한 전수검사를 실시하기로 결정하였다.

1월 12일 방역위원회는 회의를 개최하고, 전염병의 확산을 차단하기 위해 3로로 구분하여 방역을 실시하기로 결정하였다. 1로는 歸化城으로 정하고 오련덕이 총괄하도록 하였다. 2로는 豊鎮으로서, 何守仁으로 하여금 관할하도록 하였다. 3로는 大同으로서 陳祀邦으로 하여금 관할하도록 하였다. 특히 대동에서 북경에 이르는 구간에 대해서는 육군부 및 교통부가 내무부와 연합하여 방역작업에 신속히 나서도록 하였다. 이를 위해 張家口 밖에 1차 방어선을 설치하여 열차의 통행을 통제하였으며, 최후의 방어선은 북경의 西直門 밖에 설치하였다.

1918년 1월 16일 내무부는 '검역위원설치규칙'과 '화차검역규칙', 검역위원설치규칙' 등 총 8조의 법규를 제정하고, 전염병의 발생 시에 검역위원 약간 명을 임명하여 검역사무소를 설치하도록 하였다. 검역 결과 전염병으로 확진될 경우 '傳染病豫防條例'의 4조 규정에 따라 처리하도록 하였다. 이 경우 해당 열차는 즉시 폐쇄하고, 승객의 출입을 금지하고 안전한 곳으로 이전해야 한다고 규정하였다.

교통부와 내무부는 각 철로국으로 하여금 '화차검역규칙'을 철저히 집행하도록 지시하였다. 그러나 '화차검역규칙'은 내용상 기본적으로 열차 내에서 검역하는 것이 위주였으며, 열차 이외의 구역, 특히 기차역을 범위로 하는 인원의 통제에는 미치지 못하였다. 전염병으로 발생한 사망자의 처리에 대해 傳染病豫防條例의 14조, 15조는 "시신의 처리는 인구가 조밀한 곳으로부터 3리 밖에서 7척 이하로 깊이 매장해야 하며, 사망자의 가옥 및 물품은 조례의 규정에 따라 소각처리하도록 하였다.

1월 21일 북양정부 교통부는 防疫事務處를 설립하고 교통부 차장 엽공작을 처장으로 임명하여 방역업무를 주관하도록 하였다. 각 지방에서도 상응하는 임시방역위원국(처)을 발족하고 '교통부방역사무처장정'을 반포하였다. 북양정부 및 지방관원은 방역의 과정에서 철로 통제의 중요성을 충분히 인식하였으며, 직예독판 웅희령, 산서 독군 염석산도 조속히 교통관제를 실행하도록 제안하였다.

이와 함께 경봉철로, 진포철로, 경한철로, 경수철로, 정태철로 등 다섯 철로는 철로독판 葉恭綽을 회장으로 하고, 노정사 司長 關庚 麟을 부회장으로 '鐵路防疫聯合會'를 조직하고 합동방역에 돌입하였다. 연합회는 3월 11일 '철로방역연합회규칙'을 제정하였으며, 각 철로국도 총무처 예하에 방역사무소를 설치하여 국장을 회장으로 하는 방역회를 조직하고 해당 철로국의 방역업무를 주관하였다. 방역연합회 성립대회에서 부회장은 동북 등에서 페스트가 발생했을 당시의 만주, 산동 및 직예 등에서 각 철로가 연합하여 대처한 경험을 귀감으로 삼아, 진수지역의 전염병 확산에 공동으로 대처할 것을 당부하였다.

경한철로가 제정한 '경한철로검역잠행세칙'을 살펴보면, 열차역 및 객차 등에 대한 방역설비, 차량검사, 역내검사, 의원의 파견 및 약품기구의 비치 등 총 5장, 43조항으로 구성되었다. 검역과 수용, 격리 및 치료 등 각각의 항목에 대해 비교적 상세한 규정을 마련하였다. 예를 들면 검역의 경우 북경, 보정, 순덕과 석가장 등 네 곳에 상주의사를 두도록 규정하였으며, 이 밖에 의사 5명을 파견하여 여행검역대를 조직하고 수시로 북경에서 보정, 석가장 등을 왕래하는 열차에 대한 검역을 실시하도록 하였다. 이와 동시에 해당 철로의 巡警으로 하여금 검역세칙의 실시 과정에서 규정을 준수하지 않을 경우 승객에 대한 엄격한 처벌을 허용하였다.

순경검역은 검역과정 가운데 의, 경, 군 세 방면의 연합방역대오의 권한을 의관에 집중시키고, 검사의원, 순경 등을 모두 의원의 지휘 하에 편제하였다. 수용소의 경우 수용 검사기간을 5일로 정하고, 이에 소요되는 음식 및 제반비용은 철로국이 보조하도록 하였다. 의원이 검사한 결과 전염병에 감염되지 않은 것으로 판명될 경우 비로소 열차표를 구매하여 객차에 탑승할 수 있었다. 이 밖에 '경한철로 검역잠행세칙'은 각 역에 전문적으로 검역을 관할하는 인원을 배치하도록 하였다.

이와 같은 검역의 과정에서 철로국이 설치한 철로의원과 진료소가 크게 발전할 수 있었으며, 특히 경수철로와 경한철로에서 두드러졌다. 이들 두 철로는 전염병의 영향이 가장 엄중하였으며, 따라서 의원이 크게 확충될 수밖에 없었다. 예를 들면 경수철로는 1918년에 풍진, 대동 두 곳에 의원을 증설하였으며, 장수철로의원을 장가구철로의원으로 개조하여 규모를 대폭 확충하였다.

(1) 방역위생순경(위생경찰)과 서양의사의 증파

전염병의 상황 및 승객 유동량의 다소 등 구체적인 상황에 근거하여 위생경찰을 북경 前門站에 12명, 장신점에 4명, 良鄉에 4명, 榴璃河에 2명, 高碑店에 6명, 保定에 4명, 정주에 8명, 正定에 10명, 석가장에 60명, 高邑에 10명, 順德에 20명, 鄭州에 8명, 郾城에 4명, 漢口 大智門에 6명을 파견하여 각각 해당역의 방역검사를 주관하도록 하였다. 북경, 보정, 석가장 세 역은 교통의 요지이므로 별도로 駐站西醫를 파견하여 방역검사를 책임지고 관리하도록 하였다.

(2) 전염병 검역소의 설치

검역소는 수용소(留檢所)라고도 불리웠으며, 여객에 대한 전염병

검사를 실시하는 장소 혹은 기관을 가리킨다. 예를 들면 장신점에서 順德府 내의 良鄕, 유리하, 고비점, 보정부, 정주, 정정부, 석가장, 고읍, 順備府 등의 기차역에는 모두 전염병 검역소를 설치하였다. 검역소는 일반적으로 기차역으로부터 조금 떨어진 곳에 설치하였으며, 대부분 민가나 숙소를 임차하였다.

(3) 감염 소열차역(疫區小站)의 폐쇄와 열차표 판매 중지

전염병의 창궐이 극심할 경우 경한철로 연선에 위치한 9개 역에 검역소를 설치하는 동시에, 나머지 각 소역, 예를 들면 鵠營, 馮村, 內丘, 官庄 등의 역을 1918년 2월 3일부터 일시 폐쇄하였으며, 家庄, 方順橋, 望都, 淸風店 등의 역에서는 열차표의 판매를 중단하였다. 진포철로와 근접한 鳳陽縣에서 전염병이 발견되자, 門台子, 臨準關 등의 역에서도 모두 잠정적으로 열차표의 판매를 중단하였다. 진포철로의 노선에 있는 黃河涯에서 界首에 이르는 13개 역에서는 1918년 2월 18일 잠정적으로 열차표의 판매를 중단하였다.

(4) 열차역의 소독

모든 열차역 내의 공공장소, 사무실, 직공 거주지역, 매표소, 대합실, 화장실, 쓰레기장 등에 대해 정기적으로 철저히 소독을 실시하였으며, 특히 음습한 장소에는 석회를 살포하였다. 쓰레기는 밀봉하여 모기, 쥐 등을 구제하고, 정시에 소각하고 석회로 묻었다. 역 내외에서 식품을 파는 장소는 일률적으로 폐쇄하였다. 공중방역 의식을 제고하기 위해 모든 역에는 눈에 잘 띄는 장소에 방역의 광고를 붙이고, 함부로 가래침을 뱉지 않도록 계도하였다.

기차 내에는 인원의 유동성이 매우 크고, 공간은 협소하며, 사람이 많고 붐비어 전염병이 전파되기 쉬운 장소였다. 따라서 전염병의 전파를 막기 위해 의약차 및 역병 검사차를 증설하였다. 또한 이들 두 차량은 전염병을 막기 위해 의약차 내부를 두 구간(段)으로 나누어, 하나는 격리실로서 4명의 환자를 수용할 수 있었으며, 다른 하나는 의무인원의 업무실로 사용하였다. 검사차는 전문적으로 열차에 탑승한 승객을 검사하였다.

1923년 경한철로는 철로위생의 정돈과 통일을 위해 환자의 처리, 약물과 의료기구의 구입, 인원의 배치 등에 대한 규정을 마련하였다. 1924년 11월 교통부는 경봉철로국에게 철로위생에 대한 전면적인 검사를 시행하도록 하였으며, 특히 객차 좌석, 침대, 화장실, 세면대, 痰盂(가래침을 뱉는 통) 등에 대한 청결 검사를 철저히 시행하도록 지시하였다. 청결위생이 불합격으로 판명될 경우 교통부는 시정을 명령하는 동시에, 철로국으로 하여금 수시로 차량을 검사하도록 하였다.

2 국민정부 철도부의 성립과 철로위생

남경국민정부 수립은 철로위생에서 매우 중요한 전기가 되었다. 1928년 국민정부 철도부가 성립되면서 '국민정부철도부조직법'을 반포하고 그 아래 總務司, 理財司, 管理司, 建設司의 4司를 두었다. 이 가운데 관리사가 철로위생 및 기타 일체의 행정사무를 전담하였다. 1929년 각 철로의 위생업무를 개선하고 공공위생 및 醫務의 정리를 위해 1929년 11월 27일 철도부는 정식으로 衛生處를 설립하였다.

위생처에는 처장 1명 佐理員助理 및 위생전담원 약간 명을 두었다. 위생처는 철도부의 지휘 및 관리 하에 각 항의 위생정책을 위생전담원, 좌리원에게 하달하여 각 철로국에 상주하며 해당 철로의 위생의무를 관리하도록 하였다. 각 철로 위생전담원은 철로당 한 명으로 정하고, 각 철로의 處 혹은 部에 좌리원 한 명을 파견하여 위생전담원의 지휘감독을 받도록 하였다. 만일 업무상 필요하다고 판단될 경우 위생처는 철도부장에게 상신하여 사무원 2명을 파견할 수 있도록 하였다.

1929년 철도부는 '鐵道部衛生處執掌規則'을 반포하고 위생처의 직무범위에 대해 상세한 규정을 두었다. 업무는 첫째, 각 철로 위생의무 상황의 조사 및 보고, 둘째 각 철로 위생의무 설비의 관리, 지도 및 개량, 셋째, 각 철로 위생의무 인재의 배치와 훈련, 넷째, 각 철로 위생의무 개선방법의 연구 및 추진, 다섯째 각 철로직공과 승객에 대한 위생지식의 함양과 위생습관의 개선, 여섯째, 철도부 및 부속기관의 위생의무였다.

그러나 위생처는 일종의 과도기구라 할 수 있으며, 1932년 1월 위생처는 철폐되고 업무는 總務司로 병합되었으며, 예하에 별도로 衛生科를 설립하였다. 위생과는 과장 1명, 직원 약간 명, 課員 3等을 두었으며 별도로 서기관, 간호사 약간 명을 두었다. 경우에 따라 과장 혹은 직원이 醫官 및 약사(司藥)를 겸하기도 하였다. 위생처와 비교하여 위생과는 비록 행정서열 상 1급 강등되었지만, 직책범위에서는 큰 변화가 없었다. 1937년 중일전쟁이 폭발할 때까지 위생과가 철로위생의 관리를 주관하였다. 구체적인 업무 내용은 다음과 같다.

1) 위생의무법규의 편정

국민정부 철도부는 (1)衛生科診療所診病細則, (2)전국철로의무회의의사규칙, (3)철로경찰위생훈련강요, (4)철로경찰취체위생장애규칙, (5)鐵路醫院診所組織規程, (6)鐵路防疫章程 등을 제정하여 철로법규의 구체적인 사항을 규정하였다.

이 밖에도 위생업무를 실시하는 과정에서 상황의 변화에 따라 수시로 법규를 제정하였다. 예를 들면 1934년 위생본부가 제정한 (1)衛生事宜施行辦法, (2)本部員工應守衛生簡則, (3)本部淸潔夫役服務簡規, (4)本部廚役應守淸潔簡則 등의 법규를 들 수 있다. 각 철로에는 '각로급영창상구급법훈련강요', '국유철로급구약상보관규칙' 등이 있었다. '경호,호항용철로 조직훈련경찰위생상식과 급구판법'은 8조의 강령으로 구성되었으며, 이에 근거하여 강습소, 실시훈련소 등을 설립하였다. 철로직공은 진료소 의사로부터 위생상식과 구급 방법, 생리와 해부학 대강, 창상 및 구급 처치, 구급품 사용법, 지혈법, 인공호흡법, 화상 해독판법 등 14개 과목을 수강하였다. 1932년 12월부터 1933년 5월까지 해당 철로에서 수강한 경찰은 총 485명에 달하였다.

2) 지방철로 위생행정기구

지방에서는 각 철로국의 철로위생 행정기구가 집행기관이 되었다. 지방철로국은 기본적으로 중앙의 통일적 지휘와 관리를 받았다. 그렇지만 다른 한편으로 남경국민정부 초기에 각 철로국의 위생행정기구는 비교적 자주성이 있어 상대적으로 철도부의 간섭을 덜 받는 편이었다. 예를 들면 平漢鐵路는 1922년 總醫官室을 두고 위생업무를 관할하였다. 1928년에는 총의관실이 총무처로 편입되어 醫

務課로 되었다. 교제철로의 경우 1923년 국민정부가 일본으로부터 膠濟鐵路를 접관할 당시에는 총무처 산하의 公益課가 醫務를 관할하였는데, 1928년 공익과를 폐지하고 醫務長을 두었다.

철도부 위생행정기구가 체계를 갖추면서 각 철로의 위생업무도 함께 발전하였다. 예를 들어 농해철로의 사례를 살펴보면, 1927년 철도부가 성립되기 이전에 철로위생은 총공정사 산하의 의무처가 관할하고 있었다. 1927년 8월 의무처가 총무처로 병합되고 별도로 위생과가 설립되었으며, 1930년 총무처 아래 總醫官室을 두었다. 1933년에는 총의관실이 醫務處室로 변경되었다. 1931년 철도부는 각 철로에 등급에 따라 위생행정기구를 설치하도록 지시하였다. 즉, 1등 철로국은 반드시 衛生課를 설치하도록 하고, 2, 3등 철로국은 의무장실이나 의원을 두어 직접 관할하도록 하였다.

(火車上須注意公德)

철도부의 철로계몽 삽화1 - 탑승객의 공중도덕 준수

(車未停穏切勿跳下)

철도부의 철로계몽 삽화2 - 달리는 열차에서 뛰어내리지 말

철도부의 철로계몽 삽화3 - 열차표의 구매 시 줄서기

1932년 11월 철도부는 '철로경찰취체위생장애규칙'을 제정하고 마음대로 역에 들어가 물건을 판매하는 행위나 승객이 함부로 가래침을 뱉는 행위 등 총 14조의 단속 규정을 반포하였다. 이와 함께 열차 탑승객의 공중도덕 준수가 철로위생과 승객의 안전에 매우 중요하다는 사실을 인식하고, 철로계몽 포스터의 제작 등을 통해 공중도덕의 중요성을 대대적으로 홍보하였다.

3) 위생처의 철로위생정책

1929년 12월 28일 국민정부 철도부 위생처는 '철도부위생처공작계획강요'를 발표하였으며, 주요 내용은 크게 시정방침, 업무사항, 진행상황으로 나뉘어져 있었다.

시정방침은 첫째 승객에 대해, 승객의 건강을 보호하고 안전을 증진하며 위급한 질병이나 부상에 대해 의료지원을 실시한다는 내용이었다. 두 번째 직공에 대해서는 신체검사를 시행하여 건강을 증진하고, 질병과 부상의 치료 및 요양을 실시하도록 규정하였다. 이와 같이 철도부 위생업무의 주요한 목적은 승객과 철로직공의 신체 건강을 유지하고 보호하는 데 있었음을 알 수 있다.

이를 위한 조치로서, 승객의 위생관리를 위해 대합실 및 열차 환기시설의 적절한 관리, 온도 조절 설비의 관리 및 먼지, 오물의 제거 등이 있었다. 또한 음식물의 청결 유지, 주방 위생설비 및 관리방법의 개선, 조리사의 관리 및 신체검사, 음식물 판매의 점검 및 단속 등의 규정을 마련하였다. 이 밖에 좌석, 침대, 이불의 청결 및 안전, 驛舍 내의 가래통, 비누, 수건, 휴지 등 청결 유지, 기물의 공급, 승객의 질병 및 부상에 대한 구급 치료 등이 있었다.

철로직공에 대한 위생처의 관리에는 직공주택의 개량, 청결한 음
료수의 공급, 방역접종의 시행, 파리, 모기 등 해충의 박멸, 화장실의
개선, 오물의 처리, 욕실의 설치, 운동 및 오락의 장려, 위생지식의
함양 등이 있었다. 신입 직원을 채용할 때 신체검사를 실시하도록
의무화하였으며, 직공의 질병, 부상 시에 치료, 요양 및 구급 등이
포함되어 있었다.

다음으로는 업무방침의 진행 순서(절차) 계획이 있었다. 먼저 각
철로 위생의무의 실상을 조사하고, 이에 근거하여 조직 및 인사의
관리, 설비상의 각종 결함을 파악하도록 하였다. 또한 조사에 근거
하여 개선의 방법을 찾아 적용하도록 하였다. 다음으로는 실행이다.
실행의 과정에서 경험에 근거하여 위생처는 특별히 다음의 몇 가지
사항에 유의하였다. 먼저 조직과 인사(用人)의 방법이다. 조직에서
는, 각 철로 위생의무의 조직이 미흡한 점이 있을 경우 즉시 개조하
고 다음의 표준에 도달하도록 하였다. (1)업무권한의 통일, (2)직책
의 확정, (3)집행의 편리이다.

인사(用人)에서는 위생처가 다음의 준칙에 근거하도록 하였다.
(1)체격, 품행, 재능, 학력의 4항으로 나누어 철저한 조사를 시행한
다. (2)적절한 곳에 배치하여 직무에 충실하도록 한다. (3)실제 훈련
을 통해 전문적인 역량을 쌓은 이후 배치한다. (4)세심한 지도, (5)주
도면밀한 감독을 통해 한편으로는 보고를 받고 한편으로는 인원을
파견하여 시찰한다. (6)공정한 상벌을 시행한다.

4) 위생과의 철로위생정책

1932-1937년 동안은 철도부 위생과가 철로위생을 주관하였다. 철

로위생의 관리를 강화하고, 철로위생의 상황을 개선하기 위해 철도부 위생과는 1932년 '공작대강' 12조를 발표하였다. 주요한 내용은 다음과 같다. (1)위생의무 법규의 편정, (2)위생의무 사항의 개진, (3)각 철로 위생공정의 정리, (4)위생의무 간행물의 편찬 및 인쇄, 발행, (5)철로위생의무 보고의 감찰, (6)위생의무 통계표의 편제, (7)각항 위생의무 양식의 제정, (8)각 철로 금연조사 검사 보고, (9)의료본부 직공 및 가족의 질병 통계 작성, (10)전국철로의무대회의 거행, (11)위생운동회의 거행(매월 4월 1일을 철로위생대운동회날로 지정), (12)중앙위생전람회의 개최와 참여

각 철로별 의원, 진단소, 특약의원 설치 현황

鐵路名	개통시기	총연장(킬로미터)	1927			1933		1936		
			의원	진단소	특약의원/진단소	의원	진단소	의원	진단소	특약의원/진단소
津浦	1912	1009.5	6	3	0	6	6	6	8	/
京漢	1908	1213	6	3	0	8	1	8	1	2
滬寧	1908	311	0	4		6	12	4	11	1
膠濟	1904	394	3	5	2	4	2	5	1	1
隴海		1500	6	3	0	8	/	9	/	/
京綏		817.9	5	0		7	1	7	1	/
滬杭甬	1915	370	0	4		1	10	3	10	/
廣九	1911	43.3	0	1	0	/	1	/	2	2
南潯	1916	128	0	0	4			/	1	2
道淸	1902	150	0	0	1	1	/			
正太	1904	243	1	1	0			1	2	/
廣三	1903	44	0	1	0	/	2			

철로별	職員數	의사수	의사 1명당 직원수
津浦鐵路	19862	22	902.8
京漢鐵路	19575	21	932.1
滬寧鐵路	29595	51	580.4
膠濟鐵路	9593	21	456.8
隴海鐵路	8095	9	896.1
京綏鐵路	12399	18	688.8
湘鄂鐵路	5812	4	1453
道淸鐵路	2176	3	725.3
滬杭甬鐵路	4050	6	675.6
京滬鐵路	8658	10	865.8

3 철로위생정책의 입안과 실시

1) 열차차량 내의 위생정책

객차 내부는 승객이 많아 상대적으로 공간이 비좁았으며, 흡연의
습관이 일상적이었다. 더욱이 위생의식의 부족으로 말미암아 아무
데나 가래침을 뱉는 습관이 만연하였다. 철도부는 열차의 위생을 개
선하기 위해 객차의 통기창을 확대하도록 하였다. 2, 3, 4등 객차에
는 선풍기를 장착하여 열차 내의 위생환경을 개선하도록 하였다. 더
욱이 철도부는 각종 신식화장실과 휴지통, 환기창 등의 모형을 만들
어 각 철로공사로 하여금 이를 모방하여 제작하도록 함으로써 승객
의 공공위생에 기여하였다.

이 밖에 열차 내의 구급설비도 개선하였다. 평한철로의 사례를 살
펴보면, 1933년 정월에 최신 구급상자 100개를 각 열차 및 기차역에

나누어 비치하였다. 구급상자의 관리를 강화하기 위해 평한철로 위생과는 '구급약상자보관규칙'을 제정하여 각 처실에 비치해야 할 약상자의 수량을 상세하게 규정하였으며, 상자 내의 약품들에 대해서도 철저히 관리하도록 하였다.

차량의 낙후된 위생조건을 개선하기 위해 철도부는 다양한 방안을 강구하였다. 열차 내부의 위생관리는 주로 車役(역무원)과 路警(철로경찰)이 책임지도록 하였다. 열차 내의 관리인원에 대해서는 철도부도 한층 엄격한 위생기준을 요구하였다. 예를 들면 각 철로는 매년 사망 및 질병통계를 작성하여 장래 위생 및 전염병을 예방하기 위한 근거로 활용하도록 하였다. 또한 철도부는 열차 내외에서 茶役(차를 파는 상인) 및 기타 상인들에게 엄격한 규정을 마련하여 적용하였다. 또한 열차에서 사용하는 찻잔과 식기 등에도 위생을 철저히 기하도록 하였다.

이 밖에 철도부는 路警으로 하여금 위생의식을 제고하도록 요구하였다. 예를 들면 로경 및 열차 내의 승무원은 먼저 위생의식을 교육받은 이후에 비로소 업무에 종사하도록 하였으며, 위생을 선전하여 직공들로 하여금 위생의식을 제고하도록 하였다. 철도부가 반포한 '철도부로경규장휘편'을 살펴보면, 철로경찰에 대해 높은 위생 책임을 요구하였다. 열차 내의 좌석 및 창문 등에 오염물이 없는지 수시로 확인하도록 하였으며, 오염이 발견될 경우 즉시 철로인부(車夫)로 하여금 청소하도록 하였다. 만일 음식에 전염병이나 병균 등의 전파가 의심될 경우 철로경찰로 하여금 반드시 상응한 방역조치를 실시하도록 하였다. 열차 내의 전염병 혹은 기타 질병의 환자는 즉시 차대장 및 순찰원에게 이를 고지하여 구급 의료조치를 시행하도록 하였다.

2) 철로 연선의 위생정책

철로연선의 위생은 주로 열차역 주변의 위생설비 및 주변 위생을 강화하고 의료사업을 개선하는 데 역점이 두어졌다. 구체적으로는 철로여관의 위생을 개선하고, 철로역과 플랫폼 부근의 위생기준을 강화하였다. 철로여관의 위생은 철로여관 숙박의 청결과 쾌적함을 가리키는 것으로서 철도부가 역점을 두고 시행한 사항이었다. 예를 들면 식수의 개선, 하수도의 정비, 수영장의 개량, 정원의 정돈, 전등 설비의 개선 및 전구의 교체 등 무려 56개 항목에 걸쳐 규정을 마련하였다.

1935년 4월 5일부터 8일까지 철도부 총무과는 경호·호항용철로 연선의 37개 여관의 위생설비에 대한 전수검사를 실시하였다. 철로여관은 경호선에 총 22곳으로서, 昆山 34곳, 소주 5곳, 무석 5곳, 상주 2곳, 단양 1곳, 진강 4곳, 항주 4곳이었다. 호항용선에는 송강 1곳, 嘉善 2곳, 가흥 5곳, 硤石 2곳, 長安 1곳, 항주 4곳 등 총 15곳이 있었다. 검사 결과 위생상태에 따라 갑등 8곳, 을등 12곳, 병등 15곳, 정등 2곳으로 분류되었다. 이 밖에 객실 상태, 환기상황, 음료, 서비스, 주방, 화장실 등의 상태를 분류하고 이를 개선하도록 명령하였다.

차무처가 주로 조사한 내용은 여관의 건축상황, 위생설비와 관리 상황 등이었으며, 아울러 문제의 원인을 분석하여 해결방안을 도출하였다. 이 밖에 철로 플랫폼 부근의 위생을 개량하는 방안을 마련하여 적절한 조치를 취하도록 지시하였다. 예를 들면 플랫폼의 전등을 개량하고 식수대를 개선하는 등의 구체적인 사항이 포함되었다. 열차 내부의 온도, 통풍, 화장실로부터 시작하여 열차 외부에 위치한 철로여관의 위생과 열차 플랫폼, 식수대, 하수구 등 각 부문에 걸

쳐 개선을 도모하고, 이를 통해 안전하고 쾌적한 환경을 조성하기
위해 노력하였다.

1907년 건축된 석가장 최초의 서양식 건물 正太飯莊

정태철로가 준공되어 열차를 개통한 1907년 출발역인 石家莊에 이 지역 최초의 서양
식 건축물인 正太飯莊이 설립되었다. 당시 석가장은 正定府에 속하였으므로 호텔의
명칭을 正太飯莊이라 명명하였다. 이 호텔은 일찍이 손중산, 장개석, 송교인 등 주요
인물들이 이용한 바 있는 유구한 역사를 가지고 있다. 이 호텔에는 현재 정태철로의
기관차 사진과 유물들이 전시되어 있다.

3) 응급성의 철로위생정책

남경국민정부 시기에 전염병의 발생과 확산이 빈번하여 응급성과
예방성의 철로위생정책을 강구하지 않을 수 없었다. 응급성의 철로
위생정책은 주로 전염병과 유행병의 전파에 대응하기 위해 제정한
것이다. 철로의 질병 응급대처와 위생대처는 철로위생정책의 제정
과정에서 핵심적인 사안이었다. 응급성의 철로위생정책은 철로방역
장정에 잘 나타나 있다.

'鐵路防疫章程'의 제정은 1932년에 크게 유행한 전염병과 관련이

깊다. 1932년 4월 상해에서 콜레라가 급속하게 확산되어, 6월이 되면 이미 북방의 천진과 북평까지 전파되었다. 7월에는 대련, 영구, 包頭, 수원 등에서도 전염병이 발생하였다. 7월 2일 이전에 이미 20건의 사망자가 발생하였다. 이러한 과정에서 의심할 바 없이 철로가 주요한 전파로가 되었다. 이에 따라 이전의 경험에 비추어 철도부는 적극적인 조치를 강구하지 않으면 안되었다.

1932년 6월 4일 국민정부 철도부는 전염병의 발생과 확산에 대응하기 위해 '鐵路防疫章程'을 제정, 반포하고, 장티푸스, 발진티푸스, 이질(赤痢),[2] 천연두, 페스트, 霍亂, 디프테리아, 유행성뇌수막염, 猩紅熱[3] 등을 법정전염병으로 지정하였다. 각 철로의원으로 하여금 전염병실이나 격리실을 반드시 설치하도록 하였으며, 전염병이 발생할 경우 의원 및 진료소에 임시검역소를 설치하고 검역원을 파견하여 소독 등 방역조치를 취하도록 하였다.

또한 전염병이 유행하는 기차역에 대해서는 열차표의 판매를 중단하고 임시로 폐쇄하도록 조치하였다. 또한 전염병으로 사망한 시체는 의관의 허가 없이 마음대로 움직일 수 없도록 하였다. 오염원으로 간주되는 식품의 판매를 금지할 수 있는 권한을 검역관에게 부여하였으며, 오염된 식수는 사용을 금지하였다. 또한 전염병 감염자나 이들과 접촉한 사람의 경우 강제적으로 격리할 수 있는 권한도 부여하였다.

---

2) 법정전염병의 하나로서, 발열, 복통, 혈액이 섞인 설사를 일으키는 병으로 여름철에 특히 많이 발생하며, 세균이 입을 통하여 전염된다.

3) 發疹毒素를 산출하는 용혈성연쇄상구균(溶血性連鎖狀球菌)에 의한 전염병. 감염원은 사람이며, 환자나 보균자의 코나 콧물, 상처 등을 통해서 전파되거나 이것들로 오염된 물품을 통하여 간접적으로 전파된다.

방역의 과정에서 위생소독과 응급처치는 매우 중요한 항목이었다. 만일 객차 내에서 전염병으로 인해 사망한 시체가 발견될 경우 醫官 혹은 검역인원은 즉시 해당 차량을 폐쇄하고 소독을 실시하도록 하였다. 전염병 보균자의 의복 및 전염 세균이 있을 것으로 의심되는 일체의 물건은 제한하거나 혹은 사용을 금지할 수 있도록 하였다. 필요하다고 판단될 경우 이를 소각할 수 있는 권한도 부여하였다.

4) 예방성의 철로위생정책

응급성의 위생정책뿐만 아니라 예방적 조치는 위생정책에서 매우 중요한 업무의 하나였다. 예방성의 조치 가운데 중요한 내용 가운데 하나가 바로 우두의 접종이었다. 예를 들면 북녕철로의 경우 봄이 되어 기후가 점차 따뜻해지면 천연두가 유행하기 쉬운 환경이 조성되기 마련이었다. 그러면 해당 철로국은 건강과 전염병의 예방을 위해 위생과로 하여금 신선한 우두를 구입하여 각 의원과 진료소에 나누어 비치하도록 하였다. 경호·호항용철로의 경우 339명에게 우두를 접종하였으며, 콜레라와 혼합한 백신을 276차례 접종하였다.

다음으로 위생정책의 선전과 교육 역시 철로위생정책 가운데 매우 중요한 내용이었다. 한편으로는 철로직공의 위생의식과 수준을 제고하고, 다른 한편으로는 일반인들에게 위생정책을 선전하고 교육하게 된다. 남경국민정부의 지도 하에서 철로위생의 선전과 교육은 주로 두 가지 방식으로 진행되었다. 하나는 철로위생운동대회였고, 다른 하나는 철로위생과 관련된 정기간행물과 서적의 출판이었다.

1931년에 철도부 위생처가 제안한 안건에 의거하여 다음 해인 1932년 철도부는 매년 4월 1일을 철로위생대운동일로 정하였다. 철로위생운동대회는 일반적으로 각 철로의 철로의원에서 거행되었다. 대회에는 의원의 관련 책임자와 기관의 대표, 각 학교의 대표도 참여하였다. 철로위생운동대회에는 위생과 청결, 검사, 보건과 선전 등이 모두 포함되었다. 철도부는 위생운동대회의 목적에 대해 "건강한 신체 없이는 사고의 발생을 피하기 어렵다. 건강한 신체를 유지하기 위해서는 위생이 불가결하며, 기관사와 직공으로 하여금 위생에 관한 관념을 고취하여 건강을 증진시키고 업무효율을 제고하기 위한 것이다. 또한 열차 및 설비를 청결하게 유지하며, 이를 통해 여객의 안전을 담보할 수 있다"고 설명하였다.

개별 철로의 위생운동대회 활동을 살펴보면, 북녕철로는 1935년 3월 26일부터 철로위생운동대회를 준비하기 위한 대책회의를 개최하였으며, 이후 각 驛舍에서 각종 선전물을 배포하였다. 4월 1일 위생운동대회를 개최하는 동시에 전 노선에 걸쳐 청결대검사를 실시하였다. 진포철로에서는 4월 1일 약 300-400명의 직원이 참가한 가운데 위생운동대회를 거행하였다. 대회조직위원장 및 선전조 조장 陳宗實 주석은 치사를 통해 철로위생의 중요성을 강조하였다. 마지막으로 의사 宋維藩이 병균의 종류 및 예방 방법에 대해 강연을 실시한 다음 대회를 마쳤다.

대회장에는 수많은 표어들이 내걸리고, 선전차량이 거리에서 방송을 하였으며, 위생과 관련된 소책자도 배포하였다. 사무실, 학교와 공장, 각 철로 연선지역에서는 대대적인 검사와 대청소가 실시되었다. 1932년 철도부 위생과는 『鐵道衛生季刊』을 발간하였는데, 論著, 醫藥叢談, 위생상식, 譯述, 개량계획, 조사통계 등 10개 코너가 마련되어 각기 풍부한 내용을 담고 있었다. 특히 胡宣明이 박사의 「國難期間之鐵道衛生」을 비롯하여 각 분야의 전문가들의 문장을

실었다. 이를 통해 철로위생의 보급과 업무 개선을 위해 선도적인
역할을 수행하였다.

4 철로직공에 대한 위생정책

1) 철로직공 위생환경의 개선

철로가 발전하고 노선이 증가함에 따라 철로직공의 수자도 부단
히 증가하자, 낙후된 철로의료 위생시설로는 철로직공의 수요와 요
구에 부합하지 못하였다. 호항용철로 醫官 王吉民의 조사에 따르면,
1927년 7월부터 1930년 1월까지 호항용철로의 직공 가운데 질병에
걸린 사람은 총 4,000여 명에 달하였다. 이 밖에 평한철로 江岸醫院
診療所의 사례를 살펴보면, 1933년 12월 진료회수(철로직공과 그 가
족)는 총 1,025건에 달하였다. 이와 같은 상황 하에서 철도부는 철로
직공 위생에 대한 노력을 경주하여 보다 완비된 관리제도를 구축하
지 않으면 안되었다.

호녕철로국의 의견에 의하면 철로직공의 수요에 부응하기 위해서
는 요양원의 건립과 위생복리의 제고가 실로 급무가 아닐 수 없었
다. 당국 역시 철로직공의 위생관리에 대한 요구에 부응하지 않을
수 없었으며, 특히 직공에 대한 방역에 힘을 기울였다. 남경국민정
부 시기 전염병의 빈번한 발생과 계절성 전염병은 사회에 심대한 피
해를 초래하였다. 철도부 위생처는 전염병을 페스트, 천연두 등 9종
으로 나누고, 철로직공의 위생안전을 위해 정기적으로 검역을 실시
하였다.

2) 철로의원의 증설과 서비스 수준의 제고

철로위생과 치료의 요구에 부응하기 위해 철도부는 철로의원의 완비에 힘을 기울였다. 각 철로 연선에 위치한 철로의원도 상당한 수준으로 발전하였다. 철로의원의 창립 초기와 비교하여 각 철로 연선에 소재한 의원의 총수는 25개소로 증가하였으며, 진료소도 19개소, 특약의원 혹은 진료소도 7개소로 증가하였다.

철로의원의 의무와 위생서비스의 수준을 제고하기 위해 철도부는 정기적으로 철로의무회의를 개최하였다. 철로의무회의의 개최에는 두 가지 형식이 있었는데, 하나는 각 철로가 스스로 개최하는 것이고, 다른 하나는 전국적인 철로의무회의를 개최하는 것이었다. 각 철로의 상황이 상이하기 때문에 위생의 처리 역시 철로에 따라 상이할 수밖에 없었다. 철도부는 각 철로로 하여금 여름과 가을 두 계절로 나누어 철로의무회의를 한 차례씩 개최하도록 하였다. 첫 번째 전국 범위의 철로의무회의는 1931년 4월에 개최되었다. 회의에서는 각 철로 시설의 개진, 위생의무행정, 설비, 인원의 활용에서 각종 개진방법을 논의하였다. 같은달 25, 26, 27일 사흘에 걸쳐 전국철로의무회의를 개최하였으며, 의약류, 보건류와 훈련류 등 총 79건의 의안이 논의되었다.

철로의원이 증가하는 과정 중에 철로의원에 대한 관리정책 역시 완비되어 갔다. 철도부 위생처 시기에는 철도부위생처진료소판사세칙, 철도부위생처진료소진병세칙 등이 제정되었고, 위생과 시기에는 '위생과진료소판사세칙', '위생과진료소진병세칙'과 '철로의원급진료소조직규장' 등 세칙 혹은 규정이 제정되었다.

철로위생의무공작을 충실히 이행하기 위해 1933년 철도부는 '정리철로위생의무사항'을 반포하고, "각 주관인원은 반드시 자발적으로 적극 참여하고 지도해야 하며, 위생의무회의를 소집하여 토론해야 한다"라고 규정하였다. 또한 각 철로의 위생의무를 정돈하기 위한 목적에서 각 철로의 위생의무 책임자로 하여금 매년 철로위생의무회의를 개최하도록 하였으며, 두 차례에 걸쳐 철로위생의무상황을 순시하도록 하였다. 이와 같이 의무관리인원에 대한 엄격한 검사 방식은 비단 책임자들의 감독, 관리를 강화하였을 뿐만 아니라, 철로의료위생관리의 효율성을 제고하였다.

5 개별 철로의 사례로 보는 철로위생 : 京滬 · 滬杭甬鐵路

경호 · 호항용철로는 영국자본으로 부설된 차관철로로서 이권회수 운동의 와중에서 국유로 전환된 이후 경호 · 호항용철로관리국을 설립하고 양 노선을 합병하여 관리하도록 하였다. 이 철로는 연선의 인구가 조밀하고 물산이 풍부하며, 일찍부터 軍運을 실시하는 등 철로에 대한 국가의 관리와 통제가 강하였다. 따라서 이 철로는 남경 국민정부 철도부의 위생정책과 그것이 개별철로의 차원에서 실현되는 양상을 살펴볼 수 있는 유효한 지표가 될 수 있을 것이다.

1) 京滬 · 滬杭甬鐵路 衛生課의 설립과 의무 예산

(1) 철로직공의 수자와 의무환경

경호 · 호항용철로국 위생과는 1930년 5월에 출범하였으며, 兩路 醫務長이 위생과장을 겸임하였다. 1933년 5월 국민정부 철도부는 의무고문 黃子方을 경호·호항용철로 의무장으로 임명하고 해당 철로의 위생과장을 겸임하도록 함으로써 경호·호항용철로에 대한 통제를 강화하였다. 그 아래 의무, 보건, 文事의 3股를 두었으며, 股에는 각각 主任 1명씩을 두었다.

경호, 호항용철로국 위생과는 해당 철로의 직원 및 노동자, 그리고 그 가족, 객차의 승객 등에 대한 의료, 방역, 보건 및 전 노선에 걸친 위생행정을 담당하였다. 양 철로의 직원 및 노동자의 수는 다음과 같다.

경호·호항용철로의 직원, 노동자의 수자

연도	직원(員司)	노동자 및 路警	총계
1933년 1월	3,287	9,851	13,138
1934년 6월	3,047	11,468	14,515

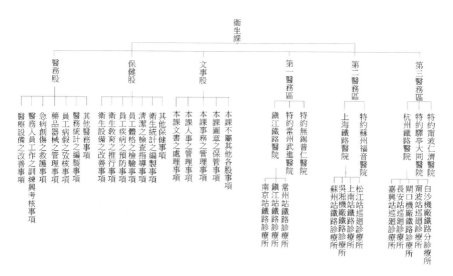

경호·호항용철로관리국 위생과의 조직

경호호항용철로국 위생과의 의무인원을 살펴보면, 의사 26명, 간호사 37명으로 구성되어 있었다. 간호사 37명 가운데에는 새로 파견된 사람이 25명으로서, 모두 중화간호사회가 주관한 시험에 합격하고 자격증을 획득한 사람이었다. 더욱이 이 가운데 5명은 공공위생 간호사 자격을 구비하고 있었다. 이 밖에 약제사(司藥) 3명, 행정인원 12명, 조수 및 잡부(工役)가 37명이었다.

이 밖에 車務處에는 청결관리원 3명이 있었는데, 이 가운데 한 사람은 6년의 현직경험이 있었다. 나머지 두 사람은 6개월간 위생검사 훈련반에서 훈련을 받았다. 이 밖에 차무, 기무 양 처에는 별도로 청결을 관리하는 7명의 직원이 있었으며, 청소잡부도 338명 있었다.

의무고는 철로의무의 설계 및 지도, 임시구호 및 치료, 의무인원의 훈련 및 심사, 약품재료의 배치 및 감사, 의무공작 통계 등과 관련된 업무를 수행하였다. 보건고는 위생청결 및 방역업무를 주관하였으며, 위생인원의 훈련, 감사, 신체검사, 위생의 선전, 위생의 통계 등의 업무를 담당하였다. 문서고는 문서의 수발을 담당하였으며, 회계, 사무, 편집 등의 업무를 담당하였다. 경호·호항용철로의 매년 의무위생 예산은 1932년도 178,550元, 1933년도 155,000원, 1934년도 163,000원, 1935년도 197,540원으로 책정되었다.

黃子方은 위생의무의 업무 가운데 특히 (1)구식화장실을 신식화장실로 개조, (2)담맹(가래통)의 설치, (3)위생 관련지식과 습관의 함양, (4)진강의원 원무의 개량, (5)의료진의 훈련, (6)약품재료 및 수속의 정리 등을 강조하였다.

경호·호항용철로관리국

(2) 철로의무위생의 경비

양 철로의 수년래 의무위생경비(회계연도는 매년 7월부터 다음 해 6월 말까지) 예산은 다음과 같았다.

1932년도　178,550元
1933년도　155,000원
1934년도　163,000원 : 상해철로의원의 증설
1935년도　197,540원 : 항주철로의원의 증설

1935년도의 예산은 직원, 노동자, 철로경찰을 합쳐 14,500명으로 계산할 경우 한 사람당 평균 13원 6角 정도에 해당되는 액수이다. 이 수치는 위생과 및 소속 각 의원, 진료소의 경비에 지나지 않았다. 이 밖에 車務와 機務의 양 처 예산항목 중에 청소경비로 1년에 16,300원이 책정되었다. 또한 매년 전 노선에 걸쳐 위생설비의 수리, 각 역의 우물, 수도, 화장실의 건축비 등의 비용이 공무처의 예산 내에 편성되었다. 차량의 위생설비 및 개량비용은 기무처의 예산 항목으로 편성되었다.

2) 경호·호항용철로의 의료업무

(1) 醫院

경호·호항용철로국의 직영의원인 상해의원은 주로 철로직공 및 여객의 질병 및 상해를 치료하는 데 중점을 두었으며, 이와 함께 직공의 신체검사, 의무인원의 훈련 실습, 각 진료소 외과용품의 소독 및 병균의 조사 등 일련의 업무를 수행하였다. 상해의원은 33병상을 갖추고 수술실, 시험실, 소독실을 각각 갖추었다. 철로국은 매년 상해의원에 경비로 1,500원을 지원하였으며, 1933년 7월 17일부터 환자를 수용하기 시작하여 8월 12일 정식으로 개관하였다.

의원 내에는 원장 겸 외과 주임의사 1명, 내과 주임의사 1명, 피부과 및 비뇨기과 주임의사 1명, 이비인후과 주임의사 1명, 駐院醫師 1명, 간호사장 1명, 부간호사장 1명, 약사 1명, 이 밖에 간호사, 사무장, 조수 약간 명이 있어 각기 업무를 관장하였다. 설비로는 외과수술실, 시험실, 소독실 각 1칸, 약방 1칸, 입원실 8칸(33병상), 의사 사무실 1칸, 간호사무장 사무실 1칸, 간호사 및 인부 침실 5칸, 주방 1칸, 욕실 및 화장실 6칸, 자재실 1칸, 영안실 1칸 등을 구비하였다. 1933년 12월까지 입원환자는 총 243명에 달하였으며, 퇴원환자는 223명에 달하여 환자의 평균 입원일수는 134일이었다. 이 가운데 직원이 76명, 노동자가 140명, 여객 등이 7명이었다. 완치 퇴원자가 158명, 경감이 54명, 미치료자가 3명, 사망이 8명이었다.

鎭江醫院은 직공 및 여객의 질병, 상해의 치료, 부근 각 진료소 외과용품의 소독 및 병균의 검사 등을 시행하였다. 설비로는 사무실 1칸, 수술실 1칸, 시험실 1칸, 1등 입원실 2칸, 2등 입원실 2칸, 보통 입원실 4칸 등 25병상, 격리실 2칸, 욕실 1칸, 주방 1칸, 침실 3칸, 화장실 1칸, 자재실 2칸, 영안실 1칸을 갖추었다. 병원 내에는 원장 1명, 상주의사 1명, 간호사 3명, 약사 1명, 조수 1명, 인부(工役) 4명이 각각 업무를 맡아 보았다.

1933년 입원환자가 353명, 퇴원환자가 339명, 환자는 평균 14.2일을 입원하였고 이 가운데 직원이 44명, 노동자가 214명, 여객 등이 81명, 치료 후 퇴원자가 286명, 경감이 33명, 자원퇴원이 2명, 사망자가 18명에 달하였다. 1934년 10월에는 다시 50병상에서 75병상을 수용할 수 있는 항주철로의원을 증설하였다. 원장은 미국시카고대학 의학박사 출신이었으며, 이 밖에 의사 3명이 더 있었다.

1934년 10월에는 다시 항주철로의원을 증설하였는데, 50병상에서 75병상을 수용할 수 있는 면적을 확보하였다. 원장은 미국시카고대학 의학박사 출신이며, 이 밖에 의사 3명이 더 있었다. 이들 병원 이외에 남경, 常州, 무석, 소주, 가흥, 驛亭, 영파의 각 처에 지방의원과 진단의뢰의 협약을 체결하였다. 만일 급한 중병이나 부상이 발생할 경우 이들 병원에 즉시 후송하여 진료를 받을 수 있도록 하였다.

경호철로 연선에 특약의 蘇州福音醫院과 常州武進醫院, 호항용 연선에는 특약상해공립의원, 嘉興福音醫院, 杭州廣濟醫院, 寧波光華醫院 등이 있었다. 그리하여 부근의 직공 및 승객이 위중한 질병 및 부상을 입어 급히 병원에 가야할 경우 이들 병원에 소속된 의사에게 진료를 통해 입원 가료를 받을 수 있었다. 진료소의 경우 上海北站診療所, 경호철로에는 오송창 및 소주, 상주, 진강, 남경 등의 역에 두었다. 호항용철로의 경우는 閘口 및 白沙廠과 上海南站, 항주, 영파 등의 역에 진료소를 두고 직공 및 가족과 승객의 질병을 치료하였다.

다음의 두 통계표는 철로의원과 진료소의 업무와 관련하여 입퇴원 환자의 상황과 내원 환자의 질병 유형을 잘 보여주고 있다. 직원, 노동자가 질병에 감염될 경우 반드시 철로의사의 검진증명서를 첨부해야만 비로소 병가를 신청할 수 있었다. 경호·호항용철로의 직영의원 및 특약의원의 업무를 살펴보면 다음과 같다.

경호·호항용철로 직영의원 및 특약의원 업무통계표

			1933년도				1934년도				
			직영의원		특약 의원	합계	직영의원			특약 의원	합계
			鎭江	上海			鎭江	上海	杭州		
환 자 수 자	전년도계속입원		20		12	32	9	31		17	57
	본년도입원		298	537	171	1006	457	668	296	352	1773
	본년도퇴원		309	506	166	981	455	664	278	362	1759
	본년도말입원		9	31	17	57	11	35	18	7	71
퇴 원 환 자 개 황	성 별	남	303	492	165	960	447	630	265	357	1699
		여	6	14	1	21	8	34	13	5	60
	직 능 별	員司	42	140	16	198	66	149	38	20	273
		工役	203	272	114	589	302	334	198	260	1094
		경찰헌병	30	55	12	97	54	94	10	27	185
		직원가족		18		18	1	42	22		65
		승객	31	19	22	72	23	20	5	53	101
		기타	3	2	2	7	9	25	5	2	41
	평균입원일수		11.4	15.3	13.1	13.7	10.9	13.6	11.5	11.0	12.1
	외과수술회수		48	50	45	143	61	103	27	74	265
	치 료 결 과	완쾌	265	378	120	761	372	474	211	280	1337
		감경	26	96	32	154	58	143	46	49	296
		차도없음		5	4	9	4	5	5	8	22
		무치료	1	7		8	2	4	6	1	13
		자진퇴원	1	7	3	11	8	15	6	2	31
		사망	16	15	7	38	11	23	4	22	60
시험실 검사건수			512	1306	1019	2837	2288	4609	2359	1752	11008
신체검사 인수			72	1161		1233	234	2177	288		2699
아편검사 인수				16		16	24	58	27		109

(2) 診療所

경호철로 남경, 상주, 소주, 上北의 각 역, 오송기창 및 호항용 노선 상의 남역, 항주역, 閘口廠, 영파역, 白沙廠 등에는 원래 진료소가 있었다. 그러나 설비가 오래되고 낡았으며, 업무 효율도 낮아 모두 개량공사를 실시하였다. 이를 위해 이들 건물을 새로 신축하거나 혹은 새로 페인트를 칠하고, 약품기기 역시 보충하였다. 또한 진강의원의 위치가 기차역으로부터 비교적 멀리 떨어져 있어 기차역 부근에 진료소를 설치하여 직공의 진료를 위한 편의를 도모하였다.

소주역진료소는 새로 이전하여 건물이 넓었으며 주변에 화원이 조성되어 있었다. 오송진료소는 원래 기기창의 사무실 내에 위치하였는데, 새롭게 독립공간으로 이전하여 노동자의 욕실을 증설하였다. 上北驛診療所는 상해의원으로 병입되어 상해의원의 진료소가 되었다. 아울러 전기온열기 등의 설비를 증설하였다. 송강, 가흥, 장안의 세 역에는 진료실을 증설하여 의사가 가흥에 주재하고 세 역을 순회하며 직공을 진료하고 질병을 치료하였다. 항주진료소는 원래 기차역 역사 안에 설치되어 있었는데, 항주의원이 설립된 이후 의원으로 이전하여 진료부로 변신하였다. 또한 의료설비도 새로 증설하였다. 갑구진료소는 지나치게 협소하여 두 칸의 병실을 증설하였으며, 수세식 화장실도 설치하였다.

(3) 醫務區

진강, 상해, 항주의 세 의원이 업무를 개시한 이후 의료위생 업무의 효율성을 제고하기 위한 목적에서 양 철로 연선구역을 의무구로 획분하였다. 이에 따라 제1의무구는 남경역에서 무석역까지로 하여 진강의원을 주관의원으로 하였으며, 남경, 상주, 진강 세 진료소가 이에 속하였다. 제2의무구는 무석역에서 가흥역까지로 상해의원이 주관의원이 되고, 소주, 오송, 상남의 각 진료소 및 송강역 순회진료실이 이에 속하였다. 상해의원은 의무인재가 집중된 지역이었기 때문에 양 철로의 총의원 역할을 하였으며, 위중하거나 전문적인 병증을 치료하였다. 아울러 전 노선의 의무인원의 훈련실습업무를 관장하였다. 제3의무구는 가흥에서 갑구역까지, 曹娥江에서 영파역까지이며 항주의원이 주관의원이 되었다. 갑구, 영파, 백사 각 역의 진료소 및 가흥, 장안 두 역의 순회진료실이 이에 속하였다. 각 구의 주관의원은 구내 의무위생행정 및 기술의 중추로서 직공과 그 가족, 그리고 승객의 치료 등 업무를 주관하였다.

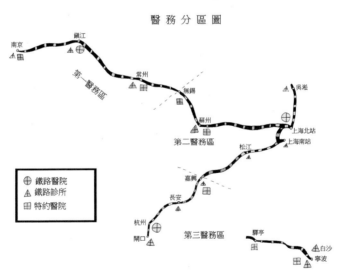

경호·호항용철로 부근 철로의원의 배치도

각 진료소는 의원의 부분진료소 역할을 하였다. 의사, 간호사는 모두 의원의 소속이었다. 매년 돌아가며 주관의원에 가서 3개월간 업무에 종사하였으며, 이를 통해 최신의 의료기술을 연마하도록 하고 임상경험을 쌓도록 하였다. 區內에서 病傷이 가벼운 자는 진료소에서 치료하고 무거운 자는 의원으로 이송하여 치료하도록 하였다. 구내의 각 역, 공장, 학교의 예방접종 등 업무는 의원 및 진료소의 의사, 간호사가 정기적으로 출장을 나아가 처리하도록 하였다. 각 역, 공장, 학교 및 직공가족의 공공위생업무는 구내 공공위생간호사가 별도로 진행하였다.

(4) 진료 내역

본 철로의 규정에 따라 직원, 노동자가 병에 걸릴 경우 반드시 철로의사의 검진증명서를 첨부해야만 비로소 병가를 신청할 수 있었다. 1932년 7월 이후 이와 관련된 상세한 기록과 통계가 집계되었다. 1934년도 병원에 내원한 사람은 증상에 따라 18종으로 구분할 수 있으며, 다음과 같이 분류할 수 있다.

다음의 통계를 살펴보면, 가장 많은 병은 피부병이었으며, 그 다음이 호흡기 계통의 병이었다. 불의의 부상이 그 다음이다. 생식비뇨기 계통의 환자는 매우 적게 집계되고 있다. 이는 철도부 규정에 따르면, 직공이 화류병에 걸린 경우 철로진료소에서 진단을 받을 수 없도록 하였기 때문이다. 부인 및 신생아 관련 질병(婦嬰病, 11, 14, 15)의 수치도 낮은데, 이는 철로직원이 대부분 장년 남성이기 때문이다.

경호·호항용철로국 의원 및 진료소의 내원 환자 수자 및 병의 유형, 경과 (단위 : 명)

번호	증상	내원환자수	입원환자수	사망자수
1	전염병 및 기생충병	9,582	445	15
2	암 기타 腫類	32	8	
3	풍습병, 영양실조, 내분비 관련 및 기타 全身病	1,221	37	1
4	혈액 및 조혈기관병	132	1	
5	中毒	66	6	
6	신경계통 및 감각기관병	7,543	146	
7	순환기병	265	25	5
8	호흡기병	5,866	80	
9	소화기병	9,693	198	4
10	생식,비뇨기병	458	42	3
11	임신, 출산 및 산후병	71	1	
12	피부 및 蜂窩組織病(봉와직염 : 피하조직을 주로 하는 소성 결합조직의 미만성 진행성의 화농성 염증)	11,809	227	
13	뼈 및 운동기관병	108	10	
14	선천성 기형	2	1	
15	초생영아병	9		
16	노년질병	14		
17	불의의 부상	5,237	267	27
18	원인불명 병증	278	11	
	총계	52,385	1,505	55

　　그러나 학교나 가정에서의 위생을 적극적으로 강조한 이후 직공 가정의 來院이 날로 증가하는 추세였다. 1930년에서 1932년까지의 3년 동안 각 진료소에서 진단받은 직공가족은 11.7퍼센트에 지나지 않았다. 1933년에 이르러 직공가족들의 진료가 15.9퍼센트로 증가하였으며, 더욱이 1934년에는 다시 22.5퍼센트로 증가하였다.

　　상해의원 진료부의 통계를 살펴보면, 이와 같은 경향이 뚜렷함을 알 수 있다. 1930년에서 1932년까지의 3년 동안 직공가족의 내원은 평균 9.0퍼센트에 지나지 않았으나, 1933년에는 14.5퍼센트, 1934년에는 28.9퍼센트에 달하였다. 표 가운데 의외의 부상 항목은 보통 진료소에 비해 높은 편이었다. 왜냐하면 기무 및 공무노동자의 경우 업무 중에 불의의 상해를 입을 소지가 다분하였기 때문이다. 그래도 다행인 것은 대부분 경상이 많은 편이었다.

상해의 경우 1935년 1월부터 5월까지 양 철로의 운행 중 부상자의 발생 상황을 살펴보면, 대부분이 두 종류에 속하였다. 하나는 승객이 열차표를 구매하지 않고 검사를 피하기 위해 열차에서 뛰어내린 경우이다. 두 번째는 행인이 철로 레일 위로 걷다가 발생한 사고였다. 공장 내에서 발생하는 부상은 경상이 대부분이었다. 1935년 1월에서 5월까지 공장 내에서 발생한 부상자의 내역을 살펴보면, 부딪혀서 부상을 당한 경우가 72명, 데어서 부상을 입은 환자가 5명, 찔리거나 베어서 부상당한 경우가 7명이었다. 이러한 통계에 근거하여 노동자의 노동에 대해 지속적으로 주의 훈련을 실시하였다.

철로 운행 중 사망 및 부상인수 구간별 통계 (1935.1.~4.)

구간\\傷亡内容	京丹 傷	亡	丹蘇 傷	亡	蘇松 傷	亡	滬嘉 傷	亡	嘉聞 傷	亡	曹甬 傷	亡	合計 傷	亡	合	%
跳車	5		10	2	3	4	1		3	3	1		23	9	32	26.9
墜車	1	1	1		7	3		1					9	5	14	11.9
越軌	2		1	1	1			1		1		1	4	4	8	6.7
沿軌	1	7	2	14	2	9	1	8	5	4		3	11	45	56	47.0
業務	1	2			1	2	2						4	4	8	6.7
其他									1				1		1	0.8
合計	10	10	14	17	14	18	4	10	9	8	1	4	52	67		
	20		31		32		14		17		5				119	
%	16.8		26.0		26.9		11.8		14.3		4.2					100.0

(5) 신체검사

철로규정에 따르면 새로 전입해 온 직공의 경우 반드시 위생과의 신체검사를 거쳐 합격해야 비로소 임용되도록 되어 있었다. 당초 이 규정은 철저하게 집행되지는 않다가 1934년 1월부터 비로소 엄격하게 실시되기 시작하였다. 이를 위해 위생과의 신체검사체격양식을 제정하였는데, 이 가운데에는 다음과 같은 항목이 포함되어 있었다. (1)과거 병력 개요, (2)예방주사 접종 내역, (3)키, (4)체중, (5)체온, (6)맥박, (7)호흡회수, (8)혈압(수축기, 이완기), (9)시력(좌, 우), (10) 귀(좌, 우) (11)코, (12)인후, (13)치아, (14)심장, (15)폐, (16)복부, (17) 비뇨생식기, (18)피부, (19)신경계, (20)사지, (21)악력, (22)소변(당, 단백) 등이다.

증서는 3종으로 구분되었다. 첫째, 초검증서(백색) : 신규 전입 직공용, 둘째, 履검증서(남색) : 승진 혹은 전근 직공용, 셋째, 자청검사증서(황색). 세 번째의 검사결과는 본인에게 송부하는 이외에는 비밀을 유지하도록 하였다. 1933년 12월에서 1935년 5월까지 검사를 받은 인원의 수자는 초검이 3,160명, 재검이 475명, 자청검사가 22명으로서, 총 3,657명에 달하였다.

(6) 의무인원의 훈련

위생과는 각 역에 소속된 진료소의 의사로 하여금 임상경험을 증진시키기 위한 목적에서 이들에게 매년 돌아가며 관할지역의 주관의원에서 3개월 동안 복무하도록 의무화하였다. 이후 가능한 범위 내에서 의사로 파견하고, 설비가 갖추어져 있는 국내 소재 의학교에 파견하여 단기 실습을 받도록 하였다. 또한 간호사로 하여금 전문지식을 함양하도록 하기 위해 특별히 간호사훈련반을 설치하여 상해의원에서 훈련을 실시하였으며, 각 부문별로 전문의가 돌아가며 강의를 실시하였다.

(7) 구급훈련

각 열차역의 직공들에게 구급을 위한 기초지식을 보급하기 위해 각 역의 진료소는 훈련반을 개설하여, 각 구간의 직원 및 노동자들을 이곳으로 보내어 정기적으로 훈련을 실시하였다. 1934년 7월부터 1935년 5월까지 15개의 반을 운영하였으며, 훈련기간이 만료되어 시험에 합격한 자가 총 139명에 달하였다.

구급훈련반의 개설과 증명서 취득인수

지역	班數	인원수	증명서 발급자
南京	3	91	44
鎭江	1	45	35
常州	1	34	0
蘇州	1	17	14
吳淞	1	28	7
上海	1	32	15
杭州	5	72	0
寧波	2	58	24
合計	15	377	139

(8) 의무위생대회

양 철로는 매년 3월에 각 의원의 의사, 수간호사를 소집하여 의무위생대회를 한 차례 개최하였다. 1935년의 경우 3월 17일에 상해에서 거행되었다. 대회에서는 토론과 제안이 제출되는 이외에 의사가 자신이 저술한 논문을 발표하기도 하였다. 논문의 제목은 '각기병

예방과 식단의 개선', '경호철로학질조사보고', '십이지장궤양병', '아메바성 간농양', '丹毒'4), '급성백혈병' 등으로서 이후 모두 중화의학잡지에 게재되었다.

(9) 위생교육의 실시

1934년 4월에 양 철로의 위생운동대회를 개최할 당시 위생과는 위생의 제창을 위해 위생상식측정대회를 개최하였다. 대회에서는 위생과 관련된 10개의 문제를 출제하여 양 철로 직원의 답안을 취합하여 점수를 매긴 이후 성적에 따라 상을 수여하였다. 이후 매월 한차례 측정시험을 실시하였다.

1935년 4월의 측정시험에서는 비교적 간단한 문답의 형식으로 문제가 출제되었다. 즉, (1)風濕病은 항상 치과질환의 결과로서 발생한다. (2)트라코마병5)은 다래끼가 생긴 이후 발생하는 질환이다. (3) 각기병은 습기로 인해 발생한다. (4)기계로 도정한 상등품 백미만을 먹으면 각기병에 걸릴 수 있다. (5)학질은 풍토병의 瘴氣6)의 결과로서 발생한 것이다. (6)밤에 창을 열고 잠자리에 들어서는 안된다. (7) 영아의 대변색이 녹색일 경우 소화가 잘 되지 못하는 것을 의미한다. (8)아동의 피부가 상처로 출혈이 있을 경우 재나 진흙으로 지혈할 수 있다. (9)매독에 감염된 사람이 자식을 낳으면 유전된다. (10)

---

4) 피부나 점막 따위의 헌데나 다친 곳으로 구균과 같은 세균이 들어가 생기는 급성 전염병
5) 목소양증이라고도 한다. 먼지나 이물질이 눈에 들어갔을 때 손으로 비비거나 자극에 의해 일어나는 증상으로, 결막 부위가 붉게 충혈되어 부어오르고 올록볼록한 과립이 생김
6) 습열의 잡독을 감수하여 발생하는 전염병의 일종

채혈검사로 매독의 유무를 판별할 수 있다.

1935년 5월의 시험에서는 비교적 난이도가 높은 문제가 출제되었다. (1)시중을 드는 사람이 식사를 나를 때 음식을 앞에 두고 주의를 기울이지 않고 담소를 나눈다면 어디에 해로운가. (2)마음대로 가래침을 뱉는다면 어떠한 해악이 있는지 서술하라. (3)식수가 불결하면 어떠한 병을 전염시킬 수 있는가. (4)'전염매개'란 무슨 뜻인가. (5)학질을 앓고 있는 환자와 접촉하면 전염이 될 수 있는가. (6)발병 시 체열이 오르는 것은 신체에 해악이 되는가. 유익한 것인가. (7)복부에 통증이 있을 경우 그 원인이 다양할 수 있는데, 4가지 경우를 들어 서술하라. (8)뇌수막염의 예방 방법을 서술하라. (9)화류병에는 어떠한 종류가 있는가. (10)근친결혼은 어떠한 해악이 있는가.

위생상식시험에 응답한 철로직원 및 철로경찰 수자 (단위 : 명)

		철로직원	철로노동자 및 경찰	합계
1934년	4월	83	11	94
	5월	53	3	53
	6월	75	7	82
	7월	52	2	54
	8월	42	4	46
	9월	21	2	23
	10월	26	2	28
	11월	25	6	31
	12월	12	109	121
1935년	1월	13	36	49
	2월	14	192	206
	3월	9	17	26
	4월	14	299	313
	5월	26	47	73
합계		462	737	1,199

통계에 따르면, 1934년 4월부터 1935년 5월까지의 14개월 동안 답안에 참여한 사람은 총 1,199명으로서, 이 가운데 462명이 철로직원, 737명이 노동자와 철로경찰이었다. 매번 수여하는 상금은 총 300여 원에 달하였다.

(10) 위생운동대회

국민정부 철도부는 각 철로로 하여금 매년 4월 1일에 철로위생운동대회 주비위원회를 조직하여 위생운동대회를 거행하도록 지시하였다. 경호·호항용철로국 역시 주비위원회를 조직하고, 업무별로 조를 편성하여 대회를 준비하였다. 예를 들면, 1934년 초 규정에 따라 총무, 청결, 선전, 검사, 보건의 5조로 편성하여 운동대회를 준비하였다. 총무조는 회의의 개최 및 관련문서의 작성, 보관, 수발, 보고, 금전의 출납과 구매 등을 담당하였다. 청결조는 驛舍, 기차, 공장, 기기창, 사무실, 기숙사 및 각 학교 일체의 청소 및 청결을 담당하였다. 선전조는 선전자료의 수집, 선전자료의 편찬, 표어, 포스터의 제작 등을 담당하였다. 검사조는 驛舍, 열차 및 연선지역에 대한 청결 검사를 담당하였으며, 보건조는 직공 및 학생의 신체검사, 우두의 접종, 기타 예방주사 접종 등을 담당하였다.

1935년 3월 4일 위생운동대회 주비위원회를 개최하여 경찰서의 馬少屛, 차무처의 孫遂之, 기무처의 史友蓉, 위생과장 黃子方을 상무위원으로 임명하고, 4월 1일 경호·호항용철로의 각 역에서 위생운동대회를 개최하기로 결정하였다. 이와 함께 철로 소속의 각 역, 판공실, 부륜학교 및 열차에서 대대적으로 대청소를 실시하기로 결정하였다. 아울러 철로 소속 가판대와 식품용기를 소독하고, 열차 내의 식당차와 차상인으로 하여금 한층 위생에 주의를 기울이도록 주의를 환기하였다. 또한 소책자와 선전인쇄물, 표어 등을 열차역 및 열차에 비치하고, 도처에 국기와 표어를 게시하였다.

매 구간마다 청결상태를 검사하여 우수한 경우 상을 수여하였다. 위생과는 의사, 간호사를 파견하여 위생 강연을 실시하였으며, 철로 소속의 직공 및 그 가족, 그리고 열차의 여객 및 연선의 주민들을 대상으로 우두 및 장티푸스 예방주사를 접종하였다. 이와 함께 열차 승객을 대상으로 일정 수량의 '무료신체검사권'을 발급하여 해당 철로의원에 내왕할 경우 검사비용을 면제해 주기도 하였다.

이 밖에 1935년 6월부터 진강, 상해, 항주의원의 세 곳에서 2-5세 아동이 참여하는 우량아선발대회를 세 차례에 걸쳐 실시하였다. 대회의 목적은 첫째, 아동의 신체검사를 통해 질병이나 기타 결격사유가 발견될 경우 조기에 치료하기 위한 것이고, 둘째, 대회를 계기로 가정에서의 위생습관이나 육아방법을 계도하기 위한 것이었다. 참가자에 대해서는 먼저 의원에서 신체검사를 실시한 이후 위생 및 육아방법을 지도하였다. 상해의원에서는 총 130명을 대상으로 신체검사를 실시하였는데, 이 가운데 특우등이 5명이었으며, 이 밖에 참가 아동을 등급별로 구분하여 銀杯를 비롯하여 기념품을 지급하였다. 1차 건강대회에 참가한 아동의 수자는 총 2,500여 명에 달하였으며, 직공 가족이 대다수를 차지하였다. 대회에서는 공공위생간호사가 위생강연을 실시하였으며, 직접 가정을 방문하기도 하였다

⑾ 연선 청결업무의 감독

각 처, 기관의 위생청결업무와 관련하여 차무처는 위생과와 긴밀히 협력하였다. 차무처 소속의 청결관리원은 위생과의 감독과 지도

를 받도록 하였다. 차무인원 및 열차내 근무자(侍役), 그리고 식당차 근무자의 위생습관에 대해서도 위생과가 지도와 훈련을 실시하였다. 위생과는 열차역 및 열차 위생 청결의 개선에 대해 건의하여 많은 부분 수용되었다. 차무처가 객화차량을 건조할 경우 위생과 관련이 있는 사안에는 위생과로 하여금 참여하여 의견을 제안하도록 하였다.

1934년 차량표준위원회를 조직하여 새로 차량을 건조할 경우 반드시 차량표준위원회의 의견을 반영하도록 하였다. 위생과장 역시 차량표준위원회의 위원으로 참여하였다. 공무처는 연선 소재 기차역의 건물, 화장실, 하수도, 소각장 등을 건조할 경우 반드시 위생과 관련이 있는 부분은 위생과가 참여하여 의견을 개진하도록 하였다.

이러한 결과 열차 내외의 환경에 많은 개선이 이루어졌다. (1)식당차 근무자, 침대차 근무자, 객차 근무자는 모두 위생습관 훈련을 받도록 규정을 마련하였으며, 차무견습생 역시 위생수업을 받도록 하였다. (2)객차 근무자 및 열차역 청소부들에게 號衣[7]와 수건, 비누 등을 지급하여 청결에 주의를 기울이도록 하였다. (3)양 철로 경찰교련소의 위생수업은 위생과가 의사를 파견하여 강의를 담당하도록 하였다. (4)남경, 소주, 상해, 항주, 영파 등의 규모가 큰 열차역에서는 화장실을 수세식으로 개조하고 세면대를 설치하였다. 나머지 기차역에서도 개량공사를 시행하였다. (5)연선의 각 열차역에서 청결하지 못한 곳이 있을 경우 이를 정리해 나갔다. 큰 열차역의 경우 대부분 화원을 조성하고, 연선에 나무를 심었다. (6)열차 내 전선, 전등, 세면실, 주방 및 환기시설 등을 개량하였다. (7)각 열차역의 열차 및 각

---

7) 병사들이나 잡역들이 입던 번호 달린 제복

사무실의 청결상황을 수시로 검사하여 개선하였다. (8)연선의 각 열차역에 청결한 음료가 없을 경우 새로이 우물을 파고 물독을 비치하였다. 아울러 용수차로 하여금 물을 운반하여 공급하도록 하였다. (9) 규모가 큰 열차역을 중심으로 상수도 및 하수도를 개선하였다.

6 남경국민정부 시기 철로위생정책의 실시 및 효과

중국에서 철로는 근대의 상징이자 근대화를 추동한 원동력이었다. 공공위생은 근대화의 불가결한 기초로서, 특히 20세기 이후 급속히 확산된 페스트 등 전염병은 철로위생의 중요성을 일깨우는 주요한 계기가 되었다. 1910년 동북지방과 1918년 산서성에서 발생한 전염병과 이에 대한 중앙 및 지방정부 차원의 방역활동이 일정한 성과를 거두면서 철로위생에 대한 일반의 관심과 방역의 중요성을 고취하였다.

그럼에도 남경국민정부가 수립되기 이전에 철로위생의 발전은 상대적으로 완만한 편이었다. 무엇보다도 철로의 부설과정에서 열강차관의 비율이 높았으며, 이러한 결과 중국 측이 철로 경영에 대한 권리를 배타적으로 행사하기 어려웠기 때문이다. 즉 철로위생의 발전을 위한 예산의 확보가 차관 상환 등의 항목에 비해 후순위에 두어졌으며, 중앙정부 차원의 입법적, 제도적 뒷받침도 미비하였다.

20세기 이후 중국에서는 철로이권 회수운동이 광범위하게 전개되었으며, 이러한 과정에서 수많은 철로가 국유로 전환될 수 있었다. 신해혁명의 주요한 동인 가운데 하나가 철로의 국유화에 반대하는 保路運動이었음에도 역대 정부는 철로 부설에서 국가권력의 통일적 관리 및 통제가 매우 중요하다는 사실을 인식하고 있었다.

마침내 남경국민정부가 수립된 이후 철로행정을 전담하는 철도부가 특설되면서 철로정책을 시행하기 위한 제도적, 입법적 노력이 본격화되었다. 중앙정부의 정책은 국유화가 상당 정도 진행된 이후 비로소 각 개별철로의 차원에서 효율적으로 구현될 수 있었던 것이다. 철도부의 철로위생정책은 경호·호항용철로의 사례에서 보이듯이 개별 철로에 즉시 전달되어 효율적으로 실시되었으며, 정책 실현에 대한 철저한 검증도 수반되었다.

제도적 차원의 철로위생정책이 각 철로국에서 효율적으로 시행되면서 결과적으로 승객과 철로직공, 연선지역 주민에 대한 의료서비스가 확대되고, 유사시 체계적인 방역작업이 가능하게 되었다. 실제로 각 의원과 진료소의 통계는 이와 같은 의료서비스 체계의 점진적 발전을 잘 보여주고 있다. 철로의 국유화를 통한 경영권의 확보와 철로위생에 대한 중앙정부의 정책적, 제도적, 재정적인 뒷받침, 그리고 개별철로의 차원에서 정책의 신속한 집행이 효율적으로 이루어지면서 철로위생 및 방역시스템이 체계화되어 갔으며, 이에 따라 일반의 위생의식도 크게 고양될 수 있었다.

참고문헌

『申報』,『潮汕鐵路季刊』,『鐵路衛生季刊』,『京滬滬杭甬鐵路日刊』,『中華醫學雜誌』,『醫藥評論』,『鐵路協會會報』,『衛生月刊』,『鐵道公報』
鐵道部鐵道年鑑編纂委員會,『鐵道年鑑』第一卷, 1933.
鐵道部鐵道年鑑編纂委員會,『鐵道年鑑』第二卷, 1934.
鐵道部鐵道年鑑編纂委員會,『鐵道年鑑』第三卷, 1935.
東亞同文會,『支那年鑑』, 1935.6.

交通部編纂委員會, 『平漢鐵路年鑑』, 1933.

金志煥, 『鐵道로 보는 中國歷史』, 학고방, 2014.

吳承明著, 金志煥譯, 『舊中國 안의 帝國主義 投資』, 高麗苑, 1992.

鐵道部編纂委員會, 『整頓各路衛生事宜』, 1930.4.

賴斗岩, 『公共衛生概要』, 中華書局, 1937.

張大慶, 『中國近代疾病社會史』, 山東教育出版社, 2006.

鄧鐵濤, 『中國防疫史』, 廣西科學技術出版社, 2006.

孫中山, 『建國方略』, 中華書局, 2011.

桃菘齡, 『抗疫醫生伍連德醫生』, 福建教育出版社, 1986.

曾鯤化, 『中國鐵路史』, 臺灣文海出版社, 1973.

夏明方, 『民國時期自然災害與鄉村生活』, 中華書局, 2000.

王書城, 『中國衛生事業發展』, 中醫古籍出版社, 2006.

夏明方, 『民國時期自然災害與鄉村社會』, 中華書局, 2000

金志煥, 「中國近代 ‘洋債築路’와 鐵路 利權의 상실」, 『中央史論』48輯,
　　　2018.12.

黃季直, 「鐵路對於衛生之責任」, 『潮汕鐵路季刊』1期, 1933.9.

黃子方, 「京滬滬杭甬鐵路管理局衛生工作概況」, 『醫藥評論』6卷2期(總
　　　110期), 1934.2.15.

黃子方, 「京滬滬杭甬鐵路二十三年份醫務衛生工作概述」, 『中華醫學雜
　　　誌』21卷 8期, 1935.8.

黃子方, 「京滬滬杭甬鐵路最近醫務衛生狀況」, 『醫藥評論』7卷 6期, 1935.
　　　6.15.

黃子方, 「京滬滬杭甬鐵路二十四年份醫務衛生工作概述」, 『公共衛生月
　　　刊』2卷6期, 1936.12.

「傳染病豫防條例」, 『衛生月刊』5期, 1929.1.

「法規 : 京漢鐵路檢疫暫行細則」, 『鐵路協會會報』7卷 3冊(總66期), 1918.
　　　3.25.

宋國賓, 「火車上的衛生問題」, 『健康雜誌』1卷 4期, 1933.8.

「道淸鐵路醫院二十年份衛生醫務重要工作總報告」, 『鐵道公報』1133期, 1935.4.6.

尤濟華, 「什麼叫衛生運動」, 『衛生月刊』4卷 3期, 1934.3.

「部路要訊：各鐵路擧行衛生運動」, 『鐵道公報』1133期, 1935.4.6.

「介紹鐵道衛生季刊」, 『京滬滬杭甬鐵路日刊』731號, 1933.7.27.

「衛生運動大會籌備委員會會議紀錄, 『京滬滬杭甬鐵路日刊』1226期, 1935.3.13.

「第十三次衛生常識測驗」, 『京滬滬杭甬鐵路日刊』1232號, 1935.3.20.

「調査統計」, 『鐵路衛生季刊』1卷 2期, 1931.12.

郭培靑, 「鐵路醫務的前瞻後顧」, 『交通雜誌新聞報』1卷 11期, 1933.9.

夏茂粹, 「民國防疫檔案與鐵路客運防疫」, 『北京檔案』2004年 2期.

馬場鍬太郎, 「支那鐵道會計統計」, 『支那硏究』25號, 1931.3.

Chi-ming Ho, Foreign Investment and Economic Development in China, 1840-1937, Havard Univ Press, 1965.

제7장
철로경찰(路警)과 警務

1 청말 열강의 철로 부설과 초기 철로경찰제도

1) 동청철로와 철로경찰(러시아)

열강은 중국에 철로를 부설하면서 노선을 경비한다는 명목으로 무단으로 철로 연선에 철로경찰을 배치하여 운용하였다. 청조와 러시아가 동청철로(중동철로, 동성철로)의 부설을 앞둔 1896년에 체결한 '중러합판동성철로공사합동장정'의 제5조에 따르면, "해당 철로노선 및 철로에 근무하는 직공은 모두 중국정부가 보호한다"라고 규정하였다. 그러나 러시아정부는 머지않아 스스로 제정한 '동성철로공사장정'의 제8조에서 "철로 연선 내에서의 질서를 수호하기 위한 목적에서 공사가 직접 경찰인원을 파견하여 경비업무를 담당하며, 아울러 공사가 '경찰장정'을 제정하여 전 노선에 걸쳐 이를 적용한다"는 조문을 추가하였다.

러시아는 청조가 동청철로 연선지역에서 경찰권을 행사하려는 제안을 거부하였다. 더욱이 1897년 12월 러시아는 무단으로 500명 내외의 騎兵을 블라디보스토크로부터 중국 동북지역으로 불러와 護

路軍으로 충당하였다. 1901년 이 군대는 약 25,000명으로 증대되었다. 이후 1902년 4월 8일 중러 간에 '交收東三省條約'을 체결할 즈음에 러시아는 러시아군대가 동삼성으로부터 철수한 이후에도 중국측이 동성철로공사 각 구간에서 경비 및 치안유지를 담당하지 못하도록 강박하였다. 1903년 7월 동청철로가 개통된 이후 러시아공사는 하얼빈에 警察局을 설립하고, 각 大驛에는 警察所를 설치하였으며, 1904년에 헌병대를 증설하였다. 이러한 결과 동청철로가 지나는 지역은 비록 형식상 중국정부의 행정관할이기는 하였지만, 사실상 러시아의 반식민지로 전락하고 말았다.

2) 전월철로와 철로경찰(프랑스)

프랑스는 운남 등 서남지역을 관통하는 전월철로의 부설권을 획득한 이후 1898년 청조와 '중프전월철로장정'을 체결하였는데, 장정 가운데 철로의 방비를 위해 경찰권과 관련된 조항을 추가하였다. 여기에 따르면 프랑스공사는 "철로의 부설 기간 중에 스스로 자본을 출자하여 현지의 주민을 모집하고 순경으로 임명하여 철로의 수비 및 각 공장의 치안을 담당하도록" 규정하였다. 순경을 감독하기 위해 외국인이나 중국인을 초빙하여 巡捕長, 管帶로 임명하도록 하였다. 프랑스공사는 부설기간뿐만 아니라 철로의 준공 이후에도 일상적으로 약 500명 내외의 경찰을 운용하여 치안을 담당하도록 하였다.

3) 교제철로와 철로경찰(독일)

독일은 교제철로를 부설하면서 외국군대를 진주하지 못하도록 규정한 장정을 위반하고 자국의 군대를 철로 연선지역으로 불러 들였

410

다. 1900년 9월 독일은 청나라 병사가 철로 노선을 보호할 역량이 부족하다는 구실로 임의로 자국군대를 고밀성으로 진입시켜 노선을 방비하도록 하였다. 1906년 말 독일은 다시 병사 2개 대대를 파견하여 연선지역에 주둔시켜 치안을 담당하도록 하였다.

2 임성사건과 철로경찰제도의 진전

1) 임성사건과 중국철로경찰 문제의 대두

철로를 부설한 이후 교통질서를 유지하고 객화 운수의 안전을 수호하며 위험을 예방하는 일이 철로경무의 주요한 목적이었다. 철로를 보호하는 업무는 각 철로마다 독자적으로 강구되어 당초에는 통일된 계획이 없었다. 이러한 가운데 1906년 5월 京張鐵路局이 철로경찰을 두었는데, 이것이 사설경찰의 시초였다. 1907년 正太鐵路 警務處가 설립되어 총처의 관할 하에 두었다. 같은 해 청조 御史 煒苗棠이 철로정책의 정돈을 상주하며 철로화물의 보호를 주장하였다. 軍機處는 당시 철로의 주관부서인 우전부에게 각 철로국이 그대로 처리하도록 요구하였다. 그러나 청 말의 혼란스러운 정세 속에서 이러한 정책이 그대로 실행되기는 어려웠다.

중화민국이 수립된 이후 우전부는 교통부로 개조되었으며, 노정, 항정, 우전, 전정의 4司로 개조되어 각기 업무를 관장하였다. 철로정책이 통일되면서 철로경무 분야에서도 역시 상당한 발전이 이루어졌다. 1912년에 京奉鐵路局이 汽車處, 車務處, 工程處, 總務處와 함께 대등한 위상의 巡警局을 설치하였다. 1914년 津浦鐵路管理局 아래 13處를 두었는데, 警務處도 이 중의 하나로 설치되었다. 滬寧鐵路 역시 護路巡官을 두었다. 1913년 교통부는 鐵路巡警教練所를 설립하고 梅光義를 소장으로 임명하니, 이것이 중국로경교육의 남상이 되었다. 1920년 교통부는 '京奉京漢京綏三鐵路警察處編制規則'을 반포한 이후 철로경무는 매우 중요한 업무가 되었다.

원세개의 사후 북양군벌의 분열이 발생하자 철로는 군벌 할거라는 특징을 갖게 되었다. 이에 따라 철로경무 역시 중앙정부가 통일적으로 관할하기 어렵게 되었다. 1923년 5월 6일 새벽 3시경, 포구를 출발하여 천진으로 향하던 津浦鐵路의 열차가 산동성 임성 - 사구 구간에서 토비(도적떼)의 습격을 받아 중국인 71명과 외국인 승객 39명이 납치되는 '臨城事件'이 발생하였다. 이 열차는 미국으로부터 막 수입되어 당시 중국에서 최신식 차종으로서 차량 전체가 남색 강철로 만들어져 '藍鋼皮'라고 불리웠으며, 따라서 당시 사람들은 이 사건을 '남강피사건'이라 불렀다.

임성사건은 중국 전역뿐만 아니라 세기의 대사건으로 전 세계인의 이목을 집중시켰으며, 열강은 이를 의화단운동 이후 최대의 배외사건으로 규정하고, 중국정부에 이 문제를 조속히 해결하도록 압력을 가하였다. 특히 임성사건은 중국에서 철로경찰제도의 설립과 관련하여 매우 중요한 계기가 되었다. 열강은 철로의 수비와 치안을 유지하기 위한 중국 측의 역량이 미흡하다는 구실로 자신들이 직접 경찰을 주둔시켜 중국철로에 대한 방어와 치안을 담당할 것임을 주장하였다. 이에 대해 중국 측 역시 임성사건을 계기로 철로의 방어 및 치안 유지에 능동적으로 나서지 않을 수 없었으며, 이후 철로경찰제도의 규정과 운용을 일신하는 계기가 되었다.

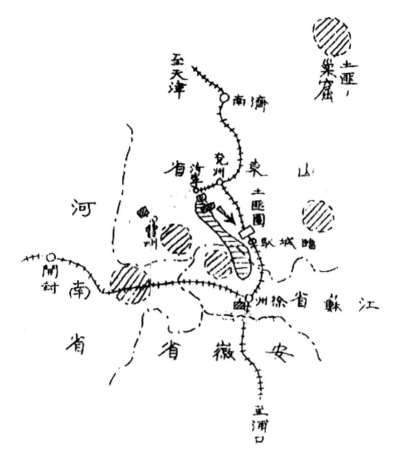

진포철로 연선에서 발생한 임성사건 정황을 표시한 지도

위의 지도에서 진포철로는 포구를 출발하여 서주, 임성, 연주, 제남을 거쳐 천진으로 향하고 있음을 알 수 있다. 지도에서 빗금친 부분이 바로 토비의 소굴이며, 이 지역에서 토비의 발호가 극심하였음을 알 수 있다. 임성사건이 발발한 지역은 산동성, 하남성, 강소성, 안휘성의 경계지역이라는 지리적 조건으로 말미암아 관방의 통제가 쉽지 않았음을 짐작할 수 있다. 또한 토비들이 열차를 습격한 방향과 위치도 잘 나타나 있다.

2) 중국철로경찰권을 둘러싼 열강의 경쟁

중국에 거주하던 외국교민들은 임성사건을 의화단운동 이후에 발생한 최대의 배외사건으로 규정하여, 자국정부에 교민의 안전과 보호를 강력히 촉구하였다. 상해, 북경 및 한구 등지의 미국상회 및 미국교민협회는 미국외교부에 "중국의 모든 수륙 교통기관에 외국군대를 주둔시켜 감독해야 하며, 외국경찰대를 전국의 주요 지방에 주둔시켜야 한다"는 요구를 전달하였다. 5월 10일 북경 및 천진의 영미협회도 긴급합동회의를 개최하고 외국인을 보호하기 위해 진포철로에 외국호위병을 주둔시켜야 한다는 결의안을 통과시켰다.

6월 1일 오후 5시 상해 거주 외국거류민 5,000명도 대회를 개최하고 외국인의 안전을 보장할 수 있는 조치를 강구하도록 북경정부와 공사단에게 요청하였다. 주스위스 영국공사는 영국교민의 피해상황을 국제연맹 비서처에 보고하는 동시에, 교민의 안전과 배상을 중국정부에 요구하였다. 멕시코 역시 자국교민이 납치되었다는 사실을 국제연맹에 통지하고 협조를 요청하였으며, 이탈리아 역시 즉시 국제연맹회의를 개최하여 중국의 철로를 감독해야 한다고 주장하였다. 미국의 언론 역시 연일 중국정부를 맹렬히 비난하였다.

특히 영국의 반응은 가장 격렬하였다. 왜냐하면 임성사건이 발생한 진포철로는 주로 영국의 세력범위이며, 또한 주요한 투자지역이었기 때문이다. 따라서 영국여론과 영국교민들 사이에서는 강경조치를 취함으로써 자국의 이익을 확보해야 한다는 의견이 비등하였다. 6월 19일과 30일 영국은 미국국무원에 서한을 보내 중국 측에 강경하게 대응하여 외국인의 생명과 재산을 보호하고 유사한 사건의 재발을 막아야 한다고 주장하였다.

전 영국공사인 조던(Jordan)은 "중국의 무질서 상태는 정부가 무능한 소치이다. 따라서 단순히 몸값을 치루어 인질을 구해내는 방법은 장래 이와 유사한 사건의 재발을 간접적으로 장려하는데 지나지 않는다 … 중국의 치안을 유지하기 위해서는 국제연맹 혹은 기타 기관을 통해 외국인장교가 지휘하는 경비대를 조직하여 철로를 관리해야 한다"고 주장하였다.

임성사건이 발발한지 이틀 후인 1923년 5월 8일 각국 공사는 외교단회의를 개최하여 포르투갈공사 프레타스(J. Batalha de Freitas)를 공사단 대표로 임명하고, 중국외교부에 제출할 요구사항을 논의하였다. 이들은 국무원총리 장소증에게 "진포철로를 보호하기 위한 경찰대를 즉시 조직해야 하며, 그 경비는 철로의 수입으로 충당하고, 이를 감독하기 위해 외국인 사무장과 회계주임을 파견해야 한다"는 방안을 제출하였다. 또한 기한 내 외국인 포로를 안전하게 구출할 것과 외국인의 생명과 재산의 보장을 요구하였다. 5월 9일 외교부차장 심서린은 각국 공사를 만나 평화적인 방법으로 외국인을 안전하게 구출한 이후에 비로소 토비의 토벌에 나설 것임을 약속하였다.

더욱이 영국은 이 사건에 대한 무력간섭을 주장하였다. 5월 16일 공사단회의에서 영국은 당고에서 연합해군 시위를 벌여 중국정부에 압력을 행사해야 한다고 주장하였다. 그러나 무력시위에 대한 각국의 의견은 일치하지 않았다. 특히 미국공사 셔먼(Schurman)은 열강의 무력간섭이 자칫 외국인 인질의 살해로 이어질 가능성도 없지 않으며, 따라서 북경정부로 하여금 외국인 인질을 무사히 구출해 내도록 도와야 한다고 주장하였다.

미국의 반대는 영국에 대한 견제뿐만 아니라 일본의 세력 확장을 의식한 측면도 있다고 보여진다. 당시 일본참모본부에서 작성한 보고서를 보면, 진포철로에서 발생한 토비의 열차습격사건에 대해 미국은 혹시 이 사건이 중국에서 외국군대의 세력 증대를 목적으로 일본군부가 사주한 결과가 아닌가 의심하고 있었던 것으로 보인다. 일본참모본부는 보고서에서 "열강 군대로 하여금 진포철로 연선을 공동으로 경비하도록 하는 방안은 중국을 국제관리하는 단서가 된다. 미국 등이 이 사건을 일본군벌의 음모에 따른 것이라고 견강부회의 선전을 하고 있다"라고 지적하였다.

6월 8일 공사단은 미국, 영국, 프랑스, 이탈리아 4개국 공사로 배상위원회를 조직하여 인질의 배상액에 관해 심의하였으며, 영국, 미국, 프랑스, 이탈리아, 일본, 벨기에, 포르투갈 7개국 공사로 路警委員會를 구성하고, 철로를 보호하기 위해 경찰대를 조직하는 방안에 대해 논의하였다. 6월 11일부터 양 위원회는 10여 차례에 걸쳐 회의를 개최하여, 마침내 8월 10일 16개국의 연명으로 외교총장 고유균에게 요구서를 전달하였다.

열강은 배상문제와 관련하여 인질들의 소지품 탈취 및 절도, 구류기간의 수당에 대한 배상뿐만 아니라 구류기간 동안 자유가 구속되고 고초를 겪은 사실에 대한 일률적인 배상을 요구하였다. 또한 '신축조약'의 규정에 따라 산동독군 전중옥 및 제6혼성여장 하봉옥, 진포철로 경무처장 장문통 등 문무관료들을 파직하고 영구히 임용하지 말도록 요구하였다. 이 밖에 중국철로를 보호하기 위한 호로경찰대를 개조하여 외국군관의 관할 하에 둔다는 내용이 포함되었다.

로경위원회가 비록 중국철로를 보호하기 위한 호로경찰대의 설립을 제안하였으나, 그 구체적인 내용에 대해서는 각국 사이에 의견이 일치하지 않았다. 따라서 공사단은 호로위원회를 구성하여 8월 16일 네델란드공사관에서 제1차 위원회를 개최하였다. 회의에서 외국군관의 직권에 대해 영국공사는 lead(지휘)라는 용어를 사용하였는데, 프랑스공사는 control(지도)이라는 용어를 사용하는 등 의견이 일치하지 않았다. 그런데 20일 개최된 제2차 위원회에서 영국은 더욱 강경한 구체안을 제출하였다.

주요한 내용은 다음과 같다. 즉 "중국교통부 내에 鐵路警察局을 설치하여 경비총장으로 외국인과 중국인을 각각 한 명씩 두어 양자가 대등한 권력을 가지고 6,000명의 호로상비대를 지휘하도록 한다. 동시에 24명의 경비원을 초빙하여 경비대의 훈련을 책임지도록 한다. 조직과 지출을 위해 각 철로에 외국인 회계감독을 두며, 경험이 풍부한 외국직원을 고용하여 철로검사원과 순시원으로 충원하도록 한다. 당해국의 경비는 외국의 비준을 거쳐 매년 약 160만 달러로 하며, 호로경비를 염출하기 위해 각 철로의 회계장과 路務總管을 외국인으로 임명한다."

영국의 제안은 겉으로 보기에는 각국의 공동대응이지만 실상은 중국철로에 대한 영국의 지배권을 확대하기 위한 의도였다. 당시 영국은 중국철로에 가장 많은 투자를 한 국가였다. 중국의 철로 총연장은 13,000킬로미터였는데, 이 가운데 외자철로는 3,800킬로미터였으며, 영국이 투자하여 부설한 것이 3,400킬로미터였다. 이 수치는 중국철로의 4분의 1 이상, 그리고 외자철로의 약 90퍼센트에 해당되는 것이다.

따라서 이 제안이 실현될 경우 중국해관의 경우와 같이 중국철로의 통제권 역시 영국의 통제를 벗어나기 힘들 것임은 예상할 수 있는 일이었다. 실제로 영국은 논의과정에서 중국정부가 철로 경비와 관련하여 스웨덴인 문테(A. E. Munte)를 외국인 고문으로 임명하려 하자, 영국인으로 교체하기 위한 운동을 전개하였으며, 영국이 중국의 철로회계권을 차지하는 대신 경비사령을 미국에게 양보할 수 있다는 교환조건을 내 걸기도 하였다. 이와 같은 일련의 행동은 영국이 중국철로의 공동관리를 추진한 목적이 어디에 있었는지를 잘 보여주고 있다.

중국일반에서는 영국의 제안이 마치 1차대전 패전국인 독일에 대한 연합국의 태도와 같다고 분개하였다. 일찍이 1923년 5월 산동학생연합총회는 공사단에 임성사건을 구실로 중국철로를 통제하려는 의도에 절대 반대한다는 뜻의 통전을 전달하였다. 8월 25일 전국상회연합회는 임성사건이 의화단운동과는 성격이 전혀 달랐음에도 열강의 요구는 중국의 주권을 침해하는 것이라 비난하였다. 1923년 8월 30일, 전국구국연합회는 영국이 호로행정국을 조직하여 외국인 장관을 임명하고, 상비대를 전국철로에 주둔시키려는 계획에 대해 국가주권의 중대한 침해라고 비난하였다.

국회의원 조정인 등은 성명을 발표하고 "영국인이 국내 소요를 틈타 우리의 국권을 파괴하는 것은 국제정의에 부합되지 않는다. 우리는 상하가 일심으로 교섭을 거부한다"라고 발표하였다. 1923년 9월 1일 강소성교육회는 미국, 프랑스, 일본이 모두 반대하는데 영국이 임성사건을 이용하여 철로관리안을 제출한 사실을 비난하였다. 9월 30일 각지의 保路會는 공동선언을 통해 영국의 제안을 路權(철로주권)의 침탈로 규정하고, 일치항쟁할 것을 다짐하였다. 이후 9월에 들어 전국 각 단체는 國民保路救亡會를 조직하였다.

일본은 영국이 제기한 철로 공동관리안에 대해 명확히 반대의 입장을 표명하였는데, 이는 1차대전 직후부터 일관된 입장이었다. 일본은 "구미제국이 주창하고 있는 철로 공동관리안은 일본이 가지고 있는 권리를 탈취하여 스스로 장악하고자 하는 의도가 숨어있다"라고 인식하였다. 특히 일본육군은 만일 영국의 제안이 실현된다면 중국의 교통망이 영국에 의해 장악될 것이라며 반대의 뜻을 굽히지 않았다. 일본외무성은 "임성사건을 기회로 특정국가에서 특수한 이권을 부식하기 위한 행위에 대해 제국정부로서는 도저히 용인할 수 없다"라는 방침을 세우고, 일본공사에게 기타 관계국공사와 협조하여 조치를 취하도록 훈령하였다.

이에 주미 일본대사는 미국국무원을 방문하여 영국의 제의에 대해 명확한 반대의 의사를 표명하면서, 자국의 수정방안을 다음과 같이 제안하였다. "첫째, 호로계획의 상세한 내용을 알기 전에는 공사단이 본 계획을 비준하지 않는다. 둘째, 호로경찰은 중국인을 장관으로 두어 중국정부의 통제를 받도록 하며, 외국인관원은 단지 중국관원의 고문에 그쳐야 한다. 셋째, 재무와 관련된 업무는 단지 호로경찰에 필요한 경비를 모으고 철로채권을 소유한 사람들의 이익을 보호하는 정도로 한정되어야 한다. 넷째, 이 계획을 모든 철로로 확대시켜서는 안되며, 단지 외국인이 이용하는 철로로 한정해야 한다."

미국국무장관 휴스(Hughes)는 일본의 의견에 동의를 표시하였다. 미국공사도 "가장 바람직한 방법은 중국인 스스로 철로 및 재산을 보호할 수 있도록 조장하는 것"이라며 영국의 제안에 대해 반대의 의사를 표시하였다. 미국국무원도 영국이 열강에 제안한 무력시위 및 진포철로의 외국인 관리에 대해, 중국인으로 하여금 스스로 자구할 수 있는 기회를 부여해야 하며, 영국의 제안은 소기의 성과를 거두기 어렵다고 회답하였다.

8월 말 護路委員會에서 미국공사는 영국의 제안에 대해 서명할 의사가 없음을 분명히 하였다. 프랑스공사도 영국의 제안이 중국인들

사이에서 내란과 배외를 조장할 우려가 있으며, 결과적으로 외국인의
안전에 부정적인 영향을 초래할 것이라며 반대의 의사를 밝혔다.

중국정부는 외교총장의 명의로 9월 24일 명확한 입장을 공사단에
전달하였다. 여기서 중국 정부는 스스로 철로를 보호하기 위한 조치
를 이미 강구하고 있으며, 이것이 공사단의 계획과 사실상 대동소이
하므로 이들의 요구를 받아들일 수 없다고 회답하였다. 이와 함께
인질에 대한 배상이라는 용어 대신 구휼이라는 용어로 사실상 요구
를 수용하였다. 또한 중국관리에 대한 파면은 중국의 법률에 의거해
야 하므로 받아들일 수 없다고 회답하였다.

3) 임성사건 이후 철로경찰제도의 발전

임성사건은 철로의 수비와 치안의 낙후성, 특히 鐵路警務의 부재
를 그대로 폭로한 사건이었다. 이러한 이유로 사건이 발발한 이후
각국 공사는 중국 측에 외국인이 참여한 路警隊를 새롭게 조직하도
록 요구하였다. 외교총장 顧維鈞은 철로경무가 중국내정으로 주권
의 원칙과 관련된 사안으로서, 외국의 간섭을 허용할 수 없다는 입
장을 표명하였다. 이와 함께 중국정부는 이미 관련 법안과 규정을
마련하여 각 철로에서 여객 및 화물의 안전과 치안에 힘쓰고 있다는
입장을 적극 개진하였다.

한편, 북양군벌정부는 부득불 철로경찰 수뇌를 파면하고 지방주
둔군사령을 교체하여 철로경무문제에 대한 개선안을 강구하였다.
교통부는 철로경비대의 신속한 편성을 결정하고 스웨덴 국적의 군
관 문테(A. E. Munte) 중장을 초빙하여 철로경비대 총교관으로 임명
하였다. 그리하여 먼저 4개 대대를 창설하여 진포철로와 경한철로의

양 철로에 배치하고, 이후 각 철로로 확대하기로 결정하였다.

1923년 10월 5일 조곤이 대총통으로 당선된 이후 간선철로의 경비대를 대폭 증원하기로 결정하였다. 주요한 내용은 다음과 같다. "첫째, 경한선 보안대 3대(1대는 360명)를 4대로 증설하고, 경비대 3,400명을 4,200명으로 증원한다. 둘째, 경봉선 보안대 1隊를 새로 두고, 경비대 1,000명을 1,360명으로 증원한다. 셋째, 만주선 보안대 1隊를 3隊로 증가시키고, 경비대 2,220명을 3,000명으로 증원한다. 넷째, 경수선 경비대 1,660명을 2,000명으로 증원한다. 다섯째, 교제선 新古에 보안대 2隊를 두고, 경비대 900명을 2,000명으로 증원한다." 이와 같이 중국철로의 안전과 보호를 위한 자구노력으로 말미암아 영국 주도의 철로관리안은 이미 실행할 명분을 상실해 갔다.

이와 함께 중국정부는 임성사건의 처리와 관련하여 공사단과의 교섭에 박차를 가하여 열강이 요구한 인질의 배상금문제와 산동독군 전중옥 등의 파면 요구를 수용하였다. 그러나 조곤은 영국이 주장한 철로의 공동관리문제에 대해 외국인의 안전을 더욱 공고히 할 것을 약속하는 선에서 이를 완곡히 거부하였다. 이에 대해 각국은 기본적으로 배상문제와 책임자 처벌문제가 해결되어 이의가 없었다. 비록 영국이 철로관리안을 계속 논의하자고 요구하였으나 각국은 일치된 의견을 도출할 수 없었다. 일본과 미국, 프랑스 등 열강이 모두 반대하는 상황에서 영국으로서도 더는 철로관리안을 제기할 수 없게 된 것이다.

그러나 이후 철로경비대의 경비문제를 둘러싸고 교통부와 재정부의 이견이 노정되었다. 더욱이 경비대와 철로 연선을 수비하던 군부대와의 불협화음으로 분규가 발생하는 등 행정이 통일적으로 이루어지지 않았으며, 결국 철로경비대는 활동을 정지하고 말았다. 이에

1923년 교통부는 '철로경비사무처'를 설립하고 철로보호업무에 종사하도록 하였다. 국무원도 '督辦鐵路警備事宜處'를 설립하였다. 머지 않아 교통부는 철로경비사무처를 路警總局으로 개명하고 독판철로경비사의처와 권한을 구분하고 각기 직책 범위를 명확히 하였다. 1924년 교통부는 '修訂交通部路警總局組織條例'를 공포하여 철로경무는 비로소 일정한 궤도에 올랐다.

　1925년 광동국민정부가 성립되고 孫科가 교통부장에 취임하였다. 교통부가 성립되고 초기에 '정리철로십대정책'을 공포하고 관할 철로에 대한 정돈을 단행하였다. 그 중 하나로서 보안위원회를 설립하여 철로의 치안을 유지하고, 연선지역을 보호하며, 승객과 화물을 보호하였다. 국민정부가 무한으로 이전하고 1927년에 護路司令을 설치하고 군대를 파견하여 열차를 보호하였다.

③　남경국민정부 수립과 鐵路警務制度의 발전

1) 路警管理局의 설립

　남경국민정부가 수립된 이후 교통부는 각 철로경무처를 폐지하고 警務課로 개조하여 각 철로관리국 총무처의 관할 하에 편제하였다. 남경국민정부는 1928년 11월 철도부를 설립하고 전국철로를 정돈하였다. 중국철로는 객운의 운수에서 치안이 열악하였으며, 반면 경무업무는 조악하였고 이를 위한 경찰행정 역시 미비하였다. 이러한 결과 화물의 분실, 여객의 傷害, 약탈사건이 수시로 발생하였다. 철도부장 孫科는 "警務는 철로정책의 주요한 일부분"이라고 강조하며 철로경찰제도의 개선과 발전의 필요성을 강조하였다.

철도부는 관리의 통일, 회계의 독립이라는 양대 원칙을 수립하면서 警務 역시 철로정책의 주요한 부분이 되었다. 이에 따라 警務를 정돈하고 警備를 충실히 하여 철로경찰제도가 새로운 단계로 접어들었다. 1929년 철도부는 '整理路警大綱' 14조를 반포하고, 각 철로국에 경무를 정리하도록 지시하였다. 같은 해 京(南京)滬鐵路, 滬杭甬鐵路管理局이 양 철로의 보안경찰대대를 조직해 주도록 요청하였다. 1930년 철도부는 인원을 파견하여 경호, 호항용의 두 철로를 시찰하고, 路政當局과 회동하여 로경을 정리하는 방안을 논의하였다. 다음 해 1931년 철도부는 제1회 '全國鐵路警務會議'를 개최하고 각 철로의 路警整頓方案을 결정하였다. 警務의 정돈과 경찰인력의 충실은 철로경찰제도를 한 단계 격상시켰다.

1932년 5월 13일 철도부는 '철도부직할로경관리국조직대강'을 공포하고, 로경관리국을 설치하여 철로경무를 전담하는 기관으로 삼았다. 대강은 명확하게 "로경관리국은 철도부에 직속되며, 철도부의 지휘 감독을 받아 전국 국유철로경찰행정업무를 관리한다." "국유 각 철로경무기관은 로경관리국의 지휘, 파견 및 훈련 감독을 직접 받으며, 아울러 각 해당 철로 주관장관의 지휘감독을 받는다. 로경관리국은 산하에 총무처, 보안처, 督察處를 설립한다"라고 규정하였다.

로경관리국은 성립 이후 즉시 각 철로의 경무를 정돈하기 위한 절차에 착수하여 각 철로의 기존 경무과 및 警察室을 警察署로 개조하여 직접 로경관리국의 지휘를 받도록 하였다. 1932년 6월 4일 철도부는 '철도부직할로경관리국파주국유각로경찰서잠행조직규정'을 공포하고 로경관리국을 전국 국유철로의 경찰행정을 관리하는 기관으로 규정하고, 각 철로에 경찰서를 분설하여 전 노선의 경무업무를 처리하도록 하였다.

철로경찰서는 각 철로의 명칭에 따라 '철도부 직할 로경관리국파주某某철로경찰서'로 명칭을 정하였다. 각 경찰서장은 로경관리국의 명령을 받아 全署의 사무 및 지휘감독, 소속 각 段隊所 員司長警을 지휘하도록 하였다. 경찰서 예하에는 事務股, 防務股, 行政股, 司法股를 두었다. 서장, 부서장은 철도부에 의해 임명되었으며, 월급 30級 이상의 직원 가운데 로경관리국이 상신하여 비준을 받아 임명하였다. 30급 이하의 자는 로경관리국에 의해 임면되어 철도부에 상신하였다. 철도부의 統領에 의거하여 각 철로는 1932년 7월 1일부로 일률적으로 새로운 조직규정에 따라 개조하여 성립하도록 하였다.

1932년 6월 19일 철도부는 '철도부직할로경관리국파주국유철로공정국경찰소잠행조직규정'을 공포하고, 각 철로공정국에 경찰소를 분설하여 해당 노선의 경무업무를 처리하도록 하고, 공정 및 자재의 보관을 책임지도록 하였다. 각 경찰소는 주재 철로의 명칭에 근거하여 '철도부직할로경관리국파주某某철로공정국경찰소'로 명칭을 정하였다. 경찰소장은 로경관리국의 명을 받들어 전 경찰소의 업무를 총괄하고, 일체의 소속 직원을 지휘, 감독하며, 소장 겸 주재로공정국 국장의 지휘감독을 받았다. 경찰소는 업무의 필요에 따라 분소, 분주재파출소를 설립할 수 있도록 하였다.

국유철로를 제외하고 공영, 민영철로의 철로경무는 독자적인 체계를 갖추고 있었다. 예를 들면, 浙贛鐵路局은 警務股를 설립하여 運輸課가 이를 관할하도록 하였다. 경무고는 약간의 分股를 설립하였다. 江南鐵路股份公司는 警務組를 설립하여 運輸處 소속의 車務股가 관리하도록 하였다 新寧鐵路의 경우 警務는 總務處에서 관할하였다.

2) 路警管理局의 활동

로경관리국의 성립은 중국철로경찰 발전사의 주요한 전환점이 되었으며, 철로경무가 이미 상당히 완비되었음을 보여주는 지표라 할 수 있다.

(1) 각종 규장제도의 제정

로경관리국은 철도부의 직접 영도 하에서 각종 규장제도를 제정하였다. 1932년 10월 2일 로경관리국은 路警規章審訂委員會를 설립하고, 로경관리국 및 각 철로경찰서에서 경찰과 관련된 지식과 경험이 풍부한 자를 위원으로 겸임하도록 하였다. 2개월 이내에 조직, 편제, 훈련, 방무, 근무, 警械, 服裝, 獎懲, 請暇, 薪餉 등과 관련된 규장을 심정하여 총 21종을 각각 공포하여 시행하도록 하였다.

(2) 편제의 통일과 각급 警餉의 구분

로경관리국은 각로경찰서에서 이미 개조되어 성립된 모든 편대 편제명칭의 규정을 통일하지 않으면 정돈이 불가능하다고 생각하여 각로경찰서 소속 단대편제규칙을 특정하고, 각 경찰서로 하여금 원래 가지고 있던 경비명액에 근거하여 개조하여 통일하도록 하였다. 로경관리국은 업무권한의 통일 및 지휘의 편의를 위한 견지에서 경호호항용 및 도청철로의 경무총단과 상악로호로대대를 철폐하였다. 1934년 10월 철도부는 '수정국유철로경찰제도잠행규칙'을 공포하고, 경찰복의 양식, 服料(옷감) 등에 상세한 규정을 두고 통일적 규정을 두었다. 즉, "복장 옷감은 국산원료를 사용해야 하며, 하계에는 황색을 춘추동에는 흑색을 사용하도록 하였으며, 옷의 양식은 중산

장식 긴 옷으로 하도록" 규정하였다.

각 철로경찰의 급여는 이전까지 일정한 표준이 없었기 때문에 동일한 직무를 담당하면서도 급료에서 차이가 컸다. '국유철로경찰서 잠행조직규정'은 각 경찰서 및 소속단대 경비는 매월 각로 원정예산 범위 내에서 편제하며, 각 철로국으로부터 발급하도록 하였다. 서장으로부터 司事(기관·단체에서 장부나 잡무를 맡아보던 사람)에 이르기까지 3등으로 구분하였다.

1등은 서장으로 호봉급수가 16급에서 9급까지로 월급은 240원에서 360원, 2등서장은 호봉급수가 19급에서 12급까지로 월급은 210원에서 300원까지였다. 3등서장은 호봉급수가 22급에서 16급까지로 월급은 180원에서 240원까지였다. 비서장, 서원, 檢査員, 事務員, 稽査員, 司事의 월급도 일률적으로 표준화하였다. '국유철로공정국경찰소잠행조직규정'의 규정에 따르면 경찰소의 경비는 각 철로에서 원

철로경찰 복장

426

래 책정된 예산의 범위 내에서 처리하였으며, 주재로공정국에서 발급하였다. 소장의 신급(호봉)은 28-24급, 분소장은 28-32급, 所員巡官은 39급에서 34급으로, 사사는 40-38급이었다. 노정당국은 1933년 3월 11일 다시 '各路警署內外員司新級章程' 및 '長警餉級章程'을 공포하였다.

(3) 철로경찰 교육의 강화

절대 다수의 철로경찰은 농촌 출신으로서 문화적 소양이 높지 못하였다. 군경 관련의 지식이 부족하였고, 특히 철로법규의 내용에 대한 이해도가 충분치 못하였다. 로경관리국은 경찰교련소를 路警基本敎育機關으로 확정하여 장정을 제정하고, 各路警署에 재력의 형편에 따라 점차 개설하도록 하였다. 각 교련소를 설립한 이래 이전의 폐해가 점차 사라지고, 마음대로 보충을 하거나 혹은 체력이 불량하거나 노쇠하거나 문맹인 자 등의 상황이 크게 개선되었다.

또한 교육의 개진에 따라 당무, 소방경찰, 위생경찰, 국어, 형법, 정탐학, 로경복무수지 등의 강의가 개설되었으며, 교련소 교련대강, 교련세칙, 원경복무규칙, 고사규칙, 학경응수규칙, 고시규칙, 학경장징규칙 등의 규정이 마련되었으며, 실제상황에 따라 개선되어 갔다. 일부 철로경찰서는 재력이 부족하여 경찰교련소를 설립할 수 없는 경우도 있었다. 이러할 경우 교육을 보조하기 위해 1933년 철도부는 '路警補助敎育簡章'을 반포하였다. 각 경서가 각 단대에서 복무하고 있는 장경 가운데 경찰교련소의 기본교육을 받지 못한 자가 있다면 근무의 여가를 활용하여 교육을 받을 기회를 제공하고, 교육을 보조하도록 적극 지원하도록 하였다.

각 철로는 '로경보조교육간장'에 근거하여 인원을 선발하여 학습에 참여하도록 하였다. 1933년 7월 상순부터 1935년 6월 하순까지 진포경서는 총 2,023명이 학습에 참가하였으며, 북녕경서는 1,185명, 교제경서는 858명, 농해경서는 5,196명, 평한경서는 529명, 平綏警署는 293명, 道淸警署는 240명, 正太警署는 140명, 南潯警署는 98명이 참여하였다. 로경관리국은 로경교육계획 가운데 간부보조교육, 사격교육 및 소방위생훈련 등에 대해 상세한 규정을 두었다.

이 밖에 로경관리국은 인원을 파견하여 각 철로의 로경교육을 감찰하였다. 철로경찰의 인재를 안정적으로 확보하기 위해 1934년 12월 20일 철도부는 새로 임용된 경찰(新警)의 경우 경찰교련소를 졸업한 이후 반드시 해당 철로에서 3년간 복무하도록 규정을 두었으며, 이유 없이 퇴사하지 못하도록 하였다. 그렇지 않을 경우 재소기간의 모든 비용을 추징하였다. 이미 복무하고 있는 경찰(舊警)의 경우 졸업 이후 반드시 1년을 의무적으로 복무하도록 하였다. 만일 특별한 사유 없이 퇴사하는 자는 재소기간의 비용을 추징하도록 하였다.

(4) 금연, 마약의 금지

로경관리국은 각 鐵路警署가 합동으로 금연기관으로서 적극적인 역할을 하도록 요구하였다. 이에 따라 불법적으로 철로교통을 이용하여 아편을 판매하거나 운반하는 것을 금지하였다. 1933년 7월에서 1935년 6월에 이르기까지 平漢警署가 조사하여 압수한 아편 관련 품목은 총 356건에 달하였으며, 경호·호항용경서는 81건, 교제경서는 28건, 평수경서는 237건, 농해경서는 300건에 달하였다. 철도부는

이 밖에도 '금지철로원공경역사운련보련좌규정'을 반포하여 철로직
공 및 路警이 아편의 운반을 비호하는 행위를 엄금하였다. 1935년
6월 철도부는 '철로경찰서획아편독품장금지배판법'을 반포하여 대
대적으로 아편의 조사 및 압수를 단행하였다.

(5) 철로 防務의 정돈과 경찰력의 충실

로경관리국은 鐵路防備를 특히 중시하여 각 路警署로 하여금 평
시에 강도 높은 훈련을 통해 경찰력을 충실하게 유지하도록 요구하
였다. 이와 함께 병기의 보충 및 열차 호송 경찰과 사복경찰, 비밀경
찰의 증원, 장갑차의 비치, 각 철로의 정기순찰 등을 요구하였다. 예
를 들면, 진포경서의 경우 경찰력이 취약하여 철로의 방비가 어려운
까닭에 1933년부터 1934년에 이르기까지 785정의 권총과 장갑차 한
대를 구입하였으며, 연로하거나 문맹의 경찰을 대대적으로 정돈하
여 효율성을 제고하였다. 평한경서(경한경서)는 원래 3개 대대의 호
로대와 1개 대대의 교통헌병을 보유하고 있었는데, 이 가운데에는
노쇠한 직공이 매우 많았다. 로경관리국은 평한철로국과 회동하여
평한철로경서를 조속히 정돈하기로 합의하고 즉시 조치를 취하였
다. 즉 이전의 호로대 및 교통헌병대를 1개 대대 5개 중대로 축소
편제하고, 노약한 警士를 정리하여 매년 10여만 원의 경비를 절감할
수 있었다.

(6) 소방업무의 개선과 설비의 개선

노정당국은 기차역, 창고, 공장 및 객화차 내의 소방설비를 완비
하도록 요구하였다. 1932년 11월 철도부는 '訂定路警消防大綱21條'

를 반포하고 각 철로국에 모든 소방업무를 각 해당 철로경서로 하여
금 통일적으로 전담하여 관리하도록 하고, 소방기구의 수리 및 구매
는 상황을 참작하여 신속히 처리하도록 하였다. 이에 따라 일부 경
서에서는 소방대가 설립되었다. 경호·호항용경서는 1932년부터 속
속 각종 소방기기를 구매하여 기본적인 체제와 내실을 갖추었으며,
총 23개 소방대를 편성하였다. 대원은 총 500여 명이었으며, 각 소방
대에는 정, 부대장 한 명씩을 두었다. 소방대는 정기적으로 소방연
습을 실시하였으며, 경서는 2명의 敎鍊員을 파견하여 돌아가며 각
段에서 각종 소방지식과 기술을 전수하였다.

중일 간의 정치, 군사적 충돌이 예상되면서 중일전쟁을 앞두고
철로는 전시국면으로 진입하였다. 1936년 1월 철도부는 路警管理
局으로 개조하여 鐵道隊警總局을 설립하고 全國鐵路警務를 관장
하도록 하였다. 철로경무는 향후 항일전쟁의 수행에 역량을 집중하
도록 지시하였다. 중일전쟁이 발발한 이후에 철도부, 교통부가 합
병되어 모든 공로, 항로 등의 隊警은 로경관리국의 관할로 편입되
었다. 1938년 1월 철도대경총국은 교통부 교통대경총국으로 개조되
어, 전시의 수요에 적응하도록 하였으며, 다시 1938년 12월에 군사
위원회교통경비사령부의 업무를 겸하였다. 대경총국은 전시 복무
강요 및 경비법규를 정하여 각 署隊로 하여금 철저히 준수하도록
하였다 특히 항전 업무, 예를 들면 軍運 및 열차와 철로, 공로, 교
량, 열차역 등의 보호, 방범, 방공의 실시, 정보의 수집 및 제공 등을
수행하였다.

항전기간 중 로경은 철로운수의 안전 및 軍運에서 중요한 역할을
수행하였다. 로경은 희생을 무릅쓰고 戰場 및 작전부대와 진퇴를 함
께 하였으며, 후방에서도 각종 업무에 종사하였다. 중일전쟁이 발발

한 7·7사변 이후 2년간 각 철로 경호로대는 전구 및 후방에서 복무하던 중 사망, 순직한 철로경찰이 224명, 부상자 277명, 실종자 276명에 달하였다.

진포철로 소방대

출처 : 「津浦鐵路消防隊」, 『津浦之聲』第4期, 1928, pp.14-15. (上海圖書館《全國報刊索引》數据庫)

참고문헌

宓汝成, 『中華民國鐵路史資料』, 社會科學文獻出版社, 2002.

國民政府鐵道部, 『鐵路年鑑』1933, 1934, 1936年板.

日本外務省理財局國庫課, 『支那鐵道國際管理問題參考資料』3卷, 1919.3.

北京大學法律係國際法敎硏室編, 『中外舊約章彙編』第一冊, 第二冊, 第 三冊, 三聯書店, 1959.

東亞同文會, 『支那年鑑』, 1935.6.

陳樹曦, 『中華民國史交通志』, 國史館, 1993.

金志煥, 『鐵道로 보는 中國歷史』, 學古房, 2014.

吳承明著, 金志煥譯, 『舊中國 안의 帝國主義 投資』, 고려원, 1992.

Kent著, 李抱宏等譯, 『中國鐵路發展史』, 三聯書店, 1958.

金士宣, 『中國鐵路發展史』, 中國鐵道出版社, 1986.11.

李占才, 『中國鐵路史』, 汕頭大學出版社, 1984.6.

曾仲鳴, 『路政論叢』, 開明書店, 1934.

衡陽謝彬, 『中國鐵道史』, 上海中華書局, 1934.

陳立夫, 『中華鐵路史』, 臺灣商務印書館, 1981.

李國祁, 『中國早起的鐵路經營』, 臺灣中央硏究院, 1961.

町田耘民, 『滿蒙の鐵道戰』, 民衆時論社, 1926.1.

吾孫子豊, 『支那鐵道史』, 生活社, 1942.

吾孫子豊, 『滿支鐵道發達史』, 內外書房, 1944.

日華實業協會, 『支那近代の政治經濟』, 外交時報社, 1931.12.

日本外務省理財局國庫課, 『支那鐵道國際管理問題參考資料』3卷, 1919.3.

石川順, 『支那の鐵道』, 鐵道生活社, 1928.

小島憲市, 『支那鐵道槪論』, 中日文化協會, 1927.

滿鐵會編, 『滿鐵四十年史』, 吉川弘文館, 2007.

中國經濟情報社, 『支那經濟年報』第一輯, 白揚社, 1936.

麻田雅文, 『中東鐵道經營史』, 名古屋大學出版會, 2012.

社會科學院近代史硏究所, 『顧維鈞回憶錄』1, 中華書局, 1985.

中國第二歷史檔案館編, 『中華民國史檔案資料匯編』第三輯(外交), 江蘇
　　　古籍出版社, 1991.

章伯鋒, 『北洋軍閥』4卷, 武漢出版社, 1990.

王曉華, 李占才, 『艱難延伸的民國鐵路』, 河南人民出版社, 1993

日本外務省亞細亞局, 『最近支那關係諸問題摘要』, 1923.12.

莊階三, 「支那の鐵道」, 『支那問題』69號, 1927.7

別琳, 「臨城劫車案引發的中外交涉」, 『四川師範大學學報』32卷 4期, 2005.7

神田正雄, 「土匪事件と其の善後措置」, 『外交時報』447號, 1923.6.15.

張潔, 「九一八事變后日本攝取中國東北鐵路權探析」, 『遼寧大學學報』2009年
　　　6期.

張景泉, 「第二個滿鐵線圖佳鐵路的建築及影響」, 『吉林師範大學學報』1996年
　　　11期.

지은이 소개

김지환金志煥 중국근현대사 전공(경제사)

고려대학교 사학과 졸업
고려대학교 사학과 문학석사, 문학박사
중국 푸단대학 역사학박사
일본 동경대학 객원연구원
고려대학교 평화연구소 연구교수
고려대학교 중국학연구소 연구교수
고려대학교 아세아문제연구소 HK연구교수
인천대학교 전임강사
(현)인천대학교 중국학술원 교수
중국근현대사학회 회장

저서
『中東鐵道新聞資料集成』, 學古房(2015)
『철도로 보는 중국역사』, 學古房(2014)
『中國紡織建設公司理事會會議錄』, 學古房(2014)
『전후중국경제사(1945-1949)』, 고려대학교 출판부(2009)
『中國紡織建設公司研究』, 復旦大學出版社(2006)
『棉紡之戰』, 上海辭書出版社(2006)
『中國國民政府의 工業政策』, 신서원출판사(2005)

중국관행연구총서 13

중국근대 철로관리와 국가

2019. 6. 1. 1판 1쇄 인쇄
2019. 6. 14. 1판 1쇄 발행

중국관행연구총서·중국관행자료총서 편찬위원회
위원장 장정아 부위원장 안치영 위원 김지환·송승석·이정희·조형진·정은주

지은이 김지환
발행인 김미화 발행처 인터북스 주소 서울시 은평구 연서로20길 11
전화 02.356.9903 이메일 interbooks@naver.com 출판등록 제2008-000040호
ISBN 978-89-94138-56-5 94910 978-89-94138-55-8(세트) 정가 26,000원

이 도서의 국립중앙도서관 출판예정도서목록(CIP)은 서지정보유통지원시스템 홈페이지(http://seoji.nl.go.kr)와
국가자료공동목록시스템(http://www.nl.go.kr/kolisnet)에서 이용하실 수 있습니다. (CIP제어번호 : CIP2019018081)